INTERESSES DIFUSOS

Diretora Responsável
GISELLE TAPAI

Diretora de Operações de Conteúdo
JULIANA MAYUMI ONO

Editores: Danielle Oliveira, Elisabeth Bianchi, Flávio Viana Filho, Henderson Fiirst e Iviê A. M. Loureiro Gomes

Editorial

Coordenação
JULIANA DE CICCO BIANCO

Analistas Editoriais: Amanda Queiroz de Oliveira, Andréia Regina Schneider Nunes, Danielle Castro de Morais, Flávia Campos Marcelino Martines, George Silva Melo, Georgia Renata Dias, Ivo Shigueru Tomita e Luara Coentro dos Santos.

Técnicos de Processos Editoriais: Maria Angélica Leite e Paulo Alexandre Teixeira

Assistente Documental: Roberta Alves Soares e Samanta Fernandes Silva

Capa: Andrea Zanardi

Coordenação Administrativa
RENATA COSTA PALMA E ROSANGELA MARIA DOS SANTOS

Assistente: Karla Capelas

Editoração Eletrônica

Coordenação
ROSELI CAMPOS DE CARVALHO

Equipe de Editoração: Carolina do Prado Fatel, Gabriel Bratti Costa,
Ladislau Francisco de Lima Neto, Luciana Pereira dos Santos, Luiz Fernando Romeu e Vera Lúcia Cirino

Produção Gráfica

Coordenação
CAIO HENRIQUE ANDRADE

Auxiliar: Rafael da Costa Brito

Dados Internacionais de Catalogação na Publicação (CIP)
(Câmara Brasileira do Livro, SP, Brasil)

Mancuso, Rodolfo de Camargo
Interesses difusos : conceito e legitimação para agir / Rodolfo de Camargo Mancuso. – 8. ed. rev., atual. e ampl. – São Paulo : Editora Revista dos Tribunais, 2013.

Bibliografia
ISBN 978-85-203-4853-6

1. Interesses difusos (Direito) 2. Interesses difusos (Direito) – Brasil I. Título.

CDU-347.922.33(81)
13-08499 – 347.922.33

Índices para catálogo sistemático: 1. Brasil : Interesses difusos : Processo civil 347.922.33(81) **2.** Interesses difusos : Processo civil 347.922.33

Rodolfo de Camargo Mancuso

INTERESSES DIFUSOS

Conceito e Legitimação para agir

8.ª edição
revista, atualizada e ampliada

THOMSON REUTERS
REVISTA DOS TRIBUNAIS™

INTERESSES DIFUSOS

Conceito e Legitimação para agir

8.ª edição revista, atualizada e ampliada

RODOLFO DE CAMARGO MANCUSO

1.ª edição: 1988 – *2.ª edição*: 1991 – *3.ª edição*: 1994 – *4.ª edição*: 1998 – *5.ª edição*: 2000 – *6.ª edição*: 2004 – *7.ª edição*: 2011.

EDITORA REVISTA DOS TRIBUNAIS LTDA.

GISELLE TAPAI
Diretora responsável

Rua do Bosque, 820 – Barra Funda
Tel. 11 3613-8400 – Fax 11 3613-8450
CEP 01136-000 – São Paulo, SP, Brasil

CENTRAL DE RELACIONAMENTO RT
(atendimento, em dias úteis, das 8 às 17 horas)
Tel. 0800-702-2433

e-mail de atendimento ao consumidor: sac@rt.com.br

Visite nosso *site*: www.rt.com.br

Impresso no Brasil [09-2013]

Profissional

Fechamento desta edição [02.09.2013]

ISBN 978-85-203-4853-6

O presente trabalho vai, modestamente, dedicado a todos
os amigos que, de alguma forma, vêm contribuindo para minha
complementação como pessoa e como profissional do Direito.
E, de forma especial, aos que compartilharam
meus caminhos na Faculdade de Direito da USP e
na Procuradoria do Município de São Paulo.
A todos, minha afetuosa gratidão.

NOTA À 8.ª EDIÇÃO

Pode-se dizer que, até o início do último quartel do século passado, os interesses difusos remanesciam sob uma aura de indefinição conceitual, um tanto mal situados entre os interesses *simples* (meras aspirações, carentes de exigibilidade e oponibilidade) e os interesses *legítimos* (posições reflexa ou indiretamente protegidas), tendo-se apenas como *zona de certeza* o fato de os *difusos* não se identificarem com os direitos subjetivos em sua acepção clássica, dada a clara impossibilidade de atribuição, em termos de exclusividade a um definido *titular*, de certos valores que concernem à coletividade como um todo, caso típico do meio ambiente (CF, art. 225, *caput*). Não admira tenha Massimo Villone, à época, excogitado que fosse o interesse difuso "un personaggio assolutamente misterioso".[1]

Em 1986, justamente atraídos pelo desafio representado pela categoria até então pouco elaborada dos *interesses difusos*, houvemos por bem eleger esse tema para nossa *tese de livre-docência* apresentada à Faculdade de Direito da USP. Mais uma vez, colhemos o ensejo para homenagear os componentes da ilustre Banca Examinadora, Professores José Ignácio Botelho de Mesquita, Ada Pellegrini Grinover, José Carlos Barbosa Moreira, Galeno de Lacerda e o saudoso José Olympio de Castro Filho.

O conceito que então oferecíamos, praticamente mantido inalterado nas sucessivas edições do presente livro, salientava cuidarem os interesses difusos de "interesses metaindividuais que, não tendo atingido o grau de agregação e organização necessário à sua afetação institucional junto a certas entidades ou órgãos representativos dos interesses já socialmente definidos, restam em estado fluído, dispersos pela sociedade civil como um todo (v.g., o interesse à pureza do ar atmosférico), podendo, por vezes, concernir a certas coletividades de conteúdo numérico indefinido (v.g., os consumidores). Caracterizam-se: pela indeterminação dos sujeitos, pela indivisibilidade do objeto, por sua in-

1. La collocazione istituzionale dell' interesse difuso, *In:* Antonio Gambaro (org.), *La tutela degli interessi diffusi nel diritto comparato,* Milão: Giuffrè, 1976, p. 73.

tensa conflitualidade interna e por sua notável transição ou mutação no tempo e no espaço".[2] (Essas notas, em linhas gerais, viriam positivadas no conceito de *interesse difuso*, albergado na Lei 8.078/1990, art. 81, parágrafo único, I, o qual, à sua vez, integraria o objeto da ação civil pública da Lei 7.347/1985, mercê do disposto no art. 117 daquela Lei 8.078/1990).

Com efeito, a Lei 7.347/1985 incluíra em seu objeto valores socialmente relevantes e de largo espectro, que, depois, se identificariam como *difusos* (nomeadamente, o meio ambiente, o patrimônio cultural *lato sensu*, a ordem urbanística (art. 1.º, I III, VI), mas o texto apenas mencionara às expressas a palavra *difuso* no inciso IV desse art. 1.º, sem contudo adiantar o respectivo conceito. (Em modo análogo, a Lei 7.913/1989 viria instituir uma "ação civil pública de responsabilidade por danos causados aos investidores no mercado de valores mobiliários", num desenho que, depois, se identificaria com os interesses *individuais homogêneos*, sem que, contudo, o legislador, naquele momento, tivesse positivado um conceito a respeito destes últimos, o que adviria no ano seguinte – 1990 – com a Lei 8.078, art. 81, § único, III). Verdade também que a CF, advinda em 1988, chegara a mencionar os *interesses difusos e coletivos*, ao tratar da ação civil pública (art. 129, III), mas igualmente não se dispôs a defini-los, o que se compreende, dada a atribuição, reservada ao legislador ordinário, para dispor sobre matéria processual (art. 22, I).

As esperadas precisões terminológicas só adviriam, pois, com a Lei 8.078/1990 (Código de Defesa do Consumidor), no art. 81, § único e incisos, certo ainda que o art. 117 desse Código, como antes dito, autorizou o aproveitamento de sua parte processual – arts. 81 a 104 – para o âmbito da ação civil pública da Lei 7.347/1985; dado que esta última, a seu turno, em seu art. 1.º, evoca a *ação popular*, por aí fechou-se um circuito normativo, verdadeiro embrião do que viria conhecido como *sistema processual civil coletivo*.[3] Esse *microssistema*, na sequência, embasaria os estudos que levariam à elaboração de um anteprojeto de Código Brasileiro de Processos Coletivos[4] depois convertido no Projeto de Lei

---

2. Tese citada – *Interesses difusos – conceito e legitimação para agir*, FADUSP, 1986, p. 102.

3. A partir desse *estado da arte*, e com a sucessiva agregação de elementos doutrinários e jurisprudenciais, foi possível reconhecer, com Ada Pellegrini Grinover, "um novo ramo do Direto Processual, o *Direito Processual Coletivo*, contando com princípios revisitados e institutos fundamentais próprios e tendo objeto bem definido: a tutela jurisdicional dos interesses ou direitos difusos,coletivos e individuais homogêneos". ("Direito Processual Coletivo", *In:* Paulo Henrique dos Santos Lucon (coord.), *Tutela Coletiva – 20 anos da lei da ação civil pública e do Fundo de Defesa dos Direitos Difusos – 15 anos do Código de Defesa do Consumidor*, São Paulo; Atlas, 2006, p. 308, tópico 6).

4. Por tudo, v. Ada Pellegrini Grinover *et al.* (coords.), *Direito Processual Coletivo e o anteprojeto de Código Brasileiro de Processos Coletivos*, São Paulo: RT, 2007.

da Câmara Federal 5.039/2009, preordenado a regular a nova ação civil pública; ambos esses textos, todavia, não vieram a prosperar.

Em paralelo a essa linha evolutiva, o texto básico para a tutela judicial desses interesses metaindividuais – a Lei 7.347/1985 – veio sofrendo várias alterações, a saber: no *caput* do art. 1.º (Lei 12.529/2011); em seu *objeto* (art. 1.º, *caput* e incs. III, IV, V e VI: Lei 8.078/1990, art. 110; Lei 8.884/1994, art. 88; MP 2.180-35/2001; Lei 10.257/2001; Lei 12.529/2011); no *foro competente* (§ único do art. 2.º: MP 2.180-35/2001); na *tutela cautelar* (art. 4.º, Lei 10.257/2001) na *legitimação ativa* (art. 5.º, incisos e parágrafos: Leis 8.078/1990 e 11.448/2007); na *execução* (art. 15, Lei 8.078/1990, art. 114); na *destinação da condenação pecuniária* ao *Fundo* a que se refere o art. 13 da Lei 7.347/1985 (Lei 12.288/2010, renumerando o § único daquele artigo e acrescentando um § 2.º); na *coisa julgada* (art. 16, Lei 9.494/1997); no ônus da *sucumbência* (arts. 17 e 18, Lei 8.078/90, art. 115). A par disso, um artigo (21) fora antes acrescentado pela Lei 8.078/1990, art. 117.

Dada a abertura constitucional para que a tutela judicial se estendesse a "outros interesses difusos e coletivos" (CF, art. 129, III, parte final), o legislador ordinário veio, gradativamente, identificando e positivando outros valores sociais relevantes, emergentes na sociedade civil, carentes de proteção jurisdicional específica. Daí o acesso à justiça de certos interesses metaindividuais albergados em textos legais sucessivamente promulgados: Lei 7.853/1989 (*deficientes físicos*); Lei 7.913/1989 (*investidores no mercado mobiliário*); Lei 8.069/1990 (*criança e adolescente*); Lei 8.078/1990 (*consumidores*); Lei 8.429/1992 (*improbidade administrativa; defesa do erário*); Lei 8.625/1993, art. 25, IV e VIII: defesa, pelo *Parquet*, do patrimônio público, *lato sensu*; Lei 8.884/94, depois Lei 12.529/2011 (*ordem econômica*); Lei 10.257/2001, art. 54 (*ordem urbanística*); Lei 10.671/2003, art. 40 (*torcedores*); Lei 10.741/2003, art. 74, I (*idosos*); Lei 11.105/2005 (*patrimônio genético*); Lei 12.288/2010, art. 55 (*igualdade étnica e racial*). A par disso, a nova disciplina do mandado de segurança (Lei 12.016/2009), incluiu sua utilização, na modalidade coletiva (CF, art. 5.º, LXX), para tutela dos interesses coletivos e individuais homogêneos (arts. 21 e 22).[5]

O evolver dos acontecimentos e a crescente positivação de novos valores identificados com os interesses metaindividuais vem confirmando que a pauta concernente a tal matéria segue aberta, do que é exemplo o antes lembrado art. 40 do *Estatuto do Torcedor* (Lei 10.671/2003), dispondo que a tutela judicial dos *torcedores* "observará, no que couber, a mesma disciplina da defesa dos consumi-

---

5. Cássio Scarpinella Bueno observa que "apesar do que se lê do parágrafo único do art. 21 da Lei 12.016/2009, é irrecusável que o mandado de segurança coletivo também pode, consoante o caso, buscar a tutela jurisdicional do que o nosso sistema convencionou rotular de 'direitos' (ou 'interesses') *difusos*. (*A nova lei do mandado de segurança*, 2. ed., São Paulo: Saraiva, 2010, p. 171-172).

dores em juízo, de que trata o título III da Lei 8.078, de 11 de setembro de 1990" (a saber, a *parte processual* do CDC, onde estão regulados relevantes tópicos dos interesses difusos, coletivos em sentido estrito e individuais homogêneos). O mesmo se diga da proteção judicial à mulher vítima de *violência doméstica*, dispondo o art. 37, *caput*, da Lei 11.340/2006 – dita *Lei Maria da Penha*: "A defesa dos interesses e direitos transindivduais previstos nesta Lei poderá ser exercida, concorrentemente, pelo Ministério Público e por associação de atuação na área, regularmente constituída há pelo menos um ano, nos termos da legislação civil".

Esse rol em *numerus apertus* é ainda integrado pelos interesses metaindividuais no âmbito *trabalhista* (CF, art. 200, VIII), salientando-se que o art. 83, III, da Lei Complementar federal 75/1993 confere ao *parquet* laboral atribuição para "promover a ação civil pública no âmbito da Justiça do Trabalho, para defesa de interesses coletivos, quando desrespeitados os direitos sociais constitucionalmente garantidos", ao passo que o art. 8.º, III da CF comete aos Sindicatos "a defesa dos direitos e interesses coletivos ou individuais da categoria, inclusive em questões judiciais ou administrativas". [6] No Estado de São Paulo, dispõe a *Súmula de entendimento* n. 15, do Conselho Superior do Ministério Público do Estado de São Paulo: "O meio ambiente do trabalho também pode envolver a defesa de interesses difusos, coletivos ou individuais homogêneos, estando o Ministério Público, em tese, legitimado à sua defesa".[7]

O tema dos interesses metaindividuais, por sua própria natureza e relevância social, segue receptivo a novos desdobramentos e investigações, exigindo constante atenção e aprimoramento dos operadores do Direito, de que é exemplo a recorrente questão da controlabilidade judicial das chamadas *políticas públicas*, tema sobre o qual já oferecemos alguma contribuição.[8]

Há algum tempo se elaborara, dentre nós, com a participação de renomados juristas, um anteprojeto de *Código Brasileiro de Processos Coletivos*,[9] que, com

---

6. V., ao propósito, o nosso estudo "Ação civil pública trabalhista: análise de alguns pontos controvertidos". *Revista do Ministério Público do* Trabalho, 12, set./1996, p. 47-78.
7. Essa e outras *Súmulas de Entendimento* do Conselho Superior do Ministério Público paulista podem ser vistas *In:* Hugo Nigro Mazzilli, *A defesa dos interesses difusos em Juízo*, 22. ed., São Paulo: Saraiva, 2009, p. 753 e ss.
8. "A ação civil pública como instrumento de controle judicial das chamadas políticas públicas", *In:* Édis Milaré (coord.), *Ação civil pública – Lei 7.347/85 – 15 anos*, 2. ed., São Paulo: RT, 2002, p. 753-798; "Transposição das águas do Rio São Francisco – uma abordagem jurídica da controvérsia", *Revista de Direito Ambiental* n. 37, jan./mar.2005, p. 28-79, republicado *In:* Édis Milaré (coord.), *Ação civil pública após 20 anos: efetividade e desafios*, São Paulo: RT, 2005, p. 519-557.
9. Por tudo, nesse tema, v. Ada Pellegrini Grinover *et al.* (coords.), *Direito Processual Coletivo e o anteprojeto de Código Brasileiro de Processos Coletivos*, São Paulo: RT, 2007.

algumas alterações, veio a converter-se no Projeto de Lei da Câmara 5.139/2009, voltado a disciplinar "a ação civil pública para a tutela de direitos e interesses difusos, coletivos ou individuais homogêneos". Dentre as importantes inovações então excogitadas no bojo desse projeto podem ser lembradas: a previsão expressa para que o controle de constitucionalidade pudesse ser feito, incidentemente, no âmbito dessa ação, como questão prejudicial; o aprimoramento do conceito de interesse individual homogêneo e, bem assim, do regime da coisa julgada coletiva; a disciplina da relação entre as ações coletivas e as individuais incidentes sobre um mesmo bem jurídico; a criação de um cadastro nacional de processos coletivos, de inquéritos civis e de compromissos de ajustamento de conduta; o programa extrajudicial de prevenção ou reparação de danos; a reserva de trâmite prioritário das ações coletivas, sobre as individuais. Citado projeto não obteve o beneplácito da D. Comissão de Constituição, Justiça e Cidadania, mas, por sua intrínseca qualidade e oportunidade, é de se augurar que num momento futuro possa ele ter seu trâmite retomado, visto que, de um lado, é inegável a autonomia científica do *Processo Coletivo*, como novo ramo do Direito Positivo brasileiro, e, de outro, urge uma coesa sistematização das ações coletivas, hoje dispersas por muitos textos legais.

Saliente-se, neste passo, que o PL da Câmara Federal 8.046/2010, sobre o novo CPC, embora não trate, especificamente, de processo coletivo (o que se compreende, visto que está voltado à jurisdição singular), todavia, prevê uma instigante *conversão de ação individual em ação coletiva*, quando, estando presentes a "relevância social", a "dificuldade de formação do litisconsórcio" e "ouvido o Ministério Público", avalie o juiz que o pedido inicial tem "por objetivo a solução de conflito de interesse relativo a uma mesma relação jurídica plurilateral, cuja solução, pela sua natureza ou por disposição de lei, deva ser necessariamente uniforme, assegurando-se tratamento isonômico para todos os membros do grupo" (art. 334, II). Além disso, citado projeto contempla o *incidente de resolução de demandas repetitivas*, quando, "estando presente o risco de ofensa à isonomia e à segurança jurídica, houver efetiva ou potencial repetição de processos que contenham controvérsia sobrea mesma questão de direito material ou processual" (art. 988, *caput*), certo ainda que, uma vez fixada a tese no Tribunal, esta "será aplicada a todos os processos que versem idêntica questão de direito e que tramitem na área de jurisdição do respectivo tribunal", a par de também se aplicar "aos casos futuros que versem idêntica questão de direito e que venham a tramitar no território de competência do respectivo tribunal, até que esse mesmo tribunal a revise"(art. 995 e § 1.º).

Para esta 8.ª edição, revisamos o texto e procedemos às inserções e supressões que nos pareceram necessárias para preservar a atualidade da obra, com os cuidados devidos para manter a integridade de sua estrutura original.

Esperamos, assim, continue este trabalho a contribuir em alguma medida para uma melhor compreensão, divulgação e elaboração cientifica dos interesses metaindividuais e de seu acesso à Justiça, especialmente no que concerne aos interesses *difusos*.

São Paulo, agosto de 2013.

O Autor

NOTA INTRODUTÓRIA À 1.ª EDIÇÃO

O tema

Inobstante a permanente relevância dos grandes temas comumente versados em direito processual, optamos por escolher para objeto deste trabalho um tema relativamente "novo", que está a desafiar a argúcia dos cultores do Direito em geral, e, em especial, dos processualistas.

A pesquisa a que procedemos sobre o tema, no direito pátrio e comparado, levou-nos à constatação de que os interesses difusos constituem, hoje, o *leitmotiv* das especulações de grandes juristas, o que, por si só, é um dado revelador da importância e da atualidade do assunto.

De outra parte, como pode ser constatado na bibliografia colacionada e utilizada, a maioria absoluta das contribuições aparece sob a forma de artigos, versando este ou aquele aspecto relevante do tema geral. Pareceu-nos, assim, que seria útil um estudo sistemático e monográfico sobre os interesses difusos, especialmente para a literatura brasileira, que está acenando para uma fecunda e promissora produção científica sobre o tema.

Que o assunto é relevante e atualíssimo também entre nós, comprovam-no os textos legais que dele se vêm ocupando, especialmente a Lei Federal 7.347/1985 (sobre a "ação civil pública de responsabilidade por danos causados ao meio ambiente, ao consumidor, a bens e direitos de valor artístico, estético, histórico, turístico e paisagístico") (*DOU* de 25.07.1985). Igualmente significativo, sob esse aspecto, é o crescente suceder de simpósios e seminários sobre o tema, assim como o aflorar de estudos doutrinários a respeito.

Desse modo, a escolha do tema prendeu-se, basicamente, ao propósito de apresentar uma contribuição que tratasse, em forma global e sistemática, dos interesses difusos, juntando-se, assim, modestamente, aos esforços que a doutrina brasileira vem fazendo para aclarar o assunto e integrá-lo na temática jurídica nacional.

A exposição

A fim de que a exposição se fizesse de forma ordenada, o plano de trabalho compreendeu três partes, que se pressupõem logicamente. O capítulo primeiro trata dos interesses em geral, e, bem assim, da relação destes com o Direito: a ideia é extremar os campos da realidade fática e do mundo ético-normativo, indicando os pontos onde se tangenciam; outrossim, desse modo fica mais compreensível a colocação dos interesses difusos dentro da imensa gama dos interesses em geral. O segundo capítulo é dedicado aos interesses difusos, em modo particular: são indicadas suas notas características, sua implicação com interesses afins e diferenças específicas, em ordem a se poder propor, ao final desse capítulo, um conceito de "interesse difuso". O terceiro capítulo é dedicado à legitimação ativa em tema de interesses difusos: são indicadas as refrações especiais que o "interesse processual" e a "legitimação para agir" devem sofrer quando se trate da tutela jurisdicional dos interesses metaindividuais; são vistas as alternativas possíveis em sede de legitimação ativa nesse campo, interessando a experiência estrangeira e as opções feitas, nesse passo, no direito pátrio. São tecidas considerações *de lege lata* e *de lege ferenda* e, de outra parte, busca-se chamar a atenção para a necessidade de uma postura mais "aberta" e liberal nesse campo, naquilo que concerne às possibilidades de "ascensão" desses interesses, desde suas bases de origem até sua tutela urgente e eficaz pelo Judiciário.

Para a exposição desse temário, ora brevemente sumariado, procuramos ter sempre presentes estas diretrizes: a necessidade de manter o rigor terminológico, com vistas a evitar, no limite do possível, a confusão entre os interesses difusos e os demais que integram o gênero dos interesses metaindividuais; a conveniência de serem colacionadas no original as lições doutrinárias estrangeiras e demais subsídios de direito comparado, por modo a manter a autenticidade das fontes pesquisadas. Tais textos, quando o tenha recomendado sua relevância ou oportunidade, aparecem no corpo do trabalho, com isso se evitando o truncamento do discurso, com a iterativa remissão às notas de rodapé.

Ao longo da exposição, procuramos avançar lenta e gradualmente, de modo que as conclusões que iam sendo alcançadas derivassem, naturalmente, dos subsídios doutrinários e das considerações feitas precedentemente. Por vezes, a abordagem objetiva de um determinado aspecto, especialmente no que concerne à legitimação para agir em tema de interesses difusos, obrigou a que derivássemos por campos onde o tecnicismo jurídico se mescla a certas implicações de caráter político, ou, pelo menos, de "política judiciária"; em tais circunstâncias, procuramos adotar a única postura que nos pareceu sustentável: a indicação objetiva da tendência doutrinária predominante, a par das formulações minoritárias, por modo a ensejar um posicionamento pessoal, sereno e imparcial.

Diz Umberto Eco que "um trabalho é científico se (...) acrescentar alguma coisa àquilo que a comunidade já sabia".[1] Esperamos, então, que este ensaio contribua, em qualquer modo, para o esforço comum que a doutrina brasileira vem fazendo em tema dos interesses difusos.

O Autor

1. Umberto Eco. *Come si fa una tesi di laurea*. 3. ed. Lisboa: Presença, 1984 (p. 49 da tradução portuguesa).

SUMÁRIO

ABREVIATURAS E SIGLAS

ACP	–	Ação civil pública
ADIn	–	Ação direta de inconstitucionalidade
ADCon	–	Ação direta de constitucionalidade
ADPF	–	Arguição de descumprimento de preceito fundamental
A.I.	–	Agravo de instrumento
Agr. Reg.	–	Agravo regimental
Ap.	–	Apelação
AP	–	Ação popular
CADE	–	Conselho Administrativo de Defesa Econômica
CCi	–	Código Civil
CDC	–	Código de Defesa do Consumidor
CF	–	Constituição Federal
CLT	–	Consolidação das Leis do Trabalho
CNJ	–	Conselho Nacional de Justiça
CPC	–	Código de Processo Civil
CP	–	Código Penal
CPP	–	Código de Processo Penal
CSMP	–	Conselho Superior do Ministério Público
CTN	–	Código Tributário Nacional
CVM	–	Comissão de Valores Mobiliários
Des.	–	Desembargador
DJe	–	Diário da Justiça eletrônico
DJU	–	Diário da Justiça da União
DJE	–	Diário da Justiça do Estado
EC	–	Emenda Constitucional
ECA	–	Estatuto da Criança e do Adolescente
ER	–	Emenda Regimental
IBDP	–	Instituto Brasileiro de Direito Processual
HC	–	*Habeas corpus*

HD – *Habeas data*
IC – Inquérito civil
JEC – Juizado Especial Cível
LACP – Lei da Ação Civil Pública (Lei 7.347/1985)
LICC – Lei de Introdução ao Código Civil (Lei 4.657/1942). Renominada como *Lei de Introdução às Normas do Direito Brasileiro* (Lei 12.376/2010)
LC – Lei complementar
LOMN – Lei Orgânica da Magistratura Nacional (LC 35/1979)
MI – Mandado de Injunção
Min. – Ministro
MP – Ministério Público
MS – Mandado de segurança
OAB – Ordem dos Advogados do Brasil
PEC – Projeto de emenda constitucional
RDA – Revista de Direito Administrativo
RE – Recurso extraordinário
REsp – Recurso especial
RePro – Revista de Processo
Rel. – Relator
RF – Revista Forense
RISTF – Regimento Interno do Supremo Tribunal Federal
RJ – Revista Jurídica
RSTJ – Revista do Superior Tribunal de Justiça
RTJ – Revista Trimestral de Jurisprudência
RT – Revista dos Tribunais
Súm. – Súmula
STF – Supremo Tribunal Federal
STJ – Superior Tribunal de Justiça
T. – Turma
TJ – Tribunal de Justiça
TJSP – Tribunal de Justiça de São Paulo
TRF – Tribunal Regional Federal
TRT – Tribunal Regional do Trabalho
TSE – Tribunal Superior Eleitoral
TST – Tribunal Superior do Trabalho
v.g., – *verbi gratia*
v.u. – votação unânime

1

AS ACEPÇÕES CONHECIDAS DO TERMO *INTERESSE*[1]

1.1 Os interesses frente ao plano ético-normativo

Segundo a clássica definição de Henri Capitant, o interesse é "un avantage d'ordre pecuniaire ou moral".[2] Esse conceito nuclear nos parece válido tanto para os interesses no mundo fático como para aqueles recepcionados no ambiente jurídico: o interesse interliga uma pessoa a um bem da vida, em virtude de um determinado valor que esse bem possa representar para aquela pessoa; a etimologia dessa expressão confirma essa exegese – *quod inter est* –, isto é, um certo qualificativo aderente a um objeto e que o torna atraente ao observador. A nota comum é sempre a busca de uma situação de vantagem, que faz exsurgir um interesse na posse ou fruição daquela situação. Mesmo o interesse "processual" não foge a esse núcleo

1. Ver o nosso: Interesses difusos: conceito e colocação no quadro geral dos interesses. *Revista de Processo*, n. 55/165-179. Ver também o nosso: Interesses difusos e coletivos. *In:* Claudia Lima Marques e Bruno Miragem (coords.), *Doutrinas Essenciais – Direito do Consumidor*, v. VI, São Paulo: RT, 2011, p. 321-344.
2. Henri Capitant. Interesse (verbete). *In:* Eduardo Couture. *Vocabulário jurídico*. Buenos Aires: Depalma, 1973. No mesmo teor é a definição proposta por Eduardo Couture: "Aspiración legítima, de orden pecuniario o moral que representa para una persona la existencia de una situación jurídica o la realización de una determinada conducta".

comum: ele é reconhecido quando o processo se revela útil e necessário à obtenção de certa posição de vantagem, inalcançável de outro modo.[3]

O interesse aparece, assim, como um "rapporto tra un bisogno dell'uomo e un *quid* atto a soddisfarlo", na precisa fórmula de Francesco Carnelutti.[4] Além desse conceito, de corte objetivo, outros há em que o critério é subjetivo: "Ciò che si chiama 'interesse' non è altro che la valutazione di qualcosa come mezzo e strumento per realizzare un fine proprio o altrui".[5] A diferença entre os interesses – *lato sensu* – e o interesse *jurídico* está em que o conteúdo axiológico daqueles primeiros é amplo e variável, na medida em que sua valoração é deixada ao livre arbítrio dos sujeitos; ao passo que o interesse jurídico, por definição, tem seu conteúdo valorativo já prefixado na norma de regência.

Efetivamente, lê-se em De Plácido e Silva que o *interesse*, tomado em sua acepção jurídica, revela a existência de uma "*intimidade de relações* entre a pessoa e as coisas, de modo que aquela tem sobre estas *poderes*, *direitos*, *vantagens*, *faculdades* ou *prerrogativas*. Nesta razão, o interesse decorre dessa situação jurídica, de modo que cada *movimento* ou *mutação* trazida às coisas provoca uma percussão ou repercussão naqueles mesmos poderes, direitos, vantagens, faculdades ou prerrogativas, gerada da intimidade existente entre ambas, para melhorá-los, modificá-los, garanti-los, ampará-los ou prejudicá-los".[6]

Enquanto o interesse jurídico tem como referencial certo valor inscrito na norma, os interesses – *lato sensu* –, ao contrário, expandem-se livremente, comunicam-se, entrechocam-se, assimilam-se, repelem-se, porque estão situados em *outro plano*, o plano fático. Não havendo um ponto axiológico predeterminado, todas as combinações entre os interesses – *lato sensu* – são possíveis: por vezes, essas mutações os compatibilizam; por vezes, colocam-nos em situações de divergência ou de franca oposição. Esse fenômeno foi bem notado por Vincenzo

---

3. Dizem Henry Solus e Roger Perrot: "Dire d'une personne qu'elle a intérêt a exercer une action en justice, c'est dire que la demande ainsi formée est susceptible de modifier et d'améliorer sa condition juridique présente. En un mot, l'intérêt est fonction de l'utilité que le demandeur excompte de son initiative devant les tribunaux" (*Droit judiciaire privé*, Paris: Sirey, 1966, t. I, n. 200). No Brasil, Vicente Greco Filho observa que "o Código, em princípio, somente admite a provocação do Judiciário quando o autor tiver necessidade de obter o provimento jurisdicional e, também, quando esse provimento lhe puder trazer utilidade prática" (*Direito processual civil brasileiro*. 19. ed. São Paulo: Saraiva, 2006, vol. I, p. 85).
4. *Lezioni di diritto processuale civile*. Pádua: Cedam, 1926, vol. I, p. 3.
5. Cf. Cesarini Sforza. Gli interessi collettivi e la Costituzione. *Apud* Vincenzo Vigoriti. *Interessi collettivi e processo*. Milão: Giuffrè, 1979, p. 18, nota 1.
6. *Vocabulário jurídico*. 15. ed. atual. Nagib Slaibi Filho e Gerardo Magela Alves. Rio de Janeiro: Forense, p. 442.

Vigoriti: "La gamma delle relazioni possibili vede ai due estremi, da un lato, l'indifferenza fra gli interessi (per cui il soddisfacimento di una aspirazione non tocca nè pregiudica il soddisfacimento dell'altra) e, dall'altro, il conflitto fra gli interessi (per cui il soddisfacimento di una aspirazione impedisce e pregiudica il soddisfacimento dell'altra). Fra questi due estremi le combinazioni sono le più varie".[7]

Em outras palavras, os interesses, *lato sensu*, situam-se ao nível fático, no plano "de l'utilité et de l'existence", como diz André Gervais:[8] eles brotam espontaneamente da realidade, são imanentes à própria vida, são antes "focos de atração", constituídos independentemente de valoração ético-normativa. Esse pluralismo do mundo fático foi captado por Miguel Reale, em sua *teoria tridimensional da nomogênese jurídica*, quando observou que o *fato*, "que condiciona o aparecimento de uma norma jurídica particular, nunca é um acontecimento isolado, mas um conjunto de circunstâncias"; na sequência, compara o *campus nomogenético* "à imagem de um raio luminoso (impulsos e exigências axiológicas) que, incidindo sobre um prisma (o multifacetado domínio dos fatos sociais, econômicos, técnicos etc.), se refracta em leque de 'normas possíveis', uma das quais apenas se converterá em 'norma jurídica', dada a interferência do Poder ".[9]

Assim é que os direitos se situam no plano ético-normativo; resultam, como aduz André Gervais, de uma escolha feita pela Autoridade social, "en fonction d'un jugement de valeur qui discrimine entre les cas où un droit doit être reconnu et ceux où il n'y a pas lieu de le faire".[10] É por isso que os direitos são diretamente influenciados pelo dado cultural operante num dado espaço-tempo, o que explica que uma certa conduta – *v.g.*, ocupação de propriedade alheia – nos idos dos anos quarenta do século passado, fora criminalizada como *esbulho possessório* (CP, art. 161, II), mas hoje, embora ainda em vigor tal dispositivo, por certo sua leitura sofre refrações e temperamentos, mormente quando a ocupação atinge gleba rural que, afirmadamente, não cumpre sua *função social*, segundo os critérios indicados no art. 186 da CF.

É claro que, situando-se no plano da "existência-utilidade", os interesses apresentam uma gama extremamente variada. Todavia, para as finalidades deste trabalho, impõe-se que eles sejam examinados segundo uma certa ordenação; optamos por considerar os interesses em sua acepção laica e em suas acepções técnicas: é do que cuidaremos nos números seguintes deste capítulo.

---

7. *Interessi collettivi e processo*. Milão: Giuffrè, 1973, p. 18.

8. Quelques réflexions à propos de la distinction des droits et des intérêts, *Mélanges en honneur de Paul Roubier*. Paris: Dalloz & Sirey, 1961, t. I, p. 242.

9. *Filosofia do direito*. São Paulo: Saraiva, 1969, vol. 2, p. 485-486.

10. Op. cit., p. 242.

1.2 O "interesse" em sua acepção laica

Em sua expressão comum, vulgar, os interesses representam simplesmente a ideia de "vantagem". Essa ideia nasce e se desenvolve nos limites psíquicos da própria pessoa, isto é, não pode ser proveitosamente oposta ou confrontada a outros interesses do mesmo nível. O portador desse tipo de interesse apenas "quer", "deseja", "aspira", sem poder, porém, *exigir* a satisfação de tal expectativa. Tais interesses, que podemos chamar "simples", "puros", "de fato", ou "interesses", *tout court*, caracterizam-se, objetivamente, por sua frágil projeção econômica ou social. Subjetivamente, sua relevância não depassa os limites do campo psicológico do agente: trata-se de uma relevância contida, limitada à esfera do pensamento do próprio indivíduo.

O campo do pensamento não conhece limites, de modo que é dado às pessoas imaginarem e aspirarem a toda sorte de interesse,[11] seja o de obter um bom emprego; ou uma boa classificação num concurso público; ou realizar um negócio vantajoso; ou ter seu bilhete de loteria premiado; ou convolar núpcias com certa pessoa; ou preservar uma amizade. Os exemplos se multiplicam ao infinito, porque aí estamos no campo fático: como alude Gervais, "la notion d'intérêt se développe donc sur un plan pratique, celui de l'utilité et de l'existence (du *sein* allemand). Cette notion abstraite d'intérêt a un contenu indéfini en tant qu'elle recouvre toutes les utilités imaginables".[12]

São também interesses desse gênero aqueles cujas situações de vantagem perseguidas são, objetivamente, ínfimas, insignificantes. *De minimis non curat praetor*, diz o antigo brocardo, salientando com isso que há um certo "limite mínimo", abaixo do qual os interesses se tornam simplesmente irrelevantes.[13] Na verdade, a questão da *valoração* do interesse, ou de sua *projeção econômico-social*, sempre

---

11. A própria ciência processual é sensível à diversa natureza dos interesses, distinguindo entre os que apenas autorizam a assistência *simples ou ad coadjuvandum*, e aqueles interesses que já permitem o manejo da assistência *litisconsorcial ou qualificada* (CPC, arts. 50 e 54, respectivamente).
12. Op. cit., p. 241.
13. Mesmo no âmbito da ação judicial esse aspecto é considerado: uma situação de vantagem que se revela nitidamente banal, desprezível, não pode servir de supedâneo para a configuração do interesse processual; caso contrário estar-se-ia admitindo o exercício da ação judicial por mero diletantismo ou capricho, o que não se compadece com a finalidade nem com a dignidade da Justiça. Nesse sentido, Henri Solus e Roger Perrot observam, sob a óptica do processo civil francês, que "s'agissant du droit au nom, les tribunaux assimilent assez volontiers l'intérêt notoirement insignifiant au défaut d'intérêt" (ob. cit., p. 199). Nessa mesma linha, propugna-se, no campo penal, a descriminalização das condutas pouco ofensivas (ditos delitos de bagatela), no contexto do chamado *direito penal mínimo*; essa mesma linha argumentativa leva ao encaminhamento, aos Juizados Especiais Criminais, dos delitos de menor potencial ofensivo (CF, art. 98, I).

esteve presente na ciência jurídica, bastando considerar, por exemplo, que antes exigia-se a demonstração da *relevância* da questão federal para a configuração do *interesse* em recorrer extraordinariamente (RISTF, ER 2/85, arts. 325 e ss.), mas, com o advento da EC 45/2004, a admissibilidade desse apelo extremo passa a depender da demonstração da "repercussão geral das questões constitucionais discutidas no caso" (CF, § 3.° do art. 102; CPC, art. 543-A e B).[14] Noutro exemplo, tenha-se presente a fixação de uma alçada – quarenta salários mínimos – para o acesso aos Juizados Especiais no âmbito dos Estados (Lei 9.099/1995, art. 3.°, I), antes ditos das *Pequenas Causas*; esse mesmo critério *econômico* se aplica, a par de outros fixados *ratione materiae*, para definir a competência dos Juizados Especiais Federais (Lei 10.259/2001, art. 3.°, *caput*) e os Juizados da Fazenda Pública (Lei 12.153/2009, art. 2.°, *caput*).

Em doutrina, o conceito de interesse "simples" não é pacífico. Por vezes, a dissensão resulta do *tipo* de sistema jurídico adotado no país (justiça unitária ou dúplice), o que leva Augustin Gordillo a conceituar o "interesse simples" como "o mero interesse que cabe a todo cidadão de que a lei seja cumprida";[15] outras vezes, a conceituação toma por critério a "indeterminação dos sujeitos", por influência da evolução do Direito e da concepção de "tutela jurisdicional"; neste último caso, pode-se citar o pensamento de Osvaldo Aranha Bandeira de Mello, quando considera "simples" certos interesses, "porque são de utilidade indeterminada dos componentes da sociedade".[16]

Quanto ao primeiro conceito, parece-nos que o interesse genérico *a que a lei seja cumprida* não é, propriamente, "simples"; ao contrário, ele é relevantíssimo e mesmo reforçado por tutela específica, seja ao nível de contencioso objetivo (dentre nós, a *ADIn*, *ADCon*, *ADPF*; na experiência francesa o "recours pour excès de pouvoir", ou na Itália, o *ricorso nell'interesse della lege*), e, mesmo, em boa medida, a nossa *ação popular*, voltada à tutela de interesses socialmente relevantes, tais como o erário, o meio ambiente, o patrimônio público em sentido largo (CF, art. 5.°, LXXIII). Quanto ao segundo conceito, o fato da "indeterminação dos sujeitos" não mais é motivo para a negativa de tutela judicial, visto que aquela circunstância é justamente uma das características básicas dos interesses difusos,

---

14. No ponto, v. o nosso: *Recurso extraordinário e Recurso especial*. 12. ed. São Paulo: RT, 2013, especialmente cap. V, item 2.6. No RISTF v. arts. 322 e § único (ER 21/2007); 323 e §§, 323-A, (ER 42/2010); 324 e §§ 1.° e 2° (ER 47/2.012), § 3.° (ER 41/2010; 325 (ER 21/2007)e § único ; 325-A (ER 42/2010); 326 (ER 21/2007); 327 (ER 21/2007) e §§; 328 (ER 21/2007) e § único; 328-A (ER 23/2008) e §§ 1.° (ER 27/2008) e 2.° (ER 23/2008).

15. *Princípios gerais de direito público*. Trad. Marco Aurélio Greco. São Paulo: RT, 1977, p. 192.

16. *Princípios gerais de direito administrativo*. Rio de Janeiro: Forense, 1969, vol. 1, p. 203.

cuja proteção é hoje disponibilizada por vários instrumentos, especialmente a ação civil pública (Lei 7.347/1985, art. 1.º, c/c Lei 8.078/1990, art. 81, § único e incisos).[17] De resto, o meio ambiente, emblemático interesse difuso, é caracterizado como *bem de uso comum do povo* (CF, art. 225, *caput*), e *justamente por isso*, é multitutelado, ficando claro que nesse campo o critério legitimante não repousa na *titularidade* do valor ou do interesse (como se dá na jurisdição singular) e sim na sua relevância social.

Esses interesses "simples", "de fato", ou ainda "meros interesses" caracterizam-se, pois, basicamente: **a**) pela impossibilidade de sua projeção além do campo psicológico do indivíduo, no sentido de que não são exigíveis, nem fazem derivar certos comportamentos de terceiros, vale dizer, são inoponíveis; **b**) pela introjeção de seus efeitos, visto que caberá sempre ao próprio indivíduo fruir da eventual obtenção da vantagem desejada ou suportar os ônus da tentativa frustrada; **c**) pela postura de *indiferença* que eles suscitam perante o Estado, bem como em face de terceiros, visto que o exercício de tais interesses não é defeso, nem tampouco incentivado. Sobre este último aspecto, diz Gervais: "la porsuite de sa satisfaction ne sera ni interdite ni encouragée; les porteurs d'intérêts ainsi qualifiés étant livrés à eux-mêmes pour leur réalisation qui ne bénéficie d'aucune garantie sociale".[18]

Desse modo, tem-se que esses meros interesses ficam, tecnicamente, apartados do cenário jurídico; remanescendo no plano primário da "existência-utilidade" sem terem ascendido ao plano ético-normativo-impositivo, eles formam, sem embargo, um expressivo repositório do que há de mais profundo e arraigado no modo de ser e na cultura de uma dada coletividade. Não raro, desse contingente de interesses simples, "de fato", se vale o legislador quando, ao inovar a ordem jurídica, procura auscultar o sentimento médio reinante na comunidade acerca de certo tema, a fim de que o novo direito não se ponha em contradição com os valores predominantes numa dada sociedade civil. Tais interesses podem, pois, eventualmente, operar como os "insumos" ou os "fatos geradores" do Direito *in fieri*, assim se revelando como *fatores jurígenos*.

É interessante observar, já agora no plano processual, que na intervenção de terceiros o assistente simples deve demonstrar "interesse jurídico" em que a causa seja decidida a favor do assistido (CPC, art. 50), observando Nery & Nery

17. O Código de Defesa do Consumidor (Lei 8.078/1990), cuja parte processual aplica-se à ação civil pública da Lei 7.347/1985 (cf. art. 117 daquele CDC), ao conceituar o "interesse ou direito difuso", refere-se a "pessoas indeterminadas e ligadas por circunstâncias de fato" (art. 81, parágrafo único, I). Análogo critério fora adotado pelo PL da Câmara Federal 5.139/2009, preordenado a regular a nova ação civil pública, art. 2.º, I.

18. Op. cit., p. 243.

que *não são jurídicos* os interesses: "a) do credor, em ação condenatória promovida por terceiro contra o devedor; b) do credor, em ação de usucapião movida contra o devedor; c) do jurista, em ação onde se discuta tese que quer ver preponderar; d) do benfeitor, em ação movida pelo poderoso contra o fraco; e) de entidade religiosa ou filosófica para ver triunfar princípio moral ou ético que defende; f) da administração pública ou agente político, fundada em dolo ou culpa. Neste último caso, não há interesse jurídico da administração pública porque o agente ou servidor, acionado diretamente por responsabilidade subjetiva (dolo ou culpa), não tem direito de regresso contra a administração".[19] Aliás, a *qualificação do interesse*, a partir do que se pode avaliar a pertinência da intervenção de *amicus curiae* num dado processo, é questão de toda atualidade, incidindo, por exemplo, quando o STJ deva aferir, para fins de julgamento *por amostragem* de recursos especiais *repetitivos*, se aquele recurso enviado à Corte é de fato *representativo da* controvérsia. O § 4.º do art. 543-C do CPC diz que o relator no STJ pode "admitir manifestação de pessoas, órgãos ou entidades com *interesse* na controvérsia", mas o STJ já decidiu: "As pessoas jurídicas contribuintes do empréstimo compulsório, por não contarem com a necessária representatividade e por possuírem interesse subjetivo no resultado do julgamento, não podem ser admitidas como *amicus curiae*" (REsp 1.003.955/RS, 1.ª Seção, j. 12.08.2009, rel. Min. Eliana Calmon, *DJe* 27.11.2009).

1.3 Os interesses em suas acepções técnicas. A questão terminológica

Sendo "interesse" uma palavra plurívoca, ela se faz presente em mais de um ramo do conhecimento, podendo esse termo apresentar-se sob o enfoque econômico, com o significado de "lucro", "renda", "ganho", "benefício pecuniário", ou, mais especificamente, "juros", isto é, remuneração do capital.[20] Sob esse prisma, ter "interesse" em realizar certo negócio ou operação financeira significa ter uma perspectiva favorável a uma dada situação de vantagem. Esse interesse *material* é levado em conta pelo Direito como necessário à formação do interesse *processual* (art. 3.º do CPC), visto este como a *necessidade e a utilidade* do recurso ao Judiciário para se obter o reconhecimento ou a fruição de um certo direito, valor ou bem da vida. O interesse de agir, ao menos na jurisdição singular, aparece afetado a um dado titular, donde o conceito clássico de que a legitimação para agir é a *pertinência subjetiva do interesse*. O PL da Câmara Federal nº 8.046/2010, sobre o novo CPC, prevê no art. 17: "Para postular em juízo é necessário ter interesse e legitimidade".

---

19. *Código de Processo Civil comentado e legislação extravagante*. São Paulo: RT, 11. ed., 2010, 5.ª nota ao art. 50.

20. Aurélio Buarque de Holanda Ferreira. *Dicionário da língua portuguesa*. Interesse (verbete). Rio de Janeiro: Nova Fronteira, 1980.

O "interesse" pode também apresentar-se sob certas conotações que tangenciam o "social" e o "jurídico". Sob esse prisma, fala-se em "interesse social", "público", "geral", tendo todos esses termos por núcleo comum o fato de se referirem a interesses metaindividuais, portanto, transcendentes ao indivíduo isoladamente considerado. Essas expressões apresentam por vezes um conteúdo tão aproximado que não raro se tangenciam, por vezes passando como sinônimas: Alessandro Pizzorusso refere que tais expressões apresentam "una base comune" embora, às vezes, estejam a indicar "ipotesi sotto vari aspetti più ampie o più circoscritte". E exemplifica: "Interesse generale, interesse della legge, interesse collettivo, interesse sociale, interesse nazionale, interesse comune, utilità pubblica, utilità generale, utilità sociale, necessità pubblica, fine pubblico, fine sociale, pubblico bene" etc.[21]

A par dessa proximidade conceitual, cada uma dessas expressões pode, em certos casos, apresentar nuances ou conotações peculiares, como se dá com o "interesse público", que pode ser visto sob a óptica política ou jurídica.[22] Considere-se, por exemplo, o interesse objetivado nas chamadas *políticas públicas*[23] e, ainda, a relevante distinção entre *interesse público* e *interesse fazendário*, tomados por Renato Alessi, nessa ordem, como interesse público *primário* e interesse público *secundário*.[24] Uma aplicação prática dessa distinção está na proibição do MP exercer representação judicial de entidade pública (CF, art. 129, IX, segunda parte): é que esta última dispõe de seu corpo de Procuradores (AGU, Procuradorias dos Estados, dos Municípios), para promover a defesa do interesse fazendário (ou "interesse público secundário"), ao passo que compete ao MP a tutela dos "interesses sociais e individuais indisponíveis" – CF, art. 127 – vale dizer, no primeiro caso, o *interesse público primário*, e, no segundo, aqueles interesses que, posto afetados a certos indivíduos, apresentam uma conotação superior, ou uma carga expandida, que depassa a esfera puramente particular. Afina-se com essa exegese a *súmula de entendimento* n. 7, do Conselho Superior do MP paulista: "O Ministério Público está legitimado à defesa de interesses individuais homogêneos que tenham expressão para a coletividade, como: *a*) os que digam respeito à saúde ou à segurança das pessoas, ou ao acesso das crianças

21. Interesse pubblico e interessi pubblici. *Riv. Trim. Dir. e Proced. Civ.*, n. 1-2, 1972, p. 58 *et seq.*
22. Cf. Georges Vedel e Pierre Devolvé. *Droit administratif*. Paris: PUF, 1980, p. 429.
23. Cf. o nosso: A ação civil pública como instrumento de controle judicial das políticas públicas. *In:* Edis Milaré (coord.). *Ação civil pública – Lei 7.347/85 – 15 anos*. 2. ed. São Paulo: RT, 2002, p. 753 *et seq.*. V., também, Kazuo Watanabe, Controle jurisdicional das políticas públicas – mínimo existencial e demais direitos fundamentais imediatamente judicializáveis. *In:* Kazuo Watanabe e Ada Pellegrini Grinover (coords.). *O controle jurisdicional das políticas públicas*. São Paulo: Forense Universitária, 2011, p. 213-224.
24. *Sistema istituzionale del diritto amministrativo italiano*. 3. ed. Milão: Giuffrè, 1960, p. 197-198.

e adolescentes à educação; *b*) aqueles em que haja extraordinária dispersão dos lesados; *c*) quando convenha à coletividade o zelo pelo funcionamento de um sistema econômico, social ou jurídico". [25]

Ocorre que, se tomarmos as expressões antes citadas como sinônimas e as utilizarmos indistintamente, corre-se o risco de, afinal, não sabermos exatamente do *que* se está falando, isto é, de qual interesse, em qual nível, em qual dimensão, em qual grau de eficácia etc. Aliás, ao cuidar dos interesses coletivos *lato sensu*, Louis Coupet observou: "Si cette immense doctrine sur la question est divisée, c'est, outre les aspects politiques du problème, en raison d'un défaut de terminologie précise".[26] Tampouco se resolveria a questão em se *hierarquizando* os interesses segundo seu grau de abrangência, visto que assim só se examinaria o dado lógico-formal do problema.[27] Impõe-se, assim, o exame particular do *conteúdo* de algumas daquelas "expressões-chave", com vistas a saber se elas permitem tratamento *autônomo e diferenciado*, ou, ao contrário, se melhor fora considerá-las, basicamente, sinônimas. Dentre as tantas aplicações que evidenciam a atualidade do tema em foco, considere-se que a demonstração da "repercussão geral da questão constitucional", para fins de admissão do recurso extraordinário (CF, § 3.º do art. 102: EC 45/2004), conquanto se trate de uma *quaestio iuris*, todavia sua aferição depassa os lindes estritamente jurídicos, autorizando levar em conta as "questões relevantes do ponto de vista econômico, político, social ou jurídico, que ultrapassem os *interesses* subjetivos da causa" (CPC, § 1.º do art. 543-A). O que, de resto, não deve causar espécie: afinal, *ex facto oritur jus*.

Vejamos, pela ordem, os interesses "social", "geral" e "público".

1.4 O interesse social

Segundo Aurélio Buarque de Holanda Ferreira,[28] a palavra "social" se acopla aos mais diversos conteúdos, revelando então diferentes nuances de significação. Basicamente, "social" é o que concerne à sociedade como um todo, ou é direta

---

25. V. essa e outras *súmulas de entendimento in* Hugo Nigro Mazzilli. *A defesa dos interesses difusos em juízo*. 22. ed. São Paulo: Saraiva, 2009, p. 753 e ss.

26. *L'action en justice des personnes morales de droit privé*. Tese de doutorado, Faculdade de Direito e Ciências Políticas de Aix-en-Marseille, França, 1974, p. 241.

27. Cf. a crítica de Alessandro Pizzorusso às definições "attraverso una formula descrittiva risultante da un processo di generalizzazione", como, por exemplo, a oferecida por Jeremy Bentham, para o qual o interesse público é "la somma degli interessi dei componenti di una determinata comunità". Com tal conceito, diz Pizzorusso, "non se dice alcunché nè circa la natura di questo interesse, nè circa i modi in cui può essere individuato et utilizzato" (*Interessi*... cit., p. 65).

28. Ob. cit., verbete *social*.

ou indiretamente relativo a esta; mas fala-se também em "assistência social", "barreira social", "ciências sociais", "razão social", "capital social", o que bem denota o caráter polissêmico desse termo.

Podem-se, porém, distinguir duas acepções básicas do étimo "social": um, mais amplo, evoca a "sociedade civil" como um todo, isto é, o contingente populacional organizado como nação; outro, mais restrito, reporta-se a um ente jurídico personificado, antes dito "pessoa moral", isto é, uma universalidade de bens e pessoas afetadas a um objetivo adrede estabelecido por seus integrantes. Essa afetação de um dado patrimônio a uma certa entidade se refracta em várias modalidades, sob diversas denominações, enfeixadas, *brevitatis causa*, na expressão *pessoa jurídica*, que, pelo art. 40 do CC, compreende as de direito público interno e externo e de direito privado.

O que releva é que o "interesse social", no sentido de interesse *exclusivo* de uma pessoa jurídica, é uma alocução indicadora de interesses individuais, apenas *exercidos* coletivamente. Quer dizer, nesse sentido restrito, o "social" não corresponde necessariamente ao "bem comum", e, mesmo, pode até contrariá-lo: o lucro que uma empresa obteve com a extração de areia de um rio consulta ao "interesse social" em sentido estrito (representado pelos ganhos de capital); mas o possível dano ecológico causado ao corpo d'água e à população ribeirinha contraria o "interesse social" em sentido amplo, representado pela necessidade de proteger os recursos naturais e manter a qualidade de vida da população.

Essas duas acepções do "interesse social" não são necessariamente antagônicas: no exemplo dado, a extração da areia poderia ser feita com tecnologia adequada à preservação do ambiente; com isso, além de gerar lucros para a empresa, a atividade não seria nociva à natureza, geraria empregos para a população local e propiciaria receita tributária. Justamente por isso, não deve ser aceita a excludente ou a eximente da *licitude da atividade*, na apuração dos danos ao meio ambiente, cabendo antes aplicar-se o *princípio da precaução*, adotado no item 15.º da Carta da Conferência das Nações Unidas sobre Meio Ambiente e Desenvolvimento, realizada no Rio de Janeiro (dita *ECO/92*): "De modo a proteger o meio ambiente, o princípio da precaução deve ser amplamente observado pelos Estados, de acordo com suas capacidades. Quando houver ameaça de danos sérios ou irreversíveis, a ausência de absoluta certeza cientifica não deve ser utilizada como razão para postergar medidas eficazes e economicamente viáveis para prevenir a degradação ambiental".[29]

O fato de um interesse ser exercido por via individual ou coletiva não altera sua essência. A natureza de um interesse advém da *finalidade* à qual ele

29. Ver, ao propósito: Álvaro Luiz Valery Mirra. *Ação civil pública e a reparação do dano ao meio ambiente*. 2.ed. São Paulo: Juarez de Oliveira, 2004, p. 262 *et seq*.

está afetado, e não da *forma* escolhida para o seu exercício. Assim, a finalidade comercial pode ser perseguida por uma pessoa física ou jurídica; o interesse, aí, será sempre individual, "egoístico", porque a finalidade perseguida é apenas uma situação de vantagem para a pessoa física ou jurídica, sem nenhuma preocupação metaindividual. Se é verdade que "de toute union se dégage une réalité nouvelle",[30] não é menos verdade que a mera soma ou justaposição de interesses individuais não pode bastar para "converter" a natureza ou essência desses interesses.

Essa distinção, aliás, ainda hoje mantém atualidade, tendo ensejado a Luiz Paulo da Silva Araújo Filho identificar o que chamou de ações *pseudocoletivas*, aludindo a certas situações em que, sob as vestes de uma ação coletiva por interesses individuais homogêneos, conducente a uma *condenação genérica* (Lei 8.078/1990, art. 95), em verdade se está buscando a "satisfação imediata e concreta dos interessados, verdadeiras pretensões individuais simplesmente aglutinadas"; num tal contexto, prossegue, "frequentemente haveria litispendência entre as ações pseudocoletivas e as ações individuais, na proporção em que seriam idênticos os pedidos e as causas de pedir, sem falar na discutível sujeição dos particulares à coisa julgada da falsa ação coletiva, à falta de normas próprias, já que as regras do CDC apenas cuidam das genuínas ações coletivas, ou na irremissível probabilidade de decisões praticamente contraditórias".[31]

Retomando a narrativa, nada impede que se chame "social" ao interesse perseguido por uma empresa, desde que se tenha presente que por tal expressão se quer significar o *exercício coletivo de interesses individuais*. Quer dizer: é o indivíduo fazendo, *em grupo*, o que poderia fazer por si mesmo.[32]

Edmond Bertrand sustenta que os interesses individuais, quando exercidos coletivamente, ficam impregnados de uma certa "aura" coletiva, de modo que não podem mais ser assimilados a interesses individuais, *tout court*. E explica: "Le droit de l'associé n'est donc ni un droit de propriété ni un droit de créance qui serait dans son patrimoine. C'est essentiellement le droit de participer aux affaires communes. Il ne reprend un caractère individuel qu'en rompant la

---

30. Cf. Henri Solus e Roger Perrot. Op. cit., p. 224.

31. *Ações coletivas: a tutela jurisdicional dos direitos individuais homogêneos*. Rio de Janeiro: Forense, 2000, p. 201.

32. Louis Coupet lembra que "l'expression d'intérêts sociaux évoque les intérêts d'une société civile ou commerciale" (Op. cit., p. 242, nota n. 1). Da mesma forma, o art. 45 do Decreto francês de 23.03.1967 sobre as sociedades comerciais denomina "social" a ação conferida aos que "représentent au moins le dixième du capital social". A seu turno, Roscoe Pound denomina "interessi sociali" (no plural) as "pretese o esigenze o desideri concernenti la vita sociale di una società civile e asseriti a titolo di questa vita" (*apud* Pizzorusso, Alessandro. *Interessi*... cit., p. 60).

collaboration économique et juridique convenue".[33] Em outras palavras, haveria uma "realidade nova", surgida e mantida *si et in quantum* o interesse individual fosse exercido coletivamente. Mas nos parece que esse aspecto diz com a *forma*, com o *modo* pelo qual o interesse se exterioriza; não com sua natureza ou essência, que restam individuais. Alteração *essencial* haveria se e quando a *finalidade* do exercício do interesse "social" (em sentido estrito) se compatibilizasse com o interesse da coletividade.

"Interesse social", no sentido que melhor concerne ao presente estudo, é aquele que consulta à *maioria* da sociedade civil, como se nota quando uma ulterior e eventual positivação de um dado valor, interesse ou ocorrência é antes submetido a um *plebiscito* (CF, art. 14, I). Trata-se do interesse que reflete o que a sociedade entende por "bem comum"; o anseio de proteção à *res publica*; a tutela daqueles valores e bens mais elevados, os quais essa sociedade, espontaneamente, *escolheu* como sendo os mais relevantes. Tomando-se o adjetivo "coletivo" num sentido amplo, poder-se-ia dizer que o interesse social equivale ao *exercício coletivo de interesses coletivos*.

Aplicação expressiva do que se entende por *interesse social* se verifica nas desapropriações de gleba rural que desatende sua *função social* (CF, arts. 184, 186), tendo, a respeito, assim se pronunciado o STF: "A própria CF, ao impor ao poder público o dever de fazer respeitar a integridade do patrimônio ambiental, não o inibe, quando necessária intervenção estatal na esfera dominial privada, de promover a desapropriação de imóveis rurais para fins de reforma agrária, especialmente porque um dos instrumentos de realização da função social da propriedade consiste, precisamente, na submissão do domínio à necessidade de o seu titular utilizar adequadamente os recursos naturais disponíveis e de fazer preservar o equilíbrio do meio ambiente (CF 186 II), sob pena de, em descumprindo esses encargos, expor-se à desapropriação-sanção, a que se refere a CF 184 (Pleno, MS 22.164-SP, rel. Min. Celso de Mello, j. 30.10.1995, v.u., *DJU* 17.11.1995, p. 39206).[34]

Vale observar que a tutela judicial dos interesses *sociais* se inclui dentre as funções do Ministério Público (CF, art. 127, *caput*), e bem por isso, o *Parquet* é um dos colegitimados ativos para a ação civil pública em defesa dos interesses metaindividuais: Lei 8.078/1990, art. 82, I; Lei 7.347/1985, art. 5.º; Lei 8.625/1993, art. 25, IV. Por vezes, os interesses concernentes são, na essência, *individuais, patrimoniais*, mas, por estarem dispersos por um número muito expressivo de sujeitos, daí deflui o interesse *social* na tutela judicial coletiva, inclusive como

33. De l'ordre économique à l'ordre collectif, *Le droit privé français au milieu du XXe siècle – Études offertes à Georges Ripert*. Paris: Libr. Gén. Droit Jurispr., 1950, t. I, p. 171-172.

34. *Apud* Nery & Nery, *Constituição...*, 3. ed., 2012, cit., nota 1 ao art. 186, p. 815-816.

forma de prevenir a pulverização do conflito em multifárias e repetitivas ações individuais, ao risco de decisões contraditórias: é o que explica a legitimação ativa do MP para a ação civil pública em defesa dos investidores no mercado de capitais (Lei 7.913/1989).[35]

1.5 O interesse geral

No que concerne ao "interesse geral", releva observar os sentidos em que essa expressão vem comumente utilizada.

Joseph Granier põe em destaque a diferença de amplitude que há entre os interesses dos diversos grupos sociais e os interesses da sociedade como um todo: "Le groupement, en effet, représente un intérêt *relativement général*, tandis que l'État représente un intérêt *absolument général*". E exemplifica: "Une association de chasseurs ne représente que l'intérêt des chasseurs, les médecins protègent leur profession".[36] José Vidal cita como exemplos de *interesses gerais*, aqueles do "commerce en général, de l'urbanisme, des finances publiques";[37] André de Laubadère coloca o interesse geral como um fim a ser alcançado através do serviço público, este último "destiné à donner satisfacion à un besoin d'intérêt général".[38] (Dentre nós, a preferência terminológica tem recaído na expressão *interesses ou direitos sociais*, dizendo o art. 6.º da CF: "São direitos sociais a educação, a saúde, a alimentação, o trabalho, a moradia, o lazer, a segurança, a previdência social, a proteção à maternidade e à infância, a assistência aos desamparados (...)"; já o art. 127, *caput*, da mesma CF confere ao MP a defesa dos "interesses sociais e individuais indisponíveis").[39]

Historicamente, vale citar que a Corte de Cassação francesa, ao decidir caso em que um comerciante fora denunciado por transgressão à legislação

---

35. V. o nosso estudo: Ação civil pública para tutela dos interesses dos titulares de valores mobiliários e investidores do mercado – uma análise da Lei 7.913, de 07.12.1989. Republicado *in*: Arnold Wald (coord.). *Doutrinas Essenciais – Direito Empresarial*, vol. VIII, São Paulo: RT, 2011, p. 863-876.

36. La partie civile au procès penal. *Revue de Science Criminelle et Droit Penal Comparé*. Paris, 1958, p. 30.

37. Observations sur la nature juridique de l'action civile. *Revue de Science Criminelle et Droit Pénal*, 1963, p. 504.

38. *Traité de droit administratif*. Paris: Libr. Gén. Droit Jurispr., 1980, p. 617.

39. A Lei brasileira 6.938/1981, que dispõe sobre a "Política Nacional do Meio Ambiente" não fala, sinteticamente, em "interesse geral", mas refere-se à "qualidade ambiental propícia à vida" (art. 2.º), mote que reapareceria fortemente na Constituição Federal de 1988, ao inserir a *defesa do meio ambiente* no capítulo da *ordem econômica* (art. 170, VI), e ao considerar o meio ambiente como "bem de uso comum do povo e essencial à sadia qualidade de vida" (art. 225, *caput*).

tributária, confrontou o *interesse geral* com o *interesse coletivo* dos comerciantes: "La circonstance que la législation en cause a pour objet principal la défense de l'intérêt général, ne fait pas échec aux droits collectifs des commerçants".[40] Jacques Chevallier, por outro lado, indica o *rito* pelo qual os interesses individuais, após terem se aglutinado nos diversos grupos sociais, podem ascender a um plano de maior amplitude, passando a integrar o "interesse geral": haveria uma "transformation par *coalescence*", por modo que "les intérêts particuliers, qui gravitent, dans la sphère privée, vont se trouver coagulés dans l'espace associatif en intérêts collectifs, qui seront à leur tour agrégés dans la sphère publique, pour former l'intérêt général".[41]

Estes subsídios permitem inferir que o interesse "geral" se aproxima, bastante, do conteúdo do interesse "social" (em sentido lato), visto anteriormente; é intuitivo que o "geral" se opõe ao "individual", mas isso ocorre também com o "social" em face desse mesmo "individual". Por ora, contudo, continuaremos com a análise desses interesses metaindividuais, agora no contraste com o interesse "público". A seguir, em reexame crítico, verificaremos se se deve considerar que essa trilogia é composta de expressões que, no limite, poderiam ser consideradas praticamente sinônimas.

1.6 O interesse público

Ao contrário do que se passa com os interesses "social" e "geral", ambos estreitamente ligados às noções de "coletividade", "sociedade civil", aqui, porém, predomina a presença do *Estado*. Quando se lê ou se ouve a expressão "interesse público", a presença do Estado avulta em primeiro plano. É como se ao Estado coubesse não só a ordenação normativa do "interesse público", mas também a soberana indicação de seu conteúdo. Ada Pellegrini Grinover observa a esse respeito que o interesse público "(à ordem pública, à segurança pública) constitui interesse de que todos compartilham. E o único problema que pode suscitar ainda se coloca na perspectiva clássica do conflito indivíduo contra Estado".[42] Essa mesma aproximação entre "interesse público" e "Estado" vê-se em Louis Coupet, quando refere aos "intérêts publics qui forment l'intérêt de l'État".[43]

Assim, quando ocorre uma desapropriação por "utilidade pública", significa que, ao ver do Estado, tal ato expropriatório consulta ao interesse público,

40. Cass. Crim. j. 22.01.1970, JCP *La Semaine Juridique*, 16.326, nota H. Guerin.

41. L'association entre le public et le privé. *Revue du Droit Public*, n. 4, p. 901, 1981.

42. A problemática dos interesses difusos. *In:* Ada Pellegrini Grinover (coord.). *A tutela dos interesses difusos*. São Paulo: Max Limonad, 1984, p. 30.

43. Op. cit., p. 264.

concorrendo ainda a oportunidade em sua efetivação.[44] Aliás, na gestão da coisa pública, a *finalidade* dos atos administrativos deve ser sempre informada pelo interesse público, sob pena de incidir a autoridade em desvio de poder.[45] Nesse sentido, a Lei 9.784/1999, que regula o processo administrativo federal, em seu art. 2.º, parágrafo único, diz que nesse âmbito "serão observados, entre outros, os critérios de: (...) III – objetividade no atendimento do *interesse público*, vedada a promoção pessoal de agentes ou autoridades". Tais subsídios sugerem que, efetivamente, a expressão "interesse público" evoca, imediatamente, a figura do Estado, e mediatamente, aqueles interesses que o Estado "escolheu" como os mais relevantes, por consultarem aos *valores* prevalecentes na sociedade.

À semelhança do que ocorre entre o "interesse social" e o "interesse geral", também no que tange ao "interesse público" constata-se uma certa aproximação terminológica, consistente na assimilação entre os termos "interesse público" e "interesse geral", o que aparece amiúde em doutrina: "intérêts généraux de la société toute entière, qu'il nos paraît préférable, pour éviter toute confusion, d'appeler des intérêts publics".[46]

Cabe aqui referir a distinção feita por Alessandro Pizzorusso entre "interesse público" (no singular) e "interesses públicos" (no plural). Para esse autor, estes últimos, "al plurale, sono in effetti veri e propri interessi, confrontabili con gli interessi privati", ao passo que "al singolare non è un interesse paragonabile ad altri, ma è uno strumento giuridico cui si ricorre per far valere quegli interessi concreti che si ritenga di poter qualificare come pubblici".[47]

---

44. Mesmo a declaração de utilidade pública pode vir a ser objeto de contraste jurisdicional, na experiência francesa: "Une opération ne peut être légalement déclarée d'utilité publique que si les atteintes à la propriété privée, le coût financier et éventuellement les inconvénients d'ordre social qu'elle comporte ne sont pas excessifs à l'intérêt qu'elle présente" (*Conseil d'État*, j. 28.05.1971, citado por Georges Vedel e Pierre Devolvé. Op. cit., p. 431). No direito brasileiro, a Constituição Federal fala em "desapropriação por necessidade ou utilidade pública, ou por interesse social" (art. 5.º, XXIV), denotando, assim, que o pluralismo terminológico persiste ainda quando se trata de um mesmo tema básico.

45. Maria Sylvia Zanella Di Pietro afirma que se a autoridade administrativa, ao usar dos poderes que a lei lhe confere, "objetiva prejudicar um inimigo político, beneficiar um amigo, conseguir vantagens pessoais para si ou para terceiros, estará fazendo prevalecer o interesse individual sobre o interesse público e, em consequência, estará se desviando da finalidade pública prevista na lei. Daí o vício do *desvio de poder* ou *desvio de finalidade*, que torna o ato ilegal". (*Direito Administrativo*, 3. ed., São Paulo: Atlas, 2001, p. 70).

46. Cf. Audinet, Jacques. La protection judiciaire des fins poursuivies par les associations. *Revue Trimestrielle de Droit Civile*, vol. 53, p. 222, 1955.

47. Interesse publico e interessi publici. *Rivista Trimestrale di Diritto e Procedura Civile*, n. 1-2, 1972, p. 85.

Ao propósito, em ação civil pública proposta pelo MP, objetivando reaver indenização indevidamente paga a trabalhador portuário avulso, oriunda do Fundo de Indenização do Trabalhador Portuário Avulso, decidiu o STJ: "(...) 3. Consectariamente, a rubrica *receita da União* caracteriza-se como interesse secundário da Administração, o qual não gravita na órbita dos interesses públicos (interesse primário da Administração), e, por isso, não guarnecido pela via da ação civil pública, consoante assente em sede doutrinária. Um segundo limite é o que se estabelece a partir da distinção entre interesse social (ou interesse público) e interesse da Administração Pública. Embora a atividade administrativa tenha como objetivo próprio o de concretizar o interesse público, é certo que não se pode confundir tal interesse com o de eventuais interesses próprios das entidades públicas. Daí a classificação doutrinária que distingue os interesses primários da Administração (que são os interesses públicos sociais, da coletividade) e os seus interesses secundários (que se limitam à esfera interna do ente estatal)". (...) Descabida, portanto, a atuação do MPF na defesa de interesse da União, juridicamente acautelado por órgão próprio". (REsp 786.328/RS, 1.ª T., j. 18.10.2.007, rel. Min. Luiz Fux, *DJ* 08.11.2007).

Cremos que a melhor explicação para o conceito de "interesse público" é a fornecida por Georges Vedel e Pierre Devolvé. Para eles, em síntese, tal noção comporta uma acepção *política* e outra *jurídica*. Para compreender a primeira, *dois erros devem ser evitados*: **a**) supor que o interesse público seja "la somme des intérêts particuliers" (isto, de fato, seria insustentável, porque então se teria, por exemplo, a *soma* dos interesses dos produtores de bebidas com os interesses dos usuários desses produtos, inclusive as vítimas do alcoolismo); **b**) supor que o interesse público nada tem a ver com os interesses individuais ou dos grupos sociais (na verdade, o interesse público só pode ter como beneficiários finais os homens nascidos ou por nascer – nesse sentido, se diz que o meio ambiente é *transgeracional*; mesmo o interesse *da Pátria* deve ser consentâneo com o interesse dos cidadãos de viver em liberdade, de forma digna, com possibilidade de realização pessoal e social).

Sob essa acepção política, segundo aqueles autores, o interesse público se apresenta como "un arbitrage entre les divers intérêts particuliers". Ora essa arbitragem se prende tanto a critério *quantitativo* (por exemplo, na construção de uma estrada, sacrifica-se o interesse dos proprietários lindeiros, privilegiando-se o interesse dos que a usarão, porque estes são mais numerosos), quanto a critério *qualitativo* (os doentes pobres, em certa comunidade, podem ser pouco numerosos; mas o valor do interesse à saúde pública *prevalece* sobre os interesses pecuniários dos demais cidadãos hígidos; logo, a estes cabe contribuir para um fundo de assistência médica gratuita aos necessitados).[48]

---

48. Georges Vedel e Pierre Devolvé. Op. cit., p. 429, *passim*. Essa ideia da "arbitragem" aparece também em Jacques Chevallier, que define o interesse geral como "la résultante d'un arbitrage entre les demandes sociales" (Op. cit., p. 900).

Ainda para aqueles autores, o interesse público, sob a acepção *jurídica*, tem por base a questão da competência para a arbitragem entre os interesses particulares. Essa fixação de competência pode derivar já da própria Constituição, como se deu na França, onde o preâmbulo da Carta Magna de 1946 "a-t-il mis au rang des fins d'intérêt public la santé et la sécurité des travailleurs, la protection de la famille, de la femme, de l'enfant, etc.".

De resto, normalmente, o legislador não se contenta em indicar os fins de interesse público, mas estabelece já as regras para a consecução desses fins, indicando a autoridade competente e os meios de que esta se poderá utilizar. Assim, dentre nós, os princípios fundantes da Administração Pública – CF, art. 37, *caput* – quais sejam: "legalidade, impessoalidade, moralidade, publicidade e eficiência".

O Estado contemporâneo apresenta-se (ou deve apresentar-se) *telocrático* (e não mais apenas *nomocrático*), como explica Fábio Konder Comparato: "Quando, porém, a legitimidade do Estado passa a fundar-se não na expressão legislativa da soberania popular, mas na realização de finalidades coletivas, a serem concretizadas programadamente, o critério classificatório das funções e, portanto, dos Poderes estatais só pode ser o das políticas públicas ou programas de ação governamental".[49] Já quanto à Administração Pública, ela pode estabelecer o conteúdo do *interesse público*, naquilo que não constitua domínio reservado ao legislador, esclarecendo Maria Sylvia Zanella Di Pietro que na acepção moderna, o *poder de polícia* "é a atividade do Estado consistente em limitar o exercício dos direitos individuais em benefício do interesse público".[50]

Vê-se, assim, que a expressão "interesse público" invoca a presença do Estado-legislador, ou do Estado-administrador. Por vezes, segundo a natureza do interesse a ser tutelado, a competência é, por assim dizer, *delegada* a certos órgãos ou "agências" governamentais; dentre aqueles primeiros, ressalta o Ministério Público, que desempenha atividade diversificada,[51] atuando ora como *custos legis*, ora como parte, ora como representante desta e, de forma geral, nas causas "em que há *interesse público*, evidenciado pela natureza da lide ou qualidade da parte".[52] Sendo a *ordem pública* um dos componentes do *interesse*

49. Ensaio sobre o juízo de constitucionalidade de políticas públicas. *RT*, n. 737, p. 17, mar. 1997.

50. *Direito Administrativo*, 13. ed., cit., p. 110.

51. Cf., no Brasil, as Leis Orgânicas do Ministério Público: ao nível nacional (Lei federal 8.625/1993 e LC federal 75/1993) e no Estado de São Paulo (LC 734/1993).

52. CPC, art. 82, III. Anota Paulo Dourado de Gusmão: "No direito público, segundo Thon, a proteção do interesse público está a cargo do Estado, através do Ministério Público, enquanto no direito privado cabe ao particular defender seus interesses" (*Introdução à ciência do direito*. 2. ed. Rio de Janeiro: Forense, 1959, p. 239).

público,[53] tem o Ministério Público, por critério de ação ou de intervenção, "la protection de l'ordre public", atuando como "l'organe de la loi, chargé de l'interpréter pour la défendre"; e assim, basicamente, sendo o "représentant de la société auprès des tribunaux".[54] Quanto às "agências governamentais", seu papel é fundamental na tutela aos interesses metaindividuais em vários países, sobretudo nos Estados Unidos, como veremos ao tratar da legitimação para agir em tema dos interesses difusos.

Vale observar que o interesse público, que legitima a atuação do MP no cível (CPC, art. 82, III), pode não se identificar com o interesse precípuo das entidades públicas ou dos entes políticos, bastando figurar-se o exemplo da venda de uma empresa estatal, articulada pelo Poder Executivo, mas que, nem por isso, necessariamente, consulta ao interesse público ou mesmo corresponde aos anseios da maioria da população. Aliás, os interesses dos entes políticos e das entidades públicas são representados pela atuação de suas Procuradorias, como se dá com a Advocacia-Geral da União (CF, art. 131 e §§), e com as Procuradorias Estaduais e Municipais.[55] De resto, o art. 129, IX, da CF veda ao MP exercer "a representação judicial e a consultoria jurídica de entidades públicas", aí se evidenciando a distinção entre "interesse público" e "interesse fazendário", discrímen que, todavia, nem sempre é visível na *praxis* judiciária: o cidadão eleitor intenta ação popular para defender o *erário* de certo Município, mas é evidente o *interesse público* que, ao menos em tese, anima sua iniciativa (CF, art. 5.º, LXXIII; Lei 4.717/1965).

É de extrema utilidade o contraponto que Hugo Nigro Mazzilli estabelece entre o *interesse público* e os *interesses difusos*: "Há interesses difusos: *a)* tão abrangentes que chegam a coincidir com o interesse público (como o do meio ambiente como um todo); *b)* menos abrangentes que o interesse público, por dizerem respeito a um grupo disperso, mas que não chegam a confundir-se com o interesse geral da coletividade (como o dos consumidores de um produto); *c)* em conflito com o interesse da coletividade como um todo (como os interesses dos trabalhadores na indústria do tabaco); *d)* em conflito com o interesse do Estado, enquanto pessoa jurídica (como o interesse dos contribuintes); *e)* atinentes a grupos que mantêm conflitos entre si (interesses

53. Cf. Georges Vedel e Pierre Devolvé. Op. cit., p. 430.

54. Ver: Michèle-Laure Rassat. *Le Ministère Public entre son passé et son avenir.* Paris: Libr. Gén. Droit Jurispr., 1967, p. 144-145, 148. Por tudo, sobre o Ministério Público no Brasil, consultem-se os trabalhos de Hugo Nigro Mazzilli, dentre os quais *Regime jurídico do Ministério Público.* 4. ed. São Paulo: Saraiva, 2000.

55. Cf. o nosso: Titularidade do direito, legitimação para agir e representação processual. *RT*, n. 771-87, jan. 2000, também publicado na *Revista do Tribunal de Contas do Município de São Paulo*, n. 5, mar. 2000, nova fase.

transindividuais reciprocamente conflitantes, como os dos que desfrutam do conforto dos aeroportos urbanos, ou da animação dos chamados trios elétricos carnavalescos, em oposição aos interesses dos que se sentem prejudicados pela correspondente poluição sonora). Não são, pois, os interesses difusos mera subespécie de interesse público".[56]

1.6.1 Interesses "social", "geral" e "público": breve reexame do aspecto terminológico

Pelo que antes se viu, essas expressões avizinham-se conceitualmente, sob o denominador comum de "interesses metaindividuais". Há uma aproximação mais nítida entre o "social-geral", por um lado, e o "geral-público", de outro; mas daí não resulta que cada qual desses termos apresente conteúdo nitidamente específico em face dos demais.

Quer nos parecer que a tarefa de se tentar a separação rigorosa dessa trilogia não seria fadada a um bom termo: mesmo que seja possível, como antes visto, surpreender certos elementos identificadores de cada espécie, eles não são em número e intensidade tal que permita a autonomia conceitual dessas expressões entre si. Depois, de todo modo, as diferenças seriam tão sutis que, na prática, não haveria contribuição relevante para o exame da problemática dos interesses metaindividuais. Por fim, tomando-as, basicamente, como sinônimas, chega-se a uma desejável concreção, evitando-se os inconvenientes de um excesso terminológico.

Em todo caso, afigurou-se-nos importante o exame apartado dessa trilogia, até porque com isso afloram as duas grandes ordens onde se situam os interesses: a ordem coletiva e a ordem individual, ou, se quiser, o *setor público* (onde só é dado fazer o que a lei prevê e do modo como aí prescrito, já que prepondera a atuação vinculada), e o *setor privado*, onde, em princípio, está autorizada a atuação na seara do que não venha proibido.

Em sintonia com esse discrímen, o legislador brasileiro, ao iniciar o título concernente à *defesa judicial do consumidor*, começa por esclarecer que tal tutela pode fazer-se *individualmente, ou a título coletivo* (CDC, Lei 8.078/1990, art. 81), o que adiante se confirma com o regime processual previsto para a hipótese de concomitância de ação coletiva com as individuais, sobre um mesmo bem jurídico (CDC, parágrafos do art. 103; art. 104).[57]

---

56. *A defesa dos interesses difusos em juízo*, 22. ed., cit., p. 53-54.

57. No ponto, v. o nosso *Manual do Consumidor em Juízo*. 5. ed. São Paulo: Saraiva, 2013, p. 237 e ss.

1.7 Os interesses segundo a amplitude de seu referencial: coletivos e individuais

O presente tópico será abordado dando-se relevo a três aspectos: 1. A análise do contraste "coletivo *versus* individual"; 2. O conteúdo da expressão "interesse individual"; 3. O conteúdo da expressão "interesse coletivo".

1.7.1 Origem e evolução do contraste "coletivo versus *individual"*

Pensamos que tal confronto remonta à *summa divisio*, forjada nas origens do Direito, onde este aparecia rigidamente dividido entre "público" e "privado". *Tertium non datur!*[58] Com efeito, pela palavra de Ulpiano, estabeleceu-se que "jus publicum est quod ad statum rei romanae spectat, privatum quod ad singulorum utilitatem: sunt enim quoedam publice utilia, quoedam privatim".[59]

Tal separação era compreensível naquelas priscas eras, onde, efetivamente, os dois únicos polos de referência eram o indivíduo e o Estado; não se podia cogitar de "corpos intermediários" que ameaçassem o monopólio estatal. O próprio direito positivo restou dividido em dois ramos distintos: o público e o privado, discrímen que, de resto, ao menos em seus fundamentos, ainda frutifica nos dias de hoje, bastando observar que, geralmente, os Tribunais Judiciários se organizam em duas grandes Seções: a de *Direito Público* e a de *Direito Privado*.

Sucede que, ao longo do período medieval, o Estado foi se enfraquecendo: por um lado, em virtude das guerras constantes e onerosas; por outro, em face do surgimento de novos focos de poder, chamados por Montesquieu os "corpos intermediários".[60] Estes manifestaram-se em diversas ordens: os *feudos* significaram para o soberano a necessidade de dividir o poder com a nobreza sempre numerosa e ávida de participar do centro de decisão; as grandes *corporações*, a seu turno, agrupavam comerciantes, artesãos, mestres e aprendizes, dando início, assim, às futuras confrontações entre o capital e o trabalho;[61] a

---

58. Diz, enfaticamente, Mauro Cappelletti: "Fra pubblico e 'privato' c'é un profondo abisso, una 'mighty cleavage', come é stato detto da un noto giurista inglese" (trata-se de T. E. Holland). E prossegue: "Tra i due termini della *summa divisio*, non si vedono punti di raccordo: la dicotomia sembra avere carattere esclusivo, come un *'aut aut'* che non ammette pluralismi" (Formazioni sociali e interessi di gruppo davanti alla giustizia civile. *Rivista di Diritto Processuale*, n. 3, p. 369, 1975).

59. Ver sobre as conotações envolvendo o binômio "público-privado" a excelente síntese doutrinária feita por Paulo Dourado de Gusmão. Op. cit., p. 239-240.

60. Stanislaw Ehrlich. *Le pouvoir et les groupes de pression*. Paris: Mouton, 1971, p. 6.

61. A disciplina era rígida no seio das corporações medievais. Bernard Salingardes informa que no "livre des métiers" se prescrevia que deveriam ser "châtiés ceux qui agissaient par convoitise et vilain gain et par non sense contre Dieu et contre raison" (L'action

Igreja, por fim, revelou seu enorme poder temporal, não raro rivalizando Papas e soberanos e, por outro lado, manipulando habilmente a Santa Inquisição como instrumento de poder político e de intimidação geral.

Assistia-se, assim, ao fracionamento do poder estatal, por força da ascensão desses corpos intermediários, os quais, de resto, desempenhavam importante papel de "freio e contrapeso" na partilha de poder.

Posteriormente, nos albores da Idade Moderna, esse quadro modificou-se. A Igreja, paulatinamente, retornou às suas atividades de ordem espiritual (embora, como se sabe, ela jamais se tenha resignado a abandonar por completo as áreas de sua influência política); o feudalismo declinou e desapareceu, sobretudo devido à migração dos camponeses para os novos núcleos urbanos e para a formação de exércitos mercenários e, bem assim, devido ao aparecimento das fortes monarquias nacionais;[62] enfim, as corporações desapareceram, tragadas pelas revoluções comercial e industrial,[63] substituídas, em nosso século, pelos conglomerados econômicos, empresas multinacionais, com as forças do capital e do trabalho coalizadas em torno de poderosos *sindicatos* e operosas *associações*, aqueles e estas com assento constitucional: arts. 8.º, III, e 5.º, XXI, nessa ordem.

De fato, de toda a linha evolutiva antes sumariamente esboçada, restou um embrião que se desenvolveria nos séculos que se seguiram: o *corporativismo*, representado pelo anseio dos indivíduos de participar do processo político-econômico; esse anseio veio acompanhado da "consciência do coletivo", isto é, a percepção de que o indivíduo isolado pouco ou nada pode, mas que a reunião de indivíduos de mesma condição e ideário exerce um peso considerável junto aos centros de decisão. (Observe-se que mesmo numa democracia *representativa*, como a nossa, o *povo* remanesce como *titular originário do Poder* (CF, § único do art. 1.º), e é por isso que nossa república é também *participativa*, podendo a população expressar-se diretamente, em casos como o plebiscito, o referendo, os projetos de lei de iniciativa popular: CF, art. 14, I e II; § 2.º do art. 61, nessa ordem).

A "ordem coletiva", emergente em meados da idade moderna, aparece como o *tertium genus* de todo o processo sociopolítico, porque representa o ponto médio entre o Estado e o indivíduo: menos do que aquele; mais do que este.

Em verdade, a natureza humana aspira ao coletivo, tende ao grupo. Santo Tomás de Aquino já declarara que em apenas três hipóteses pode o homem viver

---

civile des groupements de consommateurs. *In: Études offertes au professeur Emérentienne de Lagrange*. Paris: Libr. Gén. Droit Jurispr., 1978, p. 184).

62. Ver a respeito: Edward Mcnall Burns. *História da civilização ocidental*. Porto Alegre: Globo, 1959, vol. 2, p. 331-332.

63. Idem, p. 493.

só: "*Corruptio naturae; excellentia naturae; mala fortuna*". Aristóteles dissera: "O homem só é um bruto ou um Deus".[64]

Sucede que na era moderna a ascensão dos interesses coletivos, catalisados nos grupos de vária natureza, veio representar um risco para os Estados então emergentes, visto que tais grupos poderiam crescer em força e prestígio, abalando a estabilidade dos regimes.[65] Destarte, compreende-se o esforço estatal para impedir a *reorganização* dos interesses coletivos, do que é um bom exemplo a Lei "Le Chapelier", na França de 1791,[66] na qual – um tanto ingenuamente –, se pretendia interditar a formação de grupos de... mais de 20 pessoas! O pavor de que a reorganização dos grupos possibilitasse um *retour en arrière* ensejando a volta das corporações é bem mostrado no "rapport" dessa lei: "Il n'y a plus de corporations dans l'État, il n'y a plus que l'intérêt particulier de chaque individu et l'intérêt général. Il n'est permis à personne d'inspirer aux citoyens un intérêt intermédiaire de les séparer de la chose publique par un esprit de corporation".[67]

A vedação normativa, por óbvio, não foi capaz de alterar a natureza *gregária* do ser humano; as pessoas tendem a se associar, a formar grupos. De modo que não se pode, por via institucional, contrariar a natureza humana. "La nature se rit des décrets", diz acertadamente Jean Rivero.[68] Efetivamente, em 1884, viria a liberdade sindical e, após, a lei de julho de 1901 proclamaria a liberdade de associação. Era a "ordem coletiva" que, enfim, triunfava. "Écartez le naturel, il revient au galop...".

Com efeito, a partir do início do século XX, e desde então, de modo constante e crescente até nossos dias, assiste-se ao fortalecimento do processo

---

64. Ao escrever sobre a tutela dos interesses coletivos, José Carlos Barbosa Moreira evoca o título da obra de Thomas Merton: *No man is an island* (A proteção jurídica dos interesses coletivos. *RDA*, n. 139, p. 1, jan.-mar. 1980).

65. Na verdade, parece que o temor inspirado pelas corporações é muito antigo. Mario Losano informa que já no Sacro Império Romano Germânico "il y avait des normes anti-corporatives pour réprimer l'activité des journaliers (*Gesellen*) et des apprentis (*Lehrlingen*) contre les maîtres (*Meister*)" (*Les groupes de pression en Germanie*. Dissertação, Paris, Biblioteca *Cujas*, 1960, p. 13-14).

66. Portanto, dois anos após a Revolução Francesa. Observa Stalislaw Ehrlich que *Le Chapelier* "se fit le champion d'une société bourgeoise atomisée et l'opposa à toute les autres formes d'organisation sociale qu'il identifiait aux corporations féodales" (Op. cit., p. 8).

67. Cf. Edmond Bertrand. Op. cit., p. 162-163. Observa Mauro Capelletti que essa aversão aos corpos intermediários era "giustificata dal fatto che, sotto *l'ancien régime*, le formazioni sociali intermedie avevano costituito la struttura portante del feudalesimo". E, citando Max Rheinstein: "Un solo gruppo intermedio fra lo stato ed i suoi singoli cittadini fu lasciato intatto: la famiglia" (*Formazioni*... cit., p. 389).

68. Corps intermédiaires et groups d'intérêts. *Semaines sociales de France*. Paris: Chronique Sociale de France, 1954, p. 326.

corporativo, insuflado, em boa medida, pela massificação da sociedade e pela globalização da economia: sindicatos, associações, trustes, cartéis, *holdings*, conglomerados financeiros, empresas multinacionais, partidos políticos, *lobbies* etc. Tem-se mesmo a impressão de que o indivíduo, isoladamente considerado, não mais "existe", tragado pela voragem dos "sistemas" aos quais é agregado compulsoriamente, *manifestando-se* socialmente através de cartões, cifras, senhas e códigos de toda espécie. É curioso observar que o indivíduo buscou o grupo como forma de melhor assegurar sua realização pessoal, como também, para se proteger; renunciou, assim, a certas vantagens pessoais, em nome dos interesses coletivos sustentados pelo grupo ao qual se filiou.[69]

Nos dias de hoje, o coletivismo dos primeiros tempos acabou por engendrar a despersonalização do indivíduo, constatando-se, desoladamente, que uma pessoa não tem seu valor considerado a partir dela mesma, mas na medida em que esteja agregada a certas instituições ou a certas situações de vantagem material, numa verdadeira *monetarização* da sociedade.

Autores como Jean Rivero não se deixaram seduzir pela nova ordem coletiva, pela ascensão dos interesses coletivos. Pensa ele, em resumo, que nos Estados totalitários os grupos portadores de interesses coletivos foram devidamente contidos em sua expansão e puderam, assim, *auxiliar* efetivamente ao Estado, como ocorreu com o corporativismo italiano ou a organização profissional alemã. Já, nos países "ditos liberais" (*sic*), houve um desvirtuamento da ação desses grupos porque, à falta de um rígido controle estatal, eles passaram a atuar segundo propósitos egoísticos e de forma a estabelecer uma concorrência frente ao Estado. "À l'anarchie individualiste, ils ont substitué une autre anarchie, beaucoup plus redoutable, celle que naît de l'afrontement de puissantes collectivités capables de tenir en échec les gardiens désarmés de l'intérêt de tous". Ele é mesmo nostálgico da Lei *Le Chapelier*, antes lembrada, quando aduz: "La formule brutale de la loi Le Chapelier ne témoigne-t-elle pas d'une sagesse politique profonde? La force des groupes ne tient-elle pas nécessairement en échec l'action des représentants de la volonté nationale?".[70]

Nessa mesma linha, Stanislaw Ehrlich é incisivo ao observar que os grupos sociais organizados "ne représentent qu'une partie de la société. Leur volonté est générale par rapport à leurs adhérents, mais elle reste fragmentaire par rapport à

69. Segundo Edmond Bertrand: "L'ordre collectif se construit dès qu'apparait une limitation de l'exercice des droits et des facultés individuels" (Op. cit., p. 170).

70. Cf. Jean Rivero. *Corps*... cit., p. 318. Também Jean Jacques Rousseau supunha que os corpos intermediários impediam a formação da "vontade geral". A que se somava, observa Jean De Soto, "la peur de l'État de voir les groupements concurrencer ses activités et créer des féodalités nouvelles" (L'individualisme dans la jurisprudence du Conseil d'État. *Mélanges offerts à Marcel Waline. Le juge et le droit public*. Paris: Libr. Gén. Droit Jurispr., 1974, t. II, p. 771).

l'État".[71] Esse pensamento, trazido à realidade brasileira contemporânea, induz à reflexão sobre os episódios envolvendo os confrontos entre os grupos de trabalhadores *sem terra*, e os proprietários rurais, tendo-se presente o texto constitucional que concebe a propriedade a partir da condição legitimante de sua *função social* (art. 186). Esse dissídio, de largo espectro jurídico e social, traz à berlinda tanto o Executivo, encarregado, *imediatamente*, da mantença da ordem pública (poder de polícia da Administração), como o Judiciário, encarregado, *mediatamente*, da pacificação dos conflitos, mediante a aplicação da norma de regência.

Parece-nos que o binômio "interesse individual/interesse coletivo" deve ser visto de modo sereno e objetivo, sem radicalizações ou conclusões precipitadas. Em primeiro lugar, jamais haverá uma fórmula inteiramente satisfatória que os conjuguem, dada a natural antinomia dos conteúdos: o "individual" tende ao egoísmo, imanente à natureza humana; o "coletivo", se por um lado persegue objetivos metaindividuais, contém o risco ou o germe da massificação do indivíduo, tolhendo a livre criação. Não parece haver meio termo que supere essa dicotomia. A Revolução Francesa de 1789 significou a vitória do espírito liberal-individualista contra a opressão totalitária da monarquia déspota. Hoje, como agudamente observa Edmond Bertrand, assistimos "à une réaction inverse, la poussée revolutionnaire de la société contre l'individu". "C'est là", diz ele citando G. Renard, "le mystère fondamental de la sociologie et du droit", a saber: "D'être sans cesse à la recherche *d'un équilibre rompu aussitôt qu'établi*".[72]

Um equilíbrio rompido tão logo estabelecido... Haveria ao menos uma esperança de que interesses individuais e coletivos pudessem conviver harmoniosamente? Dado que o homem é gregário,[73] os interesses individuais tendem, naturalmente, a aproximar-se de outros interesses individuais compatíveis, com vistas à proteção mútua e melhoria das possibilidades de sucesso para os integrantes do mesmo segmento. Quer dizer, o processo de formação de interesses coletivos é constante e inevitável. Seria, mesmo, um instinto ou tendência do homem. A esse respeito, Mancur Olson refere à "teoria tradicional de formação dos grupos": "(...) les organisations et les groupes privés se retrouvent par tout et que cette ubiquité est due à une tendance humaine fondamentale à former des associations et à y adhérer. Comme le dit le fameux philosophe politique italien, Gaetano Mosca, les hommes ont 'l'instint de s'assembler en troupeaux pour combattre d'autres troupeaux'".[74]

---

71. Op. cit., p. 6.
72. Op. cit., p. 187.
73. Já Aristóteles, na *Política*, reconhecia que o homem é, por natureza, um animal político. (Cf. Mancur Olson, . *Logique de l'action collective*. Paris: PUF, 1978, p. 39).
74. Mancur Olson, op. cit.

Além de responder, portanto, a um impulso natural, a aglutinação de interesses coletivos nos diversos grupos atende, também, a uma exigência de otimização e racionalização do trabalho, da produção ou do exercício de um poder político. Por exemplo, não se concebe que o empregado possa, vantajosamente, enfrentar o titular dos bens de capital; mas a categoria toda dos empregados pode fazê-lo, não raro com sucesso. Então, além do "instinto", antes lembrado, existe um componente racional, *funcional* em todo esse processo: os interesses são melhor e mais eficazmente exercidos em forma coletiva. Mancur Olson lembra que, nas sociedades primitivas, havia pequenos grupos "primários", porque isso *bastava* às exigências de então; hoje, eles foram substituídos por grupos maiores e infinitamente mais poderosos, porque se constatou que essa exacerbação é necessária para a consecução do objetivo comum.[75]

Público, privado... *tertium non datur*? Sim, há um *tertium*, representado pelos interesses que são "menos" do que o interesse público, e "mais" do que os interesses privados: os interesses coletivos, aglutinados nos grupos sociais intermediários. E a Igreja – ela também, de certa forma, um "corpo intermediário" – aplaudiu esse "renascer do corporativismo" na Encíclica *Quadragesimo Anno*: "Que l'autorité publique abandonne donc aux groupements de rang inférieur les affaires de moindre importance où se disperserait à l'excès son effort, elle pourra dès lors assurer plus librement, plus efficacement, plus puissament les fonctions qui n'appartiennent qu'à elle, parce qu'elle seule peut les remplir: diriger, surveiller, stimuler, contraindre, selon ce que réclament les circonstances et la nécessité".[76]

É claro que essa "ascensão do coletivo", portada pelos grupos cada vez mais numerosos e poderosos, não se faz sem o seu preço: ao obter "espaços" cada vez maiores, esses grupos fazem "concorrência" ao Estado monocrático, exigindo porções cada vez maiores na partilha do poder, do que é exemplo o Estado norte-americano, com seus possantes sindicatos e associações de toda espécie. Se não é possível um meio-termo totalmente satisfatório entre os polos individual e coletivo, o caminho deve ser o que leve ao reconhecimento de uma sociedade pluralista, numa "democracia participativa",[77] onde aquela indesejável "concorrência" fique substituída pela *colaboração* da sociedade civil na gerência da coisa pública, com a prévia fixação de certos limites e condições. Uma aplicação contemporânea dessa *cooperação* entre Estado e

75. Idem, ibidem, p. 42.

76. *Apud* Jean Rivero, *Corps*... cit., p. 321.

77. Ver: Paulo Affonso Leme Machado. Administração participada e interesses coletivos. In: Ada Pellegrini Grinover (coord.). *A tutela dos interesses difusos*. São Paulo: Max Limonad, 1984, p. 49 *et seq*.

sociedade vem prevista, dentre nós, na gestão de valores transcendentes, como o *meio ambiente*, o *patrimônio cultural*, temas nos quais os textos de regência conclamam o Poder Público e a sociedade a somar esforços para a proteção eficaz desses interesses metaindividuais: CF, art. 225, *caput*; § 1.º do art 216, nessa ordem.

De resto, esse ideário está se projetando em direção ao Processo Civil, que vai se distanciando de sua clássica concepção *adversarial* ("Tício versus Caio") para alcançar uma estrutura *cooperatória*, conforme recepcionado no PL da Câmara 8.046/2010, sobre no novo CPC, art. 8.º: "Todos os sujeitos do processo devem *cooperar* entre si para que se obtenha, em tempo razoável, decisão de mérito justa e efetiva".

Em modo análogo, em sintonia com a proposta de uma sociedade plural, instalada numa democracia participativa, o conceito de *Jurisdição* vai se descolando do sentido monopolístico de Justiça Estatal, para consentir uma leitura abrangente, por modo a se reconhecer que a resolução dos conflitos pode e deve ser realizada por outros órgãos e instâncias – a chamada *jurisdição compartilhada* –, à condição de que se alcance um resultado justo, numa boa equação custo-benefício e num tempo razoável. É o que sinaliza a Res. CNJ 125/2010, que estabelece a *Política Judiciária Nacional* (*DJe* 01.12.2010, republicada no *DJe* de 01.03.2010), lendo-se nos *consideranda*: "o direito de acesso à Justiça, previsto no art. 5.º, XXXV da Constituição Federal além da vertente formal perante os órgãos judiciários, implica acesso à ordem jurídica justa", cabendo ao Judiciário "organizar, em âmbito nacional, não somente os serviços prestados nos processos judiciais, como também os que possam sê-lo mediante outros mecanismos de solução de conflitos, em especial dos consensuais, como a mediação e a conciliaçaõ". Nesse sentido, o citado PL da Câmara Federal 8.046/2010, sobre o novo CPC, abre largo espaço para os "conciliadores e mediadores judiciais" (arts. 166 – 176), e, perfilhando essa senda, o TJSP, pelo Provimento n. 17, de 05.06.2013, firmado pelo Corregedor Geral da Justiça, Des. José Renato Nalini, dispõe que os "notários e registradores ficam autorizados a realizar mediação e conciliação nas Serventias de que são titulares" (art. 1.º).

Afigura-se inútil ignorar ou minimizar os interesses coletivos e os grupos; isso seria, ao mesmo tempo, desconhecer a natureza humana e lutar contra o inevitável. Atualmente, assiste-se a uma verdadeira "divisão de trabalho", pelo critério do *elemento predominante*: os interesses privados, para os indivíduos; os interesses coletivos, para os grupos; o interesse público, para o Estado. Cabe a este último "aceitar" essa *entourage*, conviver com ela, deixar que ela facilite a gestão da coisa pública, como sucede com as exitosas parceiras público-privadas, e, de modo geral, com as intervenções do chamado *terceiro setor*: ONG's, OSCIP's.

Cabe ao Estado ter presente que os três planos antes referidos não formam compartimentos estanques, mas, ao contrário, interagem e se influenciam mutuamente; daí a necessidade de critérios político-administrativos *flexíveis*, como reclama a doutrina.[78]

De resto, a Constituição brasileira de 1988 parece ter dado guarida a esse reclamo jurídico-sociológico, quando acenou, vivamente, para uma *democracia participativa* (e não apenas representativa), permitindo aos modernos corpos intermediários (sindicatos, associações, órgãos de classe) integrarem-se na gestão da coisa pública, atuando tanto nas instâncias primárias (arts. 1.º, V, e parágrafo único; 205, 216, § 1.º, e 225), como na via judicial, esta última com o alargamento da legitimação ativa para a defesa dos interesses metaindividuais (arts. 5.º, XXI e LXX; 103, VII, VIII e IX; 129, III e § 1.º), e com os espaços cada vez mais largos que se vão abrindo para as intervenções dos *amici curiae* no âmbito judicial, como por exemplo nas ADIn's e ADCon's (Lei 9.868/1999, § 1.º do art. 9.º; § 1.º do art. 12-E; § 1.º do art. 20; Lei 9.882/1999, § 1.º do art. 6.º) e em tantas outras ocorrências, tais o procedimento para edição, revisão ou cancelamento de súmula vinculante do STF (Lei 11.417/2006, § 2.º do art. 3.º).

Márcio Flávio Mafra Leal destaca o papel das *ações coletivas*, na medida em que, ao lado dos movimentos sociais, "veicularam outros direitos difusos que emergiram na sociedade capitalista contemporânea, incluindo direitos de crianças, adolescentes, idosos, índios, aborígenes, portadores de deficiência, sem-casa (*homeless*), internos e egressos do sistema penitenciário, *gays* e lésbicas, e outros não necessariamente incluídos na categoria 'minoria', mas que dentro de um determinado contexto conflitual frequentemente permanecem em situação de *desvantagem* ou *vulnerabilidade*".[79] Sob estes dois últimos aspectos, considere-se que, nas relações de consumo, o legislador considera que o destinatário final – o consumidor – é a parte *vulnerável* (Lei 8.078/1990, art. 4.º, I) e por aí se explicam as normas francamente protetoras daquela figura, como as que tratam da *inversão do ônus da prova* e da *desconsideração da pessoa jurídica* (lei supra, arts. 6.º, VIII e 28); não se trata, aí, de algum privilégio, mas de preservação da igualdade em sentido substancial, que consiste em *tratar desigualmente os desiguais, na medida das desigualdades*.

Vejamos, em seguida, em que consistem os "interesses individuais" e os "interesses coletivos".

---

78. Mauro Cappelletti lembra, a esse respeito, a necessidade "di una articolata, flessibile, pluralistica combinazione di forze – di pesi e di contrappesi, di poteri e di controlli" (*Formazioni*... cit., p. 391).

79. *Ações coletivas: história, teoria e prática*. Porto Alegre: Fabris, 1998, p. 99.

1.7.2 O conteúdo da expressão "interesse individual"

O presente tema será abordado em dois tópicos, sendo o primeiro dedicado ao questionamento da dicotomia "público-privado" em si mesma, e o segundo, ao "interesse individual" propriamente dito.

1.7.2.1 Questionamento da dicotomia "público-privado"

O reconhecimento da insuficiência da dicotomia "público-privado" tem por base o fato de que, na verdade, há uma interação firme e constante entre esses dois termos, a impedir que sejam postos em compartimentos estanques. Essa constatação salta aos olhos, bastando observar que, de fato, o "coletivo", o "geral", o "público", não são noções abstratas, mas haurem sua significação a partir da síntese dos interesses individuais nelas agrupados; de modo que um interesse é "metaindividual" quando, além de depassar o círculo de atributividade individual, corresponde à síntese dos valores predominantes num determinado segmento ou categoria social. Assim, por exemplo, os interesses *coletivos* da medicina, são, na verdade, aqueles que, predominantemente, concernem aos bens e valores precipuamente afetos aos componentes da classe médica. Como diz Jean Rivero, "il n'y a pas d'intérêts de la Boulangerie, en dehors de la prospérité des boulangeries...".[80]

Em outras palavras, a realidade é muito complexa e seus elementos estão constantemente interagindo, de modo que não se pode *enquadrar* todo esse fenômeno na polarização entre *público* e *privado*. O "temido" *terceiro termo* de há muito está presente na sociedade, formado de elementos que depassam esse binômio. Há, portanto, uma *zona cinzenta* entre aqueles dois polos, facilmente constatável quando refletimos sobre alguns exemplos: o direito de propriedade, em princípio, concerne ao interesse individual; mas, já há algum tempo, se construiu a teoria da propriedade como *função social*;[81] um sindicato operário, em princípio, protege os interesses individuais dos trabalhadores, mas, fazendo-o, tutela, também, o direito ao trabalho, que é uma liberdade pública. É como diz Jean Rivero: "Il n'est pas d'intérêt collectif qui ne se résolve finalement en un avantage procuré à des individus".[82]

---

80. *Corps*... cit., p. 327.

81. Informa Jacques Robert que o direito de propriedade se situa dentre as "libertés privées" (*Libertés publiques*. Paris: Montchrestien, 1982, p. 19). Claude-Albert Colliard acrescenta: "La théorie de la propriété fonction sociale n'est pas une nouveauté. Elle a été, sous l'impulsion de la charité chrétienne, la doctrine de Saint Thomas" (*Libertés publiques*. Paris: Dalloz, 1982, p. 827). No Brasil, a Constituição Federal em vigor previu o conceito da "função social da propriedade" (arts. 5.°, XXIII, e 186).

82. *Corps*... cit., p. 327.

Neste passo, cabe notar que a própria divisão do direito positivo em dois grandes ramos – o público e o privado – não se faz em termos de *exclusividade*, e sim de *predominância*, a saber: o direito penal integra o direito público porque a *maioria* de suas normas é de natureza cogente, imperativa (dado o *jus puniendi* reservado ao Estado), mas ele compreende também normas de natureza privada (nos crimes contra a honra, por exemplo) e mesmo, nos processos alusivos a infrações penais de menor potencial ofensivo há possibilidade de conciliação (Lei 9.099/1995, arts. 72 a 74); em modo análogo, o direito civil integra o direito privado por causa da *predominância* das normas de natureza privada, embora nele coexistam normas de ordem pública, como as relativas ao direito de família e sucessões.

Essa interação "público-privado" não deve causar espécie, porque em verdade o universo jurídico é uno, coeso, donde ser compreensível essa interpenetração dos vários elementos que o compõem. Essa questão concerne também ao processo civil: conquanto ele sirva, geralmente, para veicular conflitos interssubjetivos de natureza privada, ele é uma relação jurídica de direito público, por isso mesmo integrante do Direito Público, dado que suas normas, na maioria, são cogentes, indisponíveis; além disso, a jurisdição é uma função do Estado. Em outros países, tais como a França, chama-se *Droit Judiciaire Privé*, visto que ele "a pour but d'assurer la protection des droits privés et que c'est par elle (la procédure) que sont mis en oeuvre les droits subjectifs qui appartiennent aux particuliers".[83] Alhures, informa René David, é ainda "question ouverte (dans le droit continental) si on doit classifier le procès civil entre les branches du droit public ou bien du droit privé".[84] Um elemento complicador, nesse quadro, adveio com o surgimento de novos ramos do Direito, tais o Ambiental, o do Consumidor, o Cibernético, resistentes às tentativas de reduzi-los a um ou outro campo da *summa divisio*.

Como observa argutamente Jacques Chevallier, à medida que a fronteira entre o "público" e o "privado" foi se tornando fluida, abriu-se o *espaço* necessário para os interesses coletivos, aglutinados nos grupos, quer dizer: os interesses coletivos terminaram por se "encaixar" entre aquelas duas balizas; essa fronteira "n'est plus étanche mais poreuse, et son franchissement n'est plus exceptionnel". O autor fala de um *fato associativo*, gerador do *fato social*: "Rabattu jusqu'alors, soit vers le privé, soit vers le public, le fait associatif tend à être érigé en fait social autonome; il y aurait entre le public et le privé un 'tiers secteur', échappant à la fois à la logique du 'pouvoir' et à celle du 'profit' et dont le développement permettrait de modifier les règles du jeu social".[85]

---

83. Cf. Henri Solus e Roger Perrot. Op. e t. cits., p. 14.

84. *English law and French law.* Londres: Stevens and Sons, 1980, p. 33.

85. Op. cit., p. 900.

Além dessa interpretação, um outro fator concorre para tornar esbatida a distinção entre o "coletivo" e o "individual": é que há uma tendência para a exacerbação do *coletivo*, por força da anexação de áreas antes afetadas ao *particular*, no fenômeno conhecido como "publicização do direito". Então, as fronteiras, além de não serem bem demarcadas, são móveis, cambiantes. Vivemos, sabidamente, numa sociedade de massa e esta, como observa Tércio Sampaio Ferraz Júnior, "é uma sociedade que tende a uma publicização do direito e mais a mais a uma estatização crescente do direito".[86]

O processo civil não tem se mostrado infenso a essa *tendência globalizante*, lembrando José Carlos Barbosa Moreira que o processo está recebendo o impacto da "propensão do mundo contemporâneo para os fenômenos de massa: produção de massa, distribuição de massa, cultura de massa, comunicação de massa e, por que não, processo de massa?".[87]

Em que pesem todos esses dados tendentes a demonstrar a artificialidade da tradicional *summa divisio*,[88] fato é que, inobstante, é possível e útil a tentativa de identificação de um interesse como sendo "coletivo" ou "individual", tomando-se por critério o elemento que é *preponderante* no caso concreto. Com efeito, se tomarmos o fenômeno "greve", constataremos que, embora seja inimaginável uma greve sem os indivíduos, é evidente que *prevalece* o dado coletivo, e a greve pode mesmo passar por uma liberdade pública, um exercício *coletivo* de pretensões individuais homogêneas. Já no que concerne aos interesses empresariais, é o elemento individual o prevalecente.

Esse critério distintivo, fundado na natureza, na intensidade, na extensão-compreensão do interesse metaindividual é levado em conta por José Carlos Barbosa Moreira, quando distingue os litígios *essencialmente coletivos* dos *acidentalmente coletivos*, nesse sentido de que naqueles primeiros a indeterminação dos sujeitos e a indivisibilidade do objeto é absoluta, ao passo que nestes últimos esse binômio se relativiza. Assim, exemplifica o autor o primeiro caso: "Ou a paisagem é protegida, e preservada, e todos os interessados são juridicamente satisfeitos, ou a paisagem não é preservada, e nenhum dos interessados na sua preservação terá satisfação jurídica"; como exemplo do segundo caso, figura a

86. *A tutela*... cit. (Painel de Debates). In: Ada Pellegrini Grinover (coord.), 1984, p. 156.

87. Ações coletivas na Constituição Federal de 1988. *Revista de Processo,* n. 61, p. 187.

88. Mauro Capelletti se refere à "chiara insufficienza della tradizionale dicotomia *pubblico-privato*. È una dicotomia superata, superata dalla realtà (anche se, purtroppo, non ancora superata da tutta la dottrina e la giurisprudenza italiane)". Diz que essa dicotomia é "non soltanto artificiosa, ma anche insufficientemente 'sofisticata'; la realtà é molto più complessa, più articolata di quella semplicistica dicotomia tradizionale" (Appunti sulla tutela giurisdizionale di interessi collettivi o diffusi. Revista *Giurisprudenza Italiana,* vol. CXXVII, parte IV, n. 1975).

hipótese de que "por meio de uma fraude financeira, se cause prejuízo a número elevado de pessoas, que foram iludidas e caíram vítimas da manobra ilícita", caso em que tanto é possível que cada prejudicado intente a reparação individual, como também poderia cogitar-se de um trato processual coletivo, motivado pelo fato de que "o vulto do prejuízo individual não se torna bastante para justificar a ida a juízo de cada um dos prejudicados isoladamente".[89] O estudo em causa é anterior à promulgação do CDC, em 1990, que viria conceituar as espécies de interesses metaindividuais (art. 81 e incisos), mas é possível intuir que o primeiro daqueles exemplos corresponde a um interesse *difuso*, e o segundo, a um *individual homogêneo*.

De todo modo, a distinção, entre público e privado segue tendo alguma utilidade, visto que, ao menos, poderá servir como um indicativo do método interpretativo a ser utilizado *in concreto*, a saber, se deve ser aquele concernente às matérias que relevam da esfera privada ou, então, do setor público. Basta que se tenha presente, porém, que essa "classificação" não se faz em termos absolutos, mas segundo o(s) elemento(s) predominante(s); e é preciso também lembrar que os conceitos de "público" e "privado" estão sujeitos a flutuações no tempo e no espaço.[90]

O que ora se vem demonstrando parece ficar bem evidenciado no tocante aos chamados *interesses individuais homogêneos*: em sua essência ou natureza, eles são individuais, e a própria denominação o indica; todavia, como eles relevam de um evento comum, que lhes confere uniformidade (Lei 8.078/1990, CDC, art. 81, III), entendeu o legislador que o modo de fazê-los valer em Juízo há de ser através da jurisdição *coletiva*, conducente a uma condenação genérica (CDC, art. 95).

---

89. *Ações coletivas*... cit., p. 187-188.

90. Outro critério é lembrado por Angel Landoni Sosa, forte em Carnelutti: "El interés será individual o colectivo en función de quien sea que detente la titularidad de la necesidad: el individuo o el grupo" (Los sistemas de protección al interés de los consumidores y otros intereses colectivos. *Revista de Processo*, n. 31, São Paulo, p. 156, jul.-set. 1983). A propósito, uma decisão proferida pela Corte de Cassação Italiana (2.177. de 19.07.1974, *Giurisprudenza. Italiana.*, 1975, 1.I, p. 665 *et seq.*) foi bastante elucidativa a propósito da distinção entre os interesses: *individual*, *coletivo* (ou setorial) e *geral*. Segundo Gustavo Vignocchi, que se reporta a esse julgado, nele se ressaltou que os interesses individuais "sono quelli dei professionisti, la cui posizione giuridica, è, o può essere, lesa da provvedimenti presi dal consigli dell'ordine"; os interesses coletivos ou setoriais, a seu turno, "riguardano l'indipendenza e il prestigio della professione", enquanto os interesses gerais "sono inerenti al corretto funzionamento della professione, in quanto questa si inserisce sul piano della amministrazione della giustizia con funzione socialmente rilevante di necessaria collaborazione" (Il problema della tutela degli interessi diffusi nel quadro di enti, raggruppamenti e ordinamenti a sfondo econômico. *Atti del XXIII Convegno di Studi di Scienza dell'Amministrazione*. Milão: Giuffrè, 1978, p. 232).

É que, especialmente nos casos em que há *expressiva dispersão dos lesados* (por exemplo, aplicadores em caderneta de poupança de certo banco, prejudicados por erro no cálculo do índice remuneratório), haverá extrema conveniência em que o trato jurisdicional da matéria se faça em modo *molecular*, assim evitando a atomização do fenômeno coletivo em múltiplas demandas individuais, ao risco de decisões discrepantes, em processos demorados e onerosos. De observar-se que no PL da Câmara 5.139/2009, antes preordenado a regular a nova ação civil pública, o conceito de *interesses individuais homogêneos* vinha aprimorado, por modo a neles abranger "aqueles divisíveis, decorrentes de origem comum, de fato ou de direito, que recomendem tutela conjunta a ser aferida por critérios como facilitação do acesso à Justiça, economia processual, preservação da isonomia processual, segurança jurídica ou dificuldade na formação do litisconsórcio" (inciso III do art. 2.º). Já no âmbito do PL da Câmara Federal 8.046/2010, sobre o novo CPC, prevê-se a *conversão de ação individual em ação coletiva*, dentre outros pressupostos, quando o pedido "tenha alcance coletivo, em razão da tutela de bem jurídico difuso ou coletivo, assim entendidos aqueles definidos pelo art. 81, parágrafo único, incisos I e II, da Lei 8.078, de 11 de setembro de 1990, e cuja ofensa afete, a um só tempo, as esferas jurídicas do indivíduo e da coletividade".

Vejamos em seguida, separadamente, o "interesse" individual e, após, o "interesse coletivo".

1.7.2.2 O interesse individual

O feudalismo, conquanto tenha se constituído em sistema sociopolítico repressor e elitista, nem por isso deixou de representar, para a classe proletária, uma forma qualquer de tutela, ainda que manifestada pela *vassalagem* oprimida pelo suserano (uma vertente amenizada registrou-se dentre nós com o chamado *compadrismo*, praticado entre o proprietário da gleba rural e os trabalhadores, ditos *colonos*). É realmente curioso observar que em mais de uma passagem da história da humanidade, os processos de dominação, embora muitas vezes cruéis, representam para os dominados algum tipo de "proteção", miserável que seja. Possivelmente, o *sentir-se conduzido* pode gerar uma sensação de estar sendo tutelado... Esse fenômeno acontece no relacionamento entre colonizador e colonizado; e, entre nós, ocorreu no período subsequente à abolição da escravatura, onde é sabido que inúmeros escravos se sentiram *desamparados* ao se verem livres, e *preferiram* continuar a serviço dos ex-senhores.

Fato semelhante ter-se-ia passado após o esfacelamento do sistema feudal. Os indivíduos sentiram-se desprotegidos, visto que, por um lado, não mais havia o suserano, senhor das terras e dos bens de capital; de outro lado, o *Estado*, tal como hoje o conhecemos, apresentava estrutura ainda incipiente. Esse contexto acarretou a exacerbação do individualismo, isto é, houve a conscientização generalizada de que cada pessoa deveria contar consigo mesma. Tão forte se revelou esse contexto que o indivíduo "subiu" ao primeiro plano, convertendo-se na própria *finalidade*, no *leitmotiv* do grupo social. A sociedade, o coletivo, eram o meio; o indivíduo, o fim.

Jean Jacques Rousseau, no *Contrato social*, afirmava que, se cada homem cedia uma parte de sua liberdade para a formação da sociedade civil, era, justamente, com vistas ao favorecimento de cada indivíduo. Como analisa Marcel Waline, "c'est par un mouvement égoïste que les hommes ont conclu le contrat social, c'est parce qu'ils espèrent trouver par l'abandon de leur liberté des avantages beaucoup plus grands grâce à la vie en société".[91] Muito claramente, Jean Jacques Rousseau indagava: "Quelle est la fin de l'association politique?" E a resposta, incisiva: "C'est la conservation et la prospérité de ses membres".[92]

Eis aí, portanto, uma demonstração da "evolução cíclica dos interesses": eles movimentam-se alternando os primados do *coletivo* e do *individual*.

Não raro, busca-se definir o interesse individual pela "negativa", isto é, contrapondo-o ao interesse coletivo.[93] Essa técnica, sobre colidir com a recomendação da lógica formal, de que se deve evitar a definição "pela negativa",[94] acaba acarretando um círculo vicioso, na medida em que o conteúdo do objeto a ser definido aparece referenciado a outro objeto, estranho ao que se quer definir.

Não vemos outra forma de conceber o que seja o interesse individual, senão utilizando o critério do "elemento predominante", a que já nos referimos: é individual o interesse cuja fruição se dá, precipuamente, em prol de seu destinatário. Se o interesse é bem exercido, só o indivíduo disso se beneficia; em caso contrário, só ele suporta os encargos. Assim se passa, por exemplo, com o interesse do credor em receber seu crédito. Ou, na visão de Vincenzo Vigoriti, "i beni individuali sono solo individualmente perseguibili",[95] quer dizer: a qualificação para o seu exercício é atribuída ao seu portador; o Estado, conforme o caso, não se interessará ou não poderá impedir aquele exercício.

Critério prático para se identificar um interesse como "individual" consiste em examiná-lo sob os ângulos do "prejuízo" e da "utilidade": um acidente

---

91. *L'individualisme et le droit*. Paris: Montchrestien, 1949.

92. *Le contrat social*. Livro III. Cap. IX.

93. Da mesma forma que "l'expressione 'interesse pubblico' è usata assai spesso... in contrapposizione a quello che si suol denominare 'interesse privato" (Alessandro Pizzorusso. *Interessi*... cit., p. 57-58).

94. Salvo, é claro, quando inevitável, como, por exemplo, quando se define a pessoa cega: é aquela que *não vê*. No campo probatório, uma aplicação do afirmado do texto está no aforisma *negativa non sunt probanda*.

95. Alessandro Pizzorusso. *Interessi*... cit., p. 21.

automobilístico do qual só resultem danos materiais gerará interesses individuais (ao ressarcimento, ao recebimento do seguro); as situações de que só podem resultar benefício para as partes implicadas (por exemplo, um ato de liberalidade) geram interesses individuais, porque a utilidade do evento se esgota na esfera de atuação dos participantes.

A circunstância de que o interesse individual se exerce *pelo* e *para* o indivíduo pode embasar, a nosso ver, a distinção entre as liberdades *pessoais* e as *coletivas*. Dentre as primeiras, se contariam, em primeiro lugar, a liberdade individual ou física e, em seguida, as liberdades de espírito, como a liberdade de religião, de opinião. Dentre as liberdades *coletivas* contam-se as de reunião, de associação, a liberdade sindical, o direito de greve.[96] Está claro que aquele primeiro grupo configura as liberdades *pessoais*, porque se tratam de interesses que se restringem à esfera de atuação de cada pessoa e cujo exercício depende de uma ação voluntária do indivíduo. Ao passo que as outras liberdades são "coletivas", porque só exercitáveis em grupo: é inimaginável uma greve com abstração do coletivo, ao menos no sentido comum desse termo, e tendo presente a finalidade de *pressão,* imanente aos movimentos multitudinários.

Por outro lado, os interesses individuais estão na base do conceito de "direito subjetivo"; este resulta da fusão entre o interesse individual e a proteção estatal que o chancela e garante, nos casos em que aquele interesse corresponde aos valores "escolhidos" como os mais relevantes em determinada coletividade, como, por exemplo, o direito de propriedade. Osvaldo Aranha Bandeira de Mello refere-se ao assunto, dizendo que "há regras de direito objetivo que visam direta e imediatamente o interesse dos particulares, interessando, apenas, mediata e indiretamente o bem comum de todos os membros da coletividade. Trata-se do direito subjetivo do particular em face do Estado-poder".[97]

Importante ressaltar ainda uma vez que os interesses ditos *individuais homogêneos* (Lei 8.078/1990, art. 81, parágrafo único, III), que se apresentam uniformizados em decorrência da origem comum, na sua essência remanescem individuais; todavia, o *modo* por que se faz sua tutela processual pode e até *deve* ser de tipo coletivo (lei supra, arts. 90 a 100), mormente ante a previsão constante do CPC para que o juiz previna a formação do litisconsórcio ativo muito numeroso (art. 46, parágrafo único). A propósito, dispõe a *Súmula de Entendimento* n. 7, do Conselho Superior do MP paulista: "O Ministério Público está legitimado à defesa de interesses individuais homogêneos que tenham expressão para a coletividade, como: *a*) os que digam respeito à saúde ou à segurança das pessoas,

---

96. Cf. Jacques Robert. Op. cit., p. 26-27 (resumimos, no texto, o pensamento do autor, em linhas gerais).

97. *Princípios gerais*... cit., p. 203.

ou ao acesso das crianças e adolescentes à educação; *b*) aqueles em que haja extraordinária dispersão dos lesados; *c*) quando convenha à coletividade o zelo pelo funcionamento de um sistema econômico, social ou jurídico".[98]

Visto, no essencial, o conteúdo do interesse individual, vejamos, em seguida, o que se entende por "interesse coletivo".

1.7.3 O interesse coletivo

Para melhor compreensão do presente tópico, vejamos, primeiramente, as três acepções do termo *interesse coletivo*; em seguida, pela ordem, veremos a posição ocupada por esses interesses no concerto geral dos interesses metaindividuais; sua característica básica; o processo de sua formação; o campo propício à sua manifestação.

1.7.3.1 As três acepções do interesse coletivo

1.7.3.1.1 Interesse pessoal do grupo – Essa conotação é a mais restritiva. Corresponde ao *próprio* interesse da pessoa jurídica, isto é, não se trata dos interesses que, coalizados, levaram à formação do grupo, mas dos interesses do grupo em si mesmo, como entidade autônoma, valendo lembrar o disposto no art. 47 do CC: "Obrigam a pessoa jurídica os atos dos administradores, exercidos nos limites de seus poderes definidos no ato constitutivo".[99] Assim, por exemplo, uma cooperativa de agricultores pode ter interesse em elevar o capital social; trata-se aí de um interesse que concerne predominantemente à pessoa jurídica, não se confundindo com os interesses da agricultura ou mesmo dos seus aderentes, considerados *de per si*.

Esse tipo de interesse não é propriamente coletivo, por isso que ele concerne primacialmente à pessoa jurídica enquanto entidade; são atos de gerência, de economia interna, e não um exercício de verdadeiros interesses coletivos; como observam Henri Solus e Roger Perrot, trata-se apenas do interesse *pessoal* do grupo. Essa possibilidade não deve causar espécie porque o grupo, dotado de personalidade, está defendendo *seus* interesses, "comme pourrait le faire un simple particulier". Assim é que uma sociedade comercial pleiteia em juízo o ressarcimento de danos causados ao *seu* patrimônio; um sindicato pode agir na justiça no caso de uma invasão à *sua* sede social; uma associação pode recorrer à

98. V. essa e as demais *Súmulas de Entendimento* do Conselho Superior do MP paulista, com os respectivos fundamentos, in: Hugo Nigro Mazzilli. *A defesa dos interesses difusos em Juízo*. 22. ed. São Paulo: Saraiva, 2009, p. 753 e ss.

99. Diverso era o enunciado do art. 20, do revogado Código Civil de 1916: "As pessoas jurídicas têm existência distinta da dos seus membros".

justiça sempre que seus interesses *próprios* (por exemplo, à preservação de sua imagem ou de sua credibilidade) forem atingidos.[100]

O interesse, aí, não é coletivo, propriamente dito, podendo ser, superiormente, chamado "interesse social", numa nomenclatura, hoje defasada, representativa da estrutura de uma pessoa jurídica.[101] Trata-se de interesse direto e pessoal da entidade; e se é chamado "social", é porque pertine prevalentemente ao "patrimônio social", em sentido lato. Por exemplo, um clube esportivo que ajuíza ação de ressarcimento contra grupo de *torcedores* que danificou o alambrado do estádio, age na defesa do patrimônio imobilizado da entidade (Aliás, dispõe a Lei 10.671/2003 – *Estatuto do Torcedor* – no art. 39-A, incluído pela Lei 12.299/2010: "A torcida organizada que, em evento esportivo, promover tumulto; praticar ou incitar a violência; ou invadir local restrito aos competidores, árbitros, fiscais, dirigentes, organizadores ou jornalistas será impedida, assim como seus associados ou membros, de comparecer a eventos esportivos pelo prazo de até 3 (três) anos").

1.7.3.1.2 Interesse coletivo como "soma" de interesses individuais – Nessa acepção, temos um interesse que só é coletivo na *forma* porque é exercido, não em sua essência. Um *feixe* de interesses individuais não se transforma em interesse coletivo, pelo só fato do *exercício* ser coletivo. A essência permanece individual. Parece ser nesse sentido a crítica que Teori Albino Zavascki endereça à inserção, pelo CDC, dos interesses individuais homogêneos, na sequência dos difusos e dos coletivos em sentido estrito (art. 81 e incisos da Lei 8.078/1990): "Direitos individuais, conquanto que homogêneos, são direitos individuais e não transindividuais. Peca por substancial e insuperável antinomia afirmar-se possível existência de direitos individuais transindividuais".[102] Mas, como obtempera Ricardo de Barros Leonel, ali tratou-se de "expressa opção do legislador, e embora não sejam 'coletivos' na essência, tais interesses o são formalmente ou acidentalmente para fins de tratamento processual. Sua implementação configura opção de política legislativa".[103] Em outra sede doutrinária, Teori Zavascki, avalia que tal espécie de interesse metaindividual em verdade decorre "não de um enfoque *material* do direito, mas sim de um ponto de vista estritamente *processual*", e, adiante, concede a que "há certos interesses individuais que, quando visualizados em seu conjunto, em forma coletiva e impessoal, têm a força de transcender a esfera de interesses puramente individuais e passar a representar, mais que a soma de interesses dos respectivos titulares, verdadeiros interesses da comunidade como

---

100. Op. e t. cits., p. 219.
101. Ver *supra*, n. 4.
102. Defesa de direitos coletivos e defesa coletiva de direitos. *Revista de Processo*, n. 78, p. 35, 1995.
103. *Manual do processo coletivo*. São Paulo: RT, 2002, p. 108.

um todo. É o que ocorre, por exemplo, com os direitos individuais homogêneos dos atingidos por dano ambiental". [104]

Dizem Henri Solus e Roger Perrot que o interesse coletivo se apresenta como "un faisceau d'intérêts individuels"; o grupo se reduz a um mero "représentant collectif des intérêts individuels"; em consequência, a ação desse grupo tem um "fondement individuel, dont seul l'exercice est collectif".[105] Na medida em que se trata de uma mera *justaposição* de interesses individuais, apenas *exercidos* coletivamente, não se pode ainda falar propriamente de verdadeiro *interesse coletivo*.

Em verdade, como observa Vincenzo Vigoriti, esse posicionamento que vê no *coletivo* uma simples "soma" de interesses individuais, releva de uma postura de tipo tradicional, que "volle isolato l'individuo da tutti i rapporti sociali, che vide nell'individuol'autore e l'arbitro del mondo giuridico, e, correlativamente, nelle posizioni soggettive di carattere individuale gli unici interessi tutelabili".[106]

Está claro que a vera noção de "interesse coletivo" requer mais do que uma simples *adição* de interesses individuais. Sempre se pode fazer coletivamente o que já antes se poderia fazer a título individual; todavia, uma simples alteração no *modo* do exercício não pode mudar a *essência* dos interesses agrupados, que permanecem de natureza individual. É por isso que o CDC, dentro do gênero "interesses transindividuais" considera *individuais homogêneos* aqueles "decorrentes de origem comum" (art. 81, III, da Lei 8.078/1990) e para tanto disponibiliza uma modalidade de tutela processual coletiva (arts. 91 a 100), sem que, todavia, isso impeça os particulares lesados de ajuizarem seus pleitos individuais, donde esclarecer o legislador que não há litispendência (art. 104) entre as duas vias judiciais.

1.7.3.1.3 Interesse coletivo como "síntese" de interesses individuais – Aqui, o quadro se altera nitidamente. Não se trata da defesa do interesse *pessoal* do grupo; não se trata, tampouco, de mera *soma* ou *justaposição* dos interesses dos integrantes do grupo; trata-se de um plano mais vasto e abrangente, que depassa esses dois limites, ficando o interesse afetado a um ente coletivo, nascido a partir do momento em que certos valores individuais, atraídos por semelhança e harmonizados pelo fim comum, se coalizam no grupo. É *síntese*, antes que mera *soma*.

Com efeito, pode-se falar de um "fenômeno coletivo", porque "de toute union se dégage une réalité nouvelle, douée d'une force autonome qui dépasse et absorbe les intérêts particuliers de chacun".[107] Essa "realidade nova" é

104. *Processo coletivo – tutela de direitos coletivos e tutela coletiva de direitos*. São Paulo: RT, 2006, p. 55.

105. Op. e t. cits., p. 220.

106. *Interessi collettivi e processo – la legittimazione ad agire*, cit., p. 44.

107. Henri Solus e Roger Perrot Op. e t. cits., p. 224.

justamente o interesse coletivo no seu sentido próprio, porque, conquanto originário dos interesses individuais, representa a *síntese*, um amálgama daqueles; a partir desse momento, se desvanecem os interesses individuais originários, surgindo uma nova realidade: a dos interesses (verdadeiramente) coletivos. É preciso, então, que haja um *ideal* coletivo, uma *alma* coletiva; é isso que conduz à característica específica.

Pensar e sentir coletivamente é relegar a um plano secundário o interesse imediato, egoísta, para, com os olhos postos num ideal amplo e generoso, empenhar os esforços comuns com vistas à consecução desse desiderato. É possível e até provável que os frutos desse esforço recaiam, *reflexamente*, sobre os que dele participaram; e, dada a amplitude do fim perseguido, é mesmo possível que terceiros venham a ser beneficiados. Quando um grupo luta por melhores condições de segurança no trabalho, são todos os trabalhadores, como *categoria*, que disso poderão beneficiar-se, independentemente de sua precedente adesão à entidade representativa. Nem por outro motivo se reconhece autonomia ao meio ambiente *do trabalho* (CF, art. 200, VIII): embora esse valor seja tomado em dimensão transindividual, é curial e inevitável que a melhoria das condições em que se realiza certa atividade acaba repercutindo beneficamente sobre os indivíduos nela empenhados. Aliás, o contrário também pode ser verdadeiro: o acolhimento de uma ação individual voltada à supressão de uma fonte de poluição sonora, por certo beneficiará todos os moradores do entorno, e não apenas o autor da ação, dada a indivisibilidade da ocorrência judicializada.

Então, pensar e agir coletivamente é, antes de mais nada, conduzir-se inteligentemente, porque a reunião dos esforços individuais é o instrumento mais eficaz para a consecução do fim comum. Jean Rivero mostra *as vantagens* do interesse coletivo, em face do individual: "L'intérêt individuel au sens classique joue l'immédiat et réfuse les sacrifices qui assureraient l'avenir, les réformes douloureuses, mais nécessaires; l'intérêt collectif, c'est une somme d'intérêts individuels purgés de leur égoïsme, et qui pensent la durée, une somme d'intérêts individuels intelligents".[108]

O interesse coletivo aparece, assim, como sintetizam Henri Solus e Roger Perrot, "come une entité générale et abstraite qui absorbe et dépasse la somme des intérêts individuels de ses membres".[109] Foi por esse raciocínio que se construiu a teoria da pessoa jurídica como uma realidade autônoma, distinta das pessoas dos membros e identificada à respectiva coletividade por ela representada. Quer dizer: o sindicato representa precipuamente a "profissão", a "atividade", antes que seus

108. *Corps*... cit., p. 327. Caberia, apenas, aduzir que melhor fora a referência à *síntese* e não à soma de interesses individuais.

109. Op. e t. cits., p. 221.

aderentes; uma associação de pais representa a "família", e não o conjunto de seus filiados; uma congregação universitária representa a instituição de ensino, não se reduzindo à singela reunião do corpo docente. Por via de consequência, o interesse coletivo torna-se para o grupo um interesse direto e pessoal, legitimando-o a representar a coletividade como um todo.[110] Uma aplicação histórica dessa assertiva deu-se na jurisprudência francesa, quando se decidiu que a adulteração de vinho por adição de água lesava direta e imediatamente os consumidores, mas, indiretamente, prejudicava o interesse coletivo da vitivinicultura, representado pelo respectivo sindicato.[111]

Daí o acerto do conceito de interesse coletivo, proposto por Santoro Passarelli: "Interessi di una pluralità di personne a un bene idoneo a soddisfare un bisogno comune. Esso non è la somma di interessi individuali, ma la loro combinazione, ed è indivisibili nel senso che viene soddisfatto non già da più beni atti a soddisfare i bisogni individuali, ma da un unico bene atto a soddisfare il bisogno della collettività".[112] Ao propósito, afirma Ricardo de Barros Leonel: "A peculiaridade dos [interesses]coletivos consiste na indivisibilidade decorrente da existência, como reflexo da situação da vida

---

110. Em monografia a respeito, Jean Pierre Gastaud esclarece que, segundo os que veem a personalidade jurídica como "realidade autônoma", esta "s'impose à la loi". Citando Carbonnier, afirma: "Les relations juridiques s'établissent non seulement entre les hommes, mais encore entre entités qui ont une *vie autonome de leurs composants*". Mais adiante, lembra, porém, que há divergências no tocante à identificação do elemento que caracterizaria essa realidade: "Il réside pour certains dans l'existence d'une volonté collective, pour d'autres dans celle d'un centre d'intérêt distinct des intérêts individuels (Michoud; Coulombel); enfin, des auteurs s'orientent vers une référence d'ordre sociologique (Hauriou), une organisation structurée permettant de reconnaître selon eux, un corps social perdurable (Broderich)" (*Personnalité morale et droit subjectif*. Paris: Libr. Gén. Droit Jurispr., 1977. p. 5).

111. Trata-se de decisão da Corte de Rouen, em 20.03.1911 (Sirey, 1920.1.49), valendo observar que nela o interesse coletivo (da vitivinicultura) tomou valor jurídico próprio e destacado do conjunto dos interesses individuais de cada agricultor. Ainda na jurisprudência francesa, uma decisão da *Cour de Cassation*, de 27.05.1975 (*Foro Italiano*, 1977, IV, 45, nota A. Nocelli), é bem esclarecedora a esse respeito. Nela se reconheceu a um "Comitê de Defesa contra a Poluição Atmosférica", legitimação para pleitear indenização pelos danos causados por uma indústria poluidora. Comentando, diz Celestino Biagini que o interesse, no caso, "si colloca fra quello pubblico (e cioè *generale della* intera collettività nazionale) e quello privato (e cioè personale, di un singolo soggetto giuridico – persona od ente che fosse e si caratterizza come interesse proprio di una collettività di individui vista non come una mera somma di soggetti bensì come gruppo, come aggregato sociale, come formazione sociale)" (L'azione popolare e la tutela degli interessi diffusi. *In: Atti del XXIII Convegno di Studi di Scienza dell'Amministrazione*. Milão: Giuffrè, 1978, p. 196).

112. *Apud* Vincenzo Vigoriti, *Interessi*... cit., p. 47.

onde auferem sua gênese, de uma relação jurídica de direito material comum, inerente a todos os envolvidos na categoria considerada".[113]

1.7.3.2 O "momento genético" do interesse coletivo

Há um momento no qual os interesses individuais, agrupando-se, despojam-se de sua carga de egoísmo, para formar um novo ente: o interesse coletivo. Essa transmutação não significa alguma forma de *reforço* à tutela dos interesses individuais, mas antes cuida da defesa de um interesse que depassa a mera soma dos interesses pessoais, meramente agrupados. Esses interesses coletivos encontram seu lugar a meio caminho entre os interesses particulares e o interesse público ou geral; representam, através dos grupos que os acolhem, as profundas reivindicações sociais, que são assim transmitidas eloquentemente ao Estado. Tais grupos (sindicatos, associações e outros segmentos organizados) desempenham, hoje, o papel que os "corpos intermediários" exerceram outrora. Com a diferença de que hoje contam eles com o respaldo teórico que neles reconhece a importante função de *colaboração* com o Estado.[114] Uma das expressivas aplicações desse fenômeno está na crescente participação de especialistas e de entidades do chamado *terceiro setor*, como *amici curiae*, em processos judiciais de perfil objetivo (*ADin*: Lei 9.868/1999, § 1.º do art. 9.º; edição/revisão/cancelamento, pelo STF, de súmula vinculante: Lei. 11.417/2006, § 2.º do art.3.º), o que é um modo, a um tempo, de democratizar o julgamento sobre questões de largo impacto, e de agregar valor à qualidade intrínseca das próprias decisões.

Como explicou, com extrema precisão, Jacques Chevallier, "les intérêts particuliers, qui gravitent dans la sphère privée, vont se trouver coagulés, dans l'espace associatif, en intérêts collectifs, qui seront à leur tour agrégés, dans la sphère publique, pour former l'intérêt général; la transformation par *coalescence* des intérêts particuliers en intérêts collectifs constitue une première forme de traitement et de filtrage des demandes sociales, qui facilitera la définition de l'intérêt général".[115]

Pode-se, assim, visualizar uma *pirâmide*, em modo de uma "escala crescente de coletivização", em cuja base estão os interesses individuais; alguns desses interesses pertinem a pessoas que, por diversas razões, encontram-se em

113. *Manual do processo coletivo*, 2. ed., 2.011, cit., p. 96.

114. Embora esse respaldo não seja isento de dissidências. Ao lado da tese que vê nesses grupos "un facteur d'intégration sans lequel la structure socio-politique moderne ne pourrait pas fonctionner", outra corrente vê nessas organizações "des candidats à l'exercice du pouvoir et conteste le rôle d'intégration de l'État, voire même sa raison d'être" (Cf. Stanislaw Ehrlich, op. cit., p. 11).

115. Op. cit., p. 901.

posições sociais bem definidas, tais as classes, as categorias, facilitando a *aglutinação* daqueles interesses nos grupos representativos dessas classes e categorias. Esses interesses tornam-se então "coletivos", e esses grupos vão representá-los, defendê-los e fomentá-los, como o fazem os sindicatos, as associações, as ordens e outras entidades do gênero. Num momento subsequente, verifica-se que alguns desses interesses coletivos depassam até mesmo a esfera de atuação do grupo e alcançam já a própria sociedade civil como um todo: passam a integrar o interesse geral. Por exemplo, o interesse ao pleno emprego depassa a órbita dos sindicatos; o interesse à proteção da natureza como um todo extravasa o objeto estatutário das associações de proteção à ecologia; o interesse no desempenho equilibrado das relações de consumo é mais amplo do que o objetivado por um órgão de defesa de consumidores.

Um campo em que recentemente se vêm detectando interesses metaindividuais de natureza coletiva é o das relações de trabalho. José Eduardo de Souza Maia assinala: "Quando se fala em interesse coletivo, não podemos deixar de considerar a área extensa dos interesses superindividuais nas relações laborais".[116] O autor traz à colação estudo de Ives Gandra da Silva Martins Filho, onde são dados estes exemplos: a) "locação de mão de obra fora das hipóteses legais de serviço temporário (Lei 6.019/1974) e de vigilância (Lei 7.012/1983)"; b) "exigência de atestados de esterilização para contratação de mulheres"; c) "assinatura em branco de pedidos de demissão da contratação"; d) "não recolhimento dos depósitos para o FGTS"; e) "adoção de medidas discriminatórias, muitas vezes constantes do próprio regulamento empresarial"; f) "utilização de trabalho escravo, no meio rural, sem pagamento de salários e com proibição de saída do local".[117]

Ainda acerca do *meio ambiente do trabalho* (CF, art. 200, VIII), vale mencionar a *Súmula de entendimento* 15 do MP paulista: "O meio ambiente do trabalho também pode envolver a defesa de interesses difusos, coletivos ou individuais homogêneos, estando o Ministério Público, em tese, legitimado à sua defesa". Outrossim, a Lei Complementar federal 75/1993 disponibiliza ao Ministério Público uma ação civil pública "no âmbito da Justiça do Trabalho, para defesa de interesses coletivos, quando desrespeitados os direitos sociais constitucionalmente garantidos".[118]

---

116. Os interesses difusos e a ação civil pública no âmbito das relações laborais. *Revista LTr*, vol. 56, n. 9, p. 1.046, São Paulo, set. 1992.

117. Ação civil pública trabalhista. *Correio Brasiliense*, 29.06.1992, *apud* José Eduardo de Souza Maia, op. cit.

118. V. essa e demais *Súmulas de Entendimento* do MP paulista in: Hugo Nigro Mazzilli. *A defesa dos interesses difusos em Juízo*. 22 ed. São Paulo: Saraiva, 2009, p. 753 e s. Sobre a matéria, cf. o nosso: Ação civil pública trabalhista: análise de alguns pontos controvertidos. *RT* 732, out. 1996, p. 11. Também publicado na *Revista do MP do Trabalho*, vol.

1.7.3.3 As notas caracterizadoras do interesse coletivo

Os interesses coletivos valem-se dos grupos como veículo para sua exteriorização; um grupo pressupõe um mínimo de coesão, de organização, de estrutura. Os interesses, para serem "coletivos", necessitam, pois, estar aglutinados, coalizados. E a coesão será tão mais evidente quanto *menor* for o grupo; o que significa que é justamente a *proximidade* efetiva entre os membros o fator que fortalece o grupo. O sociólogo norte-americano Georg Simmel observou, corretamente: "Les petits groupes à organisation centripète rassemblent et utilisent toutes leurs énergies alors que dans les grands groupes, les forces restent beaucoup plus souvent virtuelles".[119]

Registre-se, todavia, que não há consenso acerca desse quesito da *organização*, como nota definidora do interesse coletivo. Enquanto para Vincenzo Vigoriti "l'organizzazione è anche l'elemento che distingue gli interessi collettivi dagli interessi diffusi",[120] já para Kazuo Watanabe, presente o conceito legal (art. 81, parágrafo único, II da Lei 8.078/1990), o quesito da *organização* "certamente existirá apenas na primeira modalidade mencionada no texto legal, qual seja, os interesses e direitos pertinentes a grupo, categoria ou classe de pessoas ligadas entre si por uma relação jurídica base, e não na segunda modalidade, que diz com os interesses ou direitos respeitantes a grupo, categoria ou classe de pessoas ligadas com a parte contrária por uma relação jurídica base. Mesmo sem organização, os interesses ou direitos 'coletivos', pelo fato de serem de natureza indivisível, apresentam identidade tal que, independentemente de sua harmonização formal ou amalgamação pela reunião de seus titulares em torno de uma entidade representativa, passam a formar uma só unidade, tornando-se perfeitamente viável, e mesmo desejável, a sua proteção jurisdicional em forma molecular".[121]

De todo modo, não há negar que a mantença da coesão interna de uma certa universalidade ou coletividade é tão mais facilitada e factível quanto menor a extensão-compreensão do universo considerado, o que parece válido tanto para grupamentos familiares, como para empresas e até em face do próprio Estado. É um dado histórico que os impérios, quando se avantajaram demasiadamente, tornaram-se vulneráveis, desagregaram-se e declinaram; as civilizações, enquanto formaram um grupo étnico, político, religioso, uno e bem delimitado num território de dimensões razoáveis, floresceram e

---

12, p. 47, set. 1996; *Revista LTr* 9, set. 1996; *Revista Synthesis* – TRT 2.ª Região, n. 24, p. 60, 1997; *Revista de Processo*, n. 93, p. 151, jan.-mar. 1999.

119. *Apud* Mancur Olson. Op. cit., p. 77.

120. *Interessi...* cit., p. 61.

121. *Código Brasileiro de Defesa do Consumidor*. 8. ed. Rio de Janeiro: Forense Universitária, 2005, p. 805.

prosperaram; mas, ao avantajarem-se desmesuradamente, perderam a coesão que as sustentava; sói ocorrer de empresas familiares perderem a higidez inicial à medida em que se vão agigantando, com a agregação de pessoas estranhas ao grupo original. George C. Homans afirma: "Au niveau du petit groupe, la société a toujours été capable de cohésion. Nous en induisons donc que si la civilisation veut subsistir, elle doit conserver certains traits du petit groupe lui-même".[122]

Daí nos parecer que o traço distintivo básico do interesse coletivo é a *organização*. Sem um mínimo de estrutura funcional, os interesses não podem se "coletivizar", não podem se aglutinar de forma coesa e eficaz no seio de um grupo determinado, restando esparsos ao interno da sociedade civil. Com extrema precisão Vincenzo Vigoriti explica que "se il gruppo non è identificabile neppure sul piano sociologico con ragionevole approssimazione e se il vincolo fra i membri del gruppo è ancora incerto, significa que manca consapevolezza della comunanza di interesse, che il collettivo non si è formato, che la comunità è ad uno stadio ancora embrionale, e che pertanto non può aspirare alla soggettività di diritto".[123]

Não por acaso, o conceito contemporâneo de "necessitado" para fins de tutela pela Defensoria Pública (CF, art. 5.º, LXXIV, c/c art. 134), inclui o chamado *carente organizacional* (*v.g.*, os moradores de rua), justamente, por conta da dificuldade de certos indivíduos hipossuficientes ou mesmo marginalizados de se coalizarem num segmento bem estruturado, e, como tal, eficazmente representativo. Fernanda Tartuce Silva explica: "Pode ser identificado como vulnerável organizacional quem não consegue mobilizar recursos e estrutura para sua própria organização pessoal e encontra restrições logísticas para sua atuação". Na sequência, focando a repercussão de tal ocorrência no âmbito processual, destaca "três ordens de fragilidade no que tange à temática: disparidade de poder e organização entre litigantes habituais e eventuais; comprometimento da atuação dos litigantes que não têm casa ou foram desta despojados; limitações tecnológicas – de que são exemplos a falta de estrutura informática e a exclusão digital ".[124]

É claro que se está falando de uma *certa* organização, sem excessos, porque a carregar-se demasiadamente nesse requisito, se correria o risco de "sufocar" interesses *potencialmente* coletivos, ainda emergentes, apresentando uma

---

122. *Apud* Mancur Olson, op. cit., p. 79, colacionando a obra de George C. Homans, *The Human Group*. New York: Harcourt, Brace, 1950, p. 468.

123. *Interessi...* cit., p. 55.

124. *Igualdade e vulnerabilidade no Processo Civil*, Rio de Janeiro: Gen-Forense, 2.012, p. 208. (Obra derivada de tese de doutorado na FADUSP, aprovada em 29.03.2011, presentes à D. Banca Examinadora os Professores Giselda M. F. N. Hironaka, Antonio Carlos da Costa Machado, William dos Santos Ferreira e Sidnei Amendoeira Júnior, sob nossa presidência, como orientador da candidata).

incipiente organização; e, com isso, se perderia uma boa parte do fenômeno coletivo, quiçá a mais rica, porque mais espontânea. Daí o acerto de Vincenzo Vigoriti ao dizer que "richiedendo requisiti di organizzazione troppo elevati si attribuisce a tale elemento una importanza eccessiva e innaturale".[125]

Massimo Severo Giannini coloca a tônica dos interesses coletivos na circunstância de que eles devem apresentar um portador adequado, usando expressão que se tornou clássica: o *ente esponenziale*. Para esse autor, os interesses coletivos são os que "hanno come portatore... un ente esponenziale di un gruppo non occasionale".[126] Tal conceito sofreu a crítica de Vincenzo Vigoriti, que nele viu uma restrição ao fenômeno coletivo, visto que também os interesses coletivos, que ainda não se expressam através de um "ente esponenziale", mereceriam tutela.[127]

É por essa razão que Stanislaw Ehrlich, ao tratar dos grupos sociais, descarta os "inorganizados", isto é, "les groupes occasionnels, spontanés (comme une foule ou une claque)". E acrescenta: "Cette formule recouvre implicitement le concept de 'l'organisation', par lequel nous entendons des groupements d'individus collaborant, en vertu de principes déterminés (règles), sous une direction acceptée de bon gré ou de force".[128]

No Brasil, Ada Pellegrini Grinover enfatiza o requisito da "determinação do grupo" para a configuração dos interesses coletivos, quando os define como "os interesses comuns a uma coletividade de pessoas e *apenas a elas*, mas ainda repousando sobre um vínculo jurídico definido que as *congrega*"[129] (grifamos). Já Vittorio Denti houvera considerado "coletivos" os interesses referíveis a "comunità di riferimento abbastanza definite",[130] ligando-se, portanto, à ideia da *determinação do grupo*.

---

125. *Interessi*... cit., p. 38-39. Nessa linha se coloca o Código de Defesa do Consumidor (Lei 8.078/1990), cujo § 1.º do art. 82 permite ao juiz dispensar, para efeito de legitimação ativa, a exigência da "pré-constituição" da associação autora, "quando haja manifesto interesse social evidenciado pela dimensão ou característica do dano, ou pela relevância do bem jurídico a ser protegido".

126. La tutela degli interessi collettivi nei procedimenti amministrativi. *Rivista di Diritto Processuale,* 1974, p. 551.

127. Esse *ente esponenziale* corresponde, no plano processual, ao *ideological plaintiff*, nas *class actions*, do direito norte-americano.

128. Op. cit., p. 15. Todavia, há uma tendência na doutrina moderna a se outorgar tutela também aos grupos "espontâneos, ocasionais". Ver, a propósito, *infra*, cap. 3, n. 2, *b*.

129. Novas tendências na tutela jurisdicional dos interesses difusos. *Revista do Curso de Direito da Universidade Federal de Uberlândia*, n. 13 (1.2), p. 2, 1984.

130. L'avvocato e la difesa di interessi collettivi, *Foro Italiano*, vol. 101. fasc. 4, 1978, p. 4 da separata.

Dentre nós, o saudoso Celso Bastos referia-se a esse aspecto do *vínculo* a grupos sociais determinados, estabelecendo um liame entre os seus integrantes: "Os interesses coletivos dizem respeito ao homem socialmente vinculado, e não ao homem isoladamente considerado". É o homem, dizia, enquanto "membro de grupos autônomos e juridicamente definidos, tais como o associado de um sindicato, o membro de uma família, o profissional vinculado a uma corporação, o acionista de uma grande sociedade anônima, o condômino de um edifício de apartamentos". Seriam, assim, tais interesses "afetos a vários sujeitos não considerados individualmente, mas sim por sua qualidade de membro de comunidades menores ou grupos intercalares, situados entre o indivíduo e o Estado".[131]

Os elementos antes expostos parecem bastar para se compreender quais são as notas fundamentais que caracterizam como "coletivo" um dado interesse: **a**) um mínimo de organização, a fim de que os interesses ganhem coesão, identificação e representatividade necessárias; **b**) a afetação desses interesses a grupos determinados (ou ao menos determináveis), que serão os seus portadores (*enti esponenziali*); **c**) um vínculo jurídico básico, comum a todos os participantes, conferindo ao segmento uma situação jurídica diferenciada.

Na visão de Wanda Viana Direito, os interesses coletivos "são próprios de categorias específicas de pessoas. São interesses claramente titularizados, pois decorrem de uma base social concreta, identificada de imediato, e que serve para a formação de um vínculo jurídico estável, que reúne os titulares do interesse. Ainda que o vínculo jurídico inexista antes do fato determinante do interesse, ele será facilmente criado após o fato".[132] Considere-se, por exemplo, que os sucessivos problemas envolvendo o transporte aéreo – *overbooking*, atrasos, cancelamentos de vôos, desvio de bagagens, redução de espaço para os passageiros no interior das aeronaves – pode, perfeitamente, despertar a conscientização do segmento usuário desse transporte, no sentido da organização de uma entidade representativa dos seus direitos e aspirações.

No CDC (Lei 8.078/1990), os interesses coletivos vêm conceituados como os "transindividuais, de natureza indivisível de que seja titular grupo, categoria ou classe de pessoas ligadas entre si ou com a parte contrária por uma relação jurídica base" (art. 81, § único, II). É por isso que a coisa julgada, nas ações versando esse tipo de interesse, forma-se "*ultra partes*, mas limitadamente ao grupo, categoria ou classe" (art. 103, II, desse Código).

---

131. A tutela dos interesses difusos no direito constitucional brasileiro. *RePro*, n. 23, p. 40, São Paulo: RT, jul.-set. 1981.

132. A defesa dos interesses difusos. *Revista de Direito Administrativo*, vol. 185, p. 31, jul.-set. 1991.

Pedro Lenza fornece um rol de situações configuradoras de interesse coletivo em sentido estrito, dentre as quais colacionamos: "O aumento ilegal das prestações de um consórcio: o aumento não será mais ou menos ilegal para um ou outro consorciado. A declaração de ilegalidade produzirá efeitos para o todo, sendo, portanto, indivisível, internamente, o direito da coletividade. Uma vez quantificada a ilegalidade (comum a todos), cada qual poderá individualizar o seu prejuízo, passando a ter, então, disponibilidade do seu direito. Eventual restituição dos valores caracterizaria proteção a interesses individuais homogêneos"; "o direito dos alunos de certa escola de terem a mesma qualidade de ensino em determinado curso"; "o interesse que aglutina os proprietários de veículos automotores ou os contribuintes de certo imposto"; "a ilegalidade do aumento abusivo das mensalidades escolares, relativamente aos alunos já matriculados"; "o aumento abusivo das mensalidades de planos de saúde, relativamente aos contratantes que já firmaram contratos".[133]

1.7.3.4 As formas de expressão dos interesses coletivos

Os interesses coletivos, pelo fato de demandarem uma certa *organização*, com vistas à sua eficaz expressão ao interno da coletividade, tendem a aglutinar-se, compondo, assim, os vários grupos, segmentos ou *corpos intermediários* ao interno da sociedade civil: sindicatos, associações, família, partidos políticos, organizações do chamado *terceiro setor* etc.

1.7.3.4.1 Família – A *família* é, seguramente, o grupo social mais antigo e que tem sempre merecido atenção e proteção especiais por parte do legislador,[134] além de desfrutar de uma empatia natural e espontânea no seio das coletividades em geral. Jean Rivero a considera um corpo intermediário *natural* e *permanente*.[135] No Brasil, repete-se (ou ao menos repetia-se!) nas Escolas que "a pátria é a família amplificada".[136] No Direito Civil, as normas concernentes à família consideram-se de *ordem pública*,[137] nesse sentido de prevalecerem sobre as convenções em senso

133. *Teoria geral da ação civil pública*. 2. ed. São Paulo: RT, 2005, p. 105-106, *passim*.

134. Art. 226, *caput*, da Constituição Federal brasileira: "A família, base da sociedade, tem especial proteção do Estado". Aliás, é ela uma "garantia institucional" ao lado do "casamento", do "júri" e de outras instituições relevantes. Ver a propósito: José Afonso da Silva. *Ação popular constitucional*. São Paulo: RT, 1978, p. 85.

135. *Corps*... cit., p. 324.

136. Rui Barbosa, discurso no Colégio Anchieta, 1903 (Paulo Rónai. *Dicionário universal de citações*. Verbete *pátria*. Rio de Janeiro: Nova Fronteira, 1985).

137. Preleciona Silvio Rodrigues: "Dentro do direito de família o interesse do Estado é maior do que o individual. Por isso, as normas do direito de família são, quase todas, de ordem pública, insuscetíveis, portanto, de serem derrogadas pela convenção entre particulares" (*Direito civil*. 2. ed. São Paulo: Max Limonad, vol. 1, p. 22).

diverso. Em última análise, é o interesse coletivo à preservação e sobrevivência da *gens* e de seus valores maiores que se encontra aglutinado na família.

Possivelmente, esse alto teor de coesão interna que se constata no grupo familiar remonta ao que se passava na *sociedade gentílica* em Roma, onde se mesclavam e se integravam os interesses dos cidadãos, da *gens* e do próprio Estado. Esse contexto está à base do florescimento das *actiones popularis*, pelas quais era dado a qualquer *cives* tutelar interesse concernente à inteira comunidade. Ihering aí identifica uma *comunidade indivisa do direito*. "Cada membro individualmente pode intentar a ação. Aquele que a promove efetivamente, por exemplo, contra o violador de uma sepultura comum, por isso que exerce seu próprio direito, representa o interesse de seus associados".[138] Não admira, assim, que ainda contemporaneamente, a ação popular siga sendo um instrumento para tutela judicial dos *interesses difusos*, como os ligados à moralidade administrativa, ao patrimônio cultural, ao meio ambiente (CF, art. 5.º, LXXIII).

Tão forte é o papel representado pela família na sedimentação de uma etnia, de uma raça ou de um povo, que, na história da humanidade, nem mesmo os regimes totalitários conseguiram fragilizar esse grupo social. Tratando-se de um corpo intermediário *natural e espontâneo*, a família sobreviveu no tempo e no espaço, em que pesem as críticas dos que nela veem uma instituição conservadora; e, isso, malgrado o declínio do matrimônio civil-religioso, que vai consentindo espaços cada vez mais largos para modelos flexíveis, ou *alternativos*, como sucede na França com o instituto da "concubinage", reconhecido pelo Estado, ou, dentre nós, com a chamada *união estável* (CF, art. 226, § 3.º; CCi., art. 1.723 e ss.; Lei 9.278/1996) e, mais recentemente, com a notória *jurisprudência evolutiva* do STF em matéria de uniões homoafetivas (ADI 4277 e ADPF 132). No sentido do que se vai expondo, considere-se, ainda, o *bem de família* (Lei 8.009/1990; CC, arts. 1.711-1.722), cujo sentido foi ampliado na exegese procedida pelo STJ, nos termos da Súmula 364: "O conceito de impenhorabilidade de bem de família abrange também o imóvel pertencente a pessoas solteiras, separadas e viúvas".

Por todas essas circunstâncias, a família configura um grupo social bem definido, razão pela qual é merecedora de especial atenção pelo Estado. Como diz Edmond Bertrand, "la famille, como groupement, accède à la vie juridique; le mari et la femme sont les organes d'expression des droits familiaux et détiennent des pouvoirs qu'ils ne peuvent détourner de l'intérêt de la famille, considérée dans sa collectivité".[139]

---

138. *L'esprit du droit roman dans les diverses phases de son developpement*. 3. ed. Trad. O. Meulenaeres. Paris: Librairie A. Maresq Ainé, 1886, t. I, § 17, p. 204.

139. Op. cit., p. 169. Dentre nós, o art. 5.º, XXVI, da CF exclui da penhora a "pequena propriedade rural" quando "trabalhada pela família". E a Lei federal 8.009/1990 considera impenhorável o "imóvel residencial próprio do casal ou da *entidade familiar*" (art. 1.º).

Fator relevante para a sobrevivência da *família*, entre nós, tem sido a capacidade do constituinte e do legislador ordinário de se revelarem sensíveis e receptivos às novas exigências e realidades sociais, assim normatizando conceitos inovadores que, de certo modo, alteram os padrões tradicionais do direito de família. Assim é que se admite a "*união estável* entre o homem e a mulher como *entidade familiar*", conceito que se estende à "*comunidade* formada por qualquer dos pais e seus descendentes" (CF, art. 226, §§ 2.º e 3.º). Secundando o texto constitucional, o Estatuto da Criança e do Adolescente (Lei 8.069/1990), após assegurar que "toda criança ou adolescente tem direito a ser criado e educado no seio da sua família e, excepcionalmente, em *família substituta*" (art. 19), denomina *família natural* a "comunidade formada pelos pais ou qualquer deles e seus descendentes" (art. 25). Importante salientar que, para a proteção judicial dos interesses *difusos e coletivos* previstos nesse *Estatuto*, legitimam-se, em modo concorrente-disjuntivo, o Ministério Público, os entes políticos e as associações (art. 210 e incisos).

Vale registrar que o Plenário do STF, na *ADIn* 4.277, proposta pelo MP federal, e ADPF 132, ajuizada pelo governador do Rio de Janeiro, sendo relator o Min. Ayres Britto, decidiu em 05.05.2.001, com fulcro no art. 3.º, IV da CF, que o art. 1.723 do CCi (definidor da união estável) deve ser interpretado de modo a não impedir o reconhecimento da união entre pessoas do mesmo sexo como entidade familiar.

1.7.3.4.2 Partidos políticos – Quanto aos *partidos políticos*, é natural que se apresentem como expoentes de interesses coletivos, no caso, o interesse popular à participação na tomada de decisões políticas, vale dizer, no processo de gerenciamento do poder. Dado que os parlamentares se legitimam enquanto mandatários da vontade popular, no ambiente de uma democracia representativa, verifica-se que os anseios e reivindicações da população se coalizam em torno desses *corpos intermediários*. Conforme seja a *origem* desses anseios e reivindicações, formar-se-ão partidos de diversa ideologia, voltados a diferentes *programas*.[140] Pode-se, é certo, questionar o caráter de "grupo de pressão" ou "grupo de interesse", no que concerne aos partidos políticos;[141] todavia, é inegável que se trata de um ente institucional aglutinador do *interesse coletivo à participação no processo político*.

---

140. Antigamente, a ideologia dos partidos políticos brasileiros era mais nítida, sendo claramente definidos e inconfundíveis os ideários de partidos como o PTB, a UDN, o PSD. Ver a propósito do período 1938-1945: John W. F. Dulles. *A Faculdade de Direito de São Paulo e a resistência anti-Vargas*. São Paulo: Edusp/Nova Fronteira, 1984.

141. Ver sobre esse tópico: Bruno Tellia. *Gruppi di pressione e decisioni politica*. Tese. Trieste: Istituto di Scienze Politiche – Università degli Studi di Trieste, 1974. p. 19. Também: Fernando Sanclemente Molina. *Grupos de presión*. Dissertação de doutorado, Bogotá, Pontifícia Universidade Javeriana, 1974, p. 75-76.

Luis C. Sachica os vê como "grupos humanos con una organización, más o menos perfeccionada, estable, orientada hacia una acción constante para la conquista o mantenimiento del poder estatal, en órden al bien común".[142]

Stanislaw Ehrlich, a seu turno, põe em relevo a circunstância de os partidos políticos desempenharem função de contrapeso no processo de gerência do Poder. Além de "encurtarem a distância" entre o cidadão e a máquina estatal: "(...) des corps intermédiaires entre l'individu et le pouvoir politique, une sorte de tampon intervenant pour amortir le poids de l'appareil de contrainte gouvernemental contre lequel une société atomisée, c'est-à-dire, composée d'individus qui ne feraient pas partie de groupes organisés, serait sans défense". Os partidos políticos "freinent les tendances de l'appareil administratif d'État à s'isoler de la société. Bien plus, ils servent en quelque sorte de contre poids".[143]

Dentre nós, os "partidos políticos com representação no Congresso Nacional" estão legitimados para impetrar *mandado de segurança coletivo* (CF, art. 5.º, LXX, *a*), o qual mereceu regulamentação na Lei 12.016/2009, arts. 21 e 22, embora (estranhamente) aí não venham mencionados os interesses *difusos*, assim *distinguindo* o legislador ordinário entre as *espécies* de interesse metaindividual (o que não o fizera o texto constitucional – art. 5.º, LXX). No ponto, Cássio Scarpinella Bueno: "Assim, um 'direito *difuso*' também é passível de ser tutelado jurisdicionalmente pelo mandado de segurança coletivo na exata medida em que algum dos legitimados para impetração comprove sua aptidão de representar adequadamente em juízo todos aqueles que, em alguma medida, podem vir a ser afetados pelo ato que se quer questionar perante o Estado-juiz".[144] O saudoso J. J. Calmon de Passos advertia que tal legitimação "só poderá ocorrer com a aquiescência das entidades representativas dos indivíduos a que se vinculam os interesses em jogo. Só na hipótese de inexistência dessas entidades é que os partidos teriam legitimação direta, podendo impetrar mandado de segurança coletivo, assumindo a representatividade desses interesses ainda não devidamente organizados".[145]

Tenha-se ainda presente que partidos políticos têm legitimação para a ação direta de inconstitucionalidade, inclusive por omissão e ação direta de constitucionalidade: CF, art. 103, VIII; Lei 9.868/1999, arts. 2.º, VIII e 12-A; e para a arguição de descumprimento de preceito fundamental (CF, art. 102, § 1.º;

---

142. *Apud* Fernando Sanclemente Molina. Op. cit., p. 75.
143. Op. cit., p. 39.
144. *A nova lei do mandado de segurança*. 2. ed. São Paulo: Saraiva, 2010, p. 171.
145. *Mandado de segurança coletivo, mandado de injunção, habeas data*. Rio de Janeiro: Forense, 1989, p. 22.

Lei 9.882/1999, art. 2.º, I).[146] Considere-se, ainda, que o TSE é competente para "responder, sobre matéria eleitoral, às consultas que lhe forem feitas em tese por autoridade com jurisdição federal ou *órgão nacional de partido político*" (Lei 4.737/1965 – Código Eleitoral – art. 23, XII).

1.7.3.4.3 Sindicatos – Os *sindicatos* são, naturalmente, evocados pela ideia de interesses coletivos.[147]

O "interesse ao trabalho" ou ainda ao "pleno emprego", tem sido recorrente em numeroso segmento da população mundial, em todos os tempos; e certamente o foi, *a fortiori*, após o declínio do feudalismo, quando o proletariado passou a pressionar os detentores do capital, em busca de ocupação remunerada. Está claro que na relação capital-trabalho as partes estão desniveladas, presumindo-se que o trabalhador é o hipossuficiente (o que fundamenta o caráter tutelador do direito trabalhista – CLT, art. 9.º); sendo assim, nada mais natural que os detentores da força-trabalho busquem se agrupar, formando, destarte, novos tipos de corporações: as *categorias profissionais*.

Se o interesse coletivo pressupõe um ente *organizado* que o recepcione e aglutine, já os sindicatos surgiram como um grupo social suficientemente forte e definido para captar aquele interesse e protegê-lo. As *causas* imediatas da aglutinação desses interesses junto aos sindicatos são diversamente indicadas em doutrina: para Selig Perlman haveria uma "obsessão do emprego", isto é, a classe trabalhadora ter-se-ia conscientizado de que haveria sempre mais procura do que oferta de empregos; sob essa óptica, os sindicatos lutariam para garantir a seus associados o privilégio de serem os primeiros a obter trabalho e os últimos a serem despedidos.[148] Já, para Olson Mancur, a causa estaria, simplesmente, na necessidade de cooptação de aderentes, quer dizer, a força do sindicato estaria em proporção direta à quantidade de seus associados.[149] De todo modo, fato é que os interesses coletivos da "categoria" tendem, *naturalmente*, a se agrupar junto ao seu órgão representativo institucional.

---

146. Em face da legitimação ativa para a *ADCon*, constante do art. 13 da Lei 9868/1999, esclarece Pedro Lenza: "Com a revogação do § 4.º [do art 103 da CF] e a nova redação do *caput* do art. 103, pela aludida emenda [45/2004], os legitimados para a propositura da ADC passaram a ser os mesmos da *ADI* genérica". *Direito Constitucional Esquematizado*. 17. ed., São Paulo: Saraiva, 2013, p. 409.

147. Diz Alessandro Pizzorusso que a expressão "interesse colletivo è usata communemente in questo significato con riferimento alle categorie di lavoratori" (*Interesse pubblico*... cit., p. 59). No mesmo sentido, cf. Jean Vincent: "Il ne suffit pas que le syndicat agisse pour la défense de la protection, il faut encore qu'il invoque un intérêt collectif" (Verbete "Action", *Enciclopédie Dalloz*. Paris, 1978, p. 11).

148. *Apud* Mancur Olson. Op. cit., p. 101.

149. Idem, p. 102.

O ponto fulcral da questão reside em que, por meio da atividade sindical, o interesse coletivo revelou-se como uma realidade autônoma, *distinta* dos interesses de cada um dos sindicalizados, bem como distinta dos interesses *pessoais* do sindicato em si, como pessoa jurídica. Então, por interesse coletivo, nessa óptica, compreende-se o interesse da *profissão*. Dizem Henri Solus e Roger Perrot: "L'intérêt collectif, entendu au sens large comme étant celui de la collectivité en général, devient pour le groupement un intérêt direct et personnel".[150] Aliás, essa concepção serviu para embasar a *legitimatio ad causam* dos sindicatos, admitindo-se que estes ficavam, assim, autorizados a *representar* tais interesses coletivos. Historicamente, a Lei francesa de 21.03.1884 outorgou-lhes esse poder[151] e, em 05.04.1913, uma decisão das Câmaras Reunidas da Corte de Cassação, *jamais contredit depuis lors*,[152] ao julgar um caso de adulteração de vinho pela adição de água, reconheceu qualidade de agir ao Sindicato, visto que a fraude importava agravo "aux intérêts collectifs de la viticulture". Estava, assim, reconhecida a *autonomia* dos interesses coletivos, naquele sentido de *síntese*, e não de mera justaposição ou soma dos interesses pessoais dos integrantes da categoria.

O processo evolutivo, naquele país, culminou com a Lei de 12.03.1920, declarando que os sindicatos "peuvent exercer tous les droits réservés à la partie civile relativement aux faits portant un préjudice direct ou indirect à l'intérêt collectif de la profession qu'ils représentent".[153] No Brasil, Kazuo Watanabe lembra a Lei 6.708/1979, que, em seu art. 3.º, § 2.º, conferiu aos sindicatos poder para "apresentar reclamação na qualidade de substituto processual de seus associados, com o objetivo de assegurar a percepção dos valores salariais corrigidos". Acrescenta o autor cuidar-se, na espécie, de autorização legal concernente aos interesses coletivos.[154] Posteriormente, a Lei 7.316/1985 viria

150. Op. e t. cits., p. 221. No mesmo sentido, Jacques Audinet: "Le syndicat personnifierait la profession. L'intérêt professionnel deviendrait ainsi l'intérêt personnel du syndicat" (op. cit., p. 220).

151. Op. e t. cits., p. 225.

152. Idem, p. 225.

153. Idem, p. 226.

154. Tutela jurisdicional dos interesses difusos: a legitimação para agir. *In:* Ada Pellegrini Grinover (coord.). *A tutela dos interesses difusos*. São Paulo: Max Limonad, 1984, p. 88. Nesse sentido, cf. Henri Solus e Roger Perrot: "L'intérêt collectif évoque, s'il agit d'un syndicat professionel, par ex., l'intérêt de la profession dans son ensemble, et non point la totalité des intérêts individuels mis en commun par chacun de ses membres" (op. e t. cits., p. 221). Neste ponto cabe lembrar o art. 513, *a*, da CLT, dispondo que o sindicato tem a *prerrogativa* de "representar, perante as autoridades administrativas e judiciárias, os interesses gerais da respectiva categoria ou profissão liberal ou os interesses individuais dos associados relativos à atividade ou profissão exercida".

estender essa legitimação às "entidades sindicais que integram a Confederação Nacional das Profissões Liberais".

Vê-se, assim, no caso desses interesses coletivos, a existência de uma *relação base* (a categoria) permitindo a aglutinação daqueles junto ao seu representante natural, institucional – o sindicato – cuja atividade, segundo Joselita Nepomuceno Borba, "gera nova fonte de direito (negociação coletiva) que constitui, na visão de Amauri Mascaro Nascimento, em uma das principais funções do sindicato. Ainda para o citado autor, 'a negociação coletiva é expressão do princípio da autonomia coletiva dos particulares e da liberdade sindical'".[155] Essa pode ser considerada a causa *próxima* do fenômeno, residindo a causa *remota* na própria disparidade de forças entre o capital e o trabalho, levando os hipossuficientes a se congregarem no objetivo de mútua proteção. De forma muito precisa, diz Jean Rivero: "Seule l'action collective, épisodique – la grève – ou continue – le syndicat – peut rééquilibrer, au profit des salariés, un dialogue qui, s'il s'engage au plan individuel, se réduit à l'énoncé pour l'employeur, fort de sa puissance économique, de ses volontés".[156]

O ordenamento positivo brasileiro não deixa dúvida quando à idoneidade dos sindicatos na atuação em prol dos interesses coletivos (CF, art. 5.º, LXX, *b*, e art. 8.º, III), sem prejuízo da competência atribuída ao Ministério Público do Trabalho para "promover a ação civil pública no âmbito da Justiça do Trabalho, para defesa de interesses coletivos, quando desrespeitados os direitos sociais constitucionalmente garantidos" (Lei Complementar federal 75/1993, art. 83, III). No ponto, Hugo Nigro Mazzilli: "Em tese, o sindicato pode defender interesses metaindividuais não só em matérias diretamente ligadas à própria relação trabalhista em si mesma, mas também em questões relativas ao meio ambiente do trabalho ou à condição de consumidores de seus associados, ou ainda em outras hipóteses de interesse da respectiva classe, grupo ou categoria, desde que haja autorização dos estatutos ou de assembleia (não se exige autorização de cada substituído processual)".[157]

---

155. *Legitimidade concorrente na defesa dos direitos e interesses coletivos e difusos*. São Paulo: LTr, 2013, p. 149. (O excerto colacionado, do Prof. Mascaro Nascimento, é da obra *Compêndio de direito sindical*. 2. ed., São Paulo: LTr, 2000, p. 268).

156. Les droits de l'homme, *Droits collectifs ou droits individuels – Colloque de Strasbourg 1979*, Paris, Libr. Gén. Droit et Jurispr., 1980, p. 23. Dentre nós, interesses coletivos de categoria laboral e patronal beneficiam de uma tutela judicial potencializada: mandado de segurança coletivo (CF, art. 5.º, LXX, *b*), e, de modo geral, uma *legitimatio ad causam* para a "defesa dos direitos e interesses coletivos ou individuais da categoria" (CF, art. 8.º, III). No particular, v.: Celso Antonio Pacheco Fiorillo. . *Os sindicatos e a defesa dos interesses difusos*. São Paulo: RT, 1995.

157. *A defesa*... 22. ed., cit., p. 322.

No plano conceitual, registra-se controvérsia acerca da natureza jurídico-processual da intervenção do sindicato, esclarecendo Sérgio Pinto Martins que o STF "entende que o inc. III do artigo 8.º da Constituição contém hipótese de substituição processual (RE 202.063-0, Ac. 1.ª T., j. 26.06.1997, rel. Min. Octavio Gallotti, *LTr* 61-11/1.495)", ao passo que, para esse autor, ali se cuida de representação e não de substituição processual: "Não dispõe o inciso III do art. 8.º da Constituição sobre interesses de membros ou associados do sindicato, que seria hipótese de substituição processual, mas de interesses coletivos ou individuais da categoria, que é a principal função do sindicato, prevista na alínea *a* do art. 513 da CLT".[158] De todo modo, importa ter presente, como esclarece Raimundo Simão de Melo, que "se no início pouca era a atuação dos sindicatos por meio da ação civil pública, por várias razões, entre elas, o desconhecimento do instituto e o receio da ilegitimidade, hoje, felizmente, as coisas vêm mudando com relação à melhor acolhida do instituto pelos juízes do trabalho e, consequentemente, pelo maior número de ações ajuizadas pelos sindicatos".[159] De fato, já decidiu o STF: "(...) 2. A jurisprudência deste Tribunal fixou-e no sentido de que o preceito inscrito no inc. III do art. 8.º da Constituição do Brasil assegura a ampla legitimidade ativa *ad causam* dos sindicatos como substitutos processuais das categorias que representam. Precedentes. Agravo Regimental a que se nega provimento" (AgRg no RE 591.533/DF, 2.ª T., j. 30.09.2008, rel. Min. Eros Grau, *DJe* 23.10.2008).

Ressalte-se que, por força da alteração feita, inicialmente pela Lei 8.884/1994, depois pela Lei 12.529/2011, no art. 1.º da Lei 7.347/1985, também os danos *morais* infligidos a algum interesse metaindividual podem ser judicializados, lembrando Luis Gustavo Grandinetti Castanho de Carvalho o exemplo da imposição de *contrapropaganda*, no consumerismo (art. 60 da Lei 8.078/1990), onde "a contrapublicidade não visa a amparar um dano individualizado, pertinente àquele consumidor ludibriado pela publicidade ilícita. O que ela visa é a satisfação de um dano moral da coletividade, ou seja, de um dano que tem potencialidade para atingir um número indeterminado de pessoas, sem que se possa delimitar em que extensão cada uma delas teve seu bem jurídico violado. Sua imposição visa a desfazer o malefício causado pela publicidade ilícita, assumindo nítidas funções punitivo-pedagógicas".[160]

---

158. *Direito processual do trabalho*. 20. ed. São Paulo: Atlas, 2003, p. 176.

159. *Ação civil pública na justiça do trabalho*. São Paulo: LTr, 2002, p. 123. Na matéria, v. o nosso: Ação civil pública trabalhista: análise de alguns pontos controvertidos. *Revista do MP do Trabalho*, vol. 12, set.-1996; *RT*, n. 732/11; *Revista LTr*, n. 9, set.-96; *Revista Synthesis*, n. 24; *RePro*, n. 93, p. 151, jan.-mar. 1999.

160. Responsabilidade por dano não-patrimonial a interesse difuso (dano moral coletivo). *Revista da Escola da Magistratura do Estado do Rio de Janeiro (EMERJ)*, vol. 3, n. 9, p. 39, 2000.

O dano não patrimonial a interesse metaindividual pode ocorrer também nas relações de trabalho, figurando, segundo Manoel Jorge e Silva Neto, a hipótese de um empregador que, a despeito do disposto no art. 93 da Lei 8.213/1991, recusa-se a contratar "portadores de deficiência, divulgando que assim não o faz por entender serem tais indivíduos 'incapazes', 'inaptos' ou 'inválidos', atribuindo-os acerbos que nem de longe faria recomendável a outros empregadores a contratação de empregados em tais condições". Em havendo divulgação pública de tal recusa e de seus "motivos", prossegue o autor, tal conduta configuraria "prejuízo do patrimônio moral de todos os indivíduos que possuem limitação física, mental ou sensorial gravemente limitante, mais ainda quando se sabe haver entre elas liame subjetivo tendente a reduzir as resistências da sociedade conservadora contra tudo ou todos que não se encaixem no estereótipo daquilo que se convencionou chamar de 'pessoa normal'. E, patenteado o prejuízo, abre-se a possibilidade da reparação por dano moral difuso na Justiça do Trabalho, cuja competência para apreciar a ação se dá em virtude de a recusa do posto de trabalho, acompanhada da adjetivação injuriosa, atrair a incidência do art. 114 da Constituição".[161]

1.7.3.4.4 Associações – As *associações* apresentam, em face dos sindicatos, um núcleo comum, qual seja, o fato de serem grupos aglutinadores de interesses coletivos.[162] Todavia, apresentam particularidades que as colocam num plano apartado. Por um lado, a vinculação dos interesses coletivos às associações não tem o caráter *institucional*, por vezes *obrigatório* (CF, art. 8.º, VI), como sucede no caso dos sindicatos. Em segundo lugar, nestes últimos, o *exercício* dos direitos de cada aderente é *transferido* ao grupo, restando aos aderentes a fruição das vantagens obtidas com a ação sindical; ao passo que, nas associações, dá-se o inverso: o exercício remanesce individual, mas a fruição se dá no "coletivo", isto é, na associação. Examinemos, pela ordem, esses dois pontos.

Foi visto que uma das causas da aglutinação dos interesses coletivos junto aos sindicatos consiste na necessidade de proteção de uma "categoria" que,

---

161. A responsabilidade por dano moral difuso e coletivo na Justiça do Trabalho. *Revista de Direito do Trabalho*, n. 103, p. 122, jul.-set. 2001.

162. A Lei francesa de 1901, que estabeleceu a liberdade de associação, definiu esta última como "une convention par laquelle deux on plusieurs personnes mettent en commun d'une façon permanente leurs connaissances et leurs activités dans un but autre que celui de partager les bénéfices". Observa Jacques Audinet que a associação não é um mero aglomerado de indivíduos, "une concentration d'intérêts individuels; elle correspond à une autre réalité, celle des intérêts collectifs" (Op. cit., p. 215). No Brasil, a vigente Constituição Federal dispõe em seu art. 174, § 2.º: "A lei apoiará e estimulará o cooperativismo e outras formas de associativismo"; e, no art. 5.º, XXI, prevê: "As entidades associativas, quando expressamente autorizadas, têm legitimidade para representar seus associados, judicial e extrajudicialmente".

uma vez constituída, falará pela voz do sindicato. Certo, existe a "liberdade sindical",[163] mas é curial que no embate capital *versus* trabalho os integrantes de cada qual desses polos pouco poderão fazer no plano individual; a filiação torna-se, ao menos no plano prático, virtualmente *obrigatória*, por uma questão de manutenção do emprego e dos meios de produção.[164]

Já no que tange às associações, a liberdade de constituí-las e de a elas aderir é real: não há nenhuma coerção para isso; ao contrário, as pessoas tendem, naturalmente, a se reunirem, já pela natureza gregária do ser humano. Na França, a liberdade de associação adveio com a Lei de 01.07.1901 (que revogara a Lei "Le Chapellier" de 1791, a qual estabelecera uma "interdiction formelle de s'associer").[165]

Após certa resistência doutrinária e jurisprudencial, passou-se a admitir que os sindicatos estão legitimados a representar os interesses coletivos da categoria. Para isso muito contribuiu o entendimento de que, no caso, trata-se de uma representação institucional, ou mesmo legal. Outra coisa se passou com as associações: aqui, a filiação é, eminentemente facultativa, de modo que maiores são as resistências para nelas se reconhecer o poder de representação do interesse coletivo de que elas se fazem portadoras. Se, nas associações, o *exercício* dos direitos remanesce individual, é compreensível que bem mais difícil se afigure a tarefa de nelas reconhecer capacidade de representação de interesses *coletivos*: "À la différence des syndicats professionnels, les associations ne représentent pas de plein droit la profession de ceux qui en font partie".[166]

Na verdade, na base dessa resistência estava ainda e sempre o temor de que a proliferação desses "corpos intermediários" seria nociva, na medida em que se estabeleceria uma "concorrência" com o Estado, na tutela do bem comum. Olvidava-se, portanto, que essas organizações "pouvaient aussi servir le régime bourgeois et étaient même indispensables à son fonctionnement".[167] Também, temia-se pelo *monopólio* assegurado ao Ministério Público, visto que a ação de grupos reunidos em associações poderia, em certo modo, *antecipar-se* à atuação

163. Segundo Jacques Robert, a liberdade sindical é uma espécie do gênero "liberdades coletivas", como as liberdades de reunião, de *associação*, o direito de greve (*Libertés publiques*. Paris: Montschrestien, 1982, p. 27).

164. Jean Rivero lembra que a liberdade sindical, consagrada no preâmbulo da Declaração dos Direitos do Homem, de 1946 ("Tout homme peut défendre ses droits et ses intérêts par l'action syndicale") é, por sua própria natureza, *coletiva*: "Un homme isolé ne peut l'exercer" (*Les libertés publiques*. Paris: Presses Universitaires de France, 1977, t. II, p. 347).

165. Cf. Stanislaw Ehrlich. Op. cit., p. 8.

166. É o que restou decidido, em antigo acórdão da Corte de Cassação francesa, em 15.06.1923. Cf. Henri Solus e Roger Perrot, op. e t. cits., p. 231.

167. Cf. Stanislaw Ehrlich. Op. cit., p. 8.

do *Parquet*, infirmando assim o princípio da livre apreciação da oportunidade na persecução dos delitos.[168] (Hoje se sabe que esse temor é infundado, não havendo motivo para qualquer sorte de *reserva de mercado* entre instituições e entidades credenciadas a tutelar em Juízo os interesses metaindividuais; muito ao contrário, trata-se de uma colegitimação, em modo concorrente-disjuntivo, nada impedindo, por exemplo, o manejo de uma ação civil pública tendo no polo ativo o Ministério Público e uma associação ambientalista).

Todavia, como o *fato associativo* é inerente à condição humana, culminou-se, na França, por reconhecer que *algumas* associações representam, realmente, os interesses coletivos nelas aglutinados. A lista dessas associações *agrées* (credenciadas, reconhecidas) está sempre num *crescendo* e hoje elas são notavelmente numerosas.[169] Especialmente importantes são as ações consumeristas, dispondo o *Code de la Consommation* (Lei 93-949/1993), no art. 422-I: "Quando vários consumidores identificados, pessoas físicas, identificadas, tiverem sofrido prejuízos individuais, causados pelo fato de um mesmo profissional, e que tenham uma origem comum, toda associação autorizada e representativa no plano nacional, em aplicação das disposições do título I, pode, se ela tiver sido provocada por pelo menos dois consumidores atingidos, ajuizar ação ressarcitória perante qualquer jurisdição, em nome desses consumidores. O mandato não pode ser solicitado por meio de oferta pública em televisão ou rádio, nem por exibição de panfleto ou por carta personalizada. Ele deve ser conferido por cada consumidor por escrito".

No Brasil, algumas associações tiveram reconhecida, oficialmente, essa capacidade de representação dos interesses coletivos (a Ordem dos Advogados do Brasil, Lei 8.906/1994, art. 44, II, e, bem assim, certas associações de classe, CF, art. 5.º, XXXI).[170] Outrossim, o mandado de segurança coletivo pode ser impetrado por "entidade de classe ou associação legalmente constituída e em

168. Cf. Henri Solus e Roger Perrot, op. e t. cits., p. 231.

169. Informa Jean Rivero que, de 1.º de março a 30 de junho de 1976, nada menos de 7.594 "déclarations d'associations nouvelles ont paru". Desse total, 25% de caráter esportivo, 14% de cunho cultural, 13% com finalidade de defesa de interesse (*Les libertes*... cit., p. 375). Conforme veremos ao tratar da legitimação para agir, na França há três tipos básicos de associações, correspondendo cada qual a uma diversa "gradação" de capacidade jurídica. Sobre esse ponto, v. Anna De Vita. La tutela giurisdizionale degli interessi collettivi nella prospettiva del sistema francese, Aspetti principali del problema e specificazioni in tema di protezione degli interessi dei consumatori. *La tutela degli interessi diffusi nel diritto comparato*. Milão: Giuffrè, 1978, p. 362 *et seq.*

170. No Brasil, as associações que pretendem representar em juízo os interesses metaindividuais devem ser velhas de um ano e apresentar adequação entre sua finalidade estatutária e o objeto da ação – a chamada *pertinência temática* (Lei 7.347/1985, art. 5.º, V, *a* e *b* (inciso e alíneas incluídos pela Lei 11.448/2007); Lei 8.078/1990, art. 82, IV).

funcionamento há pelo menos um ano, em defesa dos interesses de seus membros ou associados" (CF, art. 5.º, LXX, *b*). Nesse sentido, decidiu o STF: "Mandado de segurança coletivo – Extinção de Cartórios – Legitimidade da Associação dos Notários e Registradores do Brasil – ANOREG. Consoante dispõe o art. 5.º, LXX, da Constituição Federal, as associações legalmente constituídas e em funcionamento há pelo menos um ano têm legitimidade, como substituto processual, para defender, na via do mandado de segurança coletivo, os interesses dos associados, não cabendo exigir autorização específica para agir" (RE 364.051/SP, 1.ª T., j. 17.08.2004, rel. Min. Marco Aurélio, *DJ* 08.10.2004).

Para Márcio Flávio Mafra Leal, as "associações de interesse público ou social (conhecidas popularmente por organizações não governamentais ou ONGs) surgem no espaço público criado pelas carências do Estado-providência, dividindo com este as tarefas de também realizar os novos direitos. Por outro lado, elas são uma forma de organizar e equilibrar forças nos litígios de indenização coletiva por danos individualmente sofridos".[171]

1.8 Os interesses legítimos e sua colocação "entre" os direitos subjetivos e os interesses simples

Em verdade, os interesses coletivos, em sentido largo, tendem a aglutinar-se nos grupos sociais mais definidos e *organizados*, como a família, os partidos políticos, os sindicatos, as associações. Todavia, a gama de interesses de diversa amplitude que vimos examinando – individuais; sociais, gerais ou públicos; coletivos – não esgota todo o "universo dos interesses".

No largo plano da "existência-utilidade", onde se situam os interesses,[172] há ainda lugar para outra espécie: os *interesses legítimos*, que não se qualificam pelo referencial de sua aplicação a um número maior ou menor de sujeitos (como se passa entre os interesses coletivos e individuais), mas se caracterizam pelo fato de serem *indireta* ou *reflexamente* protegidos pelo ordenamento. Equidistante dos interesses simples, de um lado, e dos direitos subjetivos, de outro, o *interesse legítimo* vem sendo amiúde invocado pelos autores que tratam da problemática dos interesses difusos.

Entre os interesses simples e os direitos subjetivos haveria um *tertium genus*: os interesses legítimos. Estes se distanciariam daqueles dois extremos, na medida em que seriam *mais* do que os interesses simples, e *menos* do que os direitos subjetivos. Explicitemos essas ideias assim delineadas.[173]

171. *Ações coletivas*... cit., p. 130-131.

172. Cf. André Gervais. Op. cit., p. 242.

173. Para um cotejo entre interesses simples, legítimos e direitos subjetivos, ver Augustin Gordillo. Op. cit., p. 191-192. Também, cf. Luís Recaséns Siches, para quem o direito

Os interesses "simples" – já o vimos – caracterizam-se pela circunstância de se reportarem a anseios, aspirações, desejos, cuja realização não é incentivada, nem tampouco vedada ou sancionada pelo Estado. Trata-se de uma tendência natural à satisfação de uma necessidade, mas tal se passa no campo psíquico do sujeito, desacompanhada, porém, do poderde exigi-la do Estado ou de terceiro. Diante de tais interesses a postura estatal é de *indiferença*: "La porsuite de sa satisfaction ne sera ni interdite ni encouragée par la moindre protection sociale"[174] (pense-se, por exemplo, no interesse em enriquecer ou de gozar de prestígio social). Já os direitos subjetivos, diversamente, compreendem *posições de vantagem, privilégios, prerrogativas*, que, uma vez integradas ao patrimônio do sujeito, passam a receber *tutela especial* do Estado (sobretudo através da ação judicial, mas também de atos de conservação e de formalização perante órgãos públicos etc.). Exemplo expressivo está na autorização para que o possuidor, turbado ou esbulhado, possa "manter-se ou restituir-se *por sua própria força*, contanto que o faça logo" (CC/2002, § 1.º do art. 1210); tão forte é a proteção outorgada ao direito subjetivo, a partir do momento em que ele se aperfeiçoa, tornando-se *direito adquirido*, que nem mesmo o advento de uma lei pode restringi-lo ou eliminá-lo: CF, art. 5.º, XXXVI.

Esses direitos subjetivos são geralmente acompanhados por uma sanção previamente estabelecida para o caso de eventual afronta, recusa ou desconhecimento por parte de terceiros, ou do próprio Estado. Quando tais prerrogativas se estabelecem em forma de *créditos* formados *contra* ou *em face* do Estado, tomam a designação de *direitos subjetivos públicos*. Como diz Andrè Gervais, "... l'autorité sociale prêtera son concours à la réalisation de ce droit ou sanctionnera civilement ou pénalement, les atteintes qui y seraient portées".[175] Assim, tendo presente a garantia de judiciabilidade plena (CF, art. 5.º, XXXV), a ação judicial – que é abstrata e autônoma em face da pretensão material – pode ser vista como a expressão do direito subjetivo público de pleitear um dado provimento jurisdicional num caso concreto. Os direitos subjetivos públicos ganharam impulso com o advento dos direitos fundamentais *de segunda geração*, que, diversamente daqueles da primeira geração (ditos liberdades *negativas*) se caracterizam por imputarem ao Estado obrigações positivas, em forma de prestações sociais diversas, sobretudo as chamadas *ações afirmativas*, sob o ideário do chamado Estado-providência (*Wellfare State*).

---

positivo classifica os interesses entre os que merecem e os que não merecem proteção; dentre aqueles, estabelece uma escala hierárquica (*Tratado general de filosofía del derecho*. México: Porrua, 1981, p. 226-227).

174. Cf. André Gervais. Op. cit., p. 243.

175. Cf. André Gervais. Op. cit., p. 244.

Entre os dois extremos – o direito subjetivo e o interesse simples – abre-se espaço para o *interesse legítimo*. Não há, propriamente, uma diferença *essencial*, e sim, uma diferença em termos de *intensidade* quanto à proteção estatal: enquanto os direitos subjetivos se beneficiam de uma proteção *máxima*, e os interesses simples são praticamente "ignorados" pelo sistema, os interesses legítimos se apresentam a meio caminho: embora não se constituam em prerrogativas ou títulos jurídicos oponíveis *erga omnes*, beneficiam de uma proteção *limitada*, ao menos no sentido de não poderem ser ignorados ou preteridos. Um exemplo: o vencedor de uma licitação não adquire, *ipso facto*, o *direito* de contratar com a Administração, visto que esta pode até revogar ou anular o certame;[176] mas, beneficia ele de um *interesse legítimo* a que a decisão administrativa seja devidamente motivada, porque, detendo ele a condição de *participante*, sua posição é juridicamente mais forte do que a daqueles que, posto tendo tomado conhecimento da licitação, por ela não se interessaram.[177]

A nota característica dos interesses legítimos está em que a proteção "limitada" que beneficiam-lhes advém por via *reflexa* ou *indireta*:[178] a norma não visa *exatamente* tutelar a situação individual, mas pode ocorrer que o sujeito concernente esteja de tal forma situado no raio de abrangência dessa norma que passe a merecer uma certa proteção *diferenciada*, em comparação aos demais. Exemplo: a norma jurídica que protege os mananciais de água potável é direcionada à *generalidade* da população, uma vez que intenta preservar a *qualidade de vida*; todavia, acaba conferindo uma proteção *especial* àquela parcela da população que habita nas proximidades desses mananciais, e que, por isso mesmo, é mais afetada por tudo que concerne à proteção desse bem ambiental, tendo, inclusive, uma carga maior de responsabilidade. Oswaldo Aranha Bandeira de Mello dá um exemplo esclarecedor: todos têm interesse em que os cargos públicos sejam providos regulamente; todavia, aqueles que efetivamente participaram de um dado certame "têm interesse específico e particular no respeito dessas normas, muito maior, portanto, que o interesse da generalidade dos cidadãos, pois são atingidos diretamente nos seus efeitos. Então, o interesse deles se eleva de simples interesse para interesse *ocasionalmente protegido*".[179]

Às vezes, o interesse legítimo se apresenta sob as vestes de um *direito imperfeito*: é o caso de uma permissão de uso para instalação de uma banca de jornais; aquele que recebeu tal permissão tem um interesse legítimo a explorar

176. Cf. Súmulas 346 e 473 do STF.

177. Ver, a respeito da motivação nos atos administrativos: Antonio Carlos de Araújo Cintra. *Motivo e motivação do ato administrativo*. São Paulo: RT, 1980.

178. Por isso, são também denominados "direitos reflexos".

179. Op. e t. cit., p. 204.

o negócio e preservá-lo; todavia, não pode impedir que o Poder concedente, por razões discricionárias (por exemplo, que o dito quiosque esteja obstruindo o fluxo de pedestres), venha a revogar dita permissão ou determinar o deslocamento físico para outro sítio.[180]

Os interesses legítimos soem ser invocados amiúde nos casos denominados na doutrina e legislação italiana de "insediamento abitativo", isto é: o interesse torna-se *legítimo, especial, diferenciado* em relação aos demais sujeitos, em virtude de uma *situação de fato* relacionada ao *domicílio*. No Brasil, os moradores da megalópole paulista por certo têm um interesse especial, *reforçado*, legítimo, em que a Administração Pública consiga mitigar os efeitos de poluição atmosférica, ou adote medidas idôneas a melhorar a fluência do tráfego de veículos nas marginais. Na experiência argentina, Mario Edgardo Bolla, Enrique Edgardo Bissio e Alejandro V. Osio referem o caso de uma *acción de amparo* intentada contra a municipalidade de Vila Elisa, a qual procedera ao corte de "magníficos ejemplares de eucaliptus de más de 40 años". A peça inicial argumentava que "dichos árboles han sido el motivo determinante para que muchos residentes construyeran su casa en el lugar, a la vera de su permanente sombra e innegables beneficios para la atmósfera".[181]

Na boa síntese feita por Oswaldo Aranha Bandeira de Mello, os "interesses legítimos" compreendem "interesses ocasionalmente protegidos e direitos imperfeitos. Conferem interesse legítimo aos administrados as normas de direito objetivo que regem a realização de interesse coletivo, mas, reflexamente, ao mesmo tempo, satisfazem os interesses de determinados indivíduos. Assim, tais particulares, a que as regras objetivas concretamente atingem, têm interesse especial na sua observância".[182]

Aliás, o interesse que se pode fazer valer por meio da ação judicial não é *qualquer interesse*, e sim, um interesse *legítimo*, relevante.[183] Não é o mero interesse *simples* que é tutelável judicialmente, caso contrário se converteria a função judicial em instância consultiva; mesmo em tema de ação popular, o interesse do autor é *legítimo*, na medida em que ele exercita a sua *quota-parte* no direito subjetivo público a uma administração proba e eficaz.[184] Escrevendo sobre a ação

---

180. Idem, ibidem.

181. Legitimación para la defensa de los intereses difusos. *La protección de los intereses difusos con especial referencia al medio ambiente*. Congreso Nacional de Derecho Procesal. Universidade Nacional de la Plata, Argentina, 1981, p. 1.208, n. 55.

182. Op. e t. cits., p. 203.

183. Cf. José Manoel de Arruda Alvim Neto. *Manual de Direito Processual Civil*. 14. ed. São Paulo: RT, 2011, p. 407-413, *passim*.

184. *Aliter*, cf. Augustin Gordillo: "O interesse simples, como regra, não dá direito a interpor ações judiciais (salvo caso da ação popular, no Brasil) nem recursos administrativos" (Op. cit., p. 192).

popular como instrumento de tutela de interesses difusos, obtempera, todavia, José Carlos Barbosa Moreira, que é difícil qualificar juridicamente o móvel que anima os cidadãos a ajuizá-la: "Se se trata de posições jurídicas verdadeiramente identificáveis como direitos dos membros da coletividade, ou de meros interesses reflexamente protegidos".[185]

A circunstância de os interesses legítimos serem referidos a coletividades mais ou menos vastas de sujeitos, aliada ao fato de que tais interesses, mesmo sem configurarem direitos subjetivos, são ao menos *consentâneos* ou *afinados* com o sistema jurídico, tem levado a doutrina a aproximar os interesses legítimos e os interesses difusos. Na doutrina estrangeira, Bolla, Bissio e Osio observam que "el 'interés difuso', quizá así se denomine porque puede fluctuar en su comprehensividad, en las categorias del derecho subjetivo, el interés legítimo y aun el 'interés simple'".[186]

Na experiência judiciária italiana, a Corte de Cassação, ao julgar o caso da Associação *Italia Nostra*, tomou como parâmetro o confronto "interesse legítimo-interesse difuso", na tutela judicial do meio ambiente. Comentando esse julgamento, Vincenzo Guercio *et al.* observam: "La Corte, partendo dal presupposto secondo cui per considerare una posizione 'differenziata' è necessaria la presenza di un criterio di collegamento (*status*, qualità, ecc.), osserva che il portatore di un interesse comune ad una determinata collettività, e quindi diffuso, nel momento in cui viene a trovarsi in una posizione qualificata, è al tempo stesso titolare di un vero e proprio interesse legittimo".[187]

Na doutrina brasileira, Ada Pellegrini Grinover propugnava, ainda antes da vigente Constituição Federal, que "ao lado do direito subjetivo, é preciso considerar o interesse legítimo, que deve ser tutelado pelo ordenamento em geral, e não apenas em caráter excepcional"; para tanto, a autora propunha uma alteração ampliativa no § 4.º do art. 153 da Constituição Federal, "para compreender na inafastabilidade da proteção judiciária os interesses legítimos".[188]

Parece-nos que a categoria dos *interesses legítimos* é a que mais pontos de contato revela com a dos interesses difusos, visto que ambas apresentam várias

---

185. A ação popular do direito brasileiro como instrumento de tutela jurisdicional dos chamados interesses difusos. *Temas de direito processual. 1.ª série*. 2.ª ed. São Paulo: Saraiva, 1998, p. 113.

186. Op. cit., p. 1.197, nota 32.

187. La giurisprudenza sugli interessi diffusi. *Revista Giustizia Civile*, 1981, t. II, p. 475.

188. A tutela jurisdicional dos interesses difusos. *Revista Forense*, n. 268, p. 78, n. 6.2.2. O dispositivo referido é da EC 1/1969. Na CF vigente, v. art. 5.º, XXXV. Sobre a concepção atual desse inciso, v. o nosso estudo O direito à tutela jurisdicional: o novo enfoque do art. 5.º, XXXV, da Constituição Federal, *RT* vol. 926, dez./2012, p. 135-176.

notas comuns: extensão a uma coletividade mais ou menos vasta, relevância social, adequação aos valores protegidos pelo sistema jurídico como um todo etc. Todavia, parece-nos que não há uma similitude *absoluta* entre essas duas categorias, visto que o interesse difuso não apresenta um vínculo jurídico básico, mas exsurge de situações de fato, de largo espectro social, cuja solução dependerá de uma *opção* entre várias *escolhas políticas* possíveis.

Figure-se o interesse difuso à pureza do ar atmosférico: todos os seres humanos participam desse interesse; todavia, basta acompanhar a mídia jornalística ou televisiva para se constatar que essa matéria é objeto de debates e deliberações ao nível político, a saber, a *escolha* entre os diversos meios e instrumentos preordenados à preservação da saúde da população, em face dos interesses econômicos envolvendo o funcionamento das empresas responsáveis pela poluição atmosférica; os vários critérios aptos a implementar o desenvolvimento ambiental sustentado, em face dos interesses da atividade extrativista. Note-se que, se o critério fosse apenas *técnico*, nenhuma empresa potencialmente poluidora poderia instalar-se sem estar dotada de filtros e outros equipamentos de proteção à atmosfera; se o critério fosse apenas *técnico*, não haveria tanta devastação florestal no país, malgrado a profusão de textos legais preventivos/repressivos, e a existência de tantos órgãos teoricamente voltados à tutela dos ecossistemas. Considere-se ainda que, apesar das várias ações civis públicas ajuizadas objetivando a descontinuidade do megaempreendimento da *transposição das águas do Rio São Francisco*, as obras prosseguem, de um modo ou de outro, podendo alcançar um certo estágio em que a interrupção se revelaria ainda mais danosa ao corpo d'água e ao erário, então se configurando uma situação de *fato consumado*, irreversível.[189]

Nos interesses legítimos, o referencial a um texto legal, conquanto ocorra por via reflexa, é mais nítido: os inscritos num concurso público sabem que, por razões diversas o certame pode não vir a ser realizado (*v.g.*, contingenciamentos de ordem financeiro-orçamentária); todavia, como têm interesse *legítimo*, ostentam especial titulação para exigir que tal deliberação venha consistentemente motivada e divulgada, não podendo mascarar nenhum outro propósito ou interesse escuso;[190] Aliás, a *motivação* está erigida em condição de validade do ato estatal, judicial ou

189. No tema, v. o nosso estudo Transposição das águas do Rio São Francisco: uma análise jurídica da controvérsia, inicialmente publicado na *Revista de Direito Ambiental*, v.10, nº 37, jan.-mar./2005, p. 28-79 e, depois, em algumas obras coletivas, tal a coordenada por Carlos Alberto de Salles. *As grandes transformações do Processo Civil Brasileiro – homenagem ao Professor Kazuo Watanbe*. São Paulo: *Quartier Latin*, 2009, p. 197-261.

190. Exemplo eloquente de interesse legítimo aparece na lei federal sobre licitações, permitindo ao interessado impugnar os termos do edital, se entender que infringe aquele texto legal: Lei 8.666/1993, art. 41, § 1.º; art. 113, § 1.º. Pode-se também identificar como

administrativo (CF, art. 93, IX e X; Lei 9.784/99, sobre o processo administrativo federal, art. 50 e parágrafos).

Outro ponto a ser considerado é que o interesse legítimo nos parece apresentar uma amplitude *menor* do que o "difuso"; enquanto este se reporta a uma coletividade indefinida (às vezes, à própria *humanidade* como um todo, nos chamados direitos de *terceira geração* ou de *fraternidade*), já o interesse legítimo apresenta um certo *critério de collegamento*, como diz a doutrina italiana, isto é: uma qualidade, um *status*, uma *posição diferenciada*, apresentada por seu portador. Numa tentativa de sistematização, diríamos que o interesse legítimo está mais "próximo" do direito subjetivo, ao passo que o interesse difuso mais se aproxima do interesse "simples".[191]

Revistas, assim, essas categorias integrantes do vasto plano onde se situam os interesses, examinemos em separado, no capítulo seguinte, o interesse "difuso", ao qual já se aludiu como "un personaggio assolutamente misterioso".[192]

---

interesse legítimo o que autoriza o manejo do mandado de segurança por *terceiro*, "a favor do direito originário, se o seu titular não o fizer" (Lei 12.016/2009, art. 3.º, *caput*).

191. Franco Gaetano Scoca chama o interesse legítimo de "particolare e raffinatissima creatura giuridica" e refere à necessidade da elaboração científica "sul terreno quasi inesplorato dove l'interesse legittimo sfuma in interesse semplice (meglio si direbbe: ove sfuma in interesse giuridicamente irrilevante" (La tutela degli interessi collettivi nel processo amministrativo. *Le azioni a tutela de interessi collettivi*. Atti del Convegno di Studi (Pavia, jun. 1974), Padua, Cedam, 1976, p. 44).

192. Massimo Villone. La collocazione istituzionale dell'interesse diffuso. *La tutela degli interessi diffusi nel diritto comparato*. Milão: Giuffrè, 1976, p. 73.

2
OS INTERESSES DIFUSOS

2.1 A questão terminológica: interesses difusos e interesses coletivos

Uma *summa divisio* está já estabelecida, separando, de um lado, os interesses privados, individuais, de cunho "egoístico", e, de outro, os interesses "mentaindividuais",[1] estes compreensivos dos interesses que depassam a órbita de atuação individual, para se projetarem na ordem coletiva, vale dizer: sua finalidade é altruística.

No capítulo precedente foi visto que por interesse "coletivo", em sentido estrito, se deve entender aquele concernente a uma dada realidade *coletiva* (*v.g.*, profissão, a categoria, a família), ou seja, o exercício *coletivo* de interesses *coletivos*; e não, simplesmente, aqueles interesses que apenas são coletivos na *forma*, permanecendo individuais quanto à finalidade perseguida, o que configuraria um exercício coletivo de interesses *individuais*. Percebeu-o Teori Albino Zavascki: "Uma das principais causas, senão a principal, dos equívocos nesse novo domí-

1. Contra, René Ariel Dotti, salientando que "os interesses coletivos não constituem uma categoria distinta, em essência, dos interesses individuais, porém uma perspectiva de sua proteção em âmbito geral, de modo a legitimar a própria comunidade na invocação da tutela jurisdicional". (A tutela penal dos interesses coletivos. *In*: Ada Pellegrini Grinover (coord.). *A tutela dos interesses difusos*. São Paulo: Max Limonad, 1984, p. 69).

nio processual foi a de confundir *direito coletivo* com *defesa coletiva de direitos*, que trouxe a consequência, à toda evidência distorcida, de se imaginar possível conferir aos direitos subjetivos individuais, quando tutelados coletivamente, o mesmo tratamento que se dá aos direitos de natureza transindividual". (...) "É preciso, pois, que não se confunda defesa de direitos coletivos com defesa coletiva de direitos (individuais)".[2]

É verdade que, por influência do denominador comum – "interesses metaindividuais" –, parte da doutrina entende que os termos "coletivo" e "difuso" são sinônimos, espelhando idêntica realidade; ou, então que, se diferença houvesse, esta seria tão ínfima que não justificaria uma tentativa de distinção.[3]

Essa ambiguidade começa já na acepção vernacular dos termos "coletivo" e "difuso", visto que ambos sugerem a ideia do que é extenso, aplicável a muitas coisas ou pessoas.[4] Tal sinonímia é reforçada pelo uso dessas expressões, indistintamente, como a significar uma e mesma coisa. Assim, Mauro Cappelletti fala que interesses "tipici di questo mondo nuovo, come quelli alla salute e all'ambiente naturale, hanno carattere diffuso, collettivo, poichè non appartengono a singoli individui in quanto tali ma alla colletività".[5] Por vezes, o termo "difuso" aparece a qualificar o "coletivo", como em Henry Solus e Roger Perrot: "L'extrême diversité des situations particulières qui s'amalgament et se juxtaposent au sein des groupements fait que l'intérêt allégué n'est pas toujours un intérêt direct et personnel, mais un simple intérêt collectif beaucoup plus diffus".[6] Outros, ainda, veem naqueles dois termos duas *fases* ou momentos de uma mesma realidade, observando que um interesse pode ser coletivo ou difuso, "a seconda del grado di aggregazione raggiunto dal gruppo che ne è portatore".[7]

No Brasil, autores de valiosa obra declararam utilizar "indiferentemente, como sinônimos, as expressões interesse *difuso*, *coletivo*, *de grupo*, *meta* ou *su-*

---

2. *Processo coletivo – tutela de direitos coletivos e tutela coletiva de direitos*. São Paulo: RT, 2006, p. 40-41.
3. Anna De Vita afirma, a propósito desses dois termos, que "la precisazione aprioristica è inevitabilmente o troppo astratta o troppo generica. Tali concetti si intendono spesso con valore sinonimo, e indubbiamente si riferiscono a situazioni per molti aspetti analoghe" (*In*: Antonio Gambaro (coord.). *La tutela degli interessi diffusi nel diritto comparato*. Milão: Giuffrè, 1976, p. 350).
4. Cf. os sentidos dos vocábulos *coletivo* e *difuso* em: Aurélio Buarque de Holanda Ferreira. *Novo dicionário da língua portuguesa*. Rio de Janeiro: Nova Fronteira, 1980.
5. Appunti sulla tutela giurisdizionale di interessi collettivi o diffusi. *Giurisprudenza Italiana*, vol. 127, parte IV, p. 50, n. 2, 1975.
6. *Droit judiciaire privé*. Paris: Sirey, 1961. t. I, p. 218.
7. Vincenzo Guercio; Elisabetta Mariani; Enrico Mazzacane e Biagio Virgilio .La giurisprudenza sugli interessi diffusi. *Revista Giustizia Civile*, 1981, t. II, p. 465.

praindividual, embora reconheçam haver, na doutrina, tentativas respeitáveis de distinguir esses conceitos".[8]

A outros, porém, parece que a distinção terminológica em questão é possível, ou, ao menos, útil à melhor compreensão do tema. Para tanto, impende comparar entre si aqueles interesses, buscando evidenciar que eles não se confundem. Assim é que o saudoso Celso Bastos põe em relevo o fato de que os interesses coletivos "dizem respeito ao homem socialmente vinculado", havendo portanto um "vínculo jurídico básico, uma geral *affectio societatis*", ao passo que os interesses difusos "se baseiam numa identidade de situações de fato", sujeitando-se a lesões de natureza "extensiva, disseminada ou difusa".[9] José Carlos Barbosa Moreira também prefere distinguir ambas as expressões, em que pese "a relativa imprecisão do conceito".[10] Ada Pellegrini Grinover também distingue os dois termos.[11]

---

8. Cf. Antonio Augusto Camargo Ferraz Mello de;, Édis Milaré e Nelson Nery Junior. A ação civil pública e a tutela jurisdicional dos interesses difusos. São Paulo: Saraiva, 1984, p. 57,nota 26. Ainda sobre esse aspecto terminológico, J. J.Calmon de Passos descarta a ideia de que se trata de singelos interesses: "Interesse que a ordem jurídica protege e que na ordem jurídica dispõe de instrumentos para sua satisfação é interesse configurador de direito, e direito subjetivo, se atribuível a um sujeito determinado" (Mandado de segurança coletivo, mandado de injunção, habeas data – Constituição e Processo. Rio de Janeiro: Forense, 1989, p. 11). Pela distinção entre interesses coletivos e difusos, Péricles Prade, com boa indicação bibliográfica (Conceito de interesses difusos. 2. ed. São Paulo: RT, 1987, p. 46, nota n. 29). De todo modo, o direito positivo consagrou a distinção: tanto a Constituição Federal vigente (art. 129, III) como a Lei da Ação Civil Pública (Lei 7.347/1985, art. 1.°, IV) referem-se a interesses difusos e coletivos, nomenclatura que remanesce de atualidade, vindo citada, por exemplo, no Estatuto do Idoso (Lei 10.741/2003, art. 78), na lei sobre o Juizado Especial da Fazenda Pública (Lei 12.153/2009, art.2.°, I, parte final), no Estatuto da Criança e do Adolescente (Lei 8.069/90, cap.VII). Por certo, assim não procederia o legislador ordinário se considerasse sinônimas tais expressões.
9. A tutela dos interesses difusos no direito constitucional brasileiro. *RePro*, n. 23, São Paulo: RT, jul.-set. 1981, p. 40.
10. A proteção jurisdicional dos interesses coletivos e difusos. *In*: Ada Pellegrini Grinover (coord.). *A tutela dos interesses difusos*. São Paulo: Max Limonad, 1984, p. 98-99. Em trabalho precedente, Barbosa Moreira mostra que há três planos, de complexidade crescente, em tema de interesses plurissubjetivos: o primeiro alberga situações como a do condomínio *pro indiviso*, o litisconsórcio; o segundo compreende situações que apresentam uma relação-base, legitimando cada um dos integrantes a postular, em nome próprio, direitos concernentes ao grupo (ex.: o acionista, que pode demandar anulação da assembleia geral de sociedade anônima); o terceiro plano é formado por interesses que, sendo "comuns a uma coletividade de pessoas", não repousam necessariamente sobre uma *relação-base*, sobre um vínculo jurídico definido que as congregue. A tais interesses por último referidos, o autor anota que a doutrina italiana vem chamando *coletivos* ou *difusos* (A ação popular do direito brasileiro, como instrumento de tutela

José Augusto Delgado, após resenhar posições doutrinárias a respeito, conclui: "Hoje as fronteiras dos dois interesses estão definitivamente delimitadas, sendo difuso o interesse que abrange número indeterminado de pessoas unidas pelo mesmo fato, enquanto interesses coletivos seriam aqueles pertencentes a grupos ou categorias de pessoas determináveis, possuindo uma só base jurídica. Portanto, a indeterminidade seria a característica fundamental dos interesses difusos, e a determinidade aqueles interesses que envolvem os coletivos".[12]

Parece-nos que esta última corrente é a preferível, e isso por duas razões: *A)* conquanto os interesses coletivos e os difusos sejam espécies do gênero "interesses meta (ou super) individuais", sendo esse, pois, o *gênero próximo* que os coaliza, há, todavia, pelo menos duas *diferenças específicas*, uma de ordem quantitativa, outra de ordem qualitativa: sob o primeiro enfoque, verifica-se que o interesse difuso concerne a um universo *maior* do que o interesse coletivo, visto que, enquanto aquele pode mesmo concernir até a toda humanidade,[13] já o segundo apresenta menor amplitude, já pelo fato de estar adstrito a uma "relação-base", a um "vínculo jurídico", o que lhe permite aglutinar-se a grupos sociais ou a certos segmentos definidos; sob o segundo critério, vê-se que o interesse coletivo concerne ao homem em sua projeção *corporativa*, notadamente no que tange ao seu espaço e desenvolvimento ao interno da sociedade, ao passo que, o interesse difuso toca ao homem simplesmente enquanto *ser humano*, independentemente de outras conotações; *B)* o vezo de se utilizar indistintamente essas duas expressões é contraproducente, não contribuindo para aclarar o conteúdo e os contornos dos interesses em questão, que estão em estágios diferentes de elaboração jurídica: os interesses coletivos já estão bastante burilados pela doutrina e jurisprudência; se eles ainda suscitam problemas, como o da legitimação para agir, "a técnica

---

jurisdicional dos chamados interesses difusos. In: *Temas de Direito Processual*. 1.ª série. 2. ed. São Paulo: Saraiva, 1988, p. 110-123, *passim*).

11. "(...) tenta-se uma distinção, falando-se de interesses coletivos quando existe um grupo de pessoas, com interesses comuns que só seriam comunitariamente perseguíveis, ao passo que o interesse difuso não se caracterizaria por qualquer momento associativo" (Interesses difusos (verbete). *Enciclopédia Saraiva do Direito*, v. 45, nota 4, p. 413; ver também p. 401).

12. Interesses difusos e coletivos: evolução conceitual. Doutrina e jurisprudência do STF. *Revista Jurídica*, n. 260, p. 21, jun. 1999.

13. "*A chi appartiene l'aria che respiro?*" indaga, incisivamente, Mauro Cappelletti (Formazioni sociali e interessi di gruppo davanti alla giustizia civile. *Rivista di Diritto Processuale*, n. 3, 1975, p. 372-373). Como observa Sérgio Ferraz, os interesses difusos não são "coisa de ninguém" (*res nullius*), como a princípio pode parecer, mas sim *res omnium* – coisa de todos (Responsabilidade civil por dano ecológico. *Revista de Direito Público*, n. 49-50. São Paulo: RT, 1979, p. 34). Com efeito, o interesse difuso mais emblemático – o *meio ambiente* – é conceituado como *bem de uso comum do povo*: CF, art. 225, *caput*.

jurídica tem meios de resolvê-lo", como lembra José Carlos Barbosa Moreira;[14] ao passo que os interesses difusos têm elaboração jurídica mais recente, não se tendo ainda de todo despegado do estigma de um "personaggio assolutamente misterioso".[15] Daí por que se afigura conveniente e útil a tentativa de distinção entre esses dois tipos de interesses.

2.2 Os interesses difusos no quadro geral dos interesses

Os interesses podem ser visualizados numa ordem escalonada, uma "escala crescente de coletivização". Assim concebidos, os interesses são agrupados em planos diversos de titularização, isto é, eles aparecem ordenados pelo critério de sua atribuição a um número maior ou menor de sujeitos concernentes.

Sob esse enfoque, evolui-se desde os interesses "individuais" (suscetíveis de captação e fruição pelo indivíduo isoladamente considerado), passando pelos interesses "sociais" (os interesses *pessoais* do grupo visto como pessoa jurídica);[16] ainda um passo, chega-se aos interesses "coletivos" (que depassam as esferas anteriores, mas se restringem a valores concernentes a grupos sociais ou categorias bem definidos); no grau seguinte temos o interesse "geral" ou "público" (referido primordialmente à coletividade representada pelo Estado e se exteriorizando em certos padrões estabelecidos, ou *standards* sociais, como *bem comum, segurança pública, saúde pública*). Todavia, há ainda um grau seguinte nessa escala, isto é, haveria certos interesses cujas características não permitiriam, exatamente, sua assimilação a essas espécies. Referimo-nos aos interesses "difusos".

Esses interesses apresentam uma *dimensão coletiva* ainda mais expandida do que o interesse geral ou público, porque, enquanto estes têm a balizá-los os contornos de certos valores pacificamente aceitos (por exemplo: investimento público em segurança da população), os interesses difusos, ao contrário, ensejam posicionamentos diversos, de conteúdo cambiante (por exemplo, o sentido de "qualidade de vida"), levando ao que a doutrina italiana chama de "*intrinseca* conflittualità". No ponto, escreve Massimo Villone: "Conflittualità, è bene sottolineare, che non si colloca tanto nel rapporto classico individuo-autorità, ma che è tipica delle scelte politiche. In realtà, da questo punto di vista, l'interesse diffuso è l'interesse per cui i procedimenti mediativi del sistema politico non

14. Cf. José Carlos Barbosa Moreira. A ação popular... cit., p. 111.

15. V. Massimo Villone. La collocazione istituzionale dell'interesse diffuso. In: Antonio Gambaro (coord.). *La tutela degli interessi diffusi nel diritto comparato*. Milão: Giuffrè, 1976, p. 73.

16. Assim, *v.g.*, os interesses dos acionistas em preservar o patrimônio social, a que alude a Lei de Sociedade por Ações (Lei 6.404/1976, art. 159, §§ 3.º e 4.º). V., ainda Lei 10.303/2001 e o vigente Código Civil, Livro II (Direito de empresa).

hanno ancora operato, o non hanno operato efficacemente".[17] Dir-se-ia que, enquanto o interesse geral ou público concerne primordialmente ao *cidadão*, ao *Estado*, e às suas mútuas relações, os interesses difusos se reportam ao *homem*, à *nação*, à percepção do *justo*.

Desse modo, os interesses difusos "excedem" ao interesse público ou geral, configurando-se no quinto e último grau daquela ordem escalonada, notabilizando-se por um alto índice de desagregação ou de "atomização", que lhes permite referirem-se a um contingente indefinido de indivíduos e a cada qual deles, ao mesmo tempo. Como afirma Massimo Severo Giannini, "gli interessi diffusi non sono però interessi nè pubblici nè collettivi: sono interessi adespoti, cioè interessi che non hanno un loro portatore. Il giorno in cui un interesse diffuso trovi un portatore, diventa o collettivo o pubblico, a seconda di come avviene, in termini positivi, la vicenda".[18]

Se desconsiderarmos o critério da ordenação dos interesses pelo prisma da "coletivização crescente" e adotarmos o critério de sua exigibilidade, o interesse difuso estará situado "entre" o interesse *legítimo* e o interesse *simples*, falando Franco Gaetano Scoca num "terreno quase inesplorato dove l'interesse legittimo sfuma in interesse semplice (meglio si direbbe: ove sfuma in interesse giuridicamente irrilevante) o, in contraria (ma non inutilmente ripetitiva) prospettiva, dove l'interesse avvertito di fatto da uno o più soggetti sboccia, di fronte al provvedimento che dispone autoritativamente un assetto di interesse che lo coinvolge, in figura di interesse legittimo, assumendo tratti e peso di situazione giuridica soggettiva".[19]

De todo modo, impende persistir no esforço de aclaramento conceitual entre essas espécies de interesses metaindividuais, a fim de que os operadores do Direito possam dirimir com maior segurança os casos concretos, mormente em se considerando que há peculiaridades processuais concernentes a cada um dos *tipos*, como se nota, por exemplo, no importante capítulo da coisa julgada (Lei 7.347/1985, art. 16; Lei 8.078/1990, art. 103 e incisos). No ponto, observa José Augusto Delgado: "O debate doutrinário, pela diversidade de posições assumidas, tem contribuído para a instalação de um estado de incerteza entre os profissionais do Direito, ensejando, consequentemente, no campo da jurisprudência, uma certa instabilidade".[20]

---

17. La collocazione instituzionale... cit., p. 78.
18. *In Le azioni a tutela di interessi collettivi* (*Convegno di Studio*, realizado em Pavia, em 11-12 de junho de 1974, Casa Editrice Dott. Antonio Milani, Pádua, 1976). Intervenção de M.S. Giannini constante ao final do volume, p. 353, 354.
19. La tutela degli interessi collettivi nel processo amministrativo. *Le azioni a tutela di interessi collettivi. Atti del Convegno di Studi (Pavia, jun. 1974)*. Padua: Cedam, 1976, p. 44.
20. Op. cit., p. 20.

2.3 Dados históricos reveladores de interesses difusos

Não há dúvida que sempre existiram interesses difusos.[21] Nem seria admissível outra constatação, visto que os interesses sempre emergiram, *naturalmente*, do plano da mera "existência-utilidade"; de modo que interesses de todos os tipos e matizes puderam surgir de cada ponto para onde se voltaram a atenção ou a vontade humanas. Por qual razão, apenas contemporaneamente, veio o tema sendo elaborado de forma autônoma e sistemática?

A nosso ver, isso decorre do fato de os sistemas jurídicos, de modo geral, serem, precipuamente, focados na tutela ao indivíduo, isto é, nas querelas de tipo "Ticio *versus* Caio", mesmo que os sujeitos concernentes sejam pessoas jurídicas.[22] Esse posicionamento acarretou a consequência de que somente os interesses considerados relevantes pelo Estado e suscetíveis de afetação a um *titular* mereceriam tutela jurisdicional. Desse modo, somente aos "direitos subjetivos", isto é, aos interesses que ascenderam à condição de *direitos* ao serem inseridos numa norma atributiva de poder, é que foi outorgada tutela especial, pela anexação de uma sanção, pela agregação da exigibilidade e pela possibilidade de contraste jurisdicional. Como afirmam Henry Solus e Roger Perrot, "l'action

---

21. Dizem Antonio Augusto Mello de Camargo Ferraz, Édis Milaré e Nelson Nery Junior: "Interesses difusos ou coletivos existiram sempre, desde que o homem passou a viver em grupo, em sociedade, uma vez que são conaturais a esta. A sociedade moderna, entretanto, colocou-os em maior evidência" (*A ação civil pública e a tutela jurisdicional dos interesses difusos*. São Paulo: Saraiva, 1984, p. 54). Nesse sentido, Massimo Villone: "Negli Stati Uniti del XIX secolo, ad esempio, sussisteva certamente un interesse diffuso alla creazione di una rete funzionante di trasporti sulle lunghe distanze, premessa indispensabile dello sviluppo economico dell'intero paese" (Ob. cit., p. 74).

    A propósito, Giovanni Quadri reporta-se ao caso *R. versus Taunton St. Mary* (3M, and S. 465), julgado pela "High Court" em 1815, onde "fu stabilito che ogni componente di una comunità locale inglesa può chiedere un provvedimento di *certiorari* per aver avuto un danno in quanto componente della stessa comunità". O autor considera esse precedente como um exemplo "della interpretazione più chiara e realistica, ma anche più ampia, del concetto di interesse diffuso che si incontri anche nella odierna giurisprudenza" (Protezione degli interessi della collettività nelle esperienze straniere: problemi di giustizia amministrativa. *Atti del XXIII Convegno di Studi di Scienza dell'Amministrazione* (Rilevanza e tutela degli interessi diffusi, modi e forme di individuazione e protezione degli interessi della collettività). Milão: Giufrrè, 1978, p. 104).

22. Mesmo o conceito tradicional de legitimação para agir mostra esse individualismo: "É a identidade da pessoa do autor com a pessoa favorecida pela lei, e da pessoa do réu com a pessoa obrigada" (Giuseppe Chiovenda. *Instituições de direito processual civil*. Trad. J. Guimarães Menegale. São Paulo: Saraiva, 1942, v. I, p. 109). Ao passo que, nos conflitos metaindividuais, "è una serie indefinita de Tizi contro molti Cai, o contro un solo Caio" (Vincenzo Vigoriti. *Interessi collettivi*... cit., p. 255).

en justice ayant pour fondement la protection des drois subjectifs, il est normal d'exiger que l'intérêt allégué soit un intérêt direct et personnel".[23]

Dentro de uma tal concepção individualista, é bem compreensível que passassem despercebidos certos interesses que, justamente, se caracterizam pela inviabilidade de apropriação individual, tal como se dá com o interesse à pureza do ar atmosférico. Afirmou-se, mesmo, que se um interesse concerne a todos, não pertine a ninguém, e assim não é tutelável, ou, como anota Raffaele Bertoni, "secondo l'opinione dominante in giurisprudenza e in dottrina, gli interessi del genere non possono avere protezione giudiziaria, in quanto attengono a situazioni soggettive non differenziate".[24] Um reflexo disso se encontra no *pedido*, nas ações civis, o qual, salvo as poucas exceções indicadas na lei processual, "deve ser certo ou determinado": CPC, art. 286, *caput*.

Segundo Márcio Flávio Mafra Leal, reportando-se a Stephen Yeazell, as primeiras manifestações do que hoje se vem chamando *processo coletivo* remontam à Inglaterra do século XII. "Tratava-se de conflitos envolvendo uma comunidade (aldeões) de um vilarejo contra os senhores (*Lords*) por problemas relativos à administração e utilização das terras nos feudos; fiéis (*parishers*) disputando o pagamento de dízimos com os párocos; corporações (*guilds*) questionando o pagamento de tributos ou arrendamentos impostos pela autoridade local ou pelo senhor (*Lord*). A maioria da doutrina, entretanto, prefere localizar os antecedentes da moderna ação coletiva no século XVII como uma variante do *bill of peace*. O *bill* era uma autorização para processamento coletivo de uma ação individual e era concedida quando o autor requeria que o provimento englobasse os direitos de todos que estivessem envolvidos no litígio, tratando a questão de maneira uniforme, evitando a multiplicação de processos".[25]

O primeiro passo para a "revelação" dos interesses difusos deu-se com o advento da Revolução Industrial e a consequente constatação de que os valores tradicionais, individualistas, do século XIX, não sobreviveriam muito tempo, sufocados ao peso de uma sociedade "de massa". Tercio Sampaio Ferraz Junior indaga sobre a razão pela qual os interesses difusos vieram "a aflorar agora, nesta segunda metade do século XX, com essa intensidade pelo menos", para constatar, então, que o fenômeno "está ligado ao tipo de sociedade na qual vivemos, que é a chamada sociedade de massa".[26]

---

23. Ob. e t. cits., p. 218.
24. Giudici e interessi diffusi. In: *La giustizia penale*, n. VII-IX, parte III, ago.-set. 1979.
25. *Ações coletivas: história, teoria e prática*. Porto Alegre: Sérgio Antonio Fabris editor, 1998, p. 22-23.
26. Cf. Tércio Sampaio Ferraz Junior. A tutela dos interesses difusos (Painel de Debates). *In*: Ada Pellegrini Grinover (coord.). *A tutela dos interesses difusos*. São Paulo: Max Limonad, 1984, p. 153.

Na sociedade globalizada não há lugar para o homem enquanto indivíduo isolado; ele é tragado, de um lado, pela roda-viva dos grandes grupos e corporações, e, de outro lado, pelo *Estado leviatã*, incansável produtor de normas (a chamada *fúria legislativa*) e feroz arrecadador de tributos: não há mais a preocupação com as situações jurídicas individuais, o respeito ao indivíduo enquanto tal, mas, ao contrário, indivíduos são agrupados em grandes classes ou categorias, e *como tais, padronizados*. Como explica, claramente, Edmond Bertrand: "Suivant la classe dans laquelle chacun se trouve inclus en vertu d'une règle qui le domine, la protection que est consentie au droit individuel est ordonnée d'une manière différente. Le droit individuel est subordonné à celui de la catégorie".[27] Não admira que os indivíduos por algum motivo não agrupados em algum segmento reconhecido ou prestigiado socialmente, são chamados *excluídos*, como se dá com os moradores de rua. Paralelamente à Revolução Industrial e à massificação da sociedade, também o *sindicalismo* contribuiu para fazer aflorar essa "ordem coletiva": os conflitos não mais se dão entre empregado e patrão, mas *coletivamente*, isto é, integrantes da força-trabalho na categoria "X" *versus* integrantes da força-capital na categoria "patronal" correspondente. Reflexo dessa situação está nas ações coletivas na Justiça do Trabalho, onde a "pretensão resistida" é integrada pela reivindicação de uma *categoria* e a contestação de outra; por aí se entende a competência atribuída ao Ministério Público do Trabalho para ajuizar ação civil pública na "defesa de interesses coletivos, quando desrespeitados os direitos sociais constitucionalmente garantidos" (LC federal 75/1993, art. 83, III). No campo obrigacional, Tercio Sampaio Ferraz Junior lembra os exemplos dos contratos de adesão e os contratos coletivos de trabalho.[28]

Em passagem bastante esclarecedora, Caio Tácito, reportando-se aos estudos de Denti e Cappelletti, explica o que se poderia chamar o *ritual de passagem* dos interesses coletivos em sentido estrito, até se chegar aos interesses propriamente *difusos*: "Uma nova tendência começou a se desenhar, sobretudo nas duas últimas décadas, no sentido de ampliar o âmbito dos direitos humanos de modo a abranger já não mais apenas os direitos pertinentes a uma ou mais pessoas determinadas, ou até mesmo direitos coletivos de categorias específicas, ligadas por uma relação jurídica básica (como, por exemplo, os acionistas de uma sociedade anônima, ou os membros de um condomínio), mas para alcançar os interesses de grupos integrados por uma pluralidade de pessoas indeterminadas, embora vinculadas por um mesmo interesse comum. A vida moderna ressalta a importância de tais direitos que não têm titular certo, mas

27. De l'ordre économique à l'ordre collectif. *Le droit privé français au milieu du XXe siècle – Études offertes à Georges Ripert*. Paris: Libr. Gen. Droit Jurispr., 1950. t. I, p. 184.
28. Ob. cit., p. 153.

repercutem decisivamente sobre o bem-estar, ou mesmo a sobrevivência dos indivíduos nos vários segmentos sociais a que pertencem. Aos habitantes de uma determinada região são essenciais as condições do meio ambiente em que se integram; aos consumidores sobreleva a qualidade dos produtos ou a defesa contra manipulações de mercado. O livre acesso à informação isenta ou a proteção a valores históricos e artísticos são meios elementares de difusão e preservação da cultura. Tais bens coletivos, sem dono certo, constituem matéria-prima de uma vida comunitária estável e sadia, a serem juridicamente protegidos. A tais valores sociais que são, a um mesmo tempo, peculiares a todo um grupo social e a cada qual de seus membros, consagrou-se o qualificativo de *direitos difusos*, que passam a merecer a proteção da lei".[29]

Em virtude dessa radical transformação da sociedade tradicional numa sociedade de massas, de tecnologia crescente, os valores alteraram-se, interesses de outra ordem afloraram e passaram a clamar por proteção. Dentre esses interesses "novos", os ditos "coletivos" receberam guarida e possibilidade de expansão no seio das associações, sindicatos, bem como foram criados novos instrumentos jurídicos, como os contratos "de massa" e mesmo uma tutela jurisdicional específica no caso de conflitos de base trabalhista, reconhecendo-se a força normativa das decisões nos dissídios coletivos (CF, § 2.º do art. 114, redação da EC 45/2004).

Constatou-se, por outro lado, a necessidade de tutela, também, a *outros* interesses emergentes ao interno da coletividade: os interesses "difusos", isto é, aqueles que depassam a órbita dos grupos institucionalizados, pelo fato de que a *indeterminação* dos sujeitos concernentes não permite sua "atribuição", em termos de exclusividade, a um titular definido. Aliás, são justamente esses "interesses em busca do autor"[30] os que mais necessitam de tutela, porque são os mais desprovidos dela. E isso se deve porque, se eles se encontram em estado "fluido" no processo social;[31] se, porventura, ainda remanescem como "un personaggio assolutamente misterioso",[32] isso é o maior motivo para um esforço exegético no sentido de melhor identificá-los, a fim de atribuir-lhes um *espaço* próprio no universo dos interesses metaindividuais. Caso contrário, será toda uma rica parcela dos anseios e ideais mais profundos da comunidade que restará na obscuridade,[33] à falta de instrumentos hábeis que os possam fazer valer junto aos centros de poder e decisão.

---

29. Do direito individual ao direito difuso. *Revista de Direito Administrativo*, vol. 157, jul.-set. 1984, p. 10-11.
30. A metáfora, calcada em Pirandello, é de Mauro Cappelletti, *Formazioni*... cit., p. 368.
31. Cf. Vincenzo Vigoriti. Op. cit., p. 39.
32. Cf. Massimo Villone. Op. cit., p. 73.
33. Anna De Vita fala nas "situazioni collettive ancora destinate ad una specie di limbo giuridico nel silenzio della lege" (La tutela giurisdizionale... cit., p. 383).

É ao Direito, especialmente ao Processo Civil, que cabe produzir esses instrumentos, porque é uma ciência-meio, de natureza instrumental, não podendo apresentar-se como um fim em si mesma. Descurar da tutela aos interesses difusos, diz Vincenzo Vigoriti, significa "emarginare una larga parte del fenomeno *collettivo*, privando di ogni possibilità di tutela quegli interessi che non hanno ancora raggiunto uno stadio avanzato di organizzazione interna".[34]

Vejamos, em seguida, quais as notas características desses interesses, e se elas bastam a justificar sua *autonomia* dentre os demais interesses metaindividuais (ou *transindividuais*, como preferiu o legislador brasileiro: Lei 8.078/1990, art. 81, § único, I e II).

2.4 Características básicas dos interesses difusos

Os interesses difusos apresentam as seguintes notas básicas: indeterminação dos sujeitos; indivisibilidade do objeto; intensa conflituosidade; duração efêmera, contingencial.[35]

2.4.1 A indeterminação dos sujeitos

Como se sabe, os "interesses juridicamente protegidos", isto é, os direitos subjetivos,[36] guardam uma relação necessária com a sua *titularidade*, isto é: somente os interesses relevantes para a ordem jurídica e referíveis a um *titular* são suscetíveis de tutela estatal,[37] visto que só esses são *qualificados* por uma sanção para a hipótese de não serem respeitados, o que acrescenta o aspecto *coercitivo* à sua *exigibilidade*. Ora, os interesses difusos por isso que são referíveis a um conjunto indeterminado ou dificilmente determinável de sujeitos, contrapõem-se

34. *Interessi...* cit., p. 38.

35. É claro que o rol dessas características, bem como sua formulação, é variável em doutrina. Por exemplo, segundo Angel Landoni Sosa, as características geralmente aceitas são: "1.ª) supraindividualidad; 2.ª) que el fenómeno hace referencia a interesses comunes a una comunidad de personas que pueden no tener un vínculo jurídico que los aglutine, o este – como lo ha puesto de relieve Barbosa Moreira – puede ser extremamente genérico como pertenecer a una misma comunidad política; 3.ª) que los mismos dan lugar a conflictos de intereses también supraindividuales" (Legitimación para la defensa de los intereses difusos. *XI Congresso Nacional de Derecho Procesal. Anais.* La Plata, Argentina, 1981, p. 1157-1158). Sobre esse aspecto, ressalte-se, na doutrina brasileira, a contribuição de Alvaro Luiz Valery Mirra (A coisa julgada nas ações para tutela de interesses difusos. *RT* 631/71, especialmente o item 2.3).

36. É a conhecida concepção de direito subjetivo, de Rudolf von Ihering.

37. No campo processual, os direitos brasileiro e italiano consagram o princípio da "coincidência" entre a legitimação para agir e a afirmada titularidade da pretensão de direito material (arts. 6.º do Código pátrio e 81 do *Codice di Procedure Civile*) (José Carlos Barbosa Moreira. *A ação popular...* cit., p. 111, nota n. 1).

fundamentalmente a esse esquema tradicional, visto que a tutela não pode mais ter por parâmetro a *titularidade*, mas a relevância, em si, do interesse, isto é, o fato de sua *transcendência social*, a que se acopla, para fins de tutela processual, a exigência da *representação adequada* de quem se apresenta como portador judicial.

Ada Pellegrini Grinover anota que "duas notas essenciais podem ser destacadas, nesses interesses ditos difusos. Uma, relativa à sua titularidade, pois pertencem a uma série indeterminada de sujeitos. Vê-se daí que soçobra o conceito clássico de direito subjetivo, centro de todo o sistema clássico burguês, que investia o indivíduo do exercício de direitos subjetivos, titularizados claramente em suas mãos, e legitimava o prejuízo causado a quem de outro direito subjetivo não fosse titular. Outra, relativa a seu objeto, que é sempre um bem coletivo, insuscetível de divisão, sendo que a satisfação de um interessado implica necessariamente a satisfação de todos, ao mesmo tempo em que a lesão de um indica a lesão de toda a coletividade. Nesse sentido, foi precisamente apontada, por José Carlos Barbosa Moreira, a indivisibilidade, *lato sensu*, desse bem".[38]

Altera-se, assim, fundamentalmente o esquema tradicional: a relevância jurídica do interesse não mais advém de sua afetação a um titular determinado, mas do fato do interesse concernir à toda a coletividade ou ao menos a um segmento dela, por aí se justificando o trato *coletivo* do conflito.

Com isso, altera-se, também, a lógica do raciocínio: se o interesse suscetível de atribuição individual merece a atenção do Direito, *a fortiori* deve merecê-la o interesse de *muitos*, ainda que não identificáveis. Na relação capital-trabalho, quando os *muitos* sujeitos estão aglutinados em grupos bem estruturados, definidos, o Direito já conseguiu atribuir tutela razoavelmente adequada, como sucede com os sindicatos, enquanto portadores de interesses *coletivos* de uma dada *categoria* profissional ou patronal, conquanto o TST tenha já firmado precedente no sentido de que tal legitimação ativa opera em modo concorrente – disjuntivo em face das associações: "No Direito do Trabalho, a referida ação coletiva [ação civil pública] é um mecanismo de proteção dos direitos sociais constitucionalmente garantidos e, uma vez verificada lesão ou a ameaça de lesão a direito difuso, coletivo ou individual homogêneo decorrente da relação de trabalho, será cabível a propositura da ação civil pública no âmbito trabalhista. Quanto à legitimidade para a propositura da ação civil pública na esfera trabalhista, tem-se que as associações, assim como no âmbito civil, também estão legitimadas, desde que possuam, dentre seus fins sociais, a defesa dos direitos de seus associados, registrando-se a incompatibilidade, *in casu*, entre os interesses do sindicato e os dos substitutos".[39]

38. Novas tendências na tutela jurisdicional dos interesses difusos. *Revista do Curso de Direito da Universidade Federal de Uberlândia (MG)*, n. 13, 1984, p. 3.

39. RR 42400-13.1998.05.02.0036, 2.ª T., rel. Min. Vantuil Abdala, *DJ* 15.08.2008.

No tocante aos interesses que, por natureza, são *difusos*, surge como complicador o fato de que eles não comportam aglutinação em grupos sociais definidos *a priori*.[40] Paradoxalmente, como já lembrado, são justamente estes os que mais carecem de tutela, visto que soem emergir das "classi più deboli, incapaci di darsi una adequata oraganizzazione, ma proprio per questa loro debolezza più bisognevoli di protezione".[41]

Essa "indeterminação de sujeitos" deriva, em boa parte, do fato de que não há um vínculo jurídico coalizador dos sujeitos afetados por esses interesses: eles se agregam *ocasionalmente*, em virtude de certas contingências, como o fato de habitarem certa região, de consumirem certo produto, de viverem numa certa comunidade, por comungarem pretensões semelhantes, por serem afetados pelo mesmo evento originário de obra humana ou da natureza etc. Como explica o saudoso Celso Bastos, "quando nos referimos aos interesses difusos dos usuários de automóveis, por exemplo, abarcamos uma indefinida massa de indivíduos das mais variadas situações, esparsos por todo o País, sem qualquer especial característica jurídica homogênea, que apenas praticaram, aos milhares ou milhões, um mesmo ato jurídico instantâneo, compra de um veículo".[42]

Quer dizer, se o *interesse* é sempre uma *relação* entre um sujeito e um objeto (*quod inter est*), no caso dos interesses difusos essa relação é *super* ou *metaindividual*, isto é, ela se estabelece entre uma certa coletividade, como sujeito, e um dado bem de vida "difuso", como objeto. Certo, pode ocorrer que esses interesses, num caso concreto, venham a ser veiculados por um dos sujeitos ou uma entidade (o *ente esponenziale* a que alude a doutrina italiana), mas isso não altera a *essência* dos interesses, que permanecem "difusos", pelo fato de se referirem a toda uma

---

40. A nosso ver, o interesse verdadeiramente *difuso* assim o é por sua própria natureza, ou seja, é uma qualidade que lhe é imanente. Essa característica não se altera, em sua essência, pelo fato de surgir um *portador adequado*, já que isso concerne à *legitimação para agir*, e não à natureza mesma desse interesse. Nesse sentido, Alberto De Roberto, entende que "la gestione pubblicistica di certi interessi della collettività non esclude interventi, nelle stesse aree, di situazioni privatistiche quando, naturalmente tali interessi non risultino attribuiti alla gestioni monopolistica dell'autorità pubblica (si pensi alla difesa, all'ordine pubblico, etc.)". (Interessi diffusi e giudice amministrativo, *in Atti del XXIII Convegno di Studi di Scienza dell'Amministrazione*. Milão: Giuffrè, 1978, p. 127). É por isso que, por exemplo, o fato de a fundação pública *Procon* ser órgão de defesa dos interesses *coletivos* dos consumidores, não impede que tais interesses, eventualmente, possam se apresentar sob uma vertente *difusa* (considere-se, por exemplo, o interesse no combate à publicidade enganosa, esparso pela coletividade como um todo. É justamente por isso que a legitimação para agir, nos interesses metaindividuais, é de tipo *concorrente-disjuntivo* (Lei 7.347/1985, art. 5.º).

41. Cf. Aldo Corasaniti, La tutela degli interessi diffusi davanti al giudice ordinário. *Rivista. di Diritto Civile*, mar.-abr. 1978, p. 182.

42. Ob. cit., p. 40.

coletividade, indistintamente.[43] De outra parte, visto que os interesses difusos se encontram ainda num estágio "fluido", de formação, no seio da comunidade, impõe-se não confundi-los com aqueles interesses que, conquanto afetados à sociedade civil, já mereceram enquadramento específico no sistema jurídico e não comportam controvérsia ao nível indivíduo *versus* indivíduo: pense-se no interesse à defesa do território nacional, à proteção da ordem pública, ao incremento do serviço de saúde pública.

Como observa Ada Pellegrini Grinover, "o único problema que esses interesses podem suscitar se situa na perspectiva clássica do conflito, autoridade *versus* indivíduo".[44] Ao passo que por interesses difusos se devem compreender aqueles que podem ser invocados por qualquer indivíduo, ou por todos os indivíduos por eles afetados, indistintamente e ao mesmo tempo, contrapondo-os entre si.

Na síntese precisa do saudoso Celso Bastos, "a característica primordial do interesse difuso é a sua descoincidência com o interesse de uma determinada pessoa. Ele abrange, na verdade, toda uma categoria de indivíduos unificados por possuírem um denominador fático qualquer em comum".[45]

Essa característica dos interesses difusos, que ora vimos analisando, ficou bem evidenciada na experiência norte-americana em certa *class action* cujo objeto era a interdição do uso do defensivo "DDT". Seus autores declararam que integravam a *class* em questão "all the people of United States, not only of this

43. Na correta visão de Vittorio Guccione, "in tema di ambiente di belezze paesistiche, una associazione di natura privata (si veda *Italia Nostra*) può essere riconosciuta come portatore di interessi collettivi, ma ciò non toglie che quello dell'ambiente rimane, per larghe fasce, interesse allo stato diffuso non potendo questa o altra associazione coprire tutta l'area dell'interesse della collettività a quel bene comune che è l'ambiente" (La protezione degli interessi diffusi attraverso la funzione di controllo. *Atti del XXIII Convegno di Studi di Scienza dell'Amministrazione* – Rilevanza e tutela degli interessi diffusi, modi e forme di individuazione e protezione degli interessi della collettività. Milão: Giuffrè, 1978, p. 136-137).

44. *Interesses difusos*... cit., p. 401. Nesse mesmo sentido, indaga Massimo Villone: "In che cosa, dunque, differisce, per esempio, l'ecologia dall'ordine pubblico?". Esta última, prossegue, "constituisce un bene la cui necessità di tutela è all'interno di una communità da tutti condivisa. Se vi è problema, non è quello dell'alternativa fra quell'interesse ed altro interesse metaindividuale di segno opposto ed incompatibile. Al più, può esistire un problema di conflitto individuo-autorità nella prospettiva classica, ma sempre sulla base del pressupposto che l'ordine pubblico vada, al meno in principio, salvaguardato. Diversamente può accadere per l'interesse difuso. Si sottolinea qui una prospettiva: l'interesse può essere caratterizzato da una larga area di intrinseca conflittualità in ordine alla quale i procedimenti e le struture che normalmente consentono la mediazione dei conflitti metaindividuali si mostrano inefficienti" (Op. cit., p. 76).

45. Op. cit., p. 39.

generation, but of those generations yet unborn...".[46] Não por outro motivo o meio ambiente é considerado um bem *transgeracional*.

Essa "indeterminação de sujeitos" revela-se, também, quanto à natureza da lesão decorrente de afronta aos interesses difusos: essa lesão é disseminada por um número indefinido de pessoas, tanto podendo ser uma comunidade (por exemplo, uma vila de pescadores, ameaçada pela emissão de dejetos urbanos no mar) como uma etnia (nos casos de discriminação racial – v. Lei 12.288/2010 – *Estatuto da Igualdade Racial* – que acrescentou um § 2.º ao art. 13 da Lei 7.347/1985) ou mesmo toda a humanidade, como se dá em face da ameaça constante de guerra nuclear, ou diante da "exploração" predatória e anárquica da Amazônia. Os interesses difusos situam-se, assim, no "extremo oposto" dos direitos subjetivos, visto que estes apresentam como nota básica o "poder de exigir", exercitável por seu *titular*, contra ou em face de outrem, tendo por objeto certo bem da vida.[47] Ora, é justamente essa *relação de imanência* entre o interesse e uma pessoa determinada que inexiste nos interesses difusos, porque, sendo insuscetíveis de apropriação a título exclusivo, eles caracterizam-se, justamente, por concernirem a um plexo indeterminado de sujeitos.

Importante temperamento exegético, no tocante à nota da *indeterminação dos sujeitos*, deflui do decidido pelo STJ em ação civil pública ambiental, fulcrada em poluição sonora causada por estabelecimento comercial: "(...) 9. A indeterminação dos sujeitos, considerada ao se fixar a legitimação para agir na Ação Civil Pública, não é incompatível com a existência de vítimas individualizadas ou individualizáveis, bastando que os bens jurídicos afetados sejam, no atacado, associados a valores maiores da sociedade, compartilhados por todos, e a todos igualmente garantidos, pela norma constitucional ou legal, como é o caso do meio ambiente ecologicamente equilibrado e da saúde" (REsp 1.051.306/MG, 2.ª T., rel. j. 16.10.2.008, m.v., rel. Min. Herman Benjamin, *DJe* 10.09.2010).

Nesse sentido, posiciona-se Édis Milaré: "Embora a distinção entre interesses difusos e interesses coletivos seja muito sutil – por se referirem a situações em diversos aspectos análogas –, tem-se que o principal divisor de águas está na titularidade, certo que os primeiros pertencem a uma série indeterminada e indeterminável de sujeitos, enquanto os últimos relacionam-se a uma parcela também indeterminada mas determinável de pessoas. Funda-se, também, no vínculo associativo entre os diversos titulares, que é típico dos interesses coletivos

46. Cf. Loriana Zanuttigh. Processo e tutela dell'ambiente nell'esperienza nordamericana. *La tutela degli interessi difusi nel diritto comparato*. Milão: Giuffrè, 1976, nota. 65, p. 424.

47. Segundo Roger Bonnard, "le droit subjectif est constitué par le pouvoir qu'a son titulaire, d'exiger quelque chose d'un autre. C'est ce qui forme son essence" (Les droits publics subjectifs des administrés. *Revue de Droit Public*, n. 49, 1992, p. 708).

e ausente nos interesses difusos".[48] Para Ricardo de Barros Leonel, reportando-se a Hugo Nigro Mazzilli, os *difusos* são "interesses que se referem a grupos menos determinados de pessoas, entre as quais inexiste um vínculo jurídico ou fático muito preciso, possuindo objeto indivisível entre os membros da coletividade, compartilhável por número indeterminável de pessoas".[49]

Justamente por isso, já decidiu o STJ: "I. Esta Corte Superior de Justiça vem entendendo não ser cabível o uso da Ação Civil Pública visando obstar a cobrança de tributos. Entende-se que a relação jurídica estabelecida desenvolve-se entre a Fazenda e contribuinte, não podendo este ser conceituado de consumidor, nos termos do artigo 21, da Lei 7.347/1985. Consumidor e contribuinte são categorias afins, porém distintas. II. Existe a possibilidade de definir os contribuintes atingidos pela apontada forma de calcular o imposto devido. Trata-se, pois, de interesse divisível e individualizável. Assim, a ação civil pública mostra-se como meio inadequado à proteção dos interesses individuais advindos da relação estabelecida entre a Fazenda e os contribuintes. III. O Ministério Público não possui legitimidade ativa para propor ação civil pública para defesa de direitos de contribuintes. IV. A ação civil pública não se presta a substituir a ação direta de inconstitucionalidade. V. Recursos a que se dá provimento para extinguir o processo sem julgamento do mérito, na forma do art. 267, VI, do Código de Processo Civil". (REsp 169.313, j. 14.06.2.000, rel. Min. Nancy Andrighi, *DJ* 29.06.2000).

2.4.2 A indivisibilidade do objeto

Sob a ótica objetiva, verifica-se que os interesses difusos são indivisíveis, no sentido de serem insuscetíveis de partição em *quotas* atribuíveis a pessoa ou grupos preestabelecidos. Trata-se, como preleciona José Carlos Barbosa Moreira, de uma "espécie de comunhão, tipificada pelo fato de que a satisfação de um só implica, por força, a satisfação de todos, assim como a lesão de um só constitui, *ipso facto*, lesão da inteira coletividade".[50]

Com efeito, no caso de um aeroporto supersônico em vias de instalar-se em local inadequado, verifica-se que o interesse *difuso* contrário à sua instalação poderá ser exercido via ação popular, por meio de um dos habitantes do local ou, via ação civil pública, pela comunidade, desta feita representada por associação;[51]

48. *A ação civil pública na nova ordem constitucional*. São Paulo: Saraiva, 1990, p. 27-28.

49. *Manual do processo coletivo*. São Paulo: RT, 2002, p. 99.

50. José Carlos Barbosa Moreira. A legitimação para a defesa dos interesses difusos no direito brasileiro. *RF*, n. 276, p. 1.

51. É a legitimação "concorrente e disjuntiva" a que alude José Carlos Barbosa Moreira (A legitimação para a defesa... cit., p. 2). No Brasil, "pessoa jurídica não tem legitimação

de qualquer modo, o eventual sucesso da ação espraiará benefício em face de todos os envolvidos, e não somente daquele indivíduo ou daquela entidade que se dispôs a operar como paladino da comunidade;[52] do mesmo modo, o fracasso da investida judicial frustrará, a um tempo, os portadores judiciais e os cidadãos que perfilhavam o mesmo entendimento. Daí, essa nota da *indivisibilidade*.

Essa característica advém do fato de que os interesses difusos apresentam uma estrutura peculiaríssima, devido ao fato deles não terem seus contornos definidos numa norma (como os direitos subjetivos), nem estarem aglutinados em grupos bem delineados (como os interesses coletivos), donde resulta que sua existência não é afetada, nem alterada, por conta de virem a ser exercitados ou não, remanescendo, por assim dizer, num estado fluído, ao interno da sociedade civil como um todo.

Assim é que os debates e controvérsias em torno dos interesses concernentes à "qualidade de vida" continuarão a existir sempre, independentemente de serem exitosos ou não os programas governamentais a respeito, e, bem assim, do número e do resultado de ações judiciais propostas sobre esse tema; isto é devido ao fato de que o objeto de que se trata está esparso por um número indeterminado de sujeitos, e por isso não se esgota pelo fato de vir a ser exercido por alguns dos colegitimados. (Pense-se no interesse à defesa do erário, que segue inalterado e de constante atualidade, independentemente do número de ações populares ou de ações por improbidade que venham a ser propostas, exitosas ou não). Por serem *difusos*, esses interesses tendem a se "repetir", podendo vir a reapresentar-se, em face de outros grupos sociais ou até em face dos *mesmos* que os exercitaram anteriormente; e isso, até o momento futuro em que venham a ganhar concreção conceitual e axiológica, quando poderão tornar-se, conforme o caso, direitos subjetivos públicos[53] ou converter-se em interesses coletivos, aglutinados junto a um

---

para propor ação popular" (Súmula 365 do STF); mas sobreveio a Lei 7.347/1985, que disciplina a ação civil pública por danos causados ao meio ambiente e outros interesses difusos, legitimando (inclusive) as associações (art. 5.º). Já o Ministério Público é superlativamente qualificado para o manejo da ação civil pública, sob esse regime concorrente-disjuntivo: além da legitimação prevista nesse texto padrão (Lei 7.347/1985, art. 5.º, *caput*), é ainda credenciado para atuar judicalmente em matérias especiais, como *criança e adolescente* (Lei 8.069/1990, art. 210, I), *consumidor* (Lei 8.078/1990, art. 82, I), *defesa do erário* (Lei 8.429/1992, art. 17); *idosos* (Lei 10.741/2003, art. 74, I) e, inclusive, para uma ação civil pública cujo objeto abrange os valores que igualmente são tuteláveis via ação popular: Lei 8.625/1993, art. 25, IV, *b*.

52. Nas *class actions*, é a pessoa que representa em juízo a coletividade afetada pela lesão aos interesses difusos; a denominação *ideological plaintiff* é atribuída a Louis Jaffe (cf. Mauro Cappelletti, *Appunti sulla...* cit, n. 8, p. 53).

53. No caso de serem oponíveis ao Estado (cf.Roger Bonnard. Op. cit., p. 697).

grupo social definido.[54] Esse fenômeno pode ser bem observado com relação aos interesses difusos envolvendo a floresta amazônica, polarizando, de um lado, os que sustentam a intangibilidade daquele ecossistema e, de outro, os que pregam sua exploração econômica, sob a égide do *desenvolvimento sustentado*.

Encontram-se interesses *difusos* entre os habitantes de uma *mesma localidade*;[55] entre os que consomem um *mesmo* produto; entre os que estão sujeitos às emanações nocivas de uma mesma indústria etc. É essa uniformidade de conteúdo que, no nosso ver, determina a indivisibilidade dos interesses difusos, assim referíveis a *todos* os sujeitos concernentes, indistintamente. Nesse sentido, decidiu o STJ em ação civil pública proposta pela Comissão de Defesa do Consumidor da Assembleia Legislativa do Rio de Janeiro, envolvendo propaganda bancária de empréstimos consignados em folha de pagamento: "(...) 4. Há que se reconhecer, na hipótese, que os consumidores (aposentados e pensionistas do INSS) foram induzidos a erro na aquisição dos produtos e serviços oferecidos, o que caracteriza flagrante ofensa às regras contidas nos arts. 31 e 37 do Código de Defesa do Consumidor". (...) "7. (...) Aliás, como se extrai do parecer do ilustre representante do Ministério Público Federal, no AG nº 2006.02.01.004411-3, 'não há dúvida que a propaganda enganosa implica em violação a interesses individuais dos consumidores'. De fato, propaganda não atinge a nenhum consumidor específico, mas sim um universo indeterminado de consumidores. A lesão é, por outro lado, indivisível. Portanto, não há dúvida de que estão em jogo interesses metaindividuais, que são tutelados pela ação civil pública, nos termos dos arts. 81, incisos II e III do CDC" (REsp 1.054.188/RJ, j. 26.05.2011, rel. Min. Sidnei Beneti, *DJ* 01.06.2001).

No ponto, José Marcelo Menezes Vigliar explica que os *difusos* são "interesses indivisíveis e, embora comuns a uma categoria mais ou menos abrangente de pessoas, não se pode afirmar, com precisão, a quem pertençam, tampouco a parcela destinada a cada um dos integrantes desse grupo indeterminado". Exemplifica o autor com a "propaganda enganosa, veiculada pela televisão, ou outro meio de comunicação de massa, que venha a atingir pessoas indeterminadas, tendo como único fato a uni-los o acesso a tal propaganda, pelo simples e exclusivo fato de terem, naquele determinado momento, ligado a televisão que anuncia, p. ex., um placebo".[56]

---

54. Dizem Vincenzo Guercio *et al.*: "L'interesse, da 'diffuso' diverrà 'collettivo' nel momento in cui farà capo non più ad una formazione sociale allo stato fluido, cioè ancora in fase di autodistinzione nel seno della collettività generale, ovvero assimilabile ad una mera categoria, bensì ad un gruppo ben individuato e dotato di una strutura organizzatoria (persona giuridica o associazione non riconosciuta) che si ponga come esponente qualificato di quell'interesse" (Op. cit., p. 466).
55. O que na doutrina italiana se chama "insediamento abitativo".
56. *Ação civil pública*. 3. ed. São Paulo: Atlas, 1999, p. 47.

2.4.3 A intensa litigiosidade interna

A doutrina italiana aponta a *conflittualità massima* ou a *intrinseca conflittualità* como outra das características dos interesses difusos.

Nos embates entre os direitos subjetivos dos particulares ou entre estes e o Estado, verifica-se o que se pode chamar uma "litigiosidade definida", visto que, de um lado, os lindes da controvérsia são bem demarcados na pretensão e na resistência; de outro lado, as situações emergentes – por isso que derivam de *direitos* – são já balizadas por normas jurídicas. Há lide, controvérsia, demanda, porém não de caráter difuso. Não constitui exceção ao ora afirmado o fato de a transação ou conciliação que encerra a lide poder incluir "matéria não posta em juízo" – CPC, art. 475-N – porque, embora desse modo o objeto litigioso resulte em certo modo ampliado, no contraste com seu desenho inicial, ainda assim a controvérsia não depassa a órbita das partes que integraram o contraditório; além disso, não há atrito com o *princípio da demanda*, ou do *dispositivo* (CPC, arts. 2.º, 128, 460), porque, tratando-se de intervenção judicial de natureza *homologatória*, já se está no campo da jurisdição voluntária.

Como se sabe, há tempos registrava-se na sociedade brasileira um anseio, disseminado sobretudo entre a população menos favorecida, no sentido de que as controvérsias de reduzida expressão econômica pudessem contar com um meio adequado de acesso à justiça, que, para tanto, deveria ser de tipo célere, informal, e inspirado num julgamento por equidade. Com isso se pretendia dar vazão ao fenômeno da *litigiosidade contida*, na feliz expressão de Kazuo Watanabe: esse contexto de forte apelo social esteve à base da criação dos *Juizados Especiais* (CF, art. 98, I; Lei 9.099/1995, arts. 1.º e 2.º), experiência depois replicada nos Juizados Federais – Lei 12.259/2001; Juizados de violência doméstica – Lei 11.340/2006 e Juizados da Fazenda Pública – Lei 12.153/2009).[57]

No campo dos interesses difusos, outra coisa se dá: eles estão soltos, desagregados, disseminados entre segmentos sociais mais ou menos extensos; não têm um vínculo jurídico básico que os coalise, mas exsurgem de aglutinações contingenciais, não raro contrapostas entre si. Como diz Ada Pellegrini Grinover, "trata-se de interesses espalhados e informais à tutela de necessidades, também coletivas, sinteticamente referidas à 'qualidade de vida'. E essas necessidades e esses interesses, de massa, sofrem constantes investidas, frequentemente também de massa, contrapondo grupo *versus* grupo, em conflitos que se coletivizam em ambos os polos".[58]

O que se dessume desse entrechoque de *massas de interesses* é que os conflitos daí resultantes não guardam as características dos conflitos interssubjetivos

57. Cf. Cândido Rangel Dinamarco. *Manual das pequenas causas*. São Paulo: RT, 1986, p. 1.

58. Novas tendências... cit., p. 3.

tradicionalmente concebidos na fórmula "Tício *versus* Caio", nem tampouco se reduzem aos conflitos que contrapõem interesses coletivos já organizados e bem delineados, como os dissídios trabalhistas, mas, ao contrário, apresentam contornos diversos: não se trata de controvérsias envolvendo situações jurídicas definidas (por exemplo, A se julga credor de B, que resiste àquela pretensão), mas de litígios que têm por causa remota verdadeiras *escolhas políticas*. Ora, neste campo, as alternativas são ilimitadas, porque o favorecimento da posição "A" irá contrariar os interesses dos integrantes da posição "B". Os exemplos são numerosos: a proteção dos recursos florestais conflita com os interesses da indústria madeireira e, por decorrência, com os interesses dos empregados à mantença de seus empregos;[59] a interdição de construção de um aeroporto internacional atende aos interesses dos moradores circunvizinhos que não querem ter seu sossego perturbado, mas conflita com os interesses da construção civil e do turismo; a instituição de censura prévia nas diversões públicas atende aos setores conservadores da sociedade, mas conflita com o interesse da classe artística na livre expressão de seus trabalhos.

Cabe notar que também certos atos de gestão da coisa pública podem atingir interesses difusos, nos casos em que aqueles atos, por sua natureza, atingem largos segmentos da sociedade, por via mediata ou reflexa. Franco Gaetano Scoca exemplifica com "provvedimenti che autorizzino nuovi esercizi commerciali, e che incidono, per così dire, in un bacino di interessi legati alla attività commerciale oggetto dell'autorizzazione; si pensi a provvedimenti riguardanti zone di rispetto di aeroporti o stabilimenti militari, che hanno il loro bacino territoriale di controinteressati. Si può anche pensare alla tutela delle bellezze naturali, soprattutto quelle panoramiche, e alla tutela contro la degradazione dell'ambiente".[60]

Por vezes, os interesses difusos concernem a comunidades mais ou menos definíveis, como sucedeu em São Paulo, onde os moradores do bairro de Santo Amaro, há muitos anos, reivindicavam autonomia político-administrativa (o que despertou interesses contrários a tal pretensão, de ordem política, tributária etc.); noutro caso, os habitantes da cidade de Cotia (SP), em certa época insurgiram-se contra a construção do aeroporto supersônico naquela cidade (o que contrariava interesses contrapostos, tais os do comércio, dos incorporadores de obras públicas, do turismo etc.). Angel Landoni Sosa lembra os interesses difusos nos seguintes conflitos: interesse na preservação de casas antigas, representativas de uma época, *versus* interesse dos incorporadores imobiliários e de pessoas

59. Seja o exemplo da hidrelétrica de Tucuruí, que sepultou milhões de metros cúbicos de madeira, fato que suscitou o protesto dos ecologistas, especialmente pelo prejuízo à oxigenação das águas, decorrente do apodrecimento da madeira submersa.

60. La tutela degli interessi... cit., p. 49..

desejosas de adquirirem terrenos baratos; interesse na preservação de um meio ambiente urbano despoluído, *versus* interesse do setor de transporte em utilizar óleo diesel como forma de baratear os custos.[61]

Daí a observação de Hugo Nigro Mazzilli: "Não são, pois, os interesses difusos mera subespécie de interesse público. Embora em muitos casos possa até coincidir o interesse de um grupo indeterminável de pessoas com o interesse do Estado ou com o interesse da sociedade como um todo (como o interesse ao meio ambiente sadio), a verdade é que nem todos interesses difusos são compartilhados pela coletividade ou comungados pelo Estado (...)". Como bem acentuou Massimo Villone, os interesses difusos podem caracterizar-se por uma larga área de intrínseca conflituosidade, em razão da qual se mostram ineficientes os procedimentos e a estrutura que normalmente se prestam à mediação dos conflitos".[62]

Em todos esses casos, a marcante conflituosidade deriva basicamente da circunstância de que todas essas pretensões metaindividuais não têm por base um vínculo jurídico definido, mas derivam de situações de fato, contingentes, por vezes até ocasionais.[63] Não se cuidando de *direitos* subjetivos violados ou ameaçados, mas de interesses (conquanto relevantes), observa-se que todas as posições, por mais contrastantes, parecem, *a priori*, sustentáveis. É que no caso dos interesses difusos não há um *parâmetro jurídico* específico que permita uma avaliação axiológica preliminar sobre a posição "certa" e a "errada". Exemplo sugestivo ocorreu no Rio de Janeiro, quando da construção do chamado "sambódromo", o qual gerou conflitos metaindividuais entre os interesses ligados à indústria do turismo *versus* os interesses dos cidadãos e associações, contrários à construção de um local permanente para os desfiles das escolas de samba. Algo semelhante se passa, presentemente, com a polêmica sobre a inversão de dinheiro público na construção e reforma de estádios, visando a Copa do Mundo de Futebol, no Brasil, em 2014.

Já se objetou que essa característica de *intrínseca conflituosidade* não seria exclusiva dos interesses *difusos*, visto que "existem sempre no território de qualquer um dos interesses coletivos (preservação da vida, da integridade, da saúde, do ambiente, a tutela do consumidor etc.) maiores ou menores núcleos

---

61. Angel Langoni Sosa. Legitimación... cit., p. 1158. A seu turno, Alberto De Roberto lembra situações de conflito geradas por decisões administrativo-políticas ao nível local, como, por exemplo, a de se construir um asilo, frustrando, assim, os interesses dos que prefeririam a edificação de um centro cultural (Op. cit., p. 128).

62. *A defesa dos interesses difusos em juízo*. 22. ed. São Paulo: Saraiva, 2009, p. 54.

63. Como diz Ada Pellegrini Grinover, nos interesses difusos reduz-se "o vínculo entre as pessoas a fatores conjunturais ou extremamente genéricos, a dados de fato frequentemente acidentais e mutáveis" (Novas tendências na tutela jurisdicional dos interesses difusos. *Revista do Curso de Direito da Universidade Federal de Uberlândia*, n. 13, 1984, p. 3).

de conflitos e divergências. Ao interesse geral da preservação da saúde pública, por exemplo, se manifestam também outros interesses coletivos, como ocorre na limitação e expansão da propaganda e de fabricação de cigarros, de bebidas alcoólicas etc.".[64]

Quer nos parecer, porém, que é preciso distinguir: quanto aos interesses ali primeiro indicados, não nos parecem "coletivos" e sim difusos, porque eles não são suscetíveis de aglutinação definitiva ou exclusiva em grupos sociais próprios e organizados, concernindo antes a sujeitos indeterminados. Quanto à saúde pública, seria antes uma liberdade pública ou direito subjetivo público, dado que se trata de interesse oponível ao Estado.[65] Note-se ainda, no que tange à *saúde pública*, e bem assim quanto à *segurança pública*, que, se conflitos podem ocorrer, eles não terão a dimensão e a intensidade dos interesses difusos, porque, no máximo, poderá ser questionada a *qualidade* ou o *modo* pelo qual aqueles valores vêm tutelados pelo Estado, mas não se pode conceber a existência de interesses *diametralmente* opostos àqueles valores; como poderia um *ente esponenziale* sustentar interesses *contrários* à saúde pública ou à segurança pública? No máximo, a dialética se restringiria à forma, ao modo, ou à avaliação da tutela imprimida; de outra parte, o conflito oporia indivíduo *versus* Autoridade, e não, propriamente, os indivíduos entre si.

Esse ponto é bem explicado por Massimo Villone: "(...) l'ordine pubblico (o interesse equivalente) costituisce un bene la cui necessità di tutela è all'interno di una comunità da tutti condivisa. Se vi è problema, non è quello dell'alternativa fra quell'interesse ed altro interesse metaindividuale di segno opposto ed incompatibile. Al più, può esistere un problema di conflito individuo-autorità nella prospettiva classica, ma sempre sulla base del presupposto che l'ordine pubblico vada, al meno in principio, salvaguardato".[66]

---

64. Cf. René Ariel Dotti. Op. cit., p. 69-70.

65. "Lorsqu'une liberté de l'individu est opposable a l'État, on la qualifie ordinairement de 'liberté publique'. Cette liberté publique comportera un droit public subjectif si et dans la mesure où il sera reconnu ou particulier le pouvoir d'exiger certaines abstentions de la part de l'État à l'égard de cette liberté. Les droits publics subjectifs de cet ordre sont parfois appelés droits fondamentaux" (Grundrechte) (V. Roger Bonnard. Op. cit., p. 710, nota 1).

66. Op. cit., p. 76. Todavia, nesse ponto é interessante trazer à colação a contribuição de Vittorio Guccione que, após lembrar os interesses "alla salute pubblica, all'ordine pubblico, alla difesa nazionale, (...) al corretto funzionamento della pubblica amministrazione, (...) al corretto funzionamento della giustizia" etc., observa, percucientemente, que o problema está em saber "quanti di questi interessi dovrebbero ritenersi affidati esclusivamente allo Stato (e alcuni, anche ad entità intermedie), senza quindi altra possibilitá di tutela che non siano, come già detto, le forme di mediazione politica che il sistema costituzionale e la prassi già conosce?". Adiante, indagando a propósito de

Dentre nós, Vladimir Passos de Freitas reconhece a possibilidade de conflito entre interesses públicos, exemplificando: "Suponha-se que o Estado resolva desapropriar uma área para construção de usina hidrelétrica. A obra é necessária para o abastecimento de luz da região, e é evidente a necessidade. Mas, para que isto se efetive, haverá dano ambiental, eis que a flora sucumbirá pela ação das águas e a fauna será inevitavelmente atingida. Como agir?" Na sequência, após observar que a CF ampara ambas as pretensões (arts. 21, XII, *b*, e 225 *et seq.*), o autor conclui: "Bem, ao juiz não restará outra saída senão a de avaliar os interesses postos em questão e optar pelo que melhor atinja a finalidade pública. A missão é espinhosa, envolvendo larga dose de discricionariedade. Daí a importância de o juiz manter-se sempre atento aos outros ramos do conhecimento, acompanhando de perto a vida da sociedade, seja pela convivência com seus semelhantes, seja pelo interesse por assuntos que extravasam das Ciências Jurídicas. Optando por uma das soluções, sem hesitação, deverá adotá-la, porque seu principal compromisso é com sua consciência".[67]

No ponto, reconhece Hugo Nigro Mazzilli que na tutela coletiva "é frequente a conflituosidade entre os próprios grupos envolvidos (enquanto, nos conflitos tipicamente individuais, a lide se estabelece entre autor e réu, ainda que agindo isoladamente ou em conjunto com litisconsortes, já nos conflitos coletivos temos, não raro, grupos, categorias ou classes de pessoas com pretensões colidentes entre si – também chamados 'interesses macrossociais' –, como as de um grupo que, ao invocar o direito ao meio ambiente sadio, deseje o fechamento de uma fábrica, e as de outro grupo de pessoas que dependam, direta ou indiretamente, da manutenção dos respectivos empregos ou da continuidade da produção industrial, para sua própria subsistência)".[68]

A intensa conflituosidade interna, própria dos interesses difusos, foi também reconhecida por Pedro Lenza: "(...) decidindo-se, por exemplo, pela construção de uma hidrovia, com o consequente aprofundamento do leito de determinado rio, esta *escolha política* sacrificará um outro interesse de natureza difusa, qual seja, o bem ambiental preterido e danificado em decorrência do nefasto desequilíbrio hidrodinâmico da localidade".[69] A seu turno, Carlos Roberto Barbosa Moreira lembra sugestivo exemplo, extraído de reportagem jornalística, onde se

---

certos interesses que por sua relevância social mereceriam tutela específica, indaga se é possível considerar "appagante la tesi profilata in dottrina che negherebbe in sostanza a molte di tali situazioni la stessa qualificazione di interessi diffusi, mancando quella contrapposizione, quella conflittualità di più interessi che sarebbe tipica degli interessi diffusi?" (Op. cit., p. 137-138).

67. O magistrado e o meio ambiente. *RT*, n. 659/29, set. 1990, p. 35.

68. *A defesa dos interesses*..., 22. ed., cit., p. 51.

69. *Teoria geral da ação civil pública*. 2. ed. São Paulo: RT, 2005, p. 92.

noticiava que o projeto para despoluição do Rio Ganges, na Índia, não pôde ser levado a termo, por ter sofrido forte oposição de grupos religiosos, para os quais o rio "é tão puro espiritualmente que não pode ser poluído, independentemente da quantidade de lixo nele despejada". Observa o autor, no episódio, "o choque entre o interesse difuso à saúde e à despoluição do Ganges, e, no outro extremo, o interesse – também difuso – à propagação de rituais religiosos".[70]

Embora também os interesses coletivos apresentem certa conflituosidade, esta, na comparação com o que se passa nos interesses difusos, é bem menos intensa e de outra natureza, por que: *a*) os interesses coletivos são organizados e aglutinados junto a grupos e segmentos sociais definidos, ou, por assim dizer, categorizados; *b*) nos interesses coletivos, a representação é de tipo convencional ou institucional ("ente esponenziale di un gruppo non occasionale", diz a doutrina italiana), de sorte que a área conflituosa torna-se mais circunscrita: somente um grupo determinado e qualificado pela pertinência temática (família, sindicato, associação, comuna) é portador legitimado desses interesses. Ao passo que, nos interesses difusos, a indeterminação dos sujeitos e a mobilidade e fluidez do objeto ampliam expressivamente a área conflituosa.

2.4.4 Transição ou mutação no tempo e no espaço

Os interesses difusos, de ordinário, não se apresentam jungidos a um vínculo jurídico básico, mas a situações contingenciais, e daí deriva a consequência deles serem mutáveis, em simetria com essas mesmas situações de fato; e mesmo, podem aqueles interesses fenecer e desaparecer, acompanhando o declínio e extinção daquelas situações fáticas. Pela mesma razão, podem reaparecer mais adiante, se e quando se apresentarem fatores suficientes para tal. (Possivelmente, esse fenômeno esteja à base da autorização legal para que a ação popular – instrumento de defesa de interesse difuso – uma vez julgada improcedente por insuficiência de prova, possa vir a ser reproposta num momento futuro, agora fundada em nova prova – Lei 4.717/1965, art. 18). Aí, aliás, uma diferença entre os *interesses* e os *direitos*: aqueles, oriundos do plano fático ("existência-utilidade") tendem a repetir-se e a transformar-se indefinidamente; estes, presos ao plano ético-normativo, não têm a mesma plasticidade e esgotam sua função a partir do momento em que outorgam uma situação de vantagem a seu titular, ou inovam na ordem jurídica, criando, extinguindo ou modificando o *statu quo ante*.

Se assim é no que tange aos interesses em geral, *a fortiori* é o que se passa no concernente aos interesses difusos. No mais das vezes, esses interesses exsurgem a partir de situações contingenciais, repentinas, imprevisíveis: uma comunidade toma conhecimento de que a municipalidade está na iminência de aprovar licença

---

70. Os direitos difusos nas grandes concentrações demográficas. *RePro*, n. 70, p. 147.

para construção de fábrica notoriamente poluidora; uma associação de proteção aos animais recebe denúncia de que certa empresa agroindustrial está em vias de iniciar experiência com inoculação de hormônios no rebanho, com vistas a apressar o processo de engorda; uma associação de produtores de agricultura orgânica vem a saber que uma empresa agropecuária está plantando, em área próxima, sementes geneticamente modificadas. Em casos que tais, verifica-se a baixa estabilidade temporal do interesse difuso daí decorrente: deve ele ser tutelado prontamente, antes que se altere a situação de fato que o originara.

No Brasil, essa característica cambiante dos interesses difusos se revela recorrente: uma vez construída a hidrelétrica de Itaipu, tornou-se inócua a oposição calcada no ideário de interesses difusos de cunho ecológico, ligados à preservação das belezas naturais da região, comprometidas com o megaempreendimento; passado o momento, alterou-se a situação fática, levando de envolta os interesses difusos por ela ensejados, ao menos na forma e intensidade como se haviam manifestado originariamente. *Outros* interesses difusos "substituirão" os anteriores, já agora em *outras* circunstâncias, por exemplo o interesse a que a fauna local, desalojada de seu *habitat*, seja encaminhada com segurança a outro sítio adequado.

É dizer, os interesses difusos, se não exercitados a tempo e hora, modificam-se, acompanhando a transformação da situação fática que lhes é subjacente. No caso antes lembrado, uma vez consumados os fatos, os interesses difusos originários, que eram afetados ao ideal de preservação da natureza, sofrem mutação em seu desiderato, passando a referir-se, por exemplo, ao ideal de fomento da piscicultura nas águas represadas, à preservação da pureza dessas águas ou à realocação das famílias ribeirinhas. Noutro exemplo, pense-se no interesse difuso à paralização das obras de transposição das águas do Rio São Francisco, como pleiteado em algumas ações civis públicas intentadas pelo MP Federal: com a cassação das liminares, os trabalhos avançaram, de modo que logo se chegará a uma situação de fato consumado e irreversível, fazendo com o que o original interesse difuso à descontinuidade do empreendimento tenha que se *reciclar*, apresentando-se em outros moldes, por exemplo a pretensão a que os beneficiários da água desviada do rio paguem por sua utilização – princípio *usuário-pagador*.

A essa notável *transição* ou *natureza mutável* dos interesses difusos, se acopla o corolário da *irreparabilidade da lesão*, em termos *substanciais*. Com efeito, os interesses difusos emanam dos valores mais elevados para a sociedade: preservação do ambiente, direitos dos consumidores, proteção do patrimônio cultural etc. Ora, uma vez lesionados esses interesses, o Direito não poderá oferecer uma reparação *integral*, *específica*, porque não se trata de valores fungíveis, suscetíveis de sub-rogação por algum ressarcimento pecuniário: qual dinheiro "indenizará" a dor moral e o sofrimento físico dos usuários de um medicamento do qual o laboratório fabricante não divulgara os severos efeitos colaterais? Qual dinheiro "indenizará" os resultados funestos da poluição de um rio, especialmente no que tange às populações ribeirinhas?

Sobre esse aspecto, Loriana Zanuttigh fala da *rapidità della tutela* como um "elemento caratterizzante di un efficace intervento giurisdizionale su interessi diffusi, sì da suggerire un ricorso in via ordinaria a procedure d'urgenza, considerando l'urgenza medesima come profilo qualificante della situazione tutelata". Isto porque, prossegue, já existe a consciência "della deteriorabilità e irreversibilità della situazione e del danno che caratterizzerebbe gli interessi diffusi e nela scarsa attitudine dei medesimi ad una tutela nelle ordinarie forme resarcitorie".[71] No mesmo sentido, Mauro Cappelletti observa que "si tratta di bisogni e interessi nuovi (...) che emergono in quel momento e che non sempre possono trovare il loro paladino in enti preesistenti. Guardamoci dal tornare a schemi formali e paralizzanti!".[72]

E justamente porque a lesão a esses interesses assim *fugazes* se afigura irreparável, deve o direito moderno preocupar-se em oferecer *sucedâneos* ressarcitórios. Nesse ponto, é inegável a dianteira tomada pelo direito norte-americano, sobretudo com a emenda, em 1970, à regra 23 da *Federal Rules of Civil Procedure*, possibilitando, sob certas condições, a extensão da decisão a toda a *class* interessada no litígio, exceção feita aos que tenham manifestado intenção de restarem alheios à controvérsia (*opt out*).[73] Assim, por exemplo, em ação proposta por usuários de táxi, que pretendiam recuperar o excesso cobrado pela companhia, em determinado período: na impossibilidade de fixação do *quantum debeatur* e bem assim de se calcular o número dos usuários de táxi naquele período, a Corte Suprema da Califórnia condenou a empresa a, durante um certo tempo, oferecer um desconto no preço habitualmente cobrado em cada trajeto.[74]

Outra consequência desse caráter *fugaz* dos interesses difusos é que eles não demonstram aptidão para serem completamente tutelados em sede legislativa, a qual, a princípio, seria a indicada, visto que esses interesses implicam verdadeiras *escolhas políticas*. É que, de ordinário, não haveria tempo material para que a tutela nesse nível se concretizasse de modo útil e eficaz. Loriana Zanuttigh reconhece que a sede legislativa seria a "idonea per esprimere democraticamente eventuali 'preferenze di valore' rispetto all'ambiente, ma si sottolinea che questo metodo di scelta, pur maggiormente significativo e coerente con un sistema di

71. Loriana Zanuttigh. Op. cit., p. 426.
72. Mauro Cappelletti. *Appunti sulla*.... cit., p. 54, n. 8.
73. Cf. Hans Smit. La procédure civile comme instrument de réforme sociale. *Revue Internationale de Droit Comparé*, n. 3-4, 1976, p. 456.
74. 67 Cal. 2d 713, 1967. *Apud* Hans Smit. Op. cit., p. 456.

democrazia partecipativa, rischia di avere tempi eccessivamente lunghi rispetto all'urgenza dei problemi concreti".[75]

Dessa circunstância sobreleva o *novo papel do juiz* nas ações que envolvem interesses metaindividuais. Deverá ele ser *criativo*, ter conhecimentos parajurídicos, procurar antes a justiça e a equidade na solução do caso concreto do que a fria aplicação dos textos. Até porque, em muitos casos, não terá ele um texto perfeitamente aplicável à espécie, ou então o texto deixará a ele a tarefa de definir se existe a *representatividade adequada* no grupo que se apresenta como portador desses interesses (a *defining function*, atribuída ao juiz nas *class actions* do direito norte-americano). Haverá, por certo, limites a essa atuação jurisdicional, um sistema de *freios e contrapesos* que preserve a independência entre os Poderes. Como diz Massimo Villone, não caberia ao juiz "risolvere il quesito se si debba o meno costruire un oleodotto, o una strada, se si possa destinare un'area di *wildlife* a parco pubblico per un'utilizzazione di massa che conduca, inevitabilmente a snaturare l'ambiente".[76]

Em face do caráter efêmero ou cambiante desses interesses e de sua inaptidão aos meios comuns de ressarcimento, deve o Direito elaborar novos instrumentos, novas *tutelas de urgência*[77] com que se possa preservá-los, *antes* que ocorra a lesão. Nesse sentido, a Corte de Cassação italiana já se pronunciou favorável ao "sequestro penale di edificio illegittimamente costruito", em modo "di assicurare le prove dell'ilecito attraverso la indisponibilità delle cose sulle quali il reato si è concretato".[78] (Na cidade de São Paulo, há alguns anos, deu-se triste episódio em que, na calada da noite, foram desfiguradas fachadas de alguns palacetes da Avenida Paulista, como forma de descaracterizá-los como bens de interesse arquitetônico, histórico ou cultural, livrando-os, assim, da possibilidade de tombamento administrativo).

Nesse propósito de assegurar uma tutela pronta e eficaz ao interesse difuso, no momento em que este se encontra na iminência da lesão, podem ser de grande utilidade os instrumentos processuais que sinalizam para uma tutela judicial diferenciada, calcada na *verossimilhança da pretensão* inicial ou recursal (a antecipação dos efeitos da tutela pretendida – CPC, arts. 273; o efeito ativo do agravo – CPC, art. 527, II; a potencialização dos poderes do Relator – CPC, art.

---

75. Op. cit., p. 443.

76. Op. cit., p. 87-88.

77. A Lei 7.347/1985 previu a possibilidade de concessão de "mandado liminar, com ou sem justificação prévia, em decisão sujeita a agravo" (art. 12). V. também as Leis 8.437/1992 e 9.494/1997. Ainda, tenha-se presente a regulamentação do mandado de segurança na modalidade *coletiva* (Lei 12.016/2009, arts. 21, 22), dispondo também essa lei sobre a concessão de *liminar* (art. 7.º e parágrafos).

78. Cf. Massimo Villone, *Relazione introduttiva*, *in* Le azioni... cit., p. 19 e nota n. 42

557 e 544, § 4.º, inciso II) e sobretudo na execução das obrigações de fazer e de se abster, com a intercessão de meios coativos indiretos (*astreintes*, multa diária) e demais *medidas de apoio*, técnicas voltadas à obtenção da *prestação específica* do objeto (CPC, art. 461 e §§ e art. 461-A), na linha do ideal *chiovendiano* de que o processo deve dar, a quem tem um direito, precisamente aquilo a que faz jus, e não algum *sucedâneo*. *De lege ferenda*, o PL da Câmara nº 8.046/2010, sobre o novo CPC, dá ênfase à chamada *tutela da evidência*, a qual "será concedida independentemente da demonstração de perigo da demora da prestação da tutela jurisdicional (...)" – art. 306, *caput*.

A esse *caráter efêmero*, mutável, que é típico dos interesses difusos, deve-se acrescentar que eles se apresentam diversamente, em função de variações no espaço-tempo. A isto nos referiremos ao enfocarmos as "áreas conflituosas", no item seguinte.

2.5 "Áreas conflituosas" propícias à revelação de interesses difusos

Tendo presente as características dos interesses difusos, antes indicadas, é possível surpreender uma série de situações sociais que ensejam ou revelam tais interesses. Em todas elas se pode notar que, efetivamente, esses interesses exsurgem de situações de fato, uniformes, concernentes a coletividades maiores ou menores, o que, evidentemente, impede a *apropriação* desses interesses, a título exclusivo, por uma pessoa, grupo ou entidade; justamente por isso, a representação judicial desses interesses há de fazer-se em modalidade "concorrente e disjuntiva", ofertada a vários legitimados ativos. De outra parte, está presente a nota da marcante conflituosidade, derivada do fato de que tais interesses envolvem escolhas de caráter político,[79] o que permite toda sorte de posicionamentos divergentes.[80] Finalmente, há um caráter "fluido", efêmero, decorrente do fato de que esses interesses exsurgem de situações fáticas variáveis no tempo e no espaço, sem um vínculo jurídico que lhes pudesse conferir maior permanência e estabilidade.

---

79. Esse dado vem assim explicado por Massimo Villone: "(...) l'interesse diffuso è l'interesse per cui i procedimenti mediativi del sistema politico non hanno ancora operato, o non hanno operato efficacemente. È l'interesse in ordine al quale vi è comunque un costo da subire, e per il quale la collettivitá non ha scelto quale costo intende accolarsi, ed in quale misura. La difficoltà della scelta nasce dal fatto – ovvio – che alla collettività sono, in ultima analisi, imputati tutti gli interessi eventualmente in conflitto" (La collocazione istituzionale..., cit., *in La tutela degli interesse diffusi*..., cit., 1976, p. 78).

80. Diante de tal quadro, não é de estranhar que os instrumentos sociojurídicos de mediação, atualmente existentes, revelem-se inadequados a veicular os interesses difusos. Diz Massimo Villone que, em face desses interesses, "i procedimenti e la strutture che normalmente consentono la mediazione dei conflitti metaindividuali si mostrano inefficienti" (Idem, p. 76).

Assim, temos interesses difusos disseminados em áreas e temas de largo espectro social tais como ecologia, *qualidade de vida*,[81] tutela dos consumidores, gestão da coisa pública, direitos humanos, defesa de etnias, de minorias sociais etc.[82] Em assuntos tão abrangentes e socialmente impactantes, é natural que os conflitos fiquem exacerbados e polarizados em posições contrapostas: ao interesse à contenção dos custos de produção, e do preço final de produtos e serviços, se opõem interesses ao "aquecimento" da economia; ao interesse à automatização industrial, se opõem os interesses à criação de novos empregos; ao interesse à proteção dos recursos naturais em geral, se opõem interesses financeiros, imediatistas, de grupos gananciosos e predatórios; ao interesse dos que pugnam por meios de transporte não poluentes, se opõem interesses à continuidade da extração de petróleo; ao interesse ecológico a que se contenha a plantação extensiva de cana-de-açúcar, ante os inconvenientes da monocultura, se opõem interesses ao fomento dessa plantação por razões de ordem econômico-financeira; ao interesse dos que pugnam pela elevação do nível de ensino se opõem os interesses da chamada "indústria da educação"; no que tange às etnias, há divergência quanto a saber se melhor fora uma política de "integração", ou, ao contrário, de conservação das características culturais; no tocante ao controle de natalidade, divergem os interesses quanto a saber se é sustentável tal controle "em massa", ou, se, ao contrário, isso afrontaria o direito fundamental à própria vida.

---

81. Diz Angel Landoni Sosa: "Actualmente, no interesa tan sólo el derecho a la vida, sino fundamentalmente el derecho a un determinado nível o calidad de la vida" (Los sistemas de protección... cit., p. 155).

82. Assim, no direito brasileiro, algumas legislações concernem, direta ou indiretamente, a esses interesses difusos: *Lei 1.390/1951, alterada pela Lei 7.437/1985*: considera contravenção penal a prática de ato resultante de preconceito de raça ou cor; *Lei 2.889/1956*: define e pune o crime de genocídio, consistente na "intenção de destruir, no todo ou em parte, grupo nacional, ético, racial ou religioso"; *Lei 1.521/1951*: sobre a economia popular; *Lei 8.884/1994*: sobre a ordem econômica (a maior parte de seus dispositivos foi revogada pela Lei do CADE – 12.529/2011, art. 127); *Lei Delegada 04/1962*: sobre o controle do abastecimento à população; *Lei 7.347/1985*: art. 1.º, sobre a tutela ao meio ambiente, ao consumidor e aos bens integrantes do patrimônio nacional, *lato sensu; Lei 8.078/1990* (CDC): defesa de interesses difusos, coletivos e individuais homogêneos de consumidores (arts. 81 *et seq.*); *Lei 7.853/1989*: defesa de interesses difusos e coletivos de deficientes físicos; *Lei 7.913/1989*: proteção aos investidores no mercado de valores mobiliários; *Lei 8.069/1990*: defesa dos interesses da criança e do adolescente (art. 208 *et seq.*); *Lei 8.429/1992:* defesa do erário; *Lei 9.433/1997* (defesa dos recursos hídricos); *Lei 9.656/98* (planos de saúde); *Lei 10.257/2001* (ordem urbanística); Lei 10.671/2003 (*torcedores*); *Lei 10.741/2003* (idosos); Lei 11.105/2005 (engenharia genética e biossegurança). Ressalte-se que o *Estatuto da Igualdade Racial* (Lei 12.288/2010) indica a ação civil pública da Lei 7.347/1985 como meio hábil para "a apreciação judicial das lesões e das ameaças de lesão aos interesses da população negra, decorrentes de situações de desigualdade étnica" – art. 55. Além desses interesses metaindividuais, já normatizados, há espaço para outros: CF, art. 129, III, c.c. Lei 7.347/1985, art. 1.º, IV.

Visto que tais interesses difusos se prendem ou têm origem em fatos contingenciais, ocasionais, eles podem *revelar-se de maneira diferente, em função de tempo ou lugar*. Massimo Villone lembra que a poluição do mar é tida como um grave risco para os países do Mediterrâneo, mas esse mesmo fato não tem a mesma relevância para os países subdesenvolvidos da costa africana; do mesmo modo, os países pobres, onde a única ou principal fonte de renda seja a exploração da terra, tenderão a preterir a proteção ecológica, privilegiando o desenvolvimento agrícola, ainda que desordenado; uma central elétrica pode suscitar muitos interesses favoráveis num país de pleno emprego, mas um outro país, com problemas de desemprego, preferirá investir na agricultura ou na manufatura, onde se empregam mais braços do que numa central elétrica; a criação dos parques nacionais é encorajada pelos interesses dos ecologistas, mas é combatida pelos interesses dos latifundiários e empreendedores do ramo imobiliário.[83]

Os interesses difusos apresentam tanta variedade e tantas nuanças, que até mesmo o fenômeno inflacionário pode ensejá-los: Fábio Nusdeo coloca a questão de saber se a espiral inflacionária é mesmo um "desvio de ortodoxia monetária a que, inexplicavelmente, se entregariam certos governos", ou se, antes, não seria "uma resposta das autoridades a uma *procura* por inflação" à qual se responderia "com uma *oferta* de inflação".[84] Mais uma vez se constata que todas as posições são possíveis nesse campo, porque não há um *vínculo jurídico* subjacente, capaz de induzir uma polarização em termos de certo x errado, e sim meras situações de fato, contingentes, ocasionais, gerando toda sorte de posicionamentos a respeito.

Essa extrema diversidade dos interesses difusos provém do fato de que os dados que os compõem variam no tempo e lugar. Giorgio Recchia lembra os exemplos do "DDT", antes utilizado extensivamente como agrotóxico, e hoje proscrito; os pântanos já foram considerados nocivos, mas hoje são protegidos "perché necessari all'equilibrio biologico".[85] A isso se podem acrescentar as polêmicas sobre os métodos contraceptivos,[86] sobre o efeito cancerígeno dos telefones

---

83. Op. cit., p. 75-76.
84. O direito econômico e os grupos de pressão. *In*: Ada Pellegrini Grinover (coord.). *A tutela dos interesses difusos*. São Paulo: Max Limonad, 1984, p. 146.
85. Considerazione sulla tutela degli interessi diffusi nella costituzione. *La tutela degli interessi diffusi nel diritto comparato*. Milão: Giuffrè, 1976, p. 28-29.
86. Em ação civil pública proposta pelo Procon paulista e pelo Estado de São Paulo, envolvendo certo anticoncepcional, decidiu o STJ: "Cartelas de comprimidos sem princípio ativo, utilizadas para teste de maquinário, que acabaram atingindo consumidoras e não impediram a gravidez indesejada. Pedido de condenação genérica, permitindo futura liquidação individual por parte das consumidoras lesadas. Discussão vinculada à necessidade de respeito à segurança do consumidor, ao direito de informação e à compensação pelos danos morais sofridos. Nos termos de precedentes, associações possuem legitimidade ativa para propositura de ação relativa a direitos individuais

celulares, sobre os efeitos colaterais das lentes de contato, como fontes geradoras de opiniões as mais controvertidas, numa imensa "área de conflitualidade social" que tende a crescer à medida em que se vai sofisticando a "tecnologia de massa";[87] o mesmo se pode dizer no tocante a tantos produtos farmacêuticos.[88] Que se dirá em nossos dias, com a acirrada polêmica sobre os organismos geneticamente modificados, polarizando e confrontando interesses de largo espectro: de um lado, os empresários do setor agrícola; de outro, os ambientalistas e setores do Governo. Isso, sem embargo de a matéria já estar normatizada na Lei federal 11.105/2005 e Decreto federal 5.591/2005.

Algumas vezes, como advertia o saudoso Celso Bastos, a divergência entre os interesses de largo espectro não reside, propriamente, na *substância* do fato controvertido, mas num detalhe: por exemplo, uma comunidade aceita que é necessária a construção de um aeroporto, mas não o quer nas proximidades, declinando outros locais que entende mais apropriados; todavia, certamente ocorrerá o entrechoque com os interesses difusos dos habitantes das outras regiões cogitadas; às vezes, não é só o local a fonte da divergência dos interesses, mas a coisa em si, como sucede com as usinas atômicas.[89] Assim é que, não raro, instaura-se acesa polêmica em algumas cidades interioranas, por conta de a po-

---

homogêneos. Como o mesmo fato pode ensejar ofensa tanto a direitos difusos, quanto a coletivos e individuais, dependendo apenas da ótica com que se examine aquestão, não há qualquer estranheza em se ter uma acão civil pública concomitante com ações individuais, quando perfeitamente delimitadas as matérias cogntivas em cada hipótese" (REsp 866.636, 3.ª T., j. 29.11.2007, rel. Min. Nancy Andrighi, *DJ* 06.12.2007).

87. Angel Landoni Sosa traz o aporte da experiência uruguaia: em caso de instalação de indústria pesqueira em certa localidade, "obviamente entrarán en conflicto los intereses de los habitantes de la región a que no se degrade su medio ambiente, con los intereses de la industria pesquera instalada que sostendra su calidad de fuente de riquesa para el pays y también con los intereses de los trabajadores que defenderán la supervivencia de la fuente de trabajo" (Op. cit., p. 158).

88. Gustavo Vignocchi indica, a propósito, alguns produtos que, até recentemente, eram comercializados em larga escala, e que agora estão sob suspeita, ou já tiveram proibida sua venda ao público: os aerossóis e o fluocarbureto; a pílula de bronzeamento; a cibalgina, o veramon, o optalidon, a irgapirina, o piramidone etc. Todavia, o autor averte que "il senso di responsabilità di enti e associazioni dovrebbe costituire poi un serio filtro per impedire che i troppi frequenti e incontrollati accessi ai giudizi, costituiscano azioni di mero disturbo, per eccesso di zelo, o per timori infondati, se non, qualche volta per intenti speculativi" (Il problema della tutela degli interessi diffusi nel quadro di enti, raggruppamenti e ordinamenti a sfondo economico. *Atti del XXIII Convegno di Studi di Scienza dell'Ammnistrazione* – Rilevanza e tutela degli interessi diffusi: modi e forme di individuazione e protezione degli interessi della collettività. Milão: Giuffrè, 1978, p. 267).

89. Op. cit., p. 41. Na experiência estrangeira, Ena-Marlis Bajons informa que na República Federal Alemã a tutela do ambiente, especialmente no que tange à usinas atômicas, "hanno generato una vasta discussione su nuove forme di tutela preventiva e repressi-

pulação se rebelar contra a instalação de presídio de segurança máxima: a causa da resistência, por certo, não se deve à divergência quanto à política prisional do Estado, mas sim quanto ao *locus* da construção da penitenciária).

Preferindo falar em *conflituosidade abrangente*, Péricles Prade assim se pronuncia: "A interpenetração Estado-empresa, essa confluência entre poder público e capitais privados, esse vínculo entre Estado e tecnologia empresarial no propósito de atingir objetivos comuns, quando privilegia o desenvolvimento imediatista, em prejuízo, por exemplo, da ecologia, ao intentar a realização de obras de vulto beneficiadoras de certas camadas em detrimento de outras faixas de população (v.g., construção de aeroportos supersônicos nas proximidades de núcleos urbanos), culminam gerando conflitos de amplas e abrangentes dimensões, cujo recorte não se comporta na clássica moldura dualista (autor--réu) e nem mesmo no figurino do litisconsórcio, pois o confronto não é apenas pluripessoal, em se tratando de conflitos de massas emergentes numa sociedade também de massas, e impregnada de verticais contradições".[90]

A circunstância de os interesses difusos apresentarem "contornos fluídos, móveis, esbatidos, de difícil e quase impossível individualização",[91] não impede que a eles façam alusão, implícita ou até explícita, as cartas constitucionais. Tais interesses são difusos por sua própria *natureza*, e não pela circunstância de virem juspositivados num dado momento histórico, assim como sua gênese não se condiciona ao fato de que num dado momento passaram a ser judicializáveis. Ao propósito, pondera José Roberto dos Santos Bedaque: "O interesse ou direito é difuso, coletivo ou individual homogêneo, independente da existência de um processo. Basta que determinado acontecimento da vida o faça surgir. De resto, é o que ocorre com qualquer categoria de direito. Caso não se dê a satisfação espontânea, irá o legitimado bater às portas do Judiciário para pleitear a tutela jurisdicional, ou seja, a proteção àquele interesse metaindividual, preexistente ao processo".[92]

Assim, Giorgio Recchia lembra vários interesses difusos dispersos na Constituição italiana, alguns explicitamente, outros decorrentes do sistema como um todo.[93] Também entre nós, é possível identificar interesses difusos cuja tutela

---

va" (L'azione collettiva – Aspetti comparatistici di un nuovo tipo di azione a tutela del consumatore. *Riv. Dir. Civile,* parte I, 1980, p. 296).

90. *Conceito de interesses difusos.* 2. ed. São Paulo: RT, 1987, p. 52.

91. Cf. Celso Bastos, op. cit., p. 42, invocando lição de José Carlos Barbosa Moreira.

92. *Direito e processo: influência do direito material sobre o processo*, 2. ed., Malheiros, 1995, p. 35-36.

93. Op. cit., p. 32 *et seq.* Dentre os interesses difusos "con rilevanza costituzionale", o autor lembra a "tutela della salute – come un interesse distinto dal diritto fondamentale dell'individuo a questa tutela"; o "interesse della collettività per la tutela del paesaggio oppure per le condizioni di lavoro"; o interesse a "un ambiente salubre e non rumoroso"

vem prevista na Carta Magna, embora alguns deles decorram de interpretação sistemática e/ou teleológica do sistema constitucional; neste último caso, pode-se invocar a "teoria da penumbra" (*penumbral rights*), do direito norte-americano, pela qual é lícito "extrair" um interesse a partir de outro que esteja expressamente tutelado, quando eles se pressupõem, sejam conexos ou venham previstos em normativa multinacional. Por aí se explica o disposto no § 2.º do art. 5.º da CF: "Os direitos e garantias expressos nesta Constituição não excluem outros decorrentes do regime e dos princípios por ela adotados, ou dos tratados internacionais em que a República Federativa do Brasil seja parte". Uma aplicação dessa diretriz está na súmula 25 do STJ: "É ilícita a prisão civil de depositário infiel, qualquer que seja a modalidade do depósito".

Tal se passa, no direito norte-americano, com o "right to a salubrious environment" e com o "right to marital privacy", compreendidos na *penumbra* que contorna o *Bill of Rights.*[94] Entre nós essa teoria apresenta possibilidade de aplicação, seja em face da existência de várias "normas-diretrizes" ou *programáticas*, no texto constitucional,[95] seja porque o capítulo dos "direitos e garantias individuais" não é, como antes lembrado, estabelecido em *numerus clausus.*[96]

Assim, verifica-se que a nossa Constituição anterior fazia referência expressa à tutela dos consumidores,[97] e isso pode ser inferido a partir do art. 160, que dispu-

---

(este último derivado, por interpretação sistemática, dos interesses difusos à tutela da saúde). Nessa sede, Vincenzo Caianiello lembra o *diritto alla casa* e o *diritto al risparmio*. E, ao nível de legislação ordinária, indica o *diritto di accesso al monopolio radiotelevisivo* (Introduzione, *Atti del XXIII Convegno di Studi di Scienza dell'Amministrazione.* Rilevanza e tutela degli interessi diffusi, modi e forme di individuazione e protezione degli interessi della collettività. Milão: Giuffrè, 1978, p. 21 *et seq.*).

94. Cf Giorgio Recchia. Op. cit., p. 64. Nos Estados Unidos, a questão da tutela aos interesses difusos ligados à ecologia ganhou contornos definitivos a partir do *National Environmental Policy Act*, o qual, em modo programático, estabeleceu a *relevância* da preservação do ambiente ecológico, gerando um verdadeiro "direito ao ambiente salubre" ou à "qualidade de vida": "The Congress recognizes that each person should enjoy a healthful environment...". V. Loriana Zanuttigh. Op. cit., p. 412. Já no que tange ao interesse à *privacy*, Stefano Rodotà, forte em Lewis Mumford, a considera como uma conquista fundamental da classe burguesa, na medida em que a fruição da privacidade individual era excepcional na Idade Média, restrita a "mistici o monaci, pastori o banditi", ao passo que ela se tornou possível, na era moderna, com a apropriação de *espaços privativos* pelos burgueses, "con una tecnica che ricorda quella adoperata per la identificazione di un diritto alla proprietà solitaria" (Le azione civilistiche. *Le azioni a tutela di interessi collettivi. Atti del Convegno di* Studio *(Pavia, jun. 1974)*. Cedam: Padua, 1976, p. 91-92).
95. Por exemplo, os arts. 5.º, LXXVIII, e 170 da CF/1988.
96. Nesse sentido, Ada Pellegrini Grinover. Novas tendências... cit., p. 8.
97. Segundo Fábio Konder Comparato, consumidores são os que não dispõem de controle sobre os bens de produção e, por conseguinte, devem se submeter ao poder de seus titulares (A

nha sobre a "ordem econômica e social", prescrevendo em seu inc. V a "repressão ao abuso do poder econômico". Dentre os vários interesses difusos cuja tutela é prevista expressamente ao nível constitucional temos: assistência à maternidade, infância e adolescência (art. 203, I e II); ensino primário gratuito (art. 208, I); proteção ao patrimônio histórico, cultural e paisagístico (art. 216 e § 1.º); a propriedade como função social (art. 170, III); a interdição de discriminações sociais (art. 5.º, I e VIII); proteção à força-trabalho (art. 170, VIII e par. único); proteção à liberdade de iniciativa (art. 170, IV e parágrafo único); proteção ao meio ambiente (art. 225).

A esse rol pode ser acrescido o *interesse difuso à segurança pública*, extraído numa interpretação sistemática dos arts. 6.º e 37 da CF, falando José Eduardo Carreira Alvim num *direito difuso à segurança*: "Fica evidente que, ao direito dos indivíduos à segurança, corresponde o dever do Estado de prestar-lhes essa segurança. Assim, se o Estado (Poder Público) não tem o dever de garantir a segurança pessoal aos brasileiros, considerados *uti singuli* – pois seria impossível destinar um guarda para proteger cada brasileiro – têm-no, considerados *uti universi*, tratando-se de um *direito difuso à segurança*, mas, nem por isso, menos concreto do que o direito subjetivo individualizado".[98]

Ao propósito, em ação civil pública ambiental proposta pelo MP de Minas Gerais, visando comando inibitório de poluição sonora em face de certa ferrovia e, ainda, obrigação desta e do Município a implantarem dispositivos de segurança em passagens de nível, decidiu o STJ: "(...) 3. O direito à segurança pode ser objeto de ação civil pública ambiental nos termos do art. 1.º, IV da Lei 7.347/1985, 83 do CDC e art. 3.º, I da Lei 6.938/1981 e figura entre os chamados direitos humanos fundamentais ou direitos de quarta geração. Se o Estado não toma as medidas necessárias a assegurar a proteção desse direito, cumprindo com o seu dever institucional, o Ministério Público, no exercício da sua atribuição geral, está legitimado para propor ação civil pública objetivando 'a condenação em dinheiro ou o cumprimento de obrigação de fazer ou não fazer (art. 3.º ACP), constituindo autêntica obrigação de fazer a prestação de segurança à população, que pode e deve ser prestada jurisdicionalmente, no caso de omissão do Poder Público" (REsp 725.257/MG, 1.ª T., j. 10.04.2.007, v.u., rel. Min. José Delgado, *DJ* 14.05.2007).

Eis aí, portanto, uma amostragem de situações reveladoras de interesses difusos. Visto que para a boa compreensão desses interesses é muito importante o confronto com as categorias afins (daí as comparações que antes estabelecemos com os interesses coletivos), impõe-se prosseguir um pouco mais nesse método,

---

proteção do consumidor: importante capítulo do direito econômico. *Ensaios e pareceres de direito empresarial*. Rio de Janeiro: Forense, 1978, p. 475). Na CF/1988, vários textos referem-se, direta ou indiretamente, ao consumerismo: arts. 129, III; 170, V; 48 do ADCT.

98. Ação civil pública e o direito difuso à segurança pública. *Informativo INCIJUR* (Instituto de Ciências Jurídicas), n. 42, jan. 2003, p. 3.

visando agora extremar os interesses difusos de certas categorias que, por vezes, são com aqueles confundidas: liberdades públicas, direitos subjetivos públicos, direitos inatos, direito natural, direitos fundamentais, direitos do homem.

2.6 Contraste entre interesses difusos e liberdades públicas

A relevância da matéria ora enfocada deriva do fato de que os interesses difusos, conquanto não configurem direitos subjetivos propriamente ditos,[99] encontram projeção explícita ou implícita nos textos constitucionais. Quer dizer, seriam a *parte residual* do ordenamento jurídico, na medida em que, mesmo despojados da possibilidade de apropriação individual, merecem a tutela do Estado, por sua *relevância social*. Ora, de há muito já se identificaram certas categorias que, embora não venham ancoradas no direito positivo em forma direta e específica, têm sido consideradas e prestigiadas, pelo que nelas se contêm de "justo", "equitativo", "imanente à condição humana", integrando o patrimônio da pessoa em forma inalienável e imprescindível.[100] Até porque, como observa José Carlos Barbosa Moreira, "inexiste princípio *a priori* segundo o qual toda situação jurídica subjetiva que se candidate à tutela estatal por meio do processo deva obrigatoriamente exibir carta de cidadania entre os direitos, no sentido rigoroso da palavra".[101]

Tais considerações têm por base a concepção de que o universo jurídico não é apenas formado por "direitos", mas haveria ainda toda uma *massa ética* a ser levada em conta e a merecer tutela efetiva. No dizer de Humberto Theodoro Júnior: "O surgimento da nova categoria das *ações coletivas* ou de grupo serve, portanto, ao desígnio tanto de ampliar a esfera dos sujeitos legitimados a promover a intervenção dos órgãos judiciários, como de alargar o campo das situações jurídicas subjetivas dignas de tutela jurisdicional".[102]

Desde a concepção aristotélico-tomista já se cogitava de um *direito natural*,[103] que seria apanágio de cada ser humano, do só fato de *nascer com vida*. O direito seria assim um *posterius*, uma carga normativa, que não excluiria, porém, aquela

---

99. Na boa definição de Roger Bonnard, o direito subjetivo "est le pouvoir d'exiger de quelqu'un, en vertu d'une règle de droit objectif, quelque chose à laquelle on a intérêt, sous la sanction d'une action en justice; le contenu de la chose exigible étant fixé immédiatement soit par le droit objectif, soit par un acte juridique individuel" (Op. cit., p. 707).

100. Como dizem Jean Vincent e Serge Guinchard, "tout ce qui est juridique n'est point en effet enchâssé dans des droits subjectifs" (*Procedure civile*. 20. ed. Paris: Dalloz, 1981, p. 47).

101. *A ação popular*... cit., p. 114.

102. A tutela dos interesses coletivos (difusos) no direito brasileiro, *Revista Forense*, v. 318, p. 45.

103. A respeito dos sentidos tradicional e moderno do direito natural, v. Philippe I. André Vincent, *Les droits de l'homme dans l'enseignement de Jean Paul II*. Paris: Libr. Droit et Jurispr., 1983, p. 16 *et seq*.

"massa ética" original e pressuposta. No século XVI pensou-se no homem vivendo em estado natural, onde existiriam direitos "qui appartiennent originairement et essentiellement à l'homme, qui sont inhérents à sa nature, et donc il jouit par cela même qu'il est homme, indépendamment d'aucun fait particulier de sa part".[104] Jean Jacques Rousseau retomaria essa ideia, mas com temperamentos, figurando um "contrato social", pelo qual o indivíduo alienaria parte de sua liberdade para formação da "vontade geral", representada na lei.[105]

Hoje, quando os interesses difusos se vão revelando cada vez mais visíveis, expressivos e numerosos, fazendo aflorar temas que têm o *homem* como centro de referência, nota-se que eles evocam, em qualquer modo, aquela antiga noção de direito natural, como deflui dos interesses à qualidade de vida, à proteção ecológica, ao respeito às etnias e minorias, porque tudo isso significa em última análise o respeito ao *homem enquanto homem*, independentemente de outros critérios e circunstâncias. Como disse Pio XII, "le fondement de toute société bien ordonnée et féconde, c'est le principe que tout être humain est une personne... Par là même il est sujet de droits et de devoirs découlant de sa nature: aussi sont-ils universels, inviolables, inaliénables".[106]

Modernamente, as liberdades públicas aparecem como direitos naturais,[107] devendo-se, porém, dar razão à parte da doutrina que insiste na necessidade de que tais liberdades sejam em qualquer sorte reconhecidas pelo direito positivo de modo a torná-las eficazes.[108] Originárias, assim, do direito natural, essas liberdades se caracterizaram, de início, pelo fato de se exteriorizarem em forma *negativa*,

104. Claude Albert Colliard. *Libertés publiques*. Paris: Dalloz, 1982, p. 17, citando Burlamaqui.

105. Para uma crítica ao pensamento de Jean Jacques Rousseau, ver Claude Albert Colliard. Op. cit., p. 17.

106. Cf. André Philippe Vincent. Op. cit., p. 18.

107. "As liberdades públicas são direitos do homem que o Estado, através de sua consagração, transferiu do direito natural ao direito positivo". (cf. Ada Pellegrini Grinover; Ana Cândida da Cunha Ferraz; Manoel Gonçalves Ferreira Filho. Liberdades públicas. São Paulo: RT 1978, p. 7). No mesmo sentido, Jacques Robert: "On peut avancer la coïncidence des libertés publiques et des droits naturels de l'homme" (Op. cit., p. 26). Também, cf. Philippe I. André Vincent: "Les droits de l'homme aujourd'hui rejoignent la tradition du droit naturel classique" (Op. cit., p. 9). Contra, entendendo que tais liberdades derivam "du droit positif et non du droit naturel", v. Claude Albert Colliard. Op. cit., p. 18.

108. Com razão, afirma Roger Bonnard: "Le droit subjectif s'ajoute donc généralement à une liberté, car il n'y a effectivement liberté que si son bénéficiaire peut exiger des tiers certaines abstentions concernant son exercice Mais ces deux idées de liberté et de droit subjectif, quoique pratiquement liées l'une à l'autre, sont distinctes et ne doivent pas être confondues. On ne doit pas dire que telle liberté est un droit: on doit dire qu'elle est assortie d'un droit pour devenir effective" (Op. cit., p. 710).

isto é, a elas deveria corresponder uma conduta "negativa" de parte dos terceiros, consistente na abstenção de entravar o exercício dessas liberdades. Por exemplo, a liberdade de locomoção pressupõe o poder de exigir que outrem se abstenha de entravar aquela movimentação. A partir da gradativa instalação do Estado Providência (*Welfare State*), tais liberdades começaram a tomar *forma positiva*, exteriorizando-se como "créditos" dos cidadãos em face do Estado. Trata-se, como diz Jean Rivero, de uma *segunda geração dos direitos do homem*: "Des créances – créance de travail et d'emploi, d'éducation et de culture, de protection de la santé – et ces créances ont pour débiteurs, non les individus, mais la collectivité".[109]

Nesse "poder de exigir" está justamente o *elemento-força*, necessário à oponibilidade ou exigibilidade de uma liberdade: o direito subjetivo, que irá *reforçá-la*, torná-la exigível frente ao Estado. Daí se têm as "liberdades coletivas" (exercitáveis coletivamente) e as "liberdades individuais" (exercitáveis de forma pessoal).[110] Como explica Roger Bonnard, "la liberté de conscience peut comporter tantôt un droit privé et tantôt un droit public, suivant que l'individu se tourne vers les autres particuliers ou vers l'État pour exiger qu'on s'abstienne de porter atteinte à sa liberté".[111] E, assim, o direito que assegura a eficácia de uma liberdade pública é um direito público subjetivo, isto é, um direito invocável "dans les rapports juridiques entre l'État et les particuliers".[112]

Sendo as liberdades públicas "direitos do homem que o Estado, através de sua consagração, transferiu do direito natural ao direito positivo",[113] vemos aí um traço comum com os interesses difusos, porque ao nosso ver também estes dimanam de uma concepção naturalista, na medida em que, basicamente, gravitam em torno da noção de "qualidade de vida"; ora, esta noção é, ontologicamente, ligada ao *homem*, enquanto ser vivente, e, mesmo, em face de futuras gerações: alguém que, *tendo nascido*, passa a ser titular de certos interesses relacionados com sua existência *digna*, e, ainda, se compromete a preservar os recursos naturais do planeta, em contemplação do futuro da humanidade. A diferença estaria em que as liberdades públicas dependem, para sua plena eficácia, de um direito que as viabilize,[114] ao passo que os interesses difusos devem ser tuteláveis *de per si*, do fato mesmo de sua relevância social.

---

109. V. Jean Rivero. Les droits de l'homme. Droits collectifs et droits individuals. *Colloque de Strasbourg 1979*. Paris: Libr. Gén. Droit et Jurispr, 1980, p. 18.

110. Cf. Jacques Robert. Op. cit., p. 25-26. Contra, entendendo que toda liberdade é pública: Jean Rivero. *Les libertés publiques*. Paris: PUF, 1977. t. I, p. 23.

111. Op. cit., p. 709.

112. Idem, p. 697.

113. Ada Pellegrini Grinover *et al. Liberdades*...cit., p. 7.

114. Esse reforço ou *complementaridade*, outorgado pelo direito público subjetivo a uma liberdade, fica bem claro no exemplo dado por Claude Albert Colliard: "Le travailleur

Poderá haver um momento no qual um interesse difuso, à força de ser continuamente reconhecido e exercitado no seio da comunidade, venha a ganhar foros de uma liberdade pública, ao nível constitucional, expressa ou implicitamente. É mesmo possível que seja esse o *processus de formação* dessas liberdades, visto que elas representam a consagração daquilo que é mais arraigado e imanente à condição humana. Esse fenômeno fica evidente em se tomando o exemplo do "direito à informação". Na origem, tratava-se de um interesse *difuso* à informação; na sequência, esse interesse passou a configurar uma *liberdade pública* (em senso "negativo", isto é, liberdade a que a informação não seja negada, truncada ou deturpada, enquadrando-se, assim, no amplo contexto da "liberdade de expressão"); por fim, tendo merecido guarida nas Constituições dos Estados democráticos, tal liberdade hoje se manifesta em senso *positivo*: direito (subjetivo público) ou *diritto costituzionale* à informação, como refere a doutrina italiana. Pense-se, hoje, no direito ao fornecimento de informações pessoais constantes de registros ou banco de dados (*habeas data*: CF, 5.º, LXXII; Lei 9.507/1999).

Na Constituição brasileira o direito subjetivo público (ou liberdade pública) à informação tem sede no art. 220 e § 1.º, esclarecendo Luiz Alberto David Araújo e Vidal Serrano Nunes Júnior que o *direito de informação* "envolve o direito de passar, receber e buscar informações; por isso, afirma-se que ele assume três feições: o direito de informar, de se informar e de ser informado". Trata-se, prosseguem, "de um direito fundamental de primeira geração, cuja preocupação consiste em impedir que o Poder Público crie embaraços ao livre fluxo das informações. Assim, o indivíduo possui liberdade para informar".[115] Por vezes, essa liberdade pública vem denominada *direito de antena*, expressão advinda do art. 40 da Constituição portuguesa.

Quanto às outras categorias – direitos fundamentais, direitos do homem, direitos inatos parecem-nos derivados da noção de direito natural.[116] Na verdade, não se trata, propriamente, de *direitos* no sentido técnico-dogmático da palavra:

---

que se met en grève exerce une liberté publique définie d'ailleurs dans certaines limites para les règles positives, mais l'exercice de cette liberté se situe également sur le plan du contrat du travail se combinant alors avec des rapports de droit du travail" (Op. cit., p. 29).

115. *Curso de direito constitucional*. 3. ed. São Paulo: Saraiva, 1999, p. 88-89.

116. Na doutrina, esses termos parecem equivaler-se. Philippe I. Andre Vincent aproxima os "direitos do homem" do "direito natural clássico" (Op. cit., p. 9). Por vezes, a aproximação se dá entre "direitos do homem" e "direitos fundamentais": cf. Ada Pellegrini Grinover; Ana Cândida da Cunha Ferraz e Manoel Gonçalves Ferreira Filho. *Liberdades públicas*. São Paulo: RT, 1978, p. 5. Há quem inclua neste rol as próprias liberdades públicas, mas, a rigor, isto não se justifica, porque as liberdades devem vir acompanhadas de um direito que as *reforce* e assim viabilize sua efetiva fruição.

neste sentido estrito, "direito" é sempre um *poder de exigir*,[117] isto é, um interesse tutelado numa norma, acompanhado de uma sanção para o caso de ocorrer ameaça ou violação. É isso que dá a *diferença específica* entre o "direito" e as demais categorias do mundo ético, como a moral, a equidade, o "bem comum", enfim, tudo que se contém no preceito *alterum non laedere*.

Os chamados *direitos econômico-sociais* – que na Declaração de Independência das 13 colônias norte-americanas revelavam-se na trilogia *life, liberty and pursuit of happiness* (vida, liberdade e busca da felicidade) – desde então não cessaram de ascender no *rang* das constituições de muitos países, e isso por conta da progressiva superação do conceito de Estado liberal pelo de Estado Social (*Welfare State*), tendência igualmente perfilhada pela Constituição brasileira, como se colhe em muitos de seus dispositivos (arts. 1.º, III e IV, 3.º e incisos, 4.º, II, VI,VII e IX, 170, III, VI, VII e VIII). Na verdade, observa Caio Tácito, "os direitos econômicos e sociais são um prolongamento dos direitos e liberdades individuais, contemplando a pessoa humana, além de sua qualidade pessoal, para garantir seus direitos de participação na sociedade, a substituição de um conceito de justiça distributiva pelo de uma justiça comutativa, que deve levar em conta as desigualdades individuais, ou seja, tratar desigualmente os desiguais para igualá-los, conforme a lembrada lição de Rui Barbosa".[118]

Nos dias que correm, registra-se uma tendência à revalorização de todo esse mundo ético subjacente ao Direito: juristas e sociólogos tomaram consciência de que não se justifica a exacerbação dos chamados "direitos subjetivos", *tout court*, em detrimento, ou olvidando-se de toda a massa ética que precede e informa o conteúdo do Direito. Presentemente, é toda essa realidade que clama por oportunidade de expressão; e *justamente* por ser desprovida de sanção específica, essa massa ética é a mais merecedora de tutela. Há uma tomada de consciência geral, no sentido de que esse universo subjacente ao Direito é riquíssimo; os interesses difusos representam anseios profundos da comunidade: são aspirações legítimas, ainda que possam se apresentar episódicas

117. Cf. Roger Bonnard. Op. cit., p. 707. Aliás, as próprias liberdades públicas são exigíveis, oponíveis à sociedade, na medida em que acompanhadas do poder para isso; esse poder é conferido pelo direito positivo. Muito significativa, nesse sentido, é a Constituição da França dizendo (art. 34) que a lei fixará "les droits civiques et les garanties fondamentales accordés aux citoyens pour l'exercice des libertés publiques" (apudJean Rivero. *Les libertés...* cit., p. 90). No caso brasileiro, é de se indagar, com José Carlos Barbosa Moreira, até que ponto é realmente eficaz a garantia constitucional do acesso á cultura; se esse *crédito* ou essa oferta não forem atendidos ou não o forem satisfatoriamente, não caberá falar em "liberdade pública"; tecnicamente, haveria, quando muito, um "interesse difuso à cultura" (V. *A proteção jurídica dos interesses...* cit., p. 4; na CF/1988, v. arts. 215 e 216).

118. Op. cit., p. 9, 10, *passim*.

ou contingenciais. Não há por que "esperar" que esses interesses *ascendam* a liberdades públicas ou se definam como direitos subjetivos: até lá, o momento propício para a tutela poderá já ter passado.

Considere-se, por exemplo, que hoje estão *juspositivados* os chamados organismos geneticamente modificados, regulados pela engenharia genética, e pela biossegurança (Lei 11.105/2005); indaga-se: ainda *antes* dessa normatização já não havia o *interesse difuso à sadia qualidade de vida*, que, naturalmente, inclui a *qualidade* dos alimentos postos à disposição da população, a par da *informação* quanto a saber se eram ou não transgênicos?!

2.7 O aspecto político subjacente aos interesses difusos

Os interesses difusos, quando "surgiram", despertaram a curiosidade geral, tendo sido inicialmente vistos como "un personaggio assolutamente misterioso".[119] Assim também, a sua acessibilidade à Justiça foi de início – e durante bom tempo – vista com fortes reservas, o que se explica por um dado jurídico-cultural: na família romano-germânica o interesse de agir em juízo é tradicionalmente compreendido como um atributo *pessoal e direto* de uma dada pretensão material manejada por um seu afirmado titular. Observa Vittorio Denti: "Che lo schema del processo ordinario, nei suoi istituti fondamentali, dal contraddittorio alle prove, alla cosa giudicata, corrisponda al modello delle situazioni giuridiche privatistiche, ed in ultima analisi alla tutela dei diritti sogettivi, è affermazione intorno alla quale non dovrebbero più sussistere dissensi".[120]

Parece, então, agora útil examinar a problemática dos interesses difusos sob duas ópticas: uma, de caráter jurídico; outra, de caráter político.

2.7.1 Óbices de caráter técnico-jurídico

Sob esse primeiro aspecto, sob a óptica clássica causaria espécie que se pudesse outorgar tutela a interesses sem titulares definidos, afastando, assim, a tradicional correlação entre a titularidade da pretensão e a legitimação para portá-la em juízo. Alberto Romano, comentando a decisão do Conselho de Estado italiano, no caso da baía de Gaeta (14.7.1972, n. 475, Foro Italiano, 1972, III, col. 269 e s.), criticou o retrocesso representado pela aludida decisão, a qual fez apologia da tese pela qual "un interesse che appartiene a molti non appartiene a nessuno, nessuno lo può portare in giudizio". Visto sob essa óptica estreita e defasada, o processo civil, segundo a glosa de Mauro Cappelletti, "non sarebbe più che un incompleto,

---

119. Cf. Massimo Villone. La collocazione..., cit., p. 73.

120. Relazione introduttiva. Le azioni a tutela de interessi collettivi (Atti del Convegno di Studio: Pavia, jun. 1974). Padua: Cedam, 1976, p. 17.

superato, primitivo strumento di tutela, se dovesse restare chiuso e inaccessibile a quei nuovi bisogni e interessi collettivi e 'diffusi'".[121]

Com efeito, por muito tempo se fez sentir uma *resistência*, por parte de setores mais conservadores do Direito, no sentido de se reservar a tutela jurisdicional aos casos em que a *própria* pessoa interessada apresenta um histórico de dano temido ou sofrido; trata-se de posição teórica "onde soltanto il soggetto leso in una sua propria, personale, individuale situazione soggettiva è legittimato a chiedere quella tutela".[122]

É evidente que uma tal concepção, se é compatível com os conflitos de interesse de tipo intersubjetivo, não o é quando se trata de conflitos metaindividuais, onde se confrontam *massas* de interesses, de contornos fluidos, contingenciais, insuscetíveis de titularização pessoal. O saudoso Celso Bastos, há tempos, já vaticinara que veríamos um *novo tipo de processo civil*, no qual "não mais assistiremos aos clássicos dualismos autor *versus* réu ou indivíduo *versus* autoridade pública, mas sim ao alinhamento no processo de várias partes coletivas, numa multiplicidade de posições concorrentes ou conflitantes".[123] Palavras proféticas, porque hoje se reconhece a supremacia – técnica e finalística – de um novo processo, dito de *estrutura cooperatória*, no qual, diz Ada Pellegrini Grinover, "a garantia de imparcialidade da jurisdição brota da colaboração entre as partes e juiz".[124] A propósito, o PL da Câmara 8.046/2010, sobre o novo CPC, enfatiza esse elemento, como se colhe do art. 8.º: "Todos os sujeitos do processo devem *cooperar entre si* para que se obtenha com efetividade e em tempo razoável, a justa solução do mérito"..

A linha evolutiva experimentada pelo Processo Civil prioriza o *dado social* na aplicação do Direito, e assim pressupõe, naturalmente, que haja uma

121. *Appunti sulla*... cit., p. 52, n. 6.

122. Idem, ibidem. Como diz muito acerdamente José Carlos Barbosa Moreira, "em todo esse complexo de fenômenos, muita coisa existe capaz de chocar as mentalidades rotineiras. De certo ponto de vista, pode parecer escandalosa a ideia mesma de que uma pessoa ou organização, sem lamentar necessariamente repercussão imediata em sua própria esfera jurídica, sem alegar a ocorrência de dano individualmente mensurável, vá queixar-se em juízo de comportamento alheio, ativo ou omissivo, público ou privado, prejudicial à coletividade. A filosofia do egoísmo, que impregnou a atmosfera cultural dos últimos tempos, não concebe que alguém se possa deixar mover por outra força que o interesse pessoal" (*A proteção jurídica*... cit., p. 9).

123. Op. cit., p. 41.

124. Defesa, contraditório, igualdade e 'par condicio' na ótica do processo de estrutura cooperatória. *Novas tendências do direito processual*. Rio de Janeiro-São Paulo: Forense Universitária, 1990, p. 3-4. Tivemos oportunidade de fazer uma digressão sobre o processo de estrutura cooperatória em nosso estudo: O plano piloto de conciliação em segundo grau de jurisdição, do E. Tribunal de Justiça de São Paulo, e sua possível aplicação aos feitos de interesse da Fazenda Pública, *RT*, n. 820, fev. 2004.

necessária *mudança de mentalidade* por parte dos operadores do Direito, no que concerne à compreensão da contemporânea finalidade do tripé fundamental: *ação-jurisdição-processo*. Impende doravante conceber a relação processual não mais (ou ao menos não apenas) como o tradicional palco das beligerâncias entre os afirmados titulares dos interesses em conflito, para, superlativamente, visualizá-la em seu papel verdadeiramente *instrumental*, enquanto meio de *acesso a uma ordem jurídica justa*, o que passa pela implementação de um processo de cunho *participativo* ou mesmo *cooperativo*.

Reconhece-o, convincentemente, Kazuo Watanabe: "Já se disse alhures que, para a aplicação de um direito substancial discriminatório e injusto, melhor seria dificultar o acesso à Justiça, pois assim se evitaria o cometimento de dupla injustiça".[125] Retomando essa abordagem, Ada Pellegrini Grinover indica que o escopo da *ordem jurídica justa* abrange cinco *dados elementares*: "a) o direito à informação; b) o direito à adequação entre a ordem jurídica e a realidade socioeconômica do país; c) o direito ao acesso a uma justiça adequadamente organizada e formada por juízes inseridos na realidade social e comprometidos com o objetivo de realização da ordem jurídica justa; d) o direito à preordenação dos instrumentos processuais capazes de promover a objetiva tutela dos direitos; e) o direito à remoção dos obstáculos que se anteponham ao acesso efetivo a uma justiça que tenha tais características".[126]

Uma preocupação contemporânea com a *efetividade* dos instrumentos processuais, com vistas à pacificação e/ou resolução justa dos conflitos, nota-se no pré-citado PL da Câmara Federal 8.046/2010, ao prever a possibilidade de *conversão de ação individual em coletiva*, dentre outros motivos, quando a pretensão individual "tenha por objetivo a solução de conflito de interesse relativo a uma mesma relação jurídica plurilateral, cuja solução, pela sua natureza ou por disposição de lei, deva ser necessariamente uniforme, assegurando-se tratamento isonômico para todos os membros do grupo" (art. 334, II).

2.7.2 Barreiras de ordem política

Além das resistências de caráter jurídico (que aos poucos foram cedendo, ante o impacto de posições modernas e progressistas),[127] há uma barreira de

125. Acesso à justiça e sociedade moderna. In: Ada Pellegrini Grinover; Cândido Rangel Dinamarco e, Kazuo Watanabe (coords.). *Participação e processo*. São Paulo: RT, 1988, p. 129.

126. Modernidade do direito processual brasileiro. *O processo em evolução*. São Paulo: Forense Universitária, 1996, p. 9-10.

127. Estamos já assistindo a uma nova "ruptura" entre ação e direito subjetivo material, com a categoria chamada *ideological plaintiff* (autor ideológico) do direito norte-americano, onde a *coincidência* entre a afirmada titularidade da pretensão material e a

ordem *política*, que pode ser analisada sob os seguintes aspectos: *a*) o temor da *pulverização* da autoridade estatal, disseminada entre os grupos portadores de interesses metaindividuais; *b*) o acesso *direto* desses interesses ao centros de decisão (aí incluído o Poder Judiciário),[128]que poderia atritar o sistema político *representativo*, formado por órgãos colegiados, legitimados a operar como *canais* de comunicação entre os interesses da coletividade e o Poder; *c*) o receio de que essa *conotação política*, ínsita na tutela dos interesses difusos, *desfiguraria* ou comprometeria a estrutura técnica da trilogia *ação-processo-jurisdição*, transformando o Poder Judiciário em superpoder, na medida em que suas atribuições ganhariam amplitude, com a anexação de seara "subtraída" aos outros dois Poderes políticos. Com isso, haveria risco para a tripartição e a harmonia dos Poderes constituídos. Examinemos, pela ordem, essa pontuação.

2.7.2.1 O temor de "pulverização" do poder estatal

É muito antigo, como se sabe, o temor de que o Estado se enfraqueça, pelo fato de os anseios da coletividade não se endereçarem diretamente a ele, *estagiando*, antes, em *degraus intermediários*, tais os grupos de pressão, os *lobbies*, as entidades associativas e corporativas, os sindicatos, os partidos políticos, e o mais hoje conhecido como *terceiro setor*. Nesse ponto, as posições doutrinárias divergem, havendo os que condenam absolutamente os "corpos intermediários", neles vendo "concorrentes" perigosos e desleais do Estado;[129] outros, ao contrário, pensam que essa "concorrência" é a um tempo saudável e inevitável, e, nessa linha, os grupos *ajudariam* o Estado, assumindo as tarefas sociais complementares, e ainda aquelas delegáveis, deixando ao Estado os assuntos mais

---

legitimação para agir é substituída pelo contexto "relevância social dos interesses em litígio e adequada representação de seu portador judicial".

128. Lembra Stanislaw Ehrlich o papel desempenhado pela Corte Suprema dos Estados Unidos, a qual, na época do *New Deal*, "se solidarisa tout à fait avec les cercles les plus conservateurs du monde des affaires, alors que Roosevelt cherchait à consolider les intérêts communs des capitalistes" (Op. cit., p. 215). Mais adiante, observa que, enquanto os tribunais são menos suscetíveis às pressões dos grupos, as instâncias inferiores, em contrapartida, "ont beaucoup plus de mal à prendre leurs distances, au nom de l'intérêt général, vis-à-vis des intérêts de groupe. Et là où l'élection des juges va de pair avec des marchandages politiques et des combinaisons de groupe, ces instances résistent encore bien plus difficilement à la pression des intérêts organisés" (Op. cit., p. 215).

129. Nessa linha estão os que não admitem outro órgão entre o cidadão e o Estado, que não seja o Ministério Público, este uma *longa manus* daquele. Para Carbonnier, "dans un pays un État et un ministére public peuvent suffir au bonheur des citoyens" (*apud* Michèle Laure Rassat. Op. cit., p. 1). Bruno Tellia atribui essa postura restritiva "al radicato concetto di bene comune, che sembra escludere l'intervento dei gruppi di pressione, necessariamente portatori di interessi settoriali" (Op. cit., p. 13).

graves, de maior espectro ou ainda os indelegáveis, como a defesa nacional, por exemplo.[130] Enfim, outros pensam que é preciso distinguir os grupos *bons* e os *nefastos*, e, de qualquer modo, é preciso mantê-los sob controle, para que eles, em se agigantando, não se distanciem de suas finalidades originárias.[131] Uma possível aplicação deste último enfoque parece residir na exigência da *pertinência temática*, para a caracterização do interesse de agir das associações – Lei 7.347/1985, art. 5.º, V, *b*.

Presentemente, cremos que somente esta última vertente é realista e sustentável, dado que há tempos já estamos sob o império de uma "ordem coletiva", agora exacerbada por uma sociedade de massas, (mal) acomodada num mundo globalizado.[132] Aliás, a história das instituições políticas está a evidenciar que foi somente através de expedientes espúrios que foi possível afastar os grupos sociais dos centros de decisão política, e, mesmo assim, por curto tempo.[133] O fato é que há uma *tendência* natural a que os interesses da coletividade se coalisem, "filtrados" em núcleos surgidos *espontaneamente*, antes de ascenderem aos centros nevrálgicos do Estado. Como diz veementemente Jean Rivero: "Seul, l'orgueil candide des gouvernements autoritaires pouvait espérer voir une vie communautaire authentique surgir, à son commandement, dans le cadre à elle assigné, et s'arrêter, docile, aux limites fixées. Les corps intermédiaires ne se créent pas, ils se constatent".[134]

A duras penas, o Estado teve que aceitar a ascensão dos interesses coletivos, aglutinados em grupos sociais bem definidos, entre os quais alguns se institucionalizaram, como os sindicatos, as ordens profissionais; hoje é inegável

---

130. "Que l'autorité publique abandonne donc aux groupements de rang inférieur les affaires de moindre importance où se disperserait à l'excès son effort, elle pourra dès lors assurer plus librement, plus efficacement, plus puissamment les fonctions qui n'appartiennent qu'a elle" (Jean Rivero. *Corps intermédiaires*... cit., p. 321).

131. Assim, para Jacques Audinet, "l'association, comme le syndicat est un organe au service des intérets collectifs" (Op. cit., p. 224). A seu turno, Luc Bihl aplaude "la présence, juridiquement reconnue, aux côtès du ministère public, d'un groupement chargé d'aider le Parquet dans sa trop lourde tâche d'assurer la défense des intérets collectifs" (L'action syndicale des associations. *Gazette du Palais*. 2.º sem. 1973, p. 529). Contra, Joseph Granier, criticando a presença das associações como "parte civil" no processo penal: "Le groupement est un État dans l'État. Sa vue restreinte des réalités individuelles et sociales ne lui permet de mettre en valeur qu'un aspect de l'infraction. Sa présence déshumanise le procès pénal" (La partie... cit., p. 31).

132. V. Bertrand, Edmond. Op. cit., p. 168-169.

133. Os regimes totalitários ou absolutistas costumam reprimir a formação de grupos sociais, salvo, evidentemente, aqueles fomentados pelo próprio Estado, e que, por isso mesmo, nada mais são do que um prolongamento deste último.

134. Jean Rivero. *Corps intermédiaires*... cit., p. 326.

a importância do papel político-social desempenhado por eles; e a própria função do Estado ficou facilitada nesse campo, visto que as aspirações dos amplos setores sociais aglutinados nesses grupos chegavam ao Estado já melhor definidas, decantadas nos debates intensos das categorias envolvidas. Já no tocante aos interesses difusos, a resistência é mais recente e não menos acirrada. Esses interesses constituem um arsenal dos anseios gerais e mais profundos da comunidade, e representam um importante reduto a ser cuidadosamente preservado pelo Estado, até o momento em que eles possam deixar esse estágio fluído e ascender à ordem normativa.

É possível que na base dessa resistência esteja o temor do Estado em ceder aos grupos intermediários o espaço que lhes possibilite fazer aflorar aqueles interesses ainda não suficientemente maduros. Na verdade, quer o Estado reservar para si o poder de fazer a "escolha política" dentre aqueles interesses; e a ação dos grupos que deles querem se fazer portadores significaria uma concorrência indesejada.

Essa estratégia *de defesa*, porém, parte de uma falsa premissa, qual seja, a de que os grupos organizados são corpos *estranhos* ao processo político-social, quando, ao contrário, eles são *imanentes* à vida em sociedade.[135] Não é possível, *nem desejável*, mantê-los marginalizados; não há como, a partir de uma dada expressão normativa, alterar o modo de ser de um corpo social: *a natureza ri-se dos decretos*.[136] Por essa razão, nos países mais civilizados e democráticos, admite-se a *colaboração* dos indivíduos, agrupados ou não, servindo como canais de comunicação para os interesses difusos, conduzindo-os até os centros de decisão do Estado. Uma demonstração contemporânea do ora afirmado está, dentre nós, na exitosa experiência das *parcerias público-privadas*.

Nos Estados Unidos prospera a figura do *ideological plaintiff*,[137] onde uma pessoa ou grupo funciona como porta-voz de todos os indivíduos abrangidos numa situação homogênea; na França, onde associações se fazem portadoras de

---

135. Na verdade, o grupo social não apresenta natureza distinta da de seus integrantes, se considerarmos que ele nada mais é do que o próprio homem em sua dimensão social. Como diz Peguy, "Le corps, c'est des hommes" (*apud* Jena Rivero. *Corps intermédiaires...* cit., p. 329).

136. Idem, p. 326.

137. A denominação é atribuída a Louis Jaffe (Mauro Cappelletti. *Formazioni...* cit., p. 393-394). No ponto, nossa CF diz que a legitimação ativa do MP nas ações civis previstas no art. 129 e incisos "não impede a de terceiros, nas mesmas hipóteses, segundo o disposto nesta Constituição e na lei" (art. 129, § 1.º), assim atendendo ao desejável *pluralismo* nas iniciativas judiciais, o que se afeiçoa à proposta de uma democracia *participativa*, e não apenas representativa.

interesses difusos, como dos consumidores[138] ou de certas minorias;[139] na Suécia, onde associações de consumidores os representam junto à Corte de Mercado;[140] na Itália, onde associações são admitidas à tutela de interesses difusos, como os de proteção à paisagem.[141]

---

138. Dispõe o *Code de La Consommation* (Lei 93-949/1993), art. 421-1: "Les associations régulièrement déclarées ayant pour objet statutaire explicite la défense des intérêts des consommateurs peuvent, si elles ont été agréees à cette fin, exercer les droits reconnus à la partie civile relativement aux faits portant un préjudice direct ou indirect à l'intérêt collectif des consommateurs. (...)"..

139. A lei 72-546 de 1972 (*loi Pléven*), em matéria de luta contra o racismo. A Constituição francesa (1958) dispõe no art. 1.º que a República "assure l'égalité devant la loi de tous les citoyens sans distinction d'origine, de race ou de religion". Outrossim, o Tratado de Amsterdam (1997, ratificado pela França em 1999), engajou a União Europeia no combate às discriminações, prevendo no art. 13 que "le Conseil (...) peut prendre les mesures nécessaires em vue de combattre toute discrimination fondée sur le sexe, la race ou l'origine ethnique, la religion ou les convictions, un handicap, l'âge ou l'orientation sexuelle". Em 2012, a lei de 06 de agosto alterou os Códigos do Trabalho, o Penal, o Estatuto dos Funcionários Públicos, o Código de Saúde Pública, a Lei de Liberdade de Imprensa, prevendo medidas contra discriminações e assédio sexual, com destaque para o art. 225-1 do *Code Pénal*: "Constitue une discrimination toute distinction opérée entre les personnes physiques à raison de leur origine, de leur sexe, de leur situation de famile, de leur grossesse, de leur apparence physique, de leur patronyme, de leur état de santé, de leur handicap, de leurs caractéristiques génétiques, de leurs moeurs, de leur orientation ou identité sexuelle, de leur âge, de leurs opinions, politques, de leurs activités syndicales, de leur appartenance ou de leur non-appartenance, vraie ou supposée, à une ethnie, une nation, une race ou une religion déterminée". Integra, igualmente, o tipo penal "toute distinction entre les personnes morales à raison de (...) "opinions politiques, des activités syndicales, de l'appartenance ou de la non-appartenance, vraie ou supposée, à une ethnie, une nation, une race ou une religion déterminée des membres ou de certains membres de ces personnes morales"..

140. Conforme explica Hans Stenberg, essas associações têm também poder de agir subsidiariamente, quando o não queira fazer o *Ombudsman*: "Si l'Ombudsman décide ne pas agir, une association de consommateurs peut introduire une demande d'interdiction auprès de la Cour du marché" (L'ombudsman suédois pour les consommateurs. *Revue Internationale de Droit Comparé*, n. 3-4, 1974, p. 579).

141. A associação "Itália Nostra", por exemplo, cuja atuação veio ensejar a prolação de uma famosa decisão da Corte de Cassação (sentença 2.207, de 1978). A propósito, ver, dentre os vários comentários: Vincenzo Guercio, *et al.* Op. cit., p. 475; Amadeo Postiglione. Extenso comentário na *Giustizia civile*, 1978, parte I, p. 1208 *et seq.* (Comentários à decisão da Corte de Cassação italiana n. 2.207, de 1978, no caso "Italia Nostra", *Revista Giustizia civile*, n. 1, 1978). A Lei de regência é 765/67, a qual, segundo Cappelletti, é "chiara nel senso di voler introdurre un'*actio popularis* contro illegittimi provvedimenti di rilascio di licenze edilizie" (*Formazioni*... cit., p. 371 e nota 20). Pedro da Silva Dinamarco, colacionando Carlo M. Verardi, lembra a Lei 549, de 30.12.1993, "que reconhece 'alle associazioni esponenziali un ruolo consultivo nei confronti della

No Brasil, esse movimento frutificou com a permissão legal para a representação de interesses difusos ligados à ecologia através de associações que tenham certa *representatividade*.[142] Nos países da *common law*, especialmente Inglaterra e Austrália, *combinam-se* o controle estatal e a iniciativa privada: nas *relator actions*, admite-se que um indivíduo ou associação (*relator suitor*) defenda o interesse difuso em casos de danos à coletividade (*public nuisance*).[143]

E assim, verifica-se que o Estado moderno está sendo *levado naturalmente* à constatação de que os interesses difusos são insuscetíveis de captação e apropriação isolada, *até mesmo por ele*, Estado. Formam um reduto que transcende a ordem normativa já estabelecida e, por isso mesmo, até que se definam as "escolhas políticas" que a respeito deles se podem estabelecer, tais interesses devem ser tuteláveis disjuntiva e concorrentemente,[144] sem possibilidade de atribuição exclusiva a um portador determinado.

2.7.2.2 O "acesso direto" dos interesses difusos aos centros de decisão: a questão em face do sistema político-representativo

Objeta-se que o *acesso direto* dos interesses difusos aos centros de decisão (seja na órbita da Administração ou na instância legislativa), é incompatível com o sistema democrático-representativo, já integrado por órgãos competentes

---

pubblica amministrazione', bem como 'forme de leggittimazione ad agire – in via inibitoria e risarcitoria – che non trovano riscontro nella disciplina italiana" (*Ação civil pública*, São Paulo: RT, 2001, p. 32).

142. O Projeto de Lei 3.034/1984, embrião da Lei 7.347/1985, falava em seu art. 2.º em *representatividade adequada* da associação (ver o texto In: Ada Pellegrini Grinover (coord.). *A tutela dos interesses difusos*. São Paulo: Max Limonad, 1984, p. 180 *et seq.*). Mas a Lei que afinal acabou sendo promulgada (7.347/1985 – *DOU* 25.07.1985) não repetiu tal expressão (v. o art. 5.º, incisos e parágrafos). O Código de Defesa do Consumidor (Lei 8.078/1990) trouxe uma substanciosa e inovadora parte processual (arts. 81-104) que se aplica à ação civil pública, conforme disposto no art. 117. Assim é que o juiz pode dispensar o requisito da constituição prévia da associação "quando haja manifesto interesse social evidenciado pela dimensão ou característica do dano, ou pela relevância do bem jurídico a ser protegido" (Lei 7.347/85, § 4.º do art. 5.º). V. nossas considerações à parte processual do CDC, na obra coletiva: *Comentários ao Código de Defesa do Consumidor.* 2. ed. São Paulo: Saraiva, 1991 (arts. 81 a 100); no tocante à tutela judicial, v. o nosso *Manual do Consumidor em Juízo*, 5. ed., São Paulo: Saraiva, 2013.

143. Mauro Cappelletti. *Formazioni...* cit., p. 387.

144. Cf. José Carlos Barbosa Moreira, assinalando que esse tipo de legitimação "encontra no Brasil exemplo digno de relevo na disciplina da 'ação popular', que diz com o assunto na medida em que esse remédio processual pode servir de instrumento de tutela dos 'interesses difusos'" (A legitimação para defesa... cit., p. 2). No ponto, ver o sistema de legitimação ativa na ação civil pública: art. 5.º da Lei 7.347/1985, c.c. arts. 82 e 117 da Lei 8.078/1990.

para as tarefas de aferir, condensar, triar e, se for o caso, normatizar a matéria objeto desses interesses. Assim, através do Parlamento, bem como dos órgãos do Poder Executivo, estes últimos no exercício do poder de polícia e da autotutela da Administração, tais interesses seriam objeto de conhecimento e deliberação, dispensada, assim, a *colaboração* dos entes intermediários. Põe-se, assim, como se vê, um conflito de ordem institucional, na medida em que grupos intermediários pretendem servir como *portadores* de interesses difusos: haveria, por essa tese, uma certa "usurpação" de funções exercidas por órgãos já adrede constituídos, aí incluído o Ministério Público, em cuja esfera de atribuições se inclui a "defesa da ordem jurídica, do regime democrático e dos interesses sociais e individuais indisponíveis" (CF, art. 127 *caput*).

A essa ordem de argumentos objeta-se, primeiramente, que tais interesses são *difusos*, logo, não há falar em instância ou órgão que os devesse representar em termos de *exclusividade*; todos e cada um podem representá-los, naquilo que José Carlos Barbosa Moreira, muito apropriadamente, chama "legitimação concorrente e disjuntiva". Em segundo lugar, o Brasil não é apenas uma democracia representativa, mas também *participativa*, como deflui de instrumentos como o plebiscito, o referendo, os projetos de lei de iniciativa popular e, mesmo, o ajuizamento de ação popular por qualquer cidadão eleitor. É dizer, a existência de representantes eleitos não exclui a colaboração dos cidadãos em geral, isoladamente ou em grupos. A gestão da coisa pública é, significativamente, uma *res publica*, de modo que todos os integrantes da comunidade têm *título* para dela participarem.

Esse ideário está presente também na esfera da *Justiça estatal*, na medida em que, de um lado, a *jurisdição* não mais se apresenta como *monopólio* do Estado, mas se realiza através de outros órgãos e instâncias idôneos a prevenir ou compor conflitos com justiça – a chamada *jurisdição compartilhada* –; de outro lado, cada vez mais se abrem espaços à participação, perante os Tribunais, dos *amici curiae* (*v.g.*, na deliberação, pelo STF, da *repercussão geral da questão constitucional discutida no caso*: CF, § 3.º do art. 102, c/c CPC, § 6.º do art. 543-A; no procedimento de edição, revisão ou cancelamento de *súmula vinculante* – Lei 11.417/2006, § 2.º do art. 3.º), por aí se realizando uma saudável *democratização* da função estatal de distribuição da justiça. No sentido do ora afirmado, considere-se, de um lado, que o árbitro é reconhecido como "juiz de fato e de direito" (Lei 9.307/1996, art. 18) e, de outro lado, que o CNJ, na Res. 125/2010, que "dispõe sobre a *Política Judiciária Nacional* (DJe 01.12.2010, republicado no *DJe* 01.03.2011), reconhece, no bojo dos *consideranda*, que "o direito de acesso à Justiça, previsto no art. 5.º, XXXV, da Constituição Federal além da vertente formal perante os órgãos judiciários, implica acesso à ordem jurídica justa".

Sob outro prisma, não há negar que os reiterados desmandos e arbitrariedades na gestão da coisa pública, repercutidos diariamente na mídia, vêm levando os indivíduos a descrerem da eficácia do modelo político-institucional *fechado*, tradicionalmente praticado entre nós. Daí a propensão popular, cada vez mais justificada, à participação direta na *gestão* da coisa pública,[145] inclusive, na via jurisdicional, por exemplo, através da antes lembrada ação popular, deferida, *pour cause*, ao cidadão eleitor, já que todo poder emana do povo (CF, art. 1.º, parágrafo único, c/c art. 5.º, LXXIII).[146] E, no tocante à *nomogênese*, não se pode, como antes acenado, descurar a importância do *plebiscisto*, do referendo e dos projetos de lei de *iniciativa popular* (CF, art. 14, I e II; § 2.º do art. 61, nessa ordem). Ou seja, vivencia-se hoje, no Brasil, um ambiente de *jurisdição compartilhada* e de *nomogênese difusa*.

Não tem mais atualidade, portanto, o argumento que pretenda entrever alguma *usurpação* ou *intromissão indevida* na crescente participação da sociedade organizada junto aos centros de Poder e de decisão, quando se leva em conta que cada indivíduo – isoladamente ou em dimensão coletiva –, na condição de *destinatário* e *credor* da boa gestão dos negócios *públicos*, tem título originário para dela participar *ativamente*. Concede-se que nessa participação podem ocorrer excessos, nos casos em que a ostensiva defesa de interesses gerais possa esconder, porventura, egoísticos interesses individuais; em tais hipóteses, o Direito há de fornecer os meios para se coibir esses desvios, como por exemplo se passa na disciplina da ação popular, na qual a isenção das custas e dos ônus da sucumbência só se aplica quando a ação não tenha sido proposta com "comprovada má-fé" (CF, art. 5.º, LXXIII). O inaceitável é que, a pretexto de "resguardar a boa ordem da Administração", se reprima a participação desses *legítimos* titulares do direito público subjetivo à proba e eficiente gestão da coisa pública. Lembra Paulo Affonso Leme Machado: "Por simples temor do associativismo cívico não se pode, contudo, condená-lo, ignorá-lo ou marginalizá-lo".[147]

Através da *democracia participativa* não se pretende revolucionar a estrutura política estabelecida, mas, ao contrário, torná-la mais eficiente e transparente. Vincenzo Vigoriti, após lembrar que "non è più contestata l'insufficienza del monopolio statale nella cura degli interessi a dimensione superindividuale", explica que o princípio de participação "si pone, da un lato, come mezzo e strumento

---

145. Com plena razão, observa Paulo Affonso Leme Machado: "A participação não pode ser vista como uma tolerância, um consentimento ou um favor da Administração Pública. Também, não se preconiza a privatização da Administração Pública. A presença dos cidadãos dentro dos organismos administrativos não é um intrometimento ou invasão em matéria que não lhes diz respeito. Exige esforço, não há dúvida, eliminar-se a visão preconceituosa de que só os administradores públicos sabem e decidem bem e que a população *leiga* não tem capacidade para cogerir seus próprios interesses" (Administração participada e interesses coletivos In: Ada Pellegrini Grinover (coord.). *A tutela dos interesses difusos*. São Paulo: Max Limonad, 1984, p. 49).

146. Cf. o nosso: *Ação popular*. 7. ed. São Paulo: RT, 2012.

147. *Administração participada*... cit., p. 51.

attraverso cui si cerca di offrire risposta ad instanze nuove, *altrimenti destinate a rimanere inascoltate*" (grifamos).[148]

Efetivamente, não é difícil constatar que, hoje, o exercício democrático apenas através dos mandatários políticos é *insuficiente*, seja pela extrema variedade dos anseios populares, seja pela rapidez com que eles se apresentam e se modificam, seja ainda, no caso dos interesses difusos, pela própria *fluidez* de seu conteúdo. Por isso, hoje se reclama uma *democracia participativa*, aberta e liberal, compreendendo "todo um conjunto de formas e instâncias de participação permanente, ou com vocação de permanência, umas ligadas a direitos políticos dos cidadãos, outras, a organizações diversificadas de interesses setoriais da sociedade civil".[149]

De fato, os esquemas político-institucionais baseados em estruturas antigas, de tipo liberal-individualista, não mais se adaptam às novas exigências da "ordem coletiva". Aqueles esquemas visavam, justamente, o *contrário* do que hoje se reclama, visto que se pretendia *evitar* a formação de núcleos coletivos postados entre o Estado e o cidadão. Fomentou-se a "ordem individual", porque o indivíduo isolado é fraco e mais facilmente dominado; essa postura vigorou também para a ordem econômica, com Adam Smith, e sua apologia da livre iniciativa, como bem lembrado por José Carlos Barbosa Moreira.[150]

De tudo exsurge, em última análise, que *não* é a tutela dos interesses difusos por meio de órgãos intermediários o que poderia afrontar ou comprometer o sistema representativo, institucionalmente estabelecido; ao contrário, é este sistema que teme perder o prestígio e as vantagens que vêm do *monopólio* de representação da vontade popular. O caso, porém, como dito, é de *adaptação* às novas realidades, mesmo porque a formação de grupos sociais e sua crescente importância é inevitável e irreversível, por se tratar de um processo natural.

Impende reconhecer que, ao influxo da diretriz da *democracia participativa*, o vigente desenho constitucional brasileiro revela-se receptivo à integração dos

---

148. *Interessi collettivi e processo*... cit., p. 3 e 5.

149. Cf. Jorge Miranda. *Democracia participativa. A Constituição de 1976 – formação, estrutura, princípios fundamentais*. Lisboa: Petrony, 1978, p. 459.

150. "A filosofia do egoísmo, que impregnou a atmosfera cultural dos últimos tempos, não concebe que alguém se possa deixar mover por outra força que o interesse pessoal. Nem faltou quem ousasse enxergar aí a regra de ouro: a melhor maneira de colaborar na promoção do bem comum consistiria, para cada indivíduo, em cuidar exclusivamente de seus próprios interesses. O compreensível entusiasmo com que se acolheu há dois séculos e se cultua até hoje, em determinados círculos, essa lição de Adam Smith, explica o malogro da sociedade moderna em preservar de modo satisfatório bens e valores que, por não pertencerem individualmente a quem quer que seja, nem sempre se vêem bem representados e ponderados ao longo do processo decisório político-administrativo, em geral mais sensível à influência de outros fatores" (A proteção jurídica... cit., p. 105).

grupos sociais na gestão da coisa pública, tanto junto às instâncias primárias (direito genérico e incondicionado de petição – art. 5.º, XXXIV, *a*; iniciativa popular na apresentação de projeto de lei – art. 61, § 2.º; participação da coletividade na política cultural e do meio ambiente – arts. 216, § 1.º, e 225, *caput*), como através da via jurisdicional, por meio de vários instrumentos, como a ação popular (CF, art. 5.º, LXXIII); o mandado de segurança coletivo – art. 5.º, LXX; a ação direta para controle de constitucionalidade de leis e atos públicos – art. 103, IX; a legitimação ativa – concorrente e disjuntiva – para as ações voltadas à defesa de interesses metaindividuais – art. 129, § 1.º; Lei 7.347/1985, art. 5.º).

2.7.2.3 O risco de "desequilíbrio" da tripartição dos poderes, com o "superdimensionamento" do Judiciário e as "novas dimensões" da ação e do processo.

Durante muito tempo grassou um certo *temor* de que a tutela dos interesses difusos pelo Poder Judiciário pudesse provocar, a par de um *superdimensionamento* desse Poder (assim levado a conhecer de matérias ordinariamente vocacionadas às instâncias políticas), ainda uma perturbação na harmonia e independência entre os três Poderes da República, visto que, na concepção tradicional, o Judiciário desempenha uma atividade *substitutiva* – dirimir controvérsias, se e quando provocado e nos limites em que o seja – escapando à sua seara o conhecimento de interesses *primários*, que, ou devem ser objeto de *escolhas políticas*, traduzidas em normas legais, ou devem ser manejados através dos instrumentos disponibilizados à Administração Pública, que, como se sabe, atua de ofício, inclusive através do poder de polícia. Examinemos essa pontuação.

Desde logo, vale lembrar que essa temática é discutida no direito norte-americano no âmbito das *class actions*: tendo em vista que nessas ações o Judiciário é chamado a decidir acerca de interesses metaindividuais cuja tutela caberia, em princípio, à Administração e/ou ao Legislativo, temendo-se, destarte, que a interferência do Judiciário romperia o equilíbrio e a *divisão de atribuições* entre os três Poderes. Loriana Zanuttigh afirma, com efeito, que o *ponto nodal* das *class actions* consiste na "ritrosia ad accettare il rischio implicito di una sostituzione o confusione di ruoli tra giudici e amministratori e, alla fine tra giudice e legislatore. Questa sorta di timore giustifica, in fondo, le affermazioni sulla naturale inidoneità della funzione giurisdizionale a gestire conflitti di interessi la cui complessità, in assenza di un bagaglio rilevante di cognizioni tecnologiche, finirebbe per togliere qualsiasi credibilità al suo stesso intervento correttivo". Na sequência, conclui: "(...) il fulcro del problema è, in fondo, l'equilibrio istituzionale dei ruoli tra i vari poteri dello Stato".[151]

151. Processo e tutela dell'ambiente... cit., *La tutela degli interessi*... cit., Milão, 1976, p. 439-441.

Em primeiro lugar, cabe dizer que o acesso dos interesses difusos à justiça, provoca, por si só, alterações na clássica trilogia *ação-jurisdição-processo*,[152] visto que essa estrutura, em seus moldes tradicionais, é direcionada à solução de litígios intersubjetivos, e não para dirimir conflitos metaindividuais: basta considerar a exigência de que o interesse *processual* seja direto e pessoal.[153] Ora, nos conflitos metaindividuais envolvendo interesses difusos, cuida-se de situações e ocorrências insuscetíveis de afetação exclusiva a um afirmado titular; logo, dentro dos parâmetros tradicionais, esses interesses ficariam à margem da tutela jurisdicional. Depois, dado que a eficácia das decisões judiciais em matéria de interesses difusos se expande *erga omnes* (CF, § 2º do art. 102; Lei 8.078/1990, art. 103, I) torna-se inevitável que sujeitos que estiveram apenas *representados* no processo por um credenciado portador judicial, fiquem sob os efeitos do julgado coletivo, já que dentre nós não se previu o regime de exclusão conhecido como *opt out*, praticado nas *class actions* do direito norte-americano. Sobre este último tópico, esclarece Antonio Gidi: "Recentemente, a *Rule 23* foi emendada, esclarecendo que o juiz poderá, mas não está obrigado, a ordenar notificação no caso de uma *class action* sem *right to opt out* (Rule 23 © (2) (A) e (B)".[154]

De outra parte, hoje se reconhece que a ação judicial, quando se trata de interesses supraindividuais, é uma forma de participação comunitária na gestão da coisa pública. Ninguém, seriamente, pode desconhecer o quanto é difícil e complexo o acesso do indivíduo às instâncias administrativa e legislativa: são requerimentos, *démarches* demoradas, *lobbies* etc.[155] Ao passo que, para se ter acesso a um juiz competente e imparcial, é bastante uma petição em forma e fi-

---

152. No ponto, escreve Ada Pellegrini Grinover: "(...) é o dado político que altera o conceito de processo, não mais entendido como clássico instrumento de solução de lides intersubjetivas, mas transformado em meio de solução de conflitos metaindividuais, por isso mesmo tipicamente políticos. Assim como se modifica o conceito de processo, muda o de ação, a qual se transforma em meio de participação política, numa noção aberta de ordenamento jurídico, em contraposição à fechada rigidez que deriva das situações substanciais tradicionais. Nesse contexto, a ação consagra uma operação política do direito, provocada pela inadequação das técnicas tradicionais. E a jurisdição, atuando através de instrumentos renovados e impulsionada por um distinto poder, tem transmudada a sua própria finalidade funcional, que se desloca, de mera atuação do direito objetivo, para o papel promocional da aquisição de uma consciência do 'coletivo' e do 'social'" (Novas tendências... cit., p. 9).

153. Cf. anotam Henry Solus e Roger Perrot, "l'action en justice ayant pour fondement la protection des droits subjectifs, il est normal d'exiger que l'intérêt allégué soit un intérêt direct et personnel" (Op. cit., p. 218).

154. *Rumo a um Código de Processo Civil Coletivo – a codificação das ações coletivas no Brasil.* Rio de Janeiro: Forense, 2008, p. 70.

155. A propósito dos *lobbies* formados junto aos centros de decisão, ver Stanislaw Ehrlich. Op. cit., p. 125 *et seq.*

gura de juízo; em caso de urgência, ou quando o bom direito se revele evidente, desde logo a autoridade judiciária determinará a tutela cabível, seja concedendo medida cautelar, seja antecipando os efeitos da tutela pretendida (CPC, art. 796; art. 273; § 3.º do art. 461).[156] Não raro, uma associação ambientalista consegue, mercê de uma cautelar preparatória de ação civil pública (Lei 7.347/1985, arts. 4.º e 5.º, V), obstar um desmatamento iminente que, de outro modo, acarretaria degradação quiçá irreversível à cobertura vegetal.

Não se trata, pois, de "inchamento" do Poder Judiciário, porque, quando ele outorga tutela aos interesses metaindividuais, não está desenvolvendo atividade de "suplência";[157] é *sua própria* atividade, de outorgar tutela a quem a pede e merece. No caso dos interesses difusos, a intervenção jurisdicional é hoje considerada fundamental;[158] não é que esse Poder esteja a invadir a seara dos outros; será, antes, um sinal de que os outros não estão a tutelar esses interesses – ou não o estão fazendo eficazmente e em tempo oportuno –, *obrigando* os cidadãos (*v.g.*, através de ação popular) ou as associações e o Ministério Público (através de ação civil pública) a recorrerem diretamente à via jurisdicional. Bem por isso, o *interesse* de agir se configura quando resta demonstrada a necessidade-utilidade do acesso à Justiça.

Esses aspectos vêm muito bem explicados na doutrina italiana: Raffaele Bertoni, após lembrar a argumentação contrária à participação popular por meio da justiça ("il giudice anzi dovrebbe astenersi dall'occuparsene, appunto perché si tratterebbe di problemi che superano le dimensioni, per cosí dire, naturali della sua funzione"), responde a tal objeção, advertindo, contudo, para "il pericolo

---

156. O direito brasileiro reconhece um "poder cautelar geral" aos juízes visando assegurar, em forma ampla, a concessão de tutela rápida e eficaz nos casos de urgência (ao propósito, o nosso: A questão dos limites do poder cautelar geral. *RT*, n. 569, p. 13). Tem, igualmente, se revelado eficiente a *antecipação dos efeitos da tutela pretendida*, especialmente nas ações envolvendo obrigações de fazer ou de se abster, que constituem hipóteses bastante ocorrentes no campo dos interesses metaindividuais (CPC, arts. 273 e 461, com as alterações advindas pela Lei 10.444/2002). O PL da Câmara 8.046/2010, sobre o novo CPC, dà ênfase a essa *tutela da evidência*: art. 306 e incisos.

157. Em sentido contrário, cf. Loriana Zanuttigh, vendo "nella supplenza rispetto al potere legislativo ed esecutivo il ruolo utile del'intervento giurisdizionale in situazioni di interesse pubblico". (...) "Né va sottovalutato che, per definizione, il giudice non è un organo democratico o, quanto meno, non lo è allo stesso tittolo del potere legisltativo e dell'esecutivo e, quindi, non è idoneo a farsi interprete di 'prefereze di valore', alternative rispetto a quelle compiute dagli organi legislativi e di governo. Se il consenso è alla base di una gestione non autoritaria del potere politico, esso non avrebbe modo di esprimersi rispetto a um 'governo di giudici'" (Op. cit., p. 444).

158. Raffaele Bertoni afirma: "... è certo, con specifico riguardo alla materia degli interessi diffusi, che qui un *momento giudiziario* appare indispensabile alla tutela effetiva di questo tipo di interessi" (Giudice e interessi diffusi. *Revista La Giustizia Penale*, n. VIII-IX, parte III, ago.-set. 1979).

che la magistratura, con la sua tendenza ad assumersi una supplenza che non le spetta, possa fornire al potere politico un alibi e una copertura, indurlo a scaricare sulla funzione giudiziaria problemi che non sono suoi, per non affrontarli e risolverli, con i mezzi opportuni e nelle sedi appropriate".[159]

Vale dizer, em matéria de tutela aos interesses difusos, é extremamente delicada a posição do Poder Judiciário: se este entende que se trata de assunto a ser primeiro dirimido em sede legal ou administrativa, esses interesses correriam risco de ficar sem tutela rápida e eficaz; se, ao contrário, outorga a tutela jurisdicional, mesmo que para tal tenha que criar a solução para o caso concreto, dir-se-á que o Judiciário desbordou de suas atribuições e rompeu o equilíbrio frente aos outros Poderes.[160]

A solução da questão depende, como em muitas outras situações complexas, de se encontrar a *virtude do meio termo*. Cremos que a ação judicial de natureza "coletiva" deve ser mantida e aperfeiçoada como *um* dos canais de revelação dos interesses difusos, merecedores de tutela. É preciso, todavia, cautela nessa "participação popular através da justiça", sob pena de se incorrer em dois grandes riscos: *a)* a criação de uma área de atrito causada pela atuação do Poder Judiciário, acarretando uma resistência ao *avanço* da justiça nas áreas tradicionalmente reservadas aos outros Poderes; *b)* uma canalização exclusiva dos interesses difusos em direção ao Judiciário atingiria, por ricochete, um resultado indesejável, qual seja: a *limitação* da veiculação desses interesses por uma só *forma ou meio de expressão*, o que contraria a sua própria natureza *difusa* e desestimularia os outros Poderes a dar-lhes tutela em sede adequada.[161]

---

159. Idem, ibidem.

160. Lembra Vincenzo Vigoriti que "il ricorso alle istituzioni processuali per la tutela di interessi a dimensione superindividuale pone ovviamente gravi problemi di carattere politico-costituzionale" (*Interessi collettivi...* cit., p. 14). A propósito, escrevendo sobre a experiência italiana, Vittorio Guccione observa que não somente através da justiça "comum" pode-se tutelar os interesses difusos, mas também através das Cortes de Contas, enquanto *magistratura di controllo*. "L'istituto del referto del Parlamento, previsto in Italia da più di un secolo, ha trovato espesso riconoscimento nella Costituzione". Nesse sentido, fala numa "altra forma di tutela di interessi diffusi attraverso l'esercizio della funzione di controllo", por modo que "anche nella giurisdizione contabile si notano tendenze a porre questo tipo di processo come strumento di tutela di interessi diffusi e collettivi". No caso, referia-se o autor à tutela ao interesse "della collettività alla regolare gestione del bilancio". Comenta certa decisão onde se fixou a tese pela qual constitui "danno pubblico" aquele consistente no "pregiudizio derivato dall'aver consentito la costruzione di un centro residenziale nel Parco Nazionale d'Abruzzo, in dispregio dei principi constituzionali sulla tutela del paesaggio e delle norme di livello ordinario sulla protezione delle bellezze naturali" (Op. cit., p. 140 *et seq.*).

161. Ver a propósito, a advertência de Nicolò Trocker: "Bisogna evitare pertanto una 'canalizzazione' generale dei problemi politici, sociali ed economici esclusivamente

Considere-se o que se vem passando com temas de larga repercussão social, em princípio sujeitos à *reserva legal* (greve no serviço público, relações homoafetivas, fetos anencéfalos), os quais, à míngua de regulação e/ou de fixação de políticas públicas eficientes, têm dado azo a recorrentes intervenções do STF, expondo assim a Corte à crítica de um *ativismo excessivo*, quando, em muitos casos o que se dá é que os órgãos e instâncias competentes na matéria, não se dispõem a arcar com o *custo político* da assunção de um claro posicionamento nessas áreas. Por exemplo, nos recorrentes megaconflitos fundiários, quando o embate das posições antagônicas revela-se agudo e iminente, nota-se que a demanda pela intervenção judicial esbarra, de um lado, na insuficiência dos meios processuais usualmente utilizados para resolver moléstias possessórias de tipo comum (*v.g.*, liminares em reintegração de posse), e, de outro lado, nota-se a confluência, na espécie, de *colisão entre princípios*, tais o que garante a propriedade privada e o que a condiciona à função social. Não por acaso, prevê o PL da Câmara Federal 8.046/2010, sobre o novo CPC, art. 579: "Nos casos de litígio coletivo pela posse ou propriedade de imóvel urbano ou rural, antes do exame do requerimento de concessão da medida liminar, o juiz deverá designar audiência de justificação prévia e conciliação entre as partes e seus representantes legais. § 1.º. O Ministério Público e os entes da administração responsável pela condução das políticas públicas agrária ou urbana deverão ser intimados para comparecer à audiência".

Daí o *apelo ao pluralismo* no trato dos conflitos metaindividuais, mormente os que concernem aos interesses difusos, o que vem ao encontro do ideário da *democracia participativa* desejada pela Constituição vigente, que se deve implementar com vistas à eficaz tutela de relevantes megainteresses, com o aporte da atuação conjunta do Estado, do cidadão, da coletividade e do Ministério Público – não só no plano jurisdicional, mas igualmente junto às instâncias administrativas – em temas como meio ambiente, patrimônio cultural, defesa do consumidor, proteção ao idoso, à criança e ao adolescente, preservação da ordem urbanística, luta contra o preconceito racial, a par de outros interesses difusos e coletivos.

Sem embargo, é certo que, quando ocorre a intervenção do Judiciário (que não atua de ofício!), não há falar em *usurpação* de atribuições dos outros Poderes:

---

verso il processo. Certi problemi e conflitti devono essere avvertiti innanzitutto nella loro specifica dimensione politica o economica piuttosto che nella loro veste giuridica. Altrimenti si rischia di chiudere la prospettiva delle necessarie trasformazioni di carattere generale e di trascurare lo sviluppo di strumenti capaci di incidere in maniera più immediata sui reali centri di potere" (La tutela giurisdizionale degli interessi diffusi con particolare riguardo alla protezione del consumatori contro atti di concorrenza sleale: analisi comparativa dell'esperienza tedesca. (*La tutela degli interessi diffusi nel diritto comparato*. Milão: Giuffrè, 1976, p. 487- 488).

os interesses difusos concernem a uma categoria ou a toda uma coletividade e a cada um de seus integrantes, ao mesmo tempo; logo, *cada um* que se apresenta como portador daqueles interesses exerce, em certa medida, o seu próprio interesse, ou a sua *quota-parte* no interesse que é de todos. Acaso se pode negar, indaga Raffaele Bertoni, "che fenomeni di inquinamento, di devastazione urbanistica, di attentato al paesaggio mettono in pericolo tutti e ciascuno di noi, le nostre possibilità di espressione, la nossa stessa vita?".[162]

A legitimidade, aí, aparece a título *ordinário*, é o indivíduo agindo *uti cives*; nessa concepção, não há necessidade de recorrer-se a fórmulas complexas para justificar a tutela: vai longe o tempo em que o *interesse difuso* se confundia com "interesse de ninguém" (quase uma *res nullius*); hoje sobreleva o sentido de interesse de *todos* (*res communes omnium*), e, pois, de cada um; exemplo emblemático é o do *meio ambiente*, caracterizado como "bem de uso comum do povo" (CF, art. 225, *caput*).[163]

Ainda a outro título se justifica essa aparente "ampliação" da atuação jurisdicional: esta função justifica-se na medida em que exerce o poder-dever de outorgar tutela não só a direitos subjetivos, mas também a *interesses legítimos* que, de outra forma, restariam marginalizados. Ora, quando a lei não se ocupa dos interesses difusos (por considerá-los ainda sob estado fluído,incipiente, carente de maturação e de definição); quando também não o faça a Administração (que os toma como meras aspirações, sem relevância jurídica), é claro que, sobrevindo controvérsia a respeito (o megaconflito), legitima-se a intervenção do Judiciário, como instância *substitutiva* que atua por provocação e responde no limite dela.

A *lide*, na conhecida concepção *carneluttiana*, é o conflito de interesses qualificado pela pretensão resistida; essa *resistência*, quando se trate de interesses metaindividuais, exsurge da recusa, da omissão ou da insuficiência da oferta, por parte do Estado, da tutela a interesses de largo espectro (suponha-se o pleito dos aidéticos pobres a receber gratuitamente a medicação e tratamento adequados). Em casos que tais, ao intervir no conflito, o Judiciário nada mais faz que dirimir uma *lide*, concebida não em seus parâmetros antigos, mas em sua projeção social. Como diz Raffaele Bertoni: "Dove fallisce il potere, non può restare che il giudice a difesa degli interessi dei citadini e di ognuno de loro, come singolo o come appartenente alle formazioni sociali".[164]

---

162. Op. cit., p. 507.

163. Diz Anna De Vita: "Abbandonando la prospettiva individualistica, l'accento non si pone più sul singolo e sullo *status* giuridico che lo personalizza e ne fa un *unicum* rispetto agli altri consociati, ma su un *quid* livellatore ed egalitario" (*La tutela giurisdizionale...* cit., p. 350-351).

164. Op. cit., p. 507.

A conclusão desse autor, a que aderimos, é no sentido de que não há falar em "suplência" na atividade do juiz quando intervém em conflitos metaindividuais:[165] cuida-se aí, ainda e sempre, de atividade jurisdicional típica; o que muda é sua *forma* e a *eficácia expandida* do comando, o que se compreende, porque não se trata de dirimir conflito intersubjetivo do tipo clássico. É por isso que não é o juiz que determina o grau de expansão extra-autos da eficácia da coisa julgada nos conflitos metaindividuais (*erga omnes* ou *ultra partes*, conforme o caso), mas é a lei processual que o faz, atentando para a *natureza e intensidade* do interesse posto como objeto do litígio: Lei 7.347/1985, art. 16; Lei 8.078/1990, art. 103 e incisos. O mesmo se pode dizer quanto ao recurso especial afetado, no STJ, como *representativo da controvérsia*: não é o Tribunal, e sim a lei (CPC, art. 543-C e parágrafos) que autoriza a eficácia pan-processual desse julgado, em ordem a parametrizar o resultado dos demais REsp's, envolvendo a mesma *questão central*, represados nos TJ's e TRF's.

Em ação civil pública movida pelo Ministério Público contra o Estado e o Município, na qual se buscava "compelir os Poderes Públicos a prestar assistência social básica à população de rua na Capital do Estado", agitou-se o argumento de defesa pelo qual não poderia o Judiciário "ser transformado em cogestor dos recursos destinados ao bem-estar social, sendo o pedido até juridicamente impossível" e, ainda, que no caso inexistia "direito difuso a ser protegido". Na espécie, entendeu a Corte: (*i*) "não se estar violando a disposição constante do artigo 2.º da Constituição da República, mesmo porque cabe exclusivamente ao Poder Judiciário dizer o Direito. E na hipótese concreta outra coisa não se está fazendo senão dizer o Direito, determinando-se seja cumprida a Constituição da República em sua inteireza. Existindo norma constitucional determinando seja prestado o atendimento social, não há que se falar em opção da Administração, pois a liberdade do administrador cessa ante o texto expresso de lei"; (*ii*) "o direito ao tratamento digno pertence a todo e qualquer cidadão, tratando-se, pois, de direito difuso por excelência".[166] Na sentença recorrida (10.ª Vara da

165. "Altro che supplenza del giudice dunque! ao contrario, in nessuna materia come questa degli interessi diffusi, è indispensabile l'intervento del giudice, anche di quello penale", remata Raffaele BERTONI (Op. cit., p. 507). Nesse sentido, José Renato Nalini, observando que o juiz, ao tutelar interesse difuso, não está "a desenvolver atividade de suplência, mas exercita sua função típica, a entrega da prestação jurisdicional a quem pleiteia. É fundamental a lucidez de consciência do Judiciário, quanto ao que lhe incumbe quando custodia interesses difusos. Tranqüilizem-se os juízes: não estão a invadir seara alheia. Apenas cumprem o papel que lhes preordenou a própria ordem constitucional e suprem a omissão do poder público, incapaz de satisfazer integralmente a todos" (O juiz e a proteção dos interesses difusos. *Revista PGE/SP*, jun.1992, p. 59; igualmente, *RT*, n. 680, p. 265).

166. Apelação 61.146-5/0, 2.ª Câm. Dir. Púb., j. 22.06.1999, v.u., rel. Des. Lineu Peinado. Os trechos transcritos constam de nosso estudo: A ação civil pública como instrumento de controle judicial das políticas públicas. In: Édis Milaré (coord.). *Ação civil pública*

Fazenda Pública, proc. 710/96), o juiz Paulo Guilherme Amaral Toledo houvera gizado que a condenação imposta aos entes políticos "não implica em indevida ingerência na esfera de discricionariedade da Administração pois a conveniência e oportunidade da atuação administrativa não autorizam a inércia ou a omissão no cumprimento dos deveres constitucionalmente estabelecidos e tampouco permitem que os Poderes Públicos deixem de prestar os serviços essenciais à comunidade". Prosseguia a sentença, lembrando que a Constituição Federal "determina uma atuação positiva do Estado para erradicar a pobreza, reduzir a marginalização e fornecer assistência social para assegurar o pleno desenvolvimento e um mínimo de dignidade à pessoa humana".

Concede-se que, ao dirimir conflitos metaindividuais, possa eventualmente o juiz cometer excessos, sobretudo quando se veja compelido a *criar* a solução adequada. Esse risco sempre existe, dado que a legitimação do Judiciário é de base técnica e não de origem popular, com se dá com os parlamentares. Trata-se de uma preocupação multinacional, ocorrente sobretudo nos países que albergam o contencioso "de legalidade", como a França, onde a doutrina se preocupa com os excessos de certa jurisprudência em matéria de interesses difusos à defesa da natureza e da ecologia. Quando se trata de decidir causas relacionadas a esses interesses tão genéricos, diz André Hubert Mesnard, "le juge va devoir, dans son contrôle de l'Administration appliquer des notions extrêmement floues, et faire un travail délicat qui ne le mettra à l'abri des critiques".[167]

Não é razoável esperar-se que o magistrado tenha um conhecimento enciclopédico, ou que seja proficiente em temas novos e complexos, genericamente reportados à *qualidade de vida*, ou a *dignidade da pessoa humana*, como se dá, por exemplo, com a controvérsia sobre os organismos geneticamente modificados, ou a ortotanásia, ou o que se deva entender por *crime político*. Esse aspecto do tema que ora vimos examinando conduz, mesmo, a certos paradoxos: se se preserva a independência, o *monopólio* da função jurisdicional, incide a crítica de que o juiz não é dotado de conhecimento técnico-científico suficiente à compreensão de questões que refogem à seara jurídica; se, ao contrário, se deixa o mérito da controvérsia para ser deslindado pelos *experts*, ou se criam instâncias específicas para solução dessas demandas, sobrevém a crítica de que fica mitigada a garantia da imparcialidade do juiz e infringido o princípio do juiz natural.[168]

– *Lei 7.347/85 – 15 anos*. São Paulo: RT, 2001, p. 753-798. (O citado aresto foi objeto do AI 314.179/SP, tirado de despacho denegatório de seguimento de REsp, agravo esse não conhecido no STJ, relatora Min. Nancy Andrighi, j. 09.08.2000).

167. Le rôle suppletif du juge en matière d'invironnement. *Revue de l'Institut des Études Juridiques de l'Urbanisme et de la Construction – Droit et Ville*, n. 6, p. 262.

168. Cf. Loriana Zanuttigh. Op. cit., p. 433 e nota 81. Vem observado que "l'estrema complessità tecnica degli *environmental issues* ha condotto ad una più ampia utilizzazione

A matéria dá margem a vários desdobramentos, mas aqui se pode ponderar que, no balanço dos alvitres possíveis, deve prevalecer a diretriz que aponta o juiz como o *destinatário* da prova, seja esta relativa a fatos comuns, de conhecimento do magistrado, seja relativa a fatos de maior complexidade ou raridade. Os peritos serão sempre *auxiliares* do magistrado, competindo-lhes fornecer os *dados técnicos* que, aliados a outros elementos probatórios, ensejarão a formação da livre convicção do juiz.[169] Aliás, em sede doutrinária já se observou, agudamente, que esse alegado despreparo técnico-científico dos magistrados, no que concerne a assuntos amplos e complexos como ecologia, consumidores, ordem econômica etc., é antes uma *vantagem*, porque os torna "immuni dalla contaminazione con gli interessi constituiti, che è propria dei tecnici che amministrano la cosa pubblica".[170] Não por outro motivo se vai abrindo espaço cada vez maior à intervenção dos *amici curiae* em julgamentos ou deliberações sobre temas de largo impacto social, como se dá, por exemplo, no procedimento de edição, revisão ou cancelamento de súmula vinculante pelo STF (Lei 11.417/2006, § 2.º do art. 3.º), ou ainda quando da identificação da *repercussão* geral numa dada questão constitucional, nos recursos extraordinários repetitivos (CPC, art. 543-A, § 6.º).

No presente tópico procurou-se evidenciar que um dos grandes problemas suscitados pela tutela dos interesses difusos é de ordem *política*, no sentido mais preciso do termo. Cabe ao Judiciário agir *com engenho e arte* para outorgar a tutela adequada aos interesses difusos, em convivência harmoniosa com as competências reconhecidas aos outros dois Poderes, neutralizando, assim, a imputação de um "governo di giudici".[171] Nessa delicada tarefa, será extremamente útil ter presente que a função jurisdicional é de índole substitutiva, cabendo, *em princípio*, aos outros dois Poderes a tarefa das *escolhas políticas* dentre os valores

---

dell'*expert-testimony*, poiché, come si è rivelato, normalmente non sono in contestazione fatti fondamentali, ma solo la valutazione scientifica dei medesimi".

169. Cf. no direito brasileiro, o art. 131 do CPC: "O juiz apreciará *livremente* a prova, atendendo aos fatos e circunstâncias constantes dos autos", princípio também conhecido como da *persuasão racional*.

170. Joseph Sax, *Defending the environment. A strategy for citizen action*. New York, 1971, *passim* (*apud* Nicolò Trocker. Op. cit., p. 11).

171. Cf. Loriana Zanuttigh. Op. cit., p. 444. No particular, de louvar-se dentre outras meritórias iniciativas a Escola Paulista da Magistratura, na linha de exitosos precedentes em outros países, como o "Centre National d'Études Judiciaires", na França. Aliás, a Lei Orgânica da Magistratura Nacional (Lei Complementar federal 35/1979) estabelece que "a lei pode exigir dos candidatos, para a inscrição no concurso, título de habilitação em curso oficial de preparação para a magistratura" (§ 1.º do art. 78), e, bem assim, "poderá condicionar o acesso por merecimento aos tribunais, como a promoção por igual critério, à frequência, com aprovação, a curso ministrado por escola oficial de aperfeiçoamento de magistrados" (§ 1.º do art. 87). A vigente Constituição Federal reafirmou esse contexto legal: art. 93, II, *c*, e IV.

vigentes na comunidade. Com isso se resguardará o juiz de se transformar, "da arbitro neutrale o da interprete anche creativo delle volontà del legislatore, in organo necessariamente parziale".[172]

A problemática versada no presente tópico se exacerba no âmbito do *controle jurisdicional das políticas públicas*, e, nesse tema, Kazuo Watanabe apresenta elucidativa contribuição, merecendo integral transcrição: "a) Os direitos fundamentais sociais, sob a perspectiva de justiciabilidade imediata, ou seja, da possibilidade de tutela jurisdicional, podem ser distribuídos em três categorias: I – os que correspondem ao núcleo básico do princípio da dignidade da pessoa humana e configuram o chamado 'mínimo existencial'; II – os que, embora não estejam referidos ao 'mínimo existencial', estão previstos em normas constitucionais de 'densidade suficiente' e por isto não são dependentes, para judicialização, de prévia ponderação do Legislativo ou do Executivo por meio de política pública específica; III – os demais direitos fundamentais sociais, previstos em normas constitucionais de cunho programático. b) São imediatamente judicializáveis, independentemente de prévia definição de política pública pelo Legislativo ou pelo Executivo, somente os direitos fundamentais sociais pertencentes às duas primeiras categorias da classificação acima mencionada. A 'justiciabilidade' dos direitos fundamentais sociais pertencentes à terceira categoria depende de prévia ponderação, por meio de política pública específica, dos demais Poderes do Estado. c) O conceito de 'mínimo existencial é dinâmico e evolutivo, varia histórica e geograficamente, presidido pelo princípio da proibição de retrocesso, de sorte que, dependendo das condições socioeconômicas do país, direitos fundamentais sociais que não são judicializáveis na atualidade poderão vir a sê-lo no futuro, imediato ou mediato. d) A cláusula de 'reserva do possível' não é invocável na tutela jurisdicional do 'mínimo existencial'".[173]

2.8 Conceito de interesse difuso

A partir dos elementos até agora formulados, animamo-nos a formular um conceito de interesses difusos. De início, a doutrina mostrou-se reticente quanto à possibilidade (ou mesmo a conveniência) de uma definição a respeito, o que se devia, em boa parte, ao fato de o próprio termo "difuso" sugerir algo fluido, de contornos esbatidos e cambiantes, desestimulando as tentativas de concreção conceitual. (Quase se diria, por *blague*, que, no momento em que tais interesses fossem *definidos*, deixariam de ser... difusos!).

172. Cf. Loriana Zanuttigh, Op. cit., p. 440.

173. Controle jurisdicional das políticas públicas – 'mínimo existencial' e demais direitos fundamentais imediatamente judicializáveis. *In* Ada Pellegrini Grinover e Kazuo Watanabe (coords.), *O Controle jurisdicional de políticas públicas*, Rio de Janeiro: Gen – Forense, 2011, p. 224.

Certo é que a expressiva carga de abstração imanente ao termo *difuso* dificulta a apreensão e verbalização de seu vero conteúdo. Nesse sentido, Péricles Prade, analisando certo conceito doutrinário, constatou que nele o autor introduzira "alguns *mais ou menos* de roupagens cinzentas, de tons esmaecidos, como se estivesse subjacente em seu pensamento o próprio significado etimológico do adjetivo *difuso*, o qual, por exemplo, na expressão *luz difusa*, nomeia a claridade não adventícia de raios solares diretos e que, pelo efeito da refração, intercala regiões de luminosidade com esferas de sombras".[174]

Fato é, porém, que a se aceitar o interesse difuso como um "personaggio assolutamente misterioso"[175] se abriria uma zona cinzenta sobre o tema, o que dificultaria o seu desenvolvimento científico. De outra parte, a tentativa de definição, em que pese a advertência romana,[176] sempre atende a um fim pragmático, favorecendo uma visão concreta do objeto em foco, além de possibilitar aprimoramentos futuros, advindos com a crítica.

Tais considerações nos animam a formular uma conceituação desses interesses. De acordo com os postulados da Lógica Formal, nos ateremos ao gênero próximo e às diferenças específicas. Os interesses difusos pertencem ao gênero "interesses meta ou superindividuais", aí compreendidos aqueles que depassam a órbita individual, para se inserirem num contexto global, na "ordem coletiva", *lato sensu*. Nesse campo, o primado recai em valores de ordem social, como "o bem comum", a "qualidade de vida", os "direitos humanos" etc. Os conflitos que aí podem surgir trazem a marca da *impessoalidade*, isto é, discute-se em torno de *valores*, *ideias*, *opções primárias*, *escolhas políticas*;[177] não está em jogo a posição de vantagem de A em face de B, nem se reduz a questão a um singelo juízo de valor a partir de normas determinadas, mas, antes, cuida-se de aferir qual a postura mais oportuna e conveniente dentre um leque de alternativas, aglutinadas nos diversos grupos sociais interessados, naquilo que se pode chamar, com a doutrina italiana, "conflitualidade intrínseca".[178]

Ao contrário do que se passa com os conflitos intersubjetivos de cunho individual, os interesses difusos, por definição, não comportam atribuição a um titular definido, em termos de exclusividade: eles constituem a *reserva*, o *arse-*

---

174. *Conceito de interesses difusos*, 2. ed., São Paulo: RT, 1987, p. 46- 47.

175. Cf. Massimo Villone, Op. cit., p. 73.

176. *Omnis definitio in jure civile periculosa est* (D. 50.17.202).

177. Em tema de interesses difusos, diz Massimo Villone, a dificuldade da escolha advém "dal fatto-ovvio – che alla collettività sono, in ultima analisi, imputati tutti gli interessi eventualmente in conflito" (Op. cit., p. 78).

178. "L'interesse diffuso può essere caratterizzato da una larga area di intrinseca conflittualità in ordine alla quale i procedimenti e le strutture che normalmente consentono la mediazione dei conflitti metaindividuali si mostrano inefficienti" (Idem, p. 76).

nal dos anseios e sentimentos mais profundos que, por serem necessariamente referíveis à inteira comunidade ou ao menos a um dado segmento dela, são insuscetíveis de apropriação a título reservado. Do fato de se referirem a *muitos* não deflui, porém, a conclusão de que sejam *res nullius*, coisa de ninguém,[179] mas, ao contrário, pertencem indistintamente, a todos; por isso mesmo, *cada um* tem título para pleitear a tutela de tais interesses.[180] *O que se afirma do todo resta afirmado de suas partes componentes.*

De outro lado, não é possível "enquadrar" tais interesses em contornos precisos, devido à própria extensão do objeto e à indeterminação dos sujeitos concernentes: garantia de emprego; defesa da ecologia, tutela do consumidor; defesa da *qualidade de vida* etc. Note-se que nem mesmo a positivação legal de tais temas consegue afastar de todo a *zona de penumbra* que os envolve, por exemplo: o *meio ambiente* vem definido no art. 14 da Lei 6.938/1981, mas hoje se sabe que esse conceito é de ordem naturalística, não abrangendo o meio ambiente *artificial* (o que o homem agregou à natureza) ou o do *trabalho* (CF, art. 200, VIII); o *consumidor* vem definido no art. 2º e parágrafo único da Lei 8.078/1990, mas aí não fica claro se se trata de um conceito de base jurídica ou econômica.[181]

---

179. Nesse sentido, Sérgio Ferraz observa que o conceito de "patrimônio ambiental" não pode ser tomado no sentido de *res nullius*, mas, ao contrário, trata-se de *res omnium* (art. cit., p. 34). Aliás, mesmo a água e o ar, outrora tidos como "bens inexauríveis e livremente exploráveis", são hoje objeto de controle e fiscalização (considere-se, ao propósito, a *Lei dos Recursos Hídricos* – n. 9.433/1997 – consagrando, nos arts. 19 a 22, o princípio *usuário-pagador*. Daí por que tais bens naturais hoje são considerados "bens econômicos" (cf. Giorgio Recchia. Op. cit., p. 27). O mesmo se diga quanto aos mares e oceanos antes considerados inesgotáveis e hoje objeto de restrições visando sua preservação (cf. Massimo Panebianco. La tutela degli interessi diffusi con particolare riguardo alla tutela dell'ambiente nel diritto internazionale. *La tutela degli interessi diffusi nel diritto comparato*. Milão: Giuffrè, 1976, p. 160 *et seq.*). Mas, numa sociedade de "consumo" e de competição, há, infelizmente, uma tendência a considerar que o "bem" *coletivo*, não sendo apropriável individualmente, não é ressarcível em caso de dano: é uma óptica, diz Loriana Zanuttigh, "che confonde le *res communes ominium* con le *res nullius*" (Op. cit., p. 394).

180. Isto é, *todos são legitimados, ordinariamente*. Aliás, é o que se passa na legitimação do "autor popular". Nesse sentido, ver Pedro Leonel Pinto de Carvalho. Ação popular – Servidor público – Advocacia em causa própria – Inexistência de impedimento. *RDP* 69/118, jan.-mar. 1984. Posicionamo-nos a respeito desse tópico em nosso: *Ação popular*. 7. ed. São Paulo: RT, 2012, p. 76 e s.

181. No ponto, a Min. Fátima Nancy Andrighi, do STJ, em palestra nominada "Direitos do Consumidor na jurisprudência do STJ, realizada no Rio de Janeiro (auditório Antôno Carlos Amorim – Palácio da Justiça, Rio de Janeiro, 02.12.2005), asseverou: "Até há pouco tempo, a Quarta e a Sexta Turmas do STJ adotavam o conceito econômico de consumidor direto, ou seja, filiavam-se à escola *subjetiva*. A Primeira e a Terceira Turma, por outro lado adotavam um conceito jurídico de consumidor direto e, portanto,

Essa notável extensão do objeto, aliada à indeterminação dos sujeitos, não permite que se espere ou que se exija um elevado grau de *coesão*, nos interesses difusos.[182] E isso, por duas razões: o campo próprio dos interesses difusos é justamente aquele plano subjacente à massa normativa já estabelecida; eles são ideais, são sentimentos coletivos ligados a valores parajurídicos (o "justo", o "equitativo", o "natural"), insuscetíveis de se apresentarem em modo uniforme e unitário para cada qual daqueles valores. Por isso mesmo, a opção política escolhida na espécie *in concreto* não será definida a partir da polarização entre duas normas legais (se uma é aplicável, a outra fica excluída), mas o critério se desloca para a aferição de qual valor ou interesse se mostra *predominante* no caso, técnica semelhante à empregada no conflito entre *princípios*. Assim, sempre haverá a virtualidade de posturas conflitantes, em princípio merecedoras de conhecimento, já que todas pretendem, em princípio, representar o sentimento médio da coletividade em certo tempo e lugar. Considere-se, por exemplo, a controvérsia acerca da *transposição das águas do Rio São Francisco*: tanto na óptica jurídica como na técnica, contrapõem-se posições de um lado e de outro, com ponderáveis argumentos, sem falar na opinião da população ribeirinha, diretamente atingida, auscultada em audiências públicas, o que *de per si* revela a dificuldade de um consenso sobre o acerto ou não do megaempreendimento.

Já nos conflitos entre sujeitos determinados, conducentes à legitimação de tipo ordinário, calcada no critério da *correspondência* ou da *coincidência* (entre o autor e o agente que, nos termos da norma de regência, está em situação de vantagem; entre o réu e o agente que, segundo essa mesma norma, está em situação de sujeição), em não havendo renúncia quanto ao ressarcimento do direito lesado, nem autocomposição a respeito, restará o alvitre da *terceirização* da resolução do conflito, que, segundo a doutrina, compreende a *mediação*, a *arbitragem* e a *adjudicação*, esta última dentre nós conhecida como decisão judicial de mérito. "No que respeita ao estilo decisório e em articulação com os poderes do decisor, é costume distinguir entre decisões mini-max e decisões soma-zero. As primeiras procuram maximizar o compromisso entre as pretensões opostas de modo a que a distância entre quem ganha e quem perde seja mínima e, se possível, nula. As decisões soma-zero, ou decisões de adjudicação, são aquelas que maximizam

---

filiavam-se à escola *objetiva*. Após muita discussão, o conceito que veio a prevalecer na Segunda Seção foi o conceito *jurídico* de consumidor direto, ou seja, uniformizou-se quanto à definição de consumidor o conceito defendido pela *escola objetiva*" (http://bdjur.stj.gov.br. p. 4 do texto impresso).

182. Tal exigência seria uma *contradictio in terminus*, visto que tais interesses são... difusos, isto é, "mancano i meccanismi di coordinamento delle volontà, non si sono saldati quei vincoli che possono dare un carattere unitario ad un fascio di interessi uguali" (cf. Vincenzo Vigoriti. *Interessi...* cit., p. 43).

a distinção e a distância entre a pretensão acolhida e a pretensão rejeitada e, portanto,entre quem ganha e quem perde".[183]

Justamente por conta dessas sensíveis diferenças entre os tipos de litígio e de resolução, verifica-se que nas causas envolvendo conflitos metaindividuais avulta a responsabilidade do juiz, visto que, como anota Vera Lúcia R.S. Jukovsky, nesse campo o magistrado "esbarra em conflitos de interesses públicos de difícil solução, a exemplo da construção de uma rodovia em local em que a flora e a fauna poderão ser prejudicadas. Caberá a ele sopesar, ponderadamente, os valores sob exame e proceder a uma opção, sem dúvida, imbuído de certa discricionariedade. Deverá tomar a decisão que possa atingir o fim público, da melhor forma, à luz dos preceitos constitucionais insculpidos no art. 225 e parágrafos da CF, em conjunto com os demais incidentes na matéria".[184]

De outra parte, os interesses coletivos *stricto sensu* (organizados e afetados a um grupo, categoria ou classe) e os interesses difusos (desagregados e concernentes a pessoas indeterminadas) estão numa relação de mútua interação: é possível que estes últimos, num determinado tempo e lugar, ganhem contornos mais nítidos, passem a ser referíveis a um grupo social determinado ou determinável, caso em que, *naturalmente*, sofrerão uma mutação em seu estado original.[185] Ao propósito, Joselita Nepomuceno Borba, partindo da teoria dos *Círculos*

---

183. Boaventura de Sousa Santos; Maria Manuel Leitão Marques; João Pedroso: Os tribunais na sociedade contemporânea. *Revista brasileira de ciências sociais*, n. 30, fev./1996, p. 52, 53.

184. O papel do juiz na defesa do meio ambiente. *Revista do TRF da 3. Região*, n. 42, p. 58, abr.-jun. 2000.

185. Quer dizer, não há propriamente uma diferença de *essência* ou de *natureza* entre esses dois tipos de interesses: ambos integram o gênero "metaindividual"; a particularidade está em que um interesse difuso pode tornar-se "coletivo" *se e quando* estiver revestido do grau de definição, coesão interna e organização destes últimos. Nesse sentido, Massimo Severo Giannini: "Gli interessi diffusi non sono però interessi né pubblici né collettivi: sono interessi adespoti, cioè interessi che non hanno un loro portatore. Il giorno in cui un interesse diffuso trovi un portatore, diventa o collettivo o pubblico, a seconda di come avienne, in termini positivi, la vicenda" (*Intervenção* no Congresso de Pavia, Itália (jun. 1974), constante do volume: Le azioni a tutela de interessi collettivi. *Atti del Convegno di Studio*. Padua: Cedam, 1976, p. 353-354). Nesse mesmo sentido: Vincenzo Guercio *et al.*: "L'interesse da 'difuso' diverrà 'collettivo' nel momento in cui farà capo non più ad una formazione sociale allo stato fluido cioè ancora in fase di autodistinzione nel seno della collettività generale, ovvero assimilabile ad una mera categoria, bensì ad un gruppo ben individuato e dotato di una struttura organizzatoria (persona giuridica o associazione non riconosciuta) che si ponga come esponente qualificato di quell'interesse" (Op. cit., p. 466). Também, no mesmo teor, cf. Vincenzo Caianello, pondo em realce que o interesse difuso é "un interesse latente nella comunità ma privo di titolare, cioè adespota e l'interesse collettivo che è quello che, emergendo dallo stato

Concêntricos, de Bentham, afirma que "o círculo dos direitos transindividuais contempla três círculos concêntricos: o círculo dos interesses ou direitos difusos, o círculo dos interesses ou direitos coletivos e o círculo dos interesses ou direitos individuais homogêneos. Círculos dentro de círculos, de modo que o círculo dos interesses ou direitos individuais homogêneos se insere no círculo dos coletivos e estes, por sua vez, encartam-se na esfera do círculo dos difusos".[186]

Impende reconhecer que, se realmente se pretende tutelar os interesses difusos, não se lhes pode impor a exigência *sine qua non* da *organização*; não se lhes pode exigir que se apresentem adrede aglutinados em torno de um *ente esponenziale* personificado: com isso, se correria o risco de deixar sem tutela os interesses que, sendo *adespoti*, não tendo um *loro portatori*,[187] são, justamente, os que mais precisam de proteção.[188] Estão neste caso as "minorias sociais", como as comunidades étnico-linguísticas, chamadas na doutrina italiana *comunità diffuse*.[189]

Hoje se pode aí incluir, por exemplo, os segmentos sociais representados pelos portadores do vírus HIV, ou ainda os chamados "sem-terra", o "povo da rua", a "comunidade homossexual": grupos antes marginalizados, mas que vão ganhando identidade e reivindicando seu espaço e seus direitos na sociedade civil.

Cabe ainda observar que a "difusão" desses interesses vem da circunstância de que eles não estão coalizados por um liame *jurídico*, mas sim, por ocorrências *de fato*: a instalação de uma hidrelétrica, que acarretará devastação da floresta adjacente e alteração no ecossistema como um todo, suscitará interesses difusos não raro contrapostos: (*i*) os ecologistas lutarão pela preservação da natureza, podendo mesmo argumentar com o fato de já haver um *excesso* de energia ofertada por outras fontes etc.; (*ii*) os representantes do setor da construção civil, a

---

di latenza, si coagula intorno a un gruppo anche se spontaneo e organizzato solo in funzione di quell'interesse, che ne reclama la rilevanza" (Op. cit., p. 26).

186. *Legitimidade concorrente na defesa dos direitos e interesses coletivos e difusos*. São Paulo: LTr, 2.013, p. 114, 115. (A obra de Jeremy Bentham, referida no excerto colacionado é *Theory of Legislation*. London: Kegar Paul, Trench, Trubnere, 1904).

187. Cf. Massimo Severo Giannini. Op. cit., p. 353-354.

188. "(...) richiedendo requisiti di organizzazione troppo elevati si attribuisce a tale elemento una importanza eccessiva e innaturale; si rischia di compromettere la possibilità di espansione del fenomeno collettivo; si finisce poi col pagare un prezzo troppo alto in cambio dei benefici che indubbiamente se ne trarrebbero in termini di certezza" (Vincenzo Vigoriti. Op. cit., p. 38-39).

189. "(...) collettività di persone sprovviste come tali di qualsiasi possibilità di azione giuridica, nonostante che lo stesso ordinamento le riconosca come centri di riferimento di un compendio di interessi collettivi giudicati meritevoli di tutela" (Alessandro Pizzorusso. Verso il riconoscimento della soggettività delle comunità etnico-linguistiche? *Revista Giurisprudenza Italiana*, vol. II, parte IV, 1971).

par dos governantes, tentarão levar a bom termo o empreendimento, por razões financeiras, de criação de empregos, de arrecadação tributária, de desenvolvimento regional. Aliás, é a circunstância de os interesses difusos estarem num plano pré-jurídico, isto é, desvinculados dos limites demarcados numa norma determinada, o que enseja sua fluidez e mutação, a que antes nos referimos. No plano fático onde eles se situam (o plano da "existência-utilidade"),[190] não há espaço para a estabilidade e permanência, próprias do ambiente normativo, que opera sob uma *lógica polarizada entre o certo e o errado.*

Nesse sentido, Nelson Nery Junior dá um bom exemplo da possibilidade do interesse metaindividual, como gênero, poder enquadrar-se em uma ou outra das suas espécies – difuso, coletivo, individual homogêneo – segundo a trilogia acolhida no art. 81 do CDC. A partir do conhecido acidente com o "Bateau Mouche", ocorrido no Rio de Janeiro, observa o autor que daí se podem extrair diversos graus de interesse metaindividual: 1) *difuso* seria o interesse na "ação ajuizada pelo Ministério Público, em favor da vida e segurança das pessoas, para que se interditasse a embarcação a fim de se evitarem novos acidentes"; 2) *coletivo* seria o interesse objeto de "ação movida por associação das empresas de turismo, a fim de compelir a empresa proprietária da embarcação a dotá-la de mais segurança"; 3) *individual* (homogêneo): o interesse é divisível e seus titulares individualizáveis, mas o que os une é "a origem comum do pedido que pretendem fazer em Juízo. Em suma, a ação para a tutela desses interesses individuais homogêneos nada mais é do que a *class action* brasileira (art. 91 *et seq.* do CDC)". Já, *meramente individual* seria o interesse em ação movida "por uma das vítimas do evento pelos prejuízos que sofreu".[191]

Essa ubicação *equidistante e singular* do interesse difuso, em face das demais categorias já elaboradas pela ciência jurídica, veio bem revelada, sob a perspectiva do direito português, por Miguel Teixeira de Souza: "Pode-se assim afirmar-se que os interesses difusos não são interesses públicos, porque a sua titularidade não pertence a nenhuma entidade ou órgão público, também não se identificam com interesses colectivos, porque não pertencem a uma

---

190. Cf. André Gervais. Op. cit., p. 242. Sob esse aspecto, a contribuição da justiça administrativa francesa é muito importante, visto que no âmbito do "recours pour excès de pouvoir" se admite que o fato do recorrente pertencer a certos "cercles d'intérêts" – "contribuinte", "comerciante", "habitante" etc. – já autoriza o conhecimento do recurso, desprezado, assim, o quesito *direto e pessoal* do interesse. Cf. Anna De Vita. Op. cit., p. 351, nota n. 2. Nos Estados Unidos, Loriana Zanuttigh lembra que no caso SCRAP *versus* US (346, F. Supp., 189-1972) se admitiu que "il fatto che gli interessi all'ambiente siano attribuibili a molti piuttosto che a pochi non li rende meno meritevoli di protezione legale" (Op. cit., p. 416).

191. O Ministério Público e sua legitimação para a defesa do consumidor em juízo. *Revista Justitia*, 54 (vol. 160), out.-dez. 1992, p. 245.

comunidade ou a um grupo, mas a cada um dos seus membros, e também não são reconduzíveis a interesses individuais, porque, como o bem jurídico a que se referem é inapropriável individualmente, esses interesses são insusceptíveis de serem atribuídos em exclusivo a um sujeito, antes pertencem, sem qualquer exclusividade, a qualquer um dos membros de uma comunidade ou de um grupo. Como afirma Mauro Cappelletti, trata-se de "interesses (...) à procura de um autor". Os interesses difusos são simultaneamente interesses não públicos, não colectivos e não individuais".[192]

As precedentes considerações nos animam a propor o seguinte conceito, analítico, para os interesses difusos:[193] são interesses metaindividuais, que, não tendo atingido o grau de agregação e organização necessário à sua afetação institucional junto a certas entidades ou órgãos representativos dos interesses já socialmente definidos, restam em estado fluido, dispersos pela sociedade civil como um todo (*v.g.*, o interesse à pureza do ar atmosférico), podendo, por vezes, concernir a certas coletividades de conteúdo numérico indefinido (*v.g.*, os consumidores). Caracterizam-se: pela indeterminação dos sujeitos, pela indivisibilidade do objeto, por sua intensa litigiosidade interna e por sua tendência à transição ou mutação no tempo e no espaço.[194]

No âmbito do Código de Defesa do Consumidor – Lei 8.078/90 – adotou-se o seguinte conceito: "Interesses ou direitos difusos, assim entendidos, para efeitos deste Código, os transindividuais de natureza indivisível, de que sejam titulares pessoas indeterminadas e ligadas por circunstâncias de fato" (art. 81, I).[195] Tenha-se presente que esse conceito, estando localizado na *parte processual* do CDC (arts. 81-104), aplica-se no campo da ação civil pública, mercê do disposto no art. 117 da Lei 8.078/1990. Vale mencionar que Péricles Prade, escrevendo ainda antes do advento daquela conceituação legal, já identificara cinco características dos interesses difusos: *ausência de vínculo associativo; alcance de uma cadeia abstrata de pessoas; a potencial e abrangente conflituosidade;*

---

192. Legitimidade processual e ação popular no direito do ambiente. *RePro*, n. 76, p. 128-129.

193. Para Péricles Prade, interesses difusos "são os titularizados por uma cadeia abstrata de pessoas, ligadas por vínculos fáticos exsurgidos de alguma circunstancial identidade de situação, passíveis de lesões disseminadas entre todos os titulares, de forma pouco circunscrita e num quadro de abrangente conflituosidade" (*Conceito...* cit., p. 57-58). Com real proveito se consultará, igualmente, o trabalho de Álvaro Luiz Valéry Mirra, op. cit., especialmente o item 2.3. Indica-se também o trabalho de Lucia Valle Figueiredo, Interesses difusos na futura Constituição, *RDP* 82/111.

194. Esse, ora com alterações de pormenor, o conceito por nós formulado em nossa tese de livre-docência na FADUSP, em 1986, p. 102. V., ao propósito, a nota introdutória a esta 8.ª edição, terceiro e quarto períodos.

195. Cf. os nossos: *Comentários*...cit., arts. 81 a 100.

ocorrência de lesões disseminadas em massa; vínculos fáticos entre os titulares dos interesses.[196]

Hugo Nigro Mazzilli traça esclarecedor paralelo entre os interesses difusos, coletivos em sentido estrito, e individuais homogêneos: "Tanto os interesses difusos como coletivos são indivisíveis, mas se distinguem tanto pela origem da lesão como também pela abrangência do grupo. Os interesses difusos supõem titulares indetermináveis, ligados por circunstâncias de fato, enquanto os coletivos dizem respeito a grupo, categoria ou classe de pessoas determinadas ou determináveis, ligadas pela mesma relação jurídica básica. Por sua vez, os interesses coletivos e os interesses individuais homogêneos têm também um ponto de contato: ambos reúnem grupo, categoria ou classe de pessoas determináveis; contudo, distinguem-se quanto à divisibilidade do interesse: só os interesses individuais homogêneos são divisíveis, supondo uma origem comum".[197] Para Ricardo de Barros Leonel, os *difusos* são "interesses que se referem a grupos menos determinados de pessoas, entre as quais inexiste um vínculo jurídico ou fático muito preciso, possuindo objeto indivisível entre os membros da coletividade, compartilhável por número indeterminável de pessoas".[198]

A seu turno, contrapondo os interesses difusos e coletivos, diz Luís Felipe Colaço Antunes: "O interesse difuso não deixa de ser a forma concreta plural e heterógena do interesse público, enquanto o interesse coletivo é um interesse privado, fundamentalmente de natureza sócio-profissional, um interesse corporativo".[199]

Parece-nos, todavia, conveniente salientar que o *interesse público* é um interesse *metaindividual* (à saúde, à segurança, ao saneamento básico) atomizado e compartilhado por toda a sociedade civil, restando pensável um conflito "indivíduo-Estado", a respeito da *forma* de gestão desse interesse. Já o interesse difuso, por não contar com uma base normativa própria, exsurgindo de circunstâncias de fato, conjunturais (consumir produto, habitar certa região) enseja o confronto entre *interesses de massa*, sustentados por grupos contrários: a *intrinseca conflittualità,* referida pela doutrina italiana.[200]

---

196. *Conceito...* 2. ed., cit., p. 47-57.
197. *A defesa...* 22. ed., cit., p. 55, 56..
198. *Manual...* 2. ed., cit., p. 99.
199. A tutela dos interesses difusos em direito administrativo: para uma legitimação procedimental. Coimbra: Almedina. *Apud* José Eduard de Souza Maia. Os interesses difusos e a ação civil pública no âmbito das relações laborais. *Rev. LTr*, v. 56, n. 9, set. 1992, p. 1045.
200. Diz Ada Pellegrini Grinover, ao propósito dos conflitos envolvendo interesses difusos: "Exatamente por sua configuração coletiva e de massa, caracterizam-se por uma conflituosidade, também de massa, que não se coloca no clássico contraste indivíduo

No ponto, aduz Caio Tácito: "Em verdade, não há nos chamados *direitos difusos* uma definida situação subjetiva a ser assegurada. A ninguém especificamente pertence o direito à natureza, ao equilíbrio ecológico, à regularidade do consumo, à preservação de bens históricos ou artísticos, ao planejamento urbanístico, ou à produtividade do solo rural. Todavia, é inegável que a violação de tais valores da sociedade é nociva a cada qual de seus membros que venha a sofrer os efeitos danosos. A ordem jurídica não pode ficar indiferente ao desafio de tais ilegalidades, cuja potencialidade é exacerbada pela tecnologia e a massificação da vida".[201]

Alcides A. Munhoz da Cunha fornece esclarecedores exemplos: "São difusos os interesses dos consumidores que pretendem a proibição de circulação de determinado produto reputado nocivo à saúde, tanto que são indetermináveis estes consumidores, unidos apenas pela circunstância fática de estarem mais ou menos sujeitos a consumir o produto prejudicial à saúde. São igualmente difusos os interesses dos consumidores que se insurgem contra uma propaganda enganosa, como ainda são difusos os interesses dos habitantes de determinada região que almejam a interdição de um estabelecimento que produz poluição nociva à saúde. Todavia, já seriam qualificados como coletivos, por exemplo, se a pretensão fosse para proibir a circulação de um produto ou a propaganda enganosa em detrimento, especificamente, da classe dos diabéticos (porque o produto ao contrário da propaganda não era dietético)".[202]

Sem embargo da existência de conceito legal sobre as três modalidades de interesses metaindividuais (art. 81 e incisos da Lei 8.078/1990), José Augusto Delgado observa: "O debate doutrinário, pela diversidade de posições assumidas, tem contribuído para a instalação de um estado de incerteza entre os profissionais do Direito, ensejando, consequentemente, no campo da jurisprudência, uma certa instabilidade". Daí encarece a importância do acórdão unânime do Plenário do STF no RE 163.231-3/SP, j. 26.02.1997, rel. Min. Maurício Corrêa, anotando o autor na sequência: "A autoridade da referida decisão gera efeitos de produzir entendimento estável e solidificado a respeito da matéria, pelo que se impõe a sua aceitação, no campo jurisprudencial e no doutrinário". Diz o item 3.º da ementa do citado acórdão: "Interesses difusos são aqueles que abrangem número indeterminado de pessoas unidas pelas mesmas circunstâncias de fato e coletivos aqueles pertencentes a grupos, categorias ou classes de pessoas deter-

---

x autoridade, mas que é típica das escolhas políticas" (*A problemática... In A Tutela dos interesses difusos*, cit., p. 31).

201. Op. cit., p. 12.

202. Evolução das ações coletivas no Brasil. *Revista da Procuradoria Geral da República*, n. 8, jan.-jun. 1996, p. 254-255.

mináveis, ligadas entre si ou com a parte contrária por uma relação jurídica-base. 3.1. A indeterminidade é a característica fundamental dos interesses difusos e a determinidade a daqueles interesses que envolvem os coletivos. 4. Direitos ou interesses homogêneos são os que têm a mesma origem comum (art. 81, III, da Lei 8.078, de 11 de setembro de 1990), constituindo-se em subespécie de direitos coletivos".[203]

Bastante esclarecedor, ao propósito, o decidido pelo STJ no REsp 1.051.306/MG, tirado no bojo de ação civil pública movida pelo MP, envolvendo poluição sonora causada por estabelecimento comercial, tendo sido designado redator do acórdão o Min. Herman Benjamin, lendo-se na ementa: "(...) 9. A indeterminação dos sujeitos considerada ao se fixar a legitimação para agir na Ação Civil Pública, não é incompatível com a existência de vítimas individualizadas ou individualizáveis, bastando que os bens jurídicos afetados sejam, no atacado, associados a valores maiores da sociedade, compartilhados por todos, e a todos igualmente garantidos, pela norma constitucional ou legal, como é o caso do meio ambiente ecologicamente equilibrado e da saúde".[204]

---

203. Op. cit., p. 20-23. Ao propósito do enunciado no item 4.º da transcrita ementa, parece-nos, com a devida vênia, que os individuais homogêneos não são propriamente "subespécie de direitos coletivos", pela boa razão de que estes últimos são coletivos *em sua essência*, ao passo que aqueles o são apenas no *modo ou forma* processual em que podem vir manejados, apresentando-se, pois, apenas episódica ou contingencialmente coletivos, remanescendo individuais em sua natureza, como aliás se colhe do *nomen juris*. Nesse sentido, v. Kazuo Watanabe. *Código brasileiro*... 8. ed., cit., p. 729.

204. 2.ª T., j. 16.10.2008, m.v.

3

A LEGITIMAÇÃO PARA AGIR EM TEMA DE INTERESSES DIFUSOS

3.1 Condições da ação: generalidades

Ao cabo da lenta e gradual evolução da ciência processual, houve um momento em que se operou a *ruptura* com o direito material. Alentados estudos permitiram constatar certos fatos suficientes a evidenciar a existência de duas *realidades*: uma, dita "substancial", subsumida em normas de direito objetivo, formando, segundo as diferentes concepções, *direitos subjetivos, interesses legítimos, situações jurídicas*, enfim, *relações jurídicas de direito material*; outra realidade, subjacente a essa, por ela ensejada, mas distinta, apresentando *outra natureza*, sujeita a princípios próprios e oferecendo categorias jurídicas específicas: o direito de ação; a *relação jurídica processual*.

Certas constatações foram decisivas para essa *ruptura* entre direito material e processual, como, por exemplo: o fato de se poder pleitear judicialmente a declaração de... *inexistência* de uma dada relação material;[1] o fato de uma ação poder, eventualmente, não ter por objeto um *direito subjetivo* material propriamente

1. As ações declaratórias *negativas*, como se sabe, muito influenciaram o pensamento de Wach na formulação de sua teoria da pretensão à proteção do direito (*Rechtsschutzanspruch*).

dito, como se verifica numa ação rescisória fundada em incompetência absoluta do Juízo ou Tribunal; ainda, a simples ocorrência de ações julgadas improcedentes, pondo em evidência que, tendo havido decisão de mérito, então houve o correto exercício do direito de ação, num processo existente e válido, embora fosse *infundada* a pretensão material aí veiculada.

Bem por isso, o CPC não atrela o direito de ação a um afirmado direito material, dizendo seu art. 3.º: "Para propor ou contestar ação é necessário ter *interesse* e legitimidade". Daí a recepção da ideia de que os interesses, desde que *legítimos*, merecem tutela jurisdicional,[2] ampliando-se, destarte, o *universo jurisdicionável*. Isso facilitou a proteção judicial de interesses diferenciados, como os insuscetíveis de atribuição a um exclusivo *titular*, como se dá com o meio ambiente ("bem de uso comum do povo", art. 225, *caput*, da CF); de bens e valores incorpóreos, como a *moralidade administrativa* (CF, art. 5.º, LXXIII) ou ainda o *dano moral* causado a interesse metaindividual (art. 1.º, *caput*, da Lei 7.347/1985).

Na verdade, essa ampliação ainda está em andamento, falando-se, contemporaneamente, em certas pretensões dificilmente sustentáveis outrora, como o surpreendente "direito à fraude fiscal",[3] ou a existência de certos *créditos* dos cidadãos em face da coletividade, sob a forma de liberdades públicas ou de direitos públicos subjetivos, a que devem corresponder, por parte do Estado, as chamadas *ações afirmativas*.[4]

---

2. Ao julgar um caso envolvendo a associação "Italia Nostra" (Decisão 2.207, de 1978), a propósito de certa controvérsia envolvendo proteção ecológica, a Corte de Cassação italiana colocou "il concetto di interesse legittimo alla base della ricerca dei criteri di legittimazioni di posizioni legate ad interessi diffusi", assim indicando "una duplice prospettiva: considerare l'interesse legittimo come una nozione più amplia, idonea a ricomprendere in sé anche l'interesse diffuso, ovvero individuare, nel titolare dell'interesse diffuso, una posizione differenziata che lo trasformi in interesse legittimo" (cf. Vincenzo Guercio; Elisabetta Mariani; Enrico Mazzacane e Biagio Virgilio. La giurisprudenza sugli interessi diffusi. *Revista Giustizia Civile*, 1981. t. II, p. 475). O reconhecimento de um *interesse legítimo*, a fundamentar o exercício de uma ação judicial, fica evidente no caso do mandado de segurança impetrado a favor de terceiro: Lei 12.016/2009, art.3.º e parágrafo único.

3. Cf. Jean Rivero: "(...), cet ahurissant droit à la fraude fiscale qui mobilise à travers la France des foules attachés à ce dernier-né des droits de l'homme (...)" (Corps intermédiaires et groups d'intérêts. *Semaines Sociales de France*. Paris: Cronique Sociale de France, 1954, p. 329).

4. Cf. Jean Rivero: "Les libertés publiques sont des pouvoirs em vertu desquels l'homme, dans les divers domaines de la vie sociale, choisit lui-même son comportement, pouvoirs reconnus et organisés par le droit positif, qui leur accorde une protection renforcée en les élevant au niveau constitutionnel" (*Les libertés publiques, t. I, les droits de l'homme,* Paris, Presses Universitaires de France, 1981, p. 30).

Além disso, hoje avultam situações sociais complexas, que desafiam a argúcia do operador do direito, como se dá, por exemplo, com as *ocupações* promovidas pelos grupos ditos *sem terra*, em face das quais os institutos clássicos da posse e do domínio revelam-se em boa medida insuficientes; ainda, os novos problemas surgidos com a comunicação global e massificada através da informática e da internet, em face das garantias e licenças concernentes aos direitos da propriedade intelectual; ou mesmo as questões que relevam da engenharia genética e biossegurança, como a *clonagem* de seres vivos, fazendo repensar o *mínimo ético*, subjacente ao Direito, enquanto ciência e como experiência.

Todo esse contexto vai revelando que, de fato, *a vida é mais rica do que o Direito*, e por conta disso resta à ciência processual disponibilizar *uma ação para cada direito* e para cada *interesse legítimo*, sem embargo de não se encontrar no vigente Código Civil – Lei 10.406/2002 – dispositivo igual ao art. 75 do precedente Código (1916): "A todo o direito corresponde uma ação, que o assegura". De todo modo, dispõe o art. 189 da vigente lei civil: "Violado o direito, nasce para o titular a pretensão, a qual se extingue pela prescrição, no prazos a que aludem os arts 205 e 206".

É claro que a evolução do direito processual, como ciência autônoma, foi acompanhada da alteração quanto ao *conteúdo* de certos axiomas ou categorias tradicionais. Assim, por exemplo, ainda se pode dizer, no processo civil francês, "pas d'intérêt, pas d'action", ou ainda, "l'intérêt est la mesure des actions",[5] da mesma forma como dispõe o processo civil brasileiro: "Para propor ou contestar uma ação é necessário ter interesse e legitimidade";[6] mas, o *conteúdo semântico* e *teleológico* dessas expressões continua a evoluir, seja em decorrência das elaborações doutrinárias e jurisprudenciais, seja, sobretudo, em face das novas realidades e necessidades sociais, permitindo repensar o próprio conteúdo dos termos "interesse" e "legitimação". Assim, é evidente que o interesse que anima um cidadão a mover ação popular em defesa de um patrimônio cultural não tem a mesma natureza, nem a mesma finalidade do interesse que leva um proprietário a pedir a desocupação de seu imóvel. Pense-se, por outro lado, na natureza do interesse que anima alguém a intervir como *amicus curiae* no procedimento

---

5. Para uma boa visão do alcance desses brocardos, ver Henri Solus e Roger Perrot. *Droit Judiciaire Privé*. Paris: Sirey, 1961, t. I, p. 198.

6. CPC, art. 3.º. Observa José Manoel Arruda Alvim: "A lei simplesmente refere-se a interesse no art. 3.º, não o qualificando; contudo, há que se entender que o interesse que autoriza a propositura ou a contestação de uma ação é o interesse legítimo de natureza econômica ou moral, tal como o qualificava o art. 2.º do Código de 1939. O sentido do termo legítmo, no caso, vem de *lex*, *egis*, ou seja, 'lei'. Será, pois, legítimo o interesse que esteja definido pela lei, ou *virtualmente* existente no *sistema jurídico*, como tal, ou que pela lei ou pelo sistema não seja vedado, e não todo e qualquer interesse" (*Manual de direito processual civil*. 14. ed. São Paulo: RT, 2011, p. 409).

de edição, revisão ou cancelamento de uma súmula vnculante do STF (Lei 11.417/2006, § 2.º do art. 3.º).

A visão *progressista* ou *social* da ciência processual deve ser acompanhada da consciência de que os *direitos processuais*, formadores do que se convencionou chamar o "devido processo legal", hão que restar preservados, de modo a se poder *garantir* aos cidadãos a isonomia no processo, isto é, a garantia de que situações iguais serão tratadas igualmente no processo: as partes receberão iguais oportunidades e se sujeitarão aos mesmos ônus, donde decorrerão vantagens e desvantagens para ambas.

Ao contrário do que a princípio possa parecer, não constituem exceções ao antes afirmado as modernas técnicas processuais no campo probatório, tais a *inversão do ônus da prova* (virtualmente ocorrente em ações consumeristas: Lei 8.078/1990, art. 6.º, VIII) ou a *distribuição dinâmica do ônus da prova*, esta última prevista no PL da Câmara 8.046/2010, sobre o novo CPC, a teor do § 1.º do art. 380: "Nos casos previstos em lei ou diante de peculiaridades da causa, relacionadas à impossibilidade ou à excessiva dificuldade de cumprir o encargo nos termos do *caput* ou à maior facilidade de obtenção da prova do fato contrário, poderá o juiz atribuir o ônus da prova de modo diverso, desde que o faça por decisão fundamentada. Neste caso, o juiz deverá dar à parte a oportundiade de se desincumbir do ônus que lhe foi atribuído". É que, num e noutro caso, o que justifica o manejo diferenciado é justamente a situação desigual em que se encontram as partes em face do fato a ser provado, de sorte que o afastamento da regra geral – *onus probandi incumbit ei qui agit* – se explica à vista do propósito de restabelecer a isonomia, tratando-se desigualmente os desiguais.

Sob outro prisma, não se devem confundir as situações postas, *de lege lata*, com as situações preconizadas *de lege ferenda*, isto é: o processo civil deve ser um instrumento que funcione *hoje*, com o instrumental *atual*, cabendo, todavia, aos juristas a tarefa de repensá-lo constantemente, formulando as sugestões e indicações para que ele continue a ser eficaz no presente e viável no futuro. Dessa postura, o direito brasileiro veio a dar um bom exemplo, com a experiência dos Juizados Especiais para causas cíveis de menor complexidade e para os delitos de menor potencial ofensivo (CF, art. 98, I, c/c Leis 9.099/1995 (Estados, DF e Territórios), 10.259/2001 (Juizados na Justiça Federal) 11.340/2006, art. 14 (casos de violência doméstica); 12.153/2009 (Juizados Especiais da Fazenda Pública), instâncias originalmente vocacionadas a recepcionar e dirimir a chamada *litigiosidade contida*, provocada pela carência ou insuficiência da oferta do serviço jurisdicional.[7]

---

7. O processo, nesses Juizados, orienta-se "pelos critérios da oralidade, simplicidade, informalidade, economia processual e celeridade, buscando sempre que possível, a conciliação ou a transação" (Lei 9.099/1995, art. 3.º). A judiciabilidade das antes cha-

Um dos capítulos em que se desdobra a chamada *judiciabilidade plena* (CF, art. 5.º, XXXV) é o das condições da ação, justamente porque operam no momento do *juízo da admissibilidade*. Tais quesitos representam, de um lado, um *ponto de ligação* do processo com as situações de *direito material*, como se fora um *cordão umbilical*,[8] e, de outro lado, asseguram a autonomia do processo, garantindo que a jurisdição só se exercerá através de ação validamente posta, e não mediante *qualquer* ação. Cabe desde logo observar que no contexto global da ciência processual tais condições não se apresentam inalteráveis, visto que elas dependem da concepção adotada num dado sistema processual quanto à *natureza* do direito de ação, isto é, se este vem concebido como algo *abstrato* (como se dá entre nós) ou, então, *concreto*.

No processo civil brasileiro é de tradição identificar as condições da ação no trinômio "interesse-legitimidade-possibilidade jurídica" (CPC, art. 267, VI).[9] No processo civil francês, Jean Vincent e Serge Guinchard aludem a quatro condições: "Il faudrait exciper d'un droit, avoir intérêt, avoir qualité, avoir capacité".[10] No processo civil italiano, Enrico Tullio Liebman, na terceira edição de seu *Manuale*, diz que tais condições "sono l'interesse ad agire e la legittimazione".[11]

---

madas *pequenas causas* implicou, de certo modo, numa releitura da fórmula romana *de minimis non curat praetor*.

8. José Manoel Arruda Alvim observa que, sem embargo da "inexistência de juízo de mérito quando da verificação da carência de ação, tal não significa que o juízo das condições da ação prescinda da análise de toda e qualquer questão de direito material, até porque (...) o que não se pode admitir é que a análise do direito de ação esteja subordinada, excessivamente, ao direito material. Contudo, não há como negar que a aferição das condições da ação depende de análise de questões substanciais, ainda que – no sistema do CPC, ortodoxamente entendido – não configure exame de mérito propriamente dito, nos termos do art. 269 e incisos, do CPC. Isso se deve ao fato de as condições da ação dizerem respeito à viabilidade da solução de mérito, donde deflui que o exame de cada uma delas deverá amparar-se em questões substanciais, embora com o mérito não se confunda" (*Manual de Direito Processual Civil*. 14. ed. São Paulo: RT, 2011, p. 415).

9. Cândido Rangel Dinamarco bem distinguiu entre *pretensão material* e a *ação*: "A satisfação do *direito de ação* independe do teor substancial da sentença (mesmo considerando-se a *ação exercida*), porque ele é o direito à sentença de mérito e nada mais – ainda que desfavorável. E, pelo aspecto substancial, não pode considerar-se *tutelado* aquele cuja pretensão foi rejeitada. Por isso é que, como dito, *só tem direito à tutela jurisdicional quem tiver razão perante o direito material*. Ser 'tutelado' por uma sentença que me nega o bem pretendido seria um *non sense* semelhante ao *diritto de aver torto* da famosa expressão com que Giuseppe Chiovenda ironizou as teorias abstratas da ação" (*Fundamentos do processo civil moderno*. 3. ed. Malheiros: São Paulo, 2000, t. II, p. 822-823).

10. Cf. Jean Vincent e Serge Guinchard. *Procédure civile*. 20. ed. Paris: Dalloz, 1981, p. 44.

11. Enrico Tullio Liebman. *Manuale di diritto processuale civile*. 9. ed. Milão: Giuffrè, 1973, v. 1, p. 120.

Embora não seja esta, evidentemente, a sede propícia para uma explanação sobre esse vasto tema, não podemos nos abster de algumas considerações básicas, que, se revelarão úteis à compreensão dos pontos subsequentes.

Em primeiro lugar, cabe lembrar a concepção *clássica*, pela qual o processo civil aparece como o receptáculo natural das controvérsias intersubjetivas (Tício *versus* Caio), sendo ele, em princípio, refratário a litígios supraindividuais, da mesma forma que antes se lhe questionava a aptidão para operar no mero controle de legalidade, e, mais, ainda, o papel de instrumento de consultações jurídicas. Nessa concepção tradicional entende-se que os conflitos que desbordam da esfera individual devem ser tratados ao nível *pré-processual*, em sede legislativa ou da administração pública; no que tange ao controle da legalidade, o tema sói vir enquadrado na seara do direito administrativo, sobretudo nos países que contemplam o contencioso objetivo ou de legalidade, onde tribunais especializados fazem o contraste entre a norma e o ato de gestão pública. Em suma, sob esse parâmetro tradicional, a formação de uma *lide* exige a *atualidade* e a *concreção* de uma controvérsia entre partes definidas, que agitam, de um lado, uma pretensão, e, de outro, uma resistência, embora se consinta que o interesse de agir releve de um dano *temido* ou *iminente*, em simetria com o disposto no art. 5.º, XXXV da CF, onde se alude a "lesão ou *ameaça*".

Aquela visão *clássica* do processo civil é bem evidenciada no pensamento de Henri Solus e Roger Perrot: "(...) cette idée maîtresse du droit judiciaire privé selon laquelle l'action en justice n'a pas pour fondement le respect de la légalité en soi, mais la sauvegarde des droits subjectifs; (...) En droit judiciaire privé on ne saurait tolérer qu'un simple particulier prît l'initiative de saisir un tribunal en invoquant l'intérêt d'autrui, celui d'une collectivité ou simplement l'intérêt plus diffus que toute personne peut avoir à ce que la loi soit respectée".[12]

O processo civil, sob essa óptica, aparece como um instrumento a serviço dos direitos subjetivos, conquanto estes possam ser exercidos: (*i*) singularmente (ações individuais, propriamente ditas, ou com sujeitos litisconsorciados); (*ii*) coletivamente (ações *coletivas*, em sentido largo, comportando interesses coletivos *stricto sensu* e interesses difusos), sendo que, nos caso dos *interesses individuais homogêneos* (Lei 8.078/1990, art. 81, § único, III), é o *modo processual* que se apresenta coletivo, já que os interesses em si mesmos, como o nome já o

12. Op. e tomo cits., p. 196 e 216. É claro que no Brasil, onde se adota o sistema de *jurisdição unitária* (embora a EC 01/1969 tivesse previsto a possibilidade de instituição do *contencioso administrativo* – art. 111), a temática é diversa, havendo possibilidade de controle jurisdicional da legalidade dos atos do Poder Público , através de mandado de segurança individual ou coletivo, de ação popular ou ainda pelas ações no chamado controle direto de constitucionalidade – *Adin*, *ADCon*, *ADPF*, ação de inconstitucionalidade por omissão (Leis 9.868/1999 e 9.882/1999).

indica, remanescem individuais. O problema que se põe para o processo civil, como se verá adiante, é o da admissibilidade das ações *propriamente coletivas*, isto é, aquelas cuja finalidade é um interesse *social, público*, quer sejam veiculadas por um indivíduo ou por um grupo.[13]

Neste passo, cabe deixar registrado que o PL da Câmara 8.046/2010, sobre o novo CPC, não destina um tópico específico para as *condições da ação*, mas dispõe no art. 495: "O órgão jurisdicional não resolverá o mérito quando: IV – verificar a ausência de pressupostos de constituição e de desenvolvimento válido e regular do processo", certo ainda que, de tais matérias o juiz "conhecerá de ofício (...) em qualquer tempo e grau de jurisdição, enquanto não ocorrer o trânsito em julgado". Em casos que tais, todavia, "a parte será intimada pessoalmente para suprir a falta no prazo de cinco dias" (§ 1º daquele artigo)

O sistema excogitado houvera merecido de Athos Gusmão Carneiro (ainda antes da renumeração de artigos e outras alterações advindas nos projetos substitutivos), esta avaliação: "Pelo sistema do Projeto não mais se cogita do instituto, sempre tão questionável, das *condições da ação* (aliás, as condições são de existência da ação? Ou de sua viabilidade?) com o decorrente desaparecimento da construção teórica da *carência de ação* (art. 301, X, do CPC). Vemos que, pelo Projeto, a ilegitimidade de parte e o interesse processual serão simplesmente suscitados na contestação, 'antes de discutir o mérito' (art. 327, XI, do PR); e o juiz proferirá sentença sem resolução do mérito quando: (...) VI – o juiz verificar a ausência de legitimidade ou de interesse processual " (art. 472, VI, do PR). Somos de opinião, no entanto, que a sentença extintiva do processo por ilegitimidade de parte, ou pela falta de interesse processual, é decisão *de mérito* e conduz à 'coisa julgada material'". (...) "A legitimidade e o interesse são matérias de mérito, a serem equacionadas prioritariamente apenas em virtude de sua prejudicialidade lógica".[14]

Aliás, é de se registrar que essa tese já antes encontrara guarida no STJ, no julgamento do REsp 160.850/SP, dizendo a ementa: "Processual Civil – Ilegitimidade passiva – Extinção do processo sem julgamento de mérito – Indeferimento da inicial – Sentença sem recurso – Efeitos – Coisa julgada material. A sentença que indefere a petição inicial e julga extinto o processo, sem o julgamento de mérito, pela falta de legitimidade passiva para a causa, faz trânsito em julgado material, se a parte deixar transcorrer em branco o prazo para interposição do recurso cabível, sendo impossível o novo ajuizamento de

---

13. Estas são chamadas, no processo civil francês, ações "à but collectif", por oposição às ações "à but individuel".

14. O novo Código de Processo Civil – breve análise do projeto revisado no Senado. *RePro* 194, abr. 2011, p. 152-153.

ação idêntica. Recurso especial conhecido e provido (4.ª T., j. 17.10. 2.000, rel. Min. Cesar Asfor Rocha, *DJ* 05.03.2001, p. 167).

Na sequência, examinaremos as condições da ação em espécie, assim em sua concepção clássica como nas mutações impostas pela tutela aos interesses metaindividuais, em particular os *difusos*.

3.2 O interesse processual

As condições da ação atuam em modo de uma triagem, obstaculizando a passagem, para o campo da ação judicial, tanto de temas *estranhos* à função jurisdicional, como daqueles que, embora pudessem, em tese, receber a solução adjudicada estatal, todavia não se apresentam no caso concreto em *forma* e *figura de juízo*. Isso fica nítido quando se observa o conteúdo de cada uma das chamadas *condições da ação*. O interesse processual é configurado pelo trinômio *necessidade-utilidade-adequação*, significando que a ação judicial: *a)* deve mostrar-se indispensável para a obtenção do bem de vida pretendido e que não poderia ser obtido de outra forma; *b)* deve trazer um proveito prático para o autor, seja acrescentando algo à sua situação jurídica pré-existente, seja removendo o obstáculo lamentado, seja, quando menos, eliminando a incerteza que pairava sobre uma dada relação jurídica material, ou mesmo processual; *c)* deve, corolariamente, apresentar-se *adequada*, isto é, razoavelmente proporcionada aos pedidos mediato e imediato perseguidos em juízo.[15]

O interesse processual dá, assim, a necessária nota de *concreção* ao direito de ação, fazendo com que este seja informado por uma determinada realidade material, e evitando com isso que a ação *paire no vácuo*, como uma entidade autorreferente, desvinculada de uma finalidade prática. Já Piero Calamandrei temia uma visão *asséptica, inodora* da ação judicial; para ele, uma ação "pura" lembraria "l'atmosfera alucinante dell' 'assurdo' processo di Kafka, in cui non si conosce mai l'accusa".[16]

Na verdade, aquelas notas identificadoras do interesse processual, assim sumariadas, resultaram de uma lenta e sinuosa evolução, prenhe de avanços e recuos, que lhe emprestaram uma beleza particular. A esse propósito, cabe lembrar que, após a fixação do conteúdo do interesse processual, como categoria distinta do interesse material,[17] a doutrina manifestou certa apreensão ante

15. Ver, a propósito desse trinômio, Vicente Greco Filho. *Direito processual civil brasileiro*, 19. ed. São Paulo: Saraiva, 2006, v.1, p. 76-79.
16. Cf. Ricardo Orestano. Azione (verbete). *Enciclopédia del diritto*. Milão: Giuffrè, 1959, p. 808, n. 26.
17. Construção essa, como se sabe, derivada sobretudo das concepções de Degenkolb e Plosz.

um possível *excesso de abstracionismo* que acarretasse um distanciamento indesejável do processo com a situação de *direito material*. Nesse ponto, registrou-se a busca por um certo equilíbrio, desde que Ricardo Orestano acenou com um "ritorno alla concretezza", isto é, "legare il concetto di azione ad un diritto soggetivo o ad un potere di ottenere una sentenza di merito"; em suma, prosseguia, "un coordinamento fra diritto sostanziale e atti del processo".[18] Entre nós, José Ignácio Botelho de Mesquita retomou o tema, alertando para os riscos de uma postura excessivamente abstrata do processo: "(...) um direito consistente no poder de pôr em movimento as sanções da lei, ao qual porém não corresponde este poder, mas apenas o de 'fazer escutar, conhecer e ponderar as próprias razões', é um fantasma bem mais sofisticado e surrealista que a ação na concepção de Wach".[19]

Embora se possa dizer que o interesse processual é *instrumental, secundário* (em relação ao interesse material, *substancial*),[20] é preciso acrescentar que, nem por isso, aquele primeiro apresenta menor relevância; são categorias jurídicas cuja *natureza* é diferente: o interesse processual tende à formação de uma específica relação jurídica (sinteticamente nominada *processo*) que, validamente constituída, permitirá a comunicação, até o Estado-juiz, de uma pretensão de direito material. Esta última, para ser *conhecida* pelo Estado-juiz, precisa ser verbalizada através de *outra* relação jurídica: a *processual*. É claro que se deve reconhecer a existência do interesse processual, independentemente de indagação quanto à *procedência* da pretensão, visto que, para a caracterização desse interesse, basta a circunstância de que a parte *precisa* do processo para atingir o objetivo colimado. Do contrário se cairia num ilogismo e num círculo vicioso, porque então uma ação (*rectius*: a pretensão nela veiculada) precisaria ser *fundada*, para ser *cabível*...

Quando se examinam os vários conceitos propostos para o interesse processual, verifica-se que eles apresentam em comum a preocupação de que a ação judicial não se torne um *fim em si mesma*, distanciando-se de sua vocação original que é a de servir à atuação da norma de direito objetivo, seja quando essa atuação se afigura inafastável *per se* (no caso das ações ditas necessárias),[21] seja quando ela vem a se *tornar* necessária (quando as partes em conflito não se componham na via suasória). Aliás, com agudeza, Francesco Carnelutti já

---

18. Ricardo Orestano. Verbete cit., p. 806, n. 25.
19. *Da ação civil*. São Paulo: RT, 1975, p. 123.
20. Cf. Enrico Tullio Liebman, op. cit., p. 121.
21. Sobre as ações constitutivas em geral, ver a monografia de Tomás Pará Filho. *Estudo sobre a sentença constitutiva*. Tese de concurso para cátedra de Direito Processual Civil, FADUSP, 1973.

observara que entre o direito subjetivo e o direito de ação existe "la linea logica que distingue el *medio* del *fin*".[22]

Nesse sentido, Sérgio Costa apresenta uma resenha desses conceitos clássicos,[23] podendo ser ressaltados os pensamentos de Francesco Carnelutti, para quem o "interesse ad agire" estaria na "esistenza obbiettiva della lite"; de Zanzucchi, para quem o interesse processual pressupõe um "stato de insoddisfazione e la sua soddisfazione si voglia ottenere mediante gli organi giurisdizionali"; Giuseppe Chiovenda, com observar que o interesse processual consiste numa "condizione di fatto tale, per cui l'attore, senza l'accertamento giudiziale soffrirebbe un danno".[24]

Na doutrina francesa, Henri Solus e Roger Perrot deslocam a nota predominante do interesse processual para a *situação de vantagem* perseguida em juízo. Nessa concepção, o interesse de agir é "un avantage d'ordre pécuniaire ou moral. Dire d'une personne qu'elle a intérêt à exercer une action en justice, c'est dire que la demande ainsi formé est susceptible de modifier et d'améliorer sa condition juridique présente".[25] De uma forma bem precisa, Marcel Laligant explica que no conceito de interesse processual se fundem três elementos essenciais, a saber: "La certitude, l'individualisation et la conformité aux principes juridiques en vigueur".[26]

De outra parte, conquanto as condições da ação relevem da seara processual, é inegável que se ligam a pretensões e afirmações reportadas ao direito material, dada a natureza *instrumental* do processo. No ponto, escrevem Luiz Guilherme Marinoni e Sérgio Cruz Arenhart: "Quando não há interesse de agir (necesssidade) porque uma dívida não está vencida, também não há pretensão de direito material, ou possibilidade de se exigir a cobrança da dívida. Por fim, quando foi narrado o direito ao recebimento de um valor em dinheiro, e requer-se o procedimento do mandado de segurança e sentença mandamental, a via processual eleita, que deve substituir a ação de direito material proibida, não é a adequada".[27]

Os três dados básicos – *a certeza, a individualização, a juridicidade* – que operam como pano de fundo para identificação do interesse processual, ao menos

---

22. Derecho y proceso en la teoría de las obligaciones. *Estudios de derecho procesal*. Buenos Aires, 1952. v. 1, p. 427.
23. Interesse e legittimazione ad agire (verbete). *Nuovo digesto italiano*, p. 46 *et seq*.
24. Cf. a resenha feita por Sérgio Costa (idem, ibidem).
25. *Droit Judiciaire Privé*... cit., p. 200, n. 226.
26. La notion d'intérêt pour agir et le juge administratif. *Revue de Droit Public*, 1971, n. 87, p. 62.
27. *Manual do processo de conhecimento*. 2. ed. São Paulo: RT, 2003, p. 69.

nos quadrantes da jurisdição singular: o primeiro (a certeza) significa que o interesse processual deve ser *atual, concreto*;[28] o segundo (a individualização), que ele deve ser determinado ou determinável e afetado a um titular;[29] o terceiro significa que não será *qualquer interesse* a justificar o acesso à justiça, mas um interesse *jurídico*, ou, pelo menos, *legítimo*.[30]

Por qualquer critério que se observe o interesse processual sob a acepção tradicional, remanesce a preocupação em *preservar* a função jurisdicional para as situações conflituosas emergentes na vida em sociedade, que apresentem uma certa *relevância* e que comportem *titularização*, junto a um sujeito concernente (interesse real, *pessoal* e atual). Esta última circunstância é a mais questionável, seja porque ela desbordaria do interesse processual para já então configurar a *legitimação para agir* (saber qual sujeito pode pedir a tutela jurisdicional: a *pertinência subjetiva do interesse*), seja porque, exigindo-se a *coincidência* entre as figuras do titular da pretensão de direito material e a do *autor*, chegar-se-ia a um *impasse* quando se tratasse de outorgar tutela a situações e valores que, embora socialmente relevantes, não permitem, por sua própria natureza, a afetação a um *titular exclusivo* (*v.g.*, a pretensão à recomposição do erário público, que tanto concerne à Fazenda lesada como à coletividade dos contribuintes). Esta, aliás, a questão nodal em tema da legitimação para agir quando se trate de interesses difusos, como veremos ainda neste capítulo.

A noção clássica do interesse processual revela, como resulta dos vários conceitos doutrinários, uma certa *resistência* a que a ação judicial perca o seu caráter privatístico, original e tradicional: "Actio autem nihil aliud est, quam ius persequendi iudicio quod sibi debetur".[31] Dentro dessa concepção, as pretensões de natureza superindividual, concernentes à sociedade civil, ou mesmo a grupos não suficientemente definíveis, careceriam da necessária concreção e definição, sendo assim mais propriamente tuteláveis em sede legislativa ou da pública

28. É dizer: que não seja eventual, suposto ou hipotético, podendo, todavia, referir-se a situações futuras, quando se queira acautelá-las ou protegê-las: o *fundado receio* de um dano (CPC, art. 798), que se afigura, portanto, *virtual*, lembrando que a garantia de acesso à Justiça abrange os históricos de *ameaça* aos direitos (CF, art. 5.º, XXXV).

29. Ou seja, o interesse deve ser *pessoal* e *direto*. Todavia, pode-se objetar que esses elementos já dizem respeito à outra condição da ação, a legitimidade ou qualidade para agir. Aliás, Jean Vincent e Serge Guinchard definem esta última como "un aspect particulier de l'intérêt", afirmando: "Il faut encore avoir qualité, c'est-à-dire, pouvoir justifier d'un intérêt personnel et direct" (*Procédure civile*... cit., p. 51).

30. Como observam Jean Vincent e Serge Guinchard, há certas situações (responsabilidade *ex delicto*, concorrência desleal), onde, a rigor, "la prétention n'a pas pour base un droit subjectif préalable" (idem, p. 52).

31. Ver, a propósito do contraste entre esse conceito e o das ações populares romanas: José Afonso da Silva. *Ação popular constitucional*. São Paulo: RT, 1968, p. 14.

administração. Hoje se reclama alteração desse quadro,[32] mas isso não se faz *ex abrupto*, senão lenta e gradualmente, até que se chegue a uma nova ruptura com os padrões tradicionais, No caso dos interesses metaindividuais, ter-se-á que deslocar a *situação legitimante*, da referibilidade a um dado *titular* para a nota da *relevância social* do interesse judicializável .[33]

3.2.1 *O interesse processual, quando se trate de tutela aos interesses difusos*

A questão que ora se coloca pode assim ser sumariada: o interesse processual, em seus termos clássicos, pressupõe a necessidade da ação judicial, para a proteção de um alegado direito ameaçado ou violado. Ou, por outras palavras, sem o recurso ao Judiciário, esse direito pereceria ou não poderia ser exercido. Ora, os interesses difusos, por definição, não constituem uma situação diferenciada ou de privilégio individual, em modo de um "direito subjetivo", cuja violação ou ameaça faz emergir uma sanção previamente estabelecida em lei e que se pode fazer valer em juízo. Em tal circunstância, como se configurará o interesse de agir?

A resposta a essa indagação depende, a nosso ver, de uma opção entre estas alternativas: (*i*) ou se *alarga* o conceito de direito subjetivo, admitindo que nele se incluem, implicitamente, as situações por ele pressupostas ou que com ele não sejam conflitantes;[34] ou (*ii*) se admite que o universo dos bens e valores merecedores de tutela jurisdicional é mais amplo do que aquele constituído pelos direitos subjetivos, hipótese em que se dará igual guarida jurisdicional aos *interesses*, desde que *legítimos*. Examinemos, em seguida, essas hipóteses.

Já há algum tempo, o pensamento jurídico mundial vem se conscientizando de que a outorga de tutela jurisdicional restrita a certas situações diferenciadas, ditas *direitos subjetivos*, representa uma postura *reducionista*, na medida em que

---

32. Diante das novas situações emergentes na sociedade e dos novos institutos processuais que se vão criando ou renovando para atendê-las, "... le vecchie regole e strutture processuali in tema di legittimazione e interesse ad agire, di rappresentaza e sostituzione processuale, di notificazione e in generale di diritto al contradditorio, di limiti soggettivi e oggettivi della cosa giudicata, cadono come castelli di carta" (Mauro Cappelletti. *Formazioni sociali...* cit., p. 388).

33. "A antiga concepção da iniciativa processual monopolizada nas mãos do titular do direito subjetivo revela sua impotência e sua inadequação frente a interesses que, são, ao mesmo tempo, de todos e de ninguém" (Ada Pellegrini Grinover. A problemática dos intresses difusos. *In:* ______. (coord.). *A tutela dos interesses difusos*. São Paulo: RT, 1984, p. 37-38).

34. Como ocorre no constitucionalismo norte-americano com a chamada *teoria da penumbra*. Ver a respeito: Giorgio Recchia. Considerazioni sulla tutela degli interessi diffusi nella Costituzione. *In:* Antonio Gambaro (coord.). *La tutela degli interessi diffusi nel Diritto Comparato*. Milão: Giuffrè, 1976, p. 64.

se privilegiam os valores relativos ao *ter*, ao *patrimônio*, ao *poder*,[35] em detrimento dos valores maiores, ou sociais, atinentes ao *ser*, isto é, à *pessoa enquanto indivíduo*, e também em sua dimensão coletiva, quando agregado à sociedade em que convive.[36]

Essa postura tradicional deriva da própria concepção romana de *actio*, visto que esta consistia em perseguir em juízo o que *pertencia* ao *autor* da ação. Isto é, em síntese, tratava-se de um meio de proteção de um bem diretamente afetado a uma pessoa determinada: tanto assim que, para possibilitar a defesa do interesse coletivo através das *actiones popularis*, foi preciso acrescentar à regra *alterius nomine agere non licebat*, o apêndice *nisi pro populo*.[37] Em outras palavras, a exceção (a tutela de interesse geral) vinha confirmar a regra (a tutela de posições jurídicas individuais).

Ao longo dos séculos, a tutela jurisdicional no âmbito civil vem mantendo esse diapasão: o processo civil é, por excelência, o instrumento de proteção de situações jurídicas individuais: "L'action en justice ayant pour fondement la protection des droits subjectifs, il est normal d'exiger que l'intérêt allégué soit un intérêt direct et personnel".[38]

Todavia, uma fenda de proporções crescentes foi se abrindo na rigidez desse sistema, a partir do momento em que se constatou a impossibilidade de restringir a tutela judicial só aos direitos subjetivos, diante da existência de certos interesses que, se não eram direitos subjetivos (por não virem revestidos de uma sanção para o caso de descumprimento, nem se referirem a um afirmado titular), eram, ao menos, *legítimos*, nesse sentido de serem *compatíveis* com o sistema jurídico e se revelarem socialmente relevantes.

Essa *fenda*, gradualmente, estendeu-se em duas direções: uma, mais expressiva, enveredou para o Direito Administrativo, no âmbito do contencioso *objetivo*, ou "de legalidade", passando-se a consentir o interesse do cidadão a que a norma de direito objetivo seja respeitada;[39] outra, menos pronunciada, encaminhou-se para o Direito Processual Civil, no âmbito do contencioso

---

35. Dizem Jean Vincent e Serge Guinchard: "Le plus souvent, surtout en procédure civile, le demandeur réclame la sanction d'un droit de créance, d'un droit de propriété, prérogatives légales nettement définies" (Op. cit., p. 47).

36. Trata-se agora, como diz Loriana Zanuttigh, de se pensar na "tutela del 'civis qua civis', o meglio, del 'people as people'" (Processo e tutela... cit., p. 392).

37. José Afonso da Silva. Op. cit., p. 14, n. 7.

38. Cf. Henri Solus e Roger Perrot. Op. e t. cits., p. 218.

39. Ao passo que, no contencioso subjetivo, "on ne saurait tolérer qu'un simple particulier prît l'initiave de saisir un tribunal en invoquant l'intérêt d'autrui, celui dune collectivité ou simplement l'intérêt plus diffus que toute personne peut avoir à ce que la loi soit respectée" (cf. Solus e Perrot. Op. e t. cits., p. 216).

subjetivo, com o reconhecimento de certos interesses superindividuais, dignos de tutela: o interesse à *probidade administrativa* (tutelado através das ações populares, e, precipuamente, pela ação prevista na Lei 8.429/92); a existência de certas *massas* de interesses concernentes a uma dada profissão ou a uma categoria; ainda, os interesses morais (destituídos de conteúdo pecuniário) igualmente tuteláveis em sede indenizatória[40] e bem assim dos interesses que derivam de meros *fatos*, como a concorrência desleal.[41] Coloca-se nessa senda o art. 31 do CPC francês: "L'action est ouverte à tous ceux qui ont un *intérêt légitime* au succès ou au rejet d'une prétention (...)".

É sensível que a *personificação* do interesse, isto é, seu caráter *direto* e *pessoal*, que o torna afetado a um *titular*, vai se esmaecendo, para dar lugar ao reconhecimento de um *novo tipo* de interesse processual, surgido a partir de dados *objetivos*. Assim, em certas ações populares, bem como no *recours pour excès de pouvoir* ou nas *class actions*, têm-se por relevantes e suficientes para caracterizar o interesse de agir, certos *fatos objetivos* como a condição de eleitor ou de cidadão, ou o fato de habitar certa região ou de pertencer a certa etnia, ou de ser contribuinte de certo imposto.[42] Na doutrina norte-americana já se sustentou a possibilidade de atribuição de legitimação própria (*standing*), aos *natural objects*, como as árvores.[43]

---

40. Em virtude de alteração promovida pela Lei 8.884/1994 e, depois, pela Lei 12.529/2011, o *caput* do art. 1.º da Lei da Ação Civil Pública passou a incluir a responsabilidade por danos *morais* (e não somente patrimoniais), decorrentes de afronta aos interesses metaindividuais mencionados nos incisos daquele dispositivo (cf. Lei 7.347/1985). No ponto, as Súmulas do STJ 227 – "A pessoa jurídica pode sofrer dano moral"; 387 – "É lícita a cumulação das indenizações de dano estético e dano moral"; 388 – "A simples devolução indevida de cheque caracteriza dano moral".

41. Em tais casos, explicam Jean Vincent e Serge Guinchard, invoca-se um "intérêt legitime", isto é, "un intérêt que le droit protège par une action, même s'il ne correspond pas à l'existence d'un droit subjectif" (Op. cit., p. 52).

42. No âmbito do "recours pour excès de pouvoir", diz Anna De Vita, o Conseil d'État se tem mostrado muito liberal no que concerne à valoração do interesse do recorrente. "Tramite il concetto assai duttile di 'cercles d'intérêts', l'appartenenza del ricorrente ad uno di tali 'cerchi' – ovvero la qualità di contribuente, commerciante, abitante, ecc. – determina la ricevibilità del ricorso indipendentemente da un'indagine sul carattere 'diretto' e 'personale' dell'interesse stesso" (Op. cit., p. 351, n. 2).

43. Christopher D. Stone. Should trees have standing? Toward legal rights for natural objects. *Southern California Law Review*, n. 45, 1972, p. 450. Dentre nós, ao menos *de lege lata*, não existe essa possibilidade porque os bens naturais, *v.g.*, o meio ambiente, a fauna, constituem *objeto* de proteção, e não, propriamente, sujeitos de direito. Nesse sentido, nessa ordem, as afrontas ao meio ambiente induzem responsabilidade objetiva (CF, § 3.º do art. 225); as condutas nocivas ou perigosas aos animais constituem infração penal (Lei 9.605/1998, art. 29). No ponto, v. o nosso estudo Tutela judicial do meio ambiente: reconhecimento de legitimação para agir aos entes naturais ? *RePro* v. 13, n. 52, out.-dez. 1988, p. 58-70.

Assim, o axioma romano antes lembrado – a ação como o direito de fazer valer na Justiça o que nos é devido -, se fora interpretado dentro da óptica contemporânea, significaria, *grosso modo*, que a ação é o meio de fazer valer em juízo aquilo que é *legítimo*, quer se constitua ou não numa situação jurídica individual, ou, numa palavra, um *direito subjetivo*. Essa noção de "interesse legítimo" está na base da tutela aos interesses difusos, os quais, em última análise, são interesses que se *legitimam* e se tornam *ipso facto* tuteláveis pela *sua relevância social*, desprezada a circunstância deles não serem atribuíveis a um portador determinado que deles se afirme *titular*: "Considerare l'interesse legittimo come una nozione più ampia, idonea a ricomprendere in sè anche l'interesse diffuso, ovvero individuare, nel titolare dell'interesse diffuso, una posizione differenziata che lo trasformi in interesse legittimo".[44]

Sem embargo, no estágio atual da evolução do tema examinado, cremos que não há grande proveito em tentar *justificar* a necessidade de tutela dos interesses difusos, aproximando-os da categoria dos direitos subjetivos: não é útil, porque, como visto, hoje é cediço que o universo jurídico não é só formado de direitos subjetivos,[45] (nem se reduz a um conjunto de normas), mas é composto também pelos *interesses legítimos*; não é conveniente, porque assimilar os interesses difusos aos direitos subjetivos seria um retrocesso no contexto evolutivo das *posições diferenciadas* carentes de acesso à Justiça.[46]

Vejamos a segunda das alternativas, de início indicadas, consistente em saber se se deve admitir a existência dos interesses difusos, como um *novum genus*, cuja tutela se justificaria pelo fato de tratar-se, em última análise, de interesses *legítimos* e socialmente relevantes.

Cremos que o tema fica melhor posicionado nesse registro, já que se poupa o esforço (inócuo) de tentar "converter" um interesse difuso em direito subjetivo: existe até uma antinomia entre um interesse *difuso* (que, naturalmente, pressupõe indeterminação de sujeitos) e um direito *subjetivo* que, naturalmente, pressupõe a afetação de um bem ou valor a um titular definido.

Efetivamente, como já vimos, o aspecto *direto e pessoal* do interesse de agir, que durante séculos acarretou a imbricação entre o interesse *processual* e a titularidade do direito material, vem, paulatinamente, cedendo terreno a

44. Cf. Vincenzo Guercio *et al*. Op. cit., p. 475.

45. "Tout ce quit est juridique nest point en effet enchâssé dans des droits subjectifs". Cf. Serge Guinchard e Jean Vincent. Op. cit., p. 47.

46. Segundo Celso Bastos, "cumpre reconhecer o interesse de agir, mesmo em situações onde não esteja presente o clássico direito subjetivo lesado, que exige um nível de concreção e individualização que as modernas formas de agravo a direitos, por serem abstratas e coletivas, não possuem" (A tutela dos intereses difusos no direito constitucional brasileiro. *RePro*, n. 62, p. 39).

concepções renovadas, de forte cunho *social*, onde a necessidade do recurso ao Judiciário não mais decorre do *ter*, do aspecto patrimonial-individual do interesse, mas deflui do *ser*, isto é, do dado *objetivo*, onde o que prevalece é a *relevância social* do interesse. É nessa linha que se pode reconhecer o *interesse de agir* em tema de interesses difusos: não importa que os sujeitos sejam indeterminados e que, portanto, não se possa identificar um titular determinado; o que conta é o fato de o interesse em questão ser socialmente relevante e, *como tal*, digno de proteção jurisdicional.

Ainda antes do surgimento da Lei 7.347/1985, Caio Tácito já houvera perscrutado essa alteração no ambiente jurídico tradicional: "Uma nova tendência começou a se desenhar, sobretudo nas duas últimas décadas, no sentido de ampliar o âmbito dos direitos humanos de modo a abranger já não mais apenas os direitos pertinentes a uma ou mais pessoas determinadas, ou até mesmo direitos coletivos de categorias especificas, ligadas por uma relação jurídica básica (como, por exemplo, os acionistas de uma sociedade anônima, ou os membros de um condomínio), mas para alcançar os interesses de grupos integrados por uma pluralidade de pessoas indeterminadas, embora vinculadas por um mesmo interesse comum. A vida moderna ressalta a importância de tais direitos que não têm titular certo, mas repercutem decisivamente sobre o bem-estar ou mesmo a sobrevivência dos indivíduos nos vários segmentos sociais a que pertencem".[47]

É bem de ver que por aí fica alterado o próprio conceito de *jurisdição*, que, deixando a concepção restritiva, ligada ao caráter *substitutivo* da Justiça estatal, a jurisdição passa a legitimar-se a partir de sua idoneidade para a realização *efetiva* da ordem jurídica, e para a pacificação justa dos conflitos. Sob essa óptica, é inconcebível que se deixem de tutelar os interesses de certas "massas", como os consumidores, ou os componentes de uma etnia, ou os habitantes de uma região, simplesmente porque ninguém pode ser "titular" exclusivo desses valores e interesses. No ponto, escreve Nicolò Trocker: "Datto che il danno prodotto alla 'comunità' è maggiore e più immediato di quello eventualmente causato al singolo, non si tratta tanto di eliminare il pregiudizio individuale, ma bensì di procedere contro il reale o potenziale peggioramento della posizione economica e sociale di un gruppo o di una 'classe' o 'categoria'".[48]

Parece claro que é chegado o momento de uma nova "ruptura" para o processo civil, ante o acesso à justiça dos interesses difusos. A primeira ruptura, como se sabe, deu-se com a constatação de que o interesse processual é distinto do interesse material (embora este seja subjacente àquele); agora, trata-se de uma

---

47. Op. cit., p. 10.

48. La tutela giurisdizionale... cit, p. 457.

nova cisão: em se tratando de interesses metaindividuais, o interesse processual será buscado em outros parâmetros, como a relevância social; a identificação do portador judicial com o segmento social, grupo ou categoria concernentes; a constatação de que o interesse em causa não está sendo tutelado na instância administrativa de modo adequado e eficiente. Tudo isso justifica a necessidade de um "momento judiciário"[49] para que esses interesses sejam reconhecidos e saiam do "limbo jurídico"[50] onde estiveram tanto tempo relegados.

Um bom exemplo da especificidade que particulariza a tutela judicial de interesses metaindividuais, frente ao que se passa nos conflitos intersubjetivos, pode ser colhido num contraste entre a admissibilidade de uma *class action for damages*, do direito norte-americano (norma n. 23 (b) 3 das *Federal Rules of Civil Procedure*), e o que se passa com a nossa ação em prol de interesses individuais homogêneos (arts. 95-100 da Lei 8.078/1990): conforme explica Ada Pellegrini Grinover, "a *prevalência das questões comuns sobre as individuais*, que é condição de admissibilidade no sistema das *class actions for damages* norte-americanas, também o é no ordenamento brasileiro, que só possibilita a tutela coletiva dos direitos individuais, quando estes forem *homogêneos*. Prevalecendo as questões individuais sobre as comuns, os direitos individuais serão heterogêneos e o pedido de tutela coletiva se tornará juridicamente impossível".[51]

Para que esse objetivo possa ser alcançado, é preciso que a ação judicial não seja apenas o instrumento de atuação de direitos subjetivos, mas um verdadeiro *canal* de comunicação entre as reivindicações e os anseios fundamentais da comunidade, mesmo que tais aspirações não se hajam convertido em direitos subjetivos. Por outras palavras, trata-se de considerar que os interesses difusos constituem *situações diferenciadas*, na medida em que se apresentam como *relevantes*[52] para

49. "(...) un momento giudiziario appare indispensabile alla tutela effettiva de questo tipo di interessi..." (cf. Robert Bertoni. Op. cit., p. 507).

50. Anna De Vita fala em *limbo giuridico*, querendo referir-se às aspirações coletivas, excluídas de possibilidade de expressão (Op. cit., p. 383).

51. Da *class action for damages* à ação de classe brasileira: os requisitos de admissibilidade. *In:* Édis Milaré (coord.). *Ação civil pública – Lei 7.347/85 – 15 anos*. São Paulo: RT, 2002, p. 32.

52. Conforme explica Ada Pellegrini Grinover, forte em Barile (*Il soggetto privato nella costituzione italiana*, 1953, p. 163): "Modernamente, a doutrina tem relevado a distinção entre interesses juridicamente protegidos e direitos subjetivos: em contraposição aos interesses juridicamente irrelevantes, todos os interesses *relevantes* para o direito constituem situações jurídicas subjetivas, ou seja, posições ocupadas nas relações jurídicas, possibilitando realizar os interesses juridicamente protegidos ou obrigando a sujeitar-se-lhes. Dentro dessas *situações jurídicas subjetivas*, existe uma *graduação*, conforme a *relevância* do interesse para o direito: umas recebem proteção direta, plena e específica (os direitos subjetivos); outras, proteção indireta, limitada e genérica, matizando-se, em direitos condicionados, *interesses*

toda uma coletividade ou ao menos para um segmento ou categoria. Nada disso será possível enquanto o interesse processual for concebido em função da afetação do direito subjetivo violado ou ameaçado a uma determinada pessoa que se atribui a titularidade. Ao propósito, dizia o saudoso Celso Bastos: "(...) essa conexão entre interesse de agir e direito subjetivo remanesce como um obstáculo a ser transposto, se é que se queira efetivamente levar a bom cabo a empreitada".[53]

Tudo está a indicar que a vinculação estabelecida entre interesse processual e a situação jurídica de direito material[54] deve ser repensada em face do estágio atual de evolução da ciência processual. A "segunda ruptura" a que antes aludimos está praticamente delineada, como se infere das situações em que se reconhece o interesse processual a partir de sua legitimidade e relevância: além do contencioso objetivo, o qual tem "pour objet la légalité abstraite et non pas un droit subjectif",[55] podem ser lembrados os casos das ações em tema de *nulidades*, ou de anulação de casamento intentadas por terceiro, ou as ações civis cujo exercício incumbe ao Ministério Público; nesses casos, não se acena com um direito subjetivo ou situação jurídica *direta e pessoal*, e, no entanto, uma ação em justiça é deferida. O conceito de ação evoluiu, como observa Henri Motulski, do conceito romano clássico que sugeria "une liaison très étroite (trop étroite) entre l'action et le droit substantiel qu'elle protège", para chegar, em nossos dias, a um conceito que se diria asséptico –"inodoro e incolor" –, de cunho eminentemente *processual*: "La faculté d'obtenir d'un juge une décision sur le fond de la prétention à lui soumise".[56]

Sob esse prisma, o conteúdo do interesse processual é buscado na legitimidade e relevância da *pretensão* deduzida em juízo, não se exigindo que ela configure

---

legítimos, simples interesses, poderes e faculdades" (A tutela jurisdicional dos interesses difusos. *Revista Forense*, n. 268, p. 67, n. 2) (grifos nossos).

53. Op. cit., p. 39. Sob esse mesmo prisma, Aldo Corasaniti fala na *inadeguatezza* da proteção outorgada aos interesses coletivos, a saber aqueles que consideram o homem "nella sua dimensione sociale"; essa carência verifica-se porque tais interesses "non si concretavano in posizioni o pretese riferibili ad un solo individuo (*amplius*: ad un solo soggetto di diritto)". E justamente esses interesses, "*per la stessa* pluralità dei punti soggettivi di riferimento, si sarebbe dovuta riconoscere una maggiore e comunque una non minore carica di effettività e quindi di valenza" (La tutela degli interessi diffusi davanti al giudice ordinário. *Rilevanza e tutela degli interessi diffusi: modi e forme di individuazione e protezione degli interessi della collettività*. Milão: Giuffrè, 1978, p. 61 et seq.).

54. Henri Motulski observa que o conceito romano é "intimement lié au droit substantiel: on conclut de l'action à ce droit; mais, à l'inverse, l'action présuppose le droit" (Le droit subjetif et l'action en justice. *Archives de Philosophie du Droit*, 1964, p. 215).

55. Idem, p. 218.

56. Notar, no caso, a similitude com o conceito de Enrico Tullio Liebman (a ação como direito à sentença de mérito) (op. cit., p. 223).

um direito subjetivo material, aderente a um afirmado titular. É certo que a ação pode configurar um "direito subjetivo processual",[57] mas não assim, necessariamente, o *conteúdo* do interesse em pô-la em movimento, o qual bem pode derivar da violação ou ameaça a um *interesse legítimo*, descartado o quesito da *personificação* desse interesse. Assim já se pensa no direito norte-americano, onde se reconhece interesse de agir "à des personnes qui ne peuvent se prévaloir d'une atteinte à un droit subjectif";[58] assim o reclama a melhor doutrina brasileira, com Ada Pellegrini Grinover anotando que "ao lado do direito subjetivo é preciso considerar o interesse legítimo, que deve ser tutelado pelo ordenamento em geral, e não apenas em caráter excepcional". Escrevendo há tempos, propunha a autora, acertadamente, a alteração do § 4.º do art. 153 da Constituição Federal, por modo que se compreendesse "na inafastabilidade da proteção judiciária os *interesses legítimos*".[59]

Essa proposição é tanto mais correta quanto se considere que os interesses difusos participam, justamente, da natureza dos *interesses legítimos*. Vicente Ráo, ao mesmo tempo em que distinguia os interesses legítimos dos direitos subjetivos, caracterizava aqueles como integrantes de um interesse geral, compreensivo dos bens comuns a todos – *uti universi* –, de sorte que seu exercício não se poderia fazer em termos de exclusividade, nem seriam oponíveis a terceiros.[60] O que se pretende, portanto, é que um interesse seja tutelável *pelo fato de ser legítimo*

---

57. Cf. Henri Motulski. Op. cit., p. 227.

58. Cf. Hans Smit, op. cit., p. 454. Para ilustrar essa passagem, o autor se reporta ao caso *US versus SCRAP* (412 US 669) (1974), onde a Suprema Corte reconheceu interesse de agir a partir de um *prejuízo de fato* alegado pelos autores da ação: estudantes de Direito propuseram uma ação visando impedir aumento de preço nos fretes das estradas de ferro; à objeção de que tal ocorrência não lhes afetava diretamente, eles responderam que, por causa do aumento, as indústrias em geral teriam menos interesse no recolhimento, para ulterior envio à ré-usinagem, das caixas e garrafas vazias espalhadas pelos parques; que, em consequência, os parques ficariam com tais detritos e, em consequência, menos agradáveis e propícios aos passeios. A Corte Suprema, diz Hans Smit, admitiu que essa "diminuição do prazer" era um "prejuízo de fato", capaz de configurar o interesse de agir. Dentre nós, um exemplo atual pode ser encontrado na pretensão indenizatória fundada em *perda de um chance*.

59. V. A tutela jurisdicional... cit., p. 78, n. 6.2.2. Na CF/1988 o princípio da *ubiquidade da justiça* ou da *universalidade da jurisdição*, veio assim inscrito: "A lei não excluirá da apreciação do Poder Judiciário lesão ou ameaça a direito" (art. 5.º, XXXV), notando-se, na palavra *ameaça* a inclusão da tutela *cautelar*, calcada no interesse em prevenir o dano temido, de difícil ou incerta reparação. Sobre o sentido atual daquela garantia constitucional, v. o nosso estudo O direito à tutela jurisdicional: o novo enfoque do art. 5.º, XXXV, da Constituição Federal. *RT* vol. 926, dez./2012, p. 135-176.

60. *O direito e a vida dos direitos*. 2.ed. atual. por Ovídio Rocha Barros Sandoval. São Paulo: RT, v. 2, t. I, p. 119-137; t. II, p. 299-308, *passim*.

e *socialmente relevante*, e não, pela circunstância de ser afetado a um titular exclusivo.

Nesse passo, cabe lembrar que a Corte de Cassação italiana, no julgamento do caso "Italia Nostra" (no qual a associação assim nominada se apresentara como portadora dos interesses difusos à proteção ambiental), aproximou os conceitos de interesse difuso e interesse legítimo. Conforme explicam os comentadores, a Corte deixou assente que "il portatore di un interesse comune ad una determinata collettività, e quindi diffuso, nel momento in cui viene a trovarsi in una *posizione qualificata*, è al tempo stesso titolare di un vero e proprio interesse legittimo".[61] Quer dizer: interesse difuso não significa uma *res nullius*, ou "coisa de ninguém", insuscetível, como tal, de tutela; ao contrário, a partir do momento em que emerge um portador, um *ente esponenziale*, ainda que ocasional, esses interesses qualificam-se a receber a tutela adequada.

Nesse mesmo sentido, o Tribunal Correcional de Lyon, julgando um caso de publicidade enganosa, considerou que havia ocorrido um prejuízo *social* (cuja reparação ficava a cargo do Ministério Público) e um prejuízo *coletivo*, "distinct du dommage causé à la societé, que les associations de consommateurs (...) ont un *intérêt légitime* à faire constater"[62] (grifamos). Isto é: o fato de os interesses dos consumidores serem *difusos* não impede que eles se legitimem à tutela judicial, quando em nome deles se apresente um *portador adequado*.

Em suma, a fim de que a tutela dos interesses difusos se faça eficazmente, é preciso prosseguir nessa linha evolutiva, tendente a reconhecer o interesse processual a partir da *necessidade* de tutela a interesses legítimos e socialmente relevantes, afetados a um número importante de sujeitos, cuja judicialização se faz através das ações coletivas e, com isso, o operador do Direito se poupa da (inócua) tarefa de tentar adaptar, ao manejo processual dos interesses difusos, técnicas e categorias adequadas aos conflitos envolvendo direitos subjetivos; o acesso à Justiça dos interesses metaindividuais prende-se a pressupostos próprios, e preordena-se a finalidades que são específicas do ambiente processual coletivo.

3.3 A legitimação para agir

Questão premonitória a ser enfrentada, quando se trata da legitimação para agir em tema de interesses difusos, é a do questionamento acerca da própria autonomia daquela categoria processual, em face do interesse de agir. É que, segundo certos autores, a legitimação para agir *corresponde* ao aspecto *pessoal*

---

61. Cf. Vincenzo Guercio *et al.* Op. cit. Revista, p. 475.

62. *Apud* Pierre François Divier. Comentário ao acórdão de 03.12.1973, *La Gazette du Palais*, p. 209, 1974, 2.º semestre.

e direto do interesse de agir, e, assim, estaria ela, em verdade, subsumida na compreensão desta última categoria.[63]

A origem dessa imbricação entre legitimidade e interesse advém do fato de que a primeira, embora seja uma categoria *processual*, haure seu conteúdo a partir da situação jurídica de direito material que lhe é subjacente. Assim, para se saber quem é legitimado para propor ação reintegratória de posse, é preciso perquirir *quem* tinha a posse e dela veio a ser injustamente subtraído, subsídios fornecidos pelo Direito Civil; da mesma forma, legitimado a propor ação de despejo é o proprietário-locador do imóvel, encontrando-se na legislação do inquilinato as precisões a esse respeito; a lei processual credencia os colegitimados ativos para a ação civil pública, por exemplo, em matéria ambiental (Lei 7.347/1985, art. 5.º); mas é o direito material que define o que seja o meio ambiente, em sua vertente naturalística: Lei 6.938/1981, art 3.º, I.

Como se nota nesses e em outros casos, a legitimação ativa pressupõe o interesse de agir: está *legitimado* o titular do direito violado-ameaçado, que tem, assim, *interesse* em superar o obstáculo, via jurisdicional. De ordinário, ambas essas categorias se sobrepõem ou, quando menos, a linha que as separa é muito estreita. Considere-se o que se passa com um título cambial: *legitimado* à cobrança é quem figura no título como credor, e essa mesma pessoa, física ou jurídica, é que tem interesse de cobrar a dívida ali representada, quando de seu vencimento. É correta, então, dizer-se, com Alfredo Buzaid, que a legitimação para agir se apresenta como a *pertinência subjetiva do interesse*.

Casos há, porém, que revelam a autonomia desses dois conceitos. São as hipóteses nas quais o legislador, dentre as várias pessoas que têm *interesse* na solução de um dado litígio, *escolhe* uma, outorgando-lhe o poder de agir. As outras, preteridas nessa escolha, preservam, em regra, o interesse, mas ficam privadas do poder de fazê-lo valer na Justiça. Roger Perrot e Henri Solus formulam alguns exemplos esclarecedores: mesmo tendo *interesse*, uma pessoa que não seja

---

63. Para propor ação, dizem Jean Vincent e Serge Guinchard, é preciso demonstrar qualidade para tal, "c'est-à-dire, pouvoir justifier d'un intérêt personnel et direct. La qualité est ainsi un aspect particulier de l'intérêt (...)" (ob. cit., p. 51). Dentre nós, Donaldo Armelin lembra que "a distinção entre a legitimidade *ad causam* e o interesse de agir, posto que factível, não apresenta a facilidade e a tranquilidade de seu destaque da possibilidade jurídica do pedido". Reportando-se ao direito estrangeiro, evoca Salvatore Satta: "(...) el interés no puede ser concebido sino subjetivado y no ya existente en una abstracta objetividad, como un personage en busca de su autor" (cf. *Manual de derecho procesal civil*, trad. Santiago Santís Melendo e Fernando De La Rua, Buenos Aires, Jurídicas Europa América, 1972, v. 1, p. 132). Prossegue Donaldo Armelin, lembrando que no Código de Processo Civil português "a legitimidade é, inclusive, definida como a titularidade do interesse direto em demandar ou em contradizer (art. 26.1)" (*Legitimidade para agir no direito processual civil brasileiro*. São Paulo: RT, 1979, p. 106-107, n. 158).

aquela indicada pela lei não tem legitimidade para propor ação de investigação de paternidade; da mesma forma que um terceiro, mesmo tendo interesse, não pode se substituir ao cônjuge para propor as ações que a este competem; nas nulidades relativas, várias pessoas podem ter interesse em vê-las declaradas, mas somente aquela indicada pela norma tem legitimidade para propor ação em nulidade.[64]

Vicente Greco Filho distingue a *substituição processual* (legitimação extraordinária: CPC, art. 6.º) dos casos de *representação processual*: aquela primeira "ocorre "quando a lei autoriza que alguém demande, em nome próprio, sobre direito alheio; já a representação processual verifica-se quando alguém (o representado) demanda por intermédio de outrem (o representante). Este atua em nome alheio sobre direito alheio e não é parte da ação; a parte é o representado".[65]

Já se vê que, efetivamente, o conteúdo da legitimação ativa decorre da titulação jurídica da *fattispecie*, isto é, decorre da *coincidência* entre o autor da ação e a pessoa que aparece numa situação de vantagem no ordenamento jurídico. Numa apertada síntese, pode-se dizer que a legitimação ativa se reduz à *pertinência subjetiva da ação*, ao que se colhe da doutrina de Alfredo Buzaid: "A expressão *legitimidade de parte*, ou *parte legítima* tem no sistema do Código um sentido claro, servindo para designar o sujeito da lide, a qualidade do titular do conflito de interesses".[66] Como bem preceituam Henri Solus e Roger Perrot, "l'intérêt étant fonction de l'utilité que présente l'exercice de l'action, alors que la qualité est une question de *pouvoir*".[67] E assim, a legitimação se apresenta como um *poder* de agir, quer dizer: na *escolha* procedida pelo legislador, dentre os vários interessados na tutela jurisdicional, alguns recebem um *plus*, uma *qualidade* que os destaca dos demais: o *poder* de pleitear em juízo essa tutela, ou poder de interferir, em maior ou menor intensidade, numa relação processual em curso (pense-se na legitimação do terceiro prejudicado).

Vincenzo Vigoriti, buscando sistematizar as orientações doutrinárias a respeito da legitimação, indica três tendências: a primeira, que se reporta ao

---

64. *Droit judiciaire privé...* cit., p. 245.

65. *Direito processual civil brasileiro*. 19. ed. Saraiva: São Paulo, 2006, vol. 1, p. 81. Já no tocante à distinção entre interesse processual e legitimação para agir, Donaldo Armelin, a seu turno, afirma que no polo passivo essa distinção fica mais nítida: "Enquanto que ao réu assiste sempre interesse processual em se defender, sua legitimidade passiva *ad causam* poderá ser questionada por ele próprio, sem que desconheça o seu interesse processual, como é cediço" (Op. cit., p. 109).

66. *Agravo de petição*. 2. ed. São Paulo: Saraiva, 1956, p. 125. (Originalmente, cuidou-se da tese de livre-docência sustentada na FADUSP, em 1945, então com o título "Do agravo de petição no sistema do Código de Processo Civil")

67. Op. e t. cits., p. 245.

pensamento de Giuseppe Chiovenda, vê na legitimação a "coincidenza dell'attore e del convenuto con i soggetti a cui favore o contro cui, rispettivamente, sussiste la volontà astratta della norma di cui si chiede applicazione"; a segunda, com Andrioli, sustenta que a legitimação "spetta a coloro nella cui sfera si dovranno produrre gli effetti tipici del provvedimento giurisdizionale"; enfim, a terceira, a que se filiam Allorio e Attardi, entende que a legitimação "vada individuata esclusivamente sulla base dell'affermata titolarità della domanda giudiziale del diritto dedotto in giudizio".[68] Vincenzo Vigoriti aproxima-se da conceituação proposta por Henri Solus e Roger Perrot, e a de Giuseppe Chiovenda, afirmando que a legitimação "presuppone l'identità fra colui che agisce o colui contro il quale si propone l'azione e quegli cui è attribuito dalla legge il potere di agire, o contradire, sulla base del rapporto di diritto sostanziale dedotto in giudizio".[69]

Efetivamente, a legitimação *ad causam* caracteriza-se por essa *relação de pertinência* ou por essa *coincidência* na equação em que um dos termos é formado pelo binômio "titular da pretensão / pessoa favorecida pela norma = Autor"; e o outro termo é composto pelo binômio "titular da resistência / pessoa em situação de sujeição pela norma = Réu". Dado que essa *correspondência* se apresenta na maioria dos casos, diz-se que aí se trata de legitimação *ordinária*.

É claro que essa "pertinência" ou "coincidência" é estabelecida *prima facie*, a partir daquilo que é *sustentado* pelas partes, e portanto *in statu assertionis*; agora, saber se a pretensão efetivamente corresponde ou não ao direito subjetivo material já constitui o *mérito* da controvérsia. Para o juízo de admissibilidade da ação, porém, é suficiente o que vem *afirmado* pelos contraditores; dizendo Arruda Alvim: "A *legitimatio ad causam* é a atribuição, pela lei ou pelo sistema, do direito de ação ao autor possível titular ativo de uma dada relação ou situação jurídica, bem como a sujeição do réu aos efeitos jurídico-processuais e materiais da sentença".[70] Nessa linha, Luiz Guilherme Marinoni e Sérgio Cruz Arenhart anotam que, em princípio, "somente tem legitimidade para a causa, na qualidade de autor, aquele que se diz titular do direito material, podendo ser réu apenas aquele que, no plano do direito material, tem a obrigação correspondente ao direito material afirmado na petição inicial".[71]

---

68. *Interessi collettivi*... cit., p. 78 et seq.

69. Idem, p. 86. Em que pese esse notável esforço doutrinário, há que se registrar a persistência de um certo questionamento quanto à viabilidade real de uma nítida separação conceitual entre *interesse* e *legitimação*, como, v.g., para Marcel Laligant, que aí entrevê uma "querelle de mots": um *jogo de palavras*, em tradução livre (La notion d'intérêt pour agir et le juge administratif. *Révue de Droit Public* , n. 87, 1971, p. 70).

70. *Manual de Direito Processual Civil*. 14. ed. São Paulo: RT, 2011, p. 413.

71. *Manual*..., 2. ed., cit., 2.003, p. 68.

Tal esquema processual é perfeitamente adaptado aos conflitos intersubjetivos (o clássico Tício *versus* Caio), em que as partes sustentam posições jurídicas próprias, facilitando a perquirição judicial quanto à coincidência entre a figura do autor e a afirmada posição de vantagem e entre a figura do réu e a indigitada posição de sujeição ou de obrigação, segundo a norma de regência. O problema, porém, recrudesce quando se trata da *legitimatio ad causam* nos conflitos superindividuais, porque, mesmo que se supere o obstáculo do interesse de agir (entendendo-se que basta um interesse *legítimo, relevante*, sem necessidade de que seja *direto* e *pessoal*), restará saber *quem* (= qual sujeito ou entidade) é idôneo, adequado, apto e, pois, quem é a *justa parte* credenciada a servir como portador judicial do interesse metaindividual historiado. É o assunto de que nos ocuparemos na sequência.

3.3.1 A legitimação para agir, quando se trate de interesses difusos

Em primeiro lugar, é preciso considerar que nem todos os interesses do gênero metaindividual ensejam problemas complexos no âmbito da legitimação para agir. Assim, o interesse *social* (nesse sentido estrito do interesse concernente a uma pessoa jurídica que pretende defender seu patrimônio) será sustentado pelo órgão ou pela pessoa a quem os estatutos conferirem o poder de agir em juízo. Nesse caso, dizem Henri Solus e Roger Perrot, nada há de exorbitante: "Le groupement défend ses intérêts individuels comme pourrait le faire un simple particulier".[72] Na verdade, a assim chamada "ação social"[73] não passa de uma ação onde apenas a forma de exercício é coletiva, mas o conteúdo permanece individual, visto que se trata da somatória dos interesses individuais de cada um dos integrantes da sociedade. Nesse sentido, o art. 981 do Código Civil: "Celebram contrato de sociedade as pessoas que reciprocamente se obrigam a contribuir, com bens ou serviços, para o exercício de atividade econômica e a partilha, entre si, dos resultados". Nesse sentido, o inciso XXI do art. 5.º da CF: "As entidades associativas, quando expressamente autorizadas, têm legitimidade para representar seus filiados judicial ou extrajudicialmente".

A questão recrudesce quando se trata de atribuir legitimação para agir em sede dos interesses coletivos *lato sensu*, isto é, dos interesses super ou metaindividuais na acepção *contemporânea* do vocábulo. Nesse passo, impende distinguir: entre os interesses "coletivos" *stricto sensu* e os "difusos" o que existe é uma diferença de intensidade, ou da carga expansiva: (*i*) os coletivos em sentido estrito

72. Op. e t. cits., p. 219.

73. No direito brasileiro, a Lei das Sociedades Anônimas (6.404/1976), dispõe no § 3.º do art. 159: "Qualquer acionista poderá promover a ação [de responsabilidade civil contra o administrador, pelos prejuízos causados ao patrimônio da companhia], se não for proposta [a ação, pela companhia] no prazo de 3 (três) meses da deliberação da assembleia geral".

apresentam-se melhor delineados e são afetados a segmentos ou categorias sociais bem definidos (por exemplo, os interesses dos metalúrgicos, dos advogados, ou dos músicos profissionais), sendo representados em juízo por entidades adrede constituídas, genericamente assimiladas ao chamado *terceiro setor*: Sindicato dos Metalúrgicos; Ordem dos Advogados, Ordem dos Músicos; (*ii*) os interesses difusos, por definição, não comportam agregação absoluta e definitiva a um ente exponencial, seja pela indeterminação dos sujeitos (por exemplo, os consumidores de certo produto ou tomadores de certo serviço), seja pela fluidez e generalidade do objeto ("ar atmosférico";[74] "qualidade de vida"; "patrimônio artístico").

Ao propósito, vale aqui lembrar que a diferença entre essas duas categorias de interesses "non è tuttavia ontologica, non esistendo interessi che siano *per natura* diffusi o *per natura* collettivi, potendo uno stesso interesse appartenere all'una o all'altra categoria, a seconda del grado di aggregazione raggiunto dal gruppo che ne è portatore".[75] Esse cotejo vem assim posto por Hugo Nigro Mazzilli: "Tanto os interesses difusos como os coletivos são indivisíveis, mas se distinguem não só *pela origem da lesão* como também pela *abrangência do grupo*. Os interesses *difusos* supõem *titulares indetermináveis, ligados por circunstâncias de fato*, enquanto os *coletivos* dizem respeito a grupo, categoria ou classe de *pessoas determinadas ou determináveis, ligadas pela mesma relação jurídica básica*".[76]

Por outras palavras, os interesses coletivos *stricto sensu*, preenchendo o requisito de uma certa *organização*,[77] aglutinam-se em certos representantes, ditos *enti esponenziali*,[78] encarregados (e portanto legitimados) a fazê-los valer em juízo. No Brasil, o art. 54, II, do Estatuto da Ordem dos Advogados (Lei 8.906/1994) outorga competência ao Conselho Federal para "representar, em juízo ou fora dele, os interesses coletivos ou individuais dos advogados"; no funcionalismo público, a Lei 1.134/1950 conferiu às associações de classe "a representação coletiva ou individual de seus associados perante as autoridades administrativas e a justiça ordinária";[79] quanto aos sindicatos, a Lei 6.708/1979, art. 3.º, § 2.º,

---

74. "À qui appartient l'air que je respire?", indaga Mauro Cappelletti (La protection d'intérêts collectifs et de groupe dans le procès civil. *Revue Internationale de Droit Comparé*, n. 3, 1975, p. 575).

75. Cf. Vincenzo Guercio *et al*. Op. cit., p. 465.

76. *A defesa*..., 22. ed., cit., p. 50.

77. Vincenzo Vigoriti coloca a "organização" como "carattere essenziale degli interessi collettivi" (*Interessi collettivi*... cit., p. 35).

78. Cf. Massimo Severo Giannini, falando em interesses "che hanno come portatore (o centro di riferimento: in questa sede le due nozioni si equivalgono) un ente esponenziale di un gruppo non occasionale" (Op. cit., p. 23).

79. A Lei 8.112/1990 institui o *Estatuto dos Funcionários Públicos da União*, que se completa com a Lei 9.527/1997, especialmente o disposto no art. 13.

lhes confere, "independentemente de outorga de poderes dos integrantes da respectiva categoria profissional", o poder de "apresentar reclamação na qualidade de substituto processual de seus associados (...)". Como preleciona Kazuo Watanabe, "todas essas autorizações legais, todavia, dizem com os interesses coletivos, e não com os interesses difusos".[80]

Na experiência francesa, a tutela judicial dos interesses coletivos *stricto sensu* foi estabelecida a partir de um aresto das Câmaras Reunidas da Corte de Cassação, de 05.04.1913, que reconheceu aos sindicatos (cuja atuação foi legitimada por Lei de 21.03.1884) o poder "de se porter partie civile relativement aux faits portant un préjudice direct ou indirect à l'intérêt collectif de la profession qu'ils représentent". Essa fórmula veio a ser acolhida em Lei de 12.03.1920 e, depois, no art. 11, Livro III, do *Code Du Travail*; ao propósito deste último, consta alteração advinda da *Ordonnance* n. 2.008-205, de 27.02.2008, ficando o art. L1134-2 com esta redação: "Les organisations syndicales représentatives au niveu national, au niveau departemental ou de la collectivité dans les départements d'outre-mer, à Saint- Barthélemy et à Saint-Martin, ou dans l'entreprise peuvent exercer en justice toutes les actions résultant de l'application de dispositions du Chapitre II. Elles peuvent exercer ces actions em faveur d'un candidat à un emploi, à un stage ou une période de formation en entrepise, ou d'un salarié, dans les conditons prévues par l'article L. 1134-1. L'organisation syndicale n'a pás à justifier d'un mandat de l'intéressé. Il suffit que celui-ci ait été averti par écrit de cette action et ne s'y soit pás opposé dans un délai de quinze jours à compter de la date à laquelle l'organisaton syndicale lui a notifié son intention d'agir. L'intéressé peut toujours intervenir à l'instance engagée par le syndicat"..[81] Quando, numa dada profissão, existem um sindicato e uma ordem, explicam Jean Vincent e Serge Guinchard, esta última se ocupa geralmente dos interesses morais da profissão, restando àquele a tutela dos interesses pecuniários.[82]

Quanto às associações, a jurisprudência francesa era mais restritiva. De início, não se lhes reconhecia qualidade para agir, por força de um aresto das Câmaras Reunidas da Corte de Cassação firmara o princípio de que "à

80. Tutela jurisdicional dos interesses difusos: a legitimação para agir. *In:* Ada Pellegrini Grinover (coord.). *A tutela dos interesses difusos*. São Paulo: Max Limonad, 1984, p. 88. Ao propósito, cabe o cotejo com o art. 513, *a*, da CLT e art. 8.º, III, da CF. Comentando aquele primeiro dispositivo, esclarece Sérgio Pinto Martins: "Na representação, não há necessidade de outorga de procuração, pois é função do sindicato atuar em nome da categoria. O dispositivo não trata de substituição processual, mas de representação processual, por ser a função ordinária do sindicato e não extraordinária, como ocorre na substituição processual. Esse dispositivo foi elevado a nível constitucional no inciso III do artigo 8.º da Lei Maior" (*Comentários à CLT*. 2. ed. São Paulo: Atlas, 1999, p. 530).

81. Disponível em: [www.legifrance.gou.fr], acesso em 23.07.2013.

82. Op. cit., p. 57, n. 3. Ao propósito, v. art. 5.º, XXI, da CF/1988.

la différence des syndicats professionnels, les associations ne représentent pas de plein droit la profession de ceux qui en font partie".[83] Posteriormente, ao influxo da pressão dos *corpos intermediários* e da crítica doutrinária,[84] o legislador abriu exceções àquele princípio, outorgando, gradualmente, legitimação para agir a um número cada vez maior de associações ditas "de défense",[85] facilitando-lhes o *agrément*, isto é, o reconhecimento de utilidade pública. Essas associações assim *agrées* têm poder de agir em nome do interesse coletivo que elas representam, desde que: *a)* seja respeitado o princípio da especialidade, isto é, a pertinência entre o objeto da ação e os fins estatutários da associação, o que hoje se vem chamando *pertinência temática*; *b)* seja feita a prova de que o interesse coletivo em questão se contém dentro dos limites de atuação da associação, de sorte a não se confundir com o interesse geral, cuja tutela incumbe ao Ministério Público.[86]

Ainda na experiência francesa, destacam-se as associações de defesa do consumidor, a cujo respeito dispunha o art. 46 da Lei Royer (1973): "Les associations régulièrement déclarées ayant pour objet statutaire explicite la défense des intérêts des consommateurs peuvent, si elles ont été agrées à cette fin, exercer devant toutes les juridictions l'action civile relativement aux faits portants un préjudice direct ou indirect à l'intérêt collectif des consommateurs". Esclarece Márcio Flávio Mafra Leal que, posteriormente, na sequência de um acórdão da Corte de Cassação (16.01.1985), passou-se a admitir que "as associações estavam legitimadas a ingressar com ações civis oriundas somente

83. Recueil Sirey, Paris, 1924, 1.49, nota de Chavegrin. Para maiores detalhes, v. Henri Solus e Roger Perrot. Op. e t. cits., p. 230-231.

84. "(...) une association manque son but et n'a plus de raison d'être si on la prive du droit de s'adresser aux tribunaux", dizem Henry Solus e Roger Perrot (Op. e t. cits., p. 232).

85. Dentre muitas outras, se contam as associações de proteção à família, à caça, à pesca, bem como as que se propõem lutar contra o racismo, o alcoolismo, o proxenetismo e, de modo destacado, as que visam a proteção da natureza e dos consumidores. Ver, a propósito: Jean Vincent e Serge Guinchard. Op. cit., p. 60-61; Bernard Salingardes. Op. cit., p. 183 et. seq.

86. Cf. Henry Solus e Roger Perrot. Op. e t. cits., p. 231. Nesse passo, cabe lembrar a decisão do Conselho de Estado, numa ação proposta pelo Sindicato dos *Patrons Coiffeurs de Limoges*, contra a instituição do repouso dominical (j. 28.12.1906, concl. Romieu, "Les grands arrêts de la jurisprudence administrative". Op. cit., p. 70), dizendo a ementa: "Il ricorso che il sindacato può presentare è quello che in caso di accoglimento va a beneficio non di uno o più interessati individuabili, ma di una categoria indeterminata di persone: è l'anonimato dei beneficiari che caratterizza l'azione collettiva". Comentando, aduz Giovanni Quadri: "Per contro, le associazioni sindacali e le associazioni in genere non possono agire per scopi individuali o nell'interesse di un gruppo dei loro membri, personalmente individuabili. Un tipo di azione di questo tipo contrasterebbe con il principio: 'nul ne plaide par procureur'" (Protezione degli interessi... cit., p. 115).

de infrações penais (uma espécie de *actio civilis ex delicto*), o que determinou a reforma da Lei Royer em 1988 para tornar clara a legitimidade das associações em termos amplos".[87]

Dentre nós, alertam Luiz Guilherme Marinoni e Sérgio Cruz Arenhart que, na tutela judicial a interesses metaindividuais, "a ideia de legitimidade para a causa não tem nada a ver com a titularidade do direito material, até porque não se pode dizer, por exemplo, que alguém é titular do direito à higidez do meio ambiente (direito difuso, cuja titularidade é indeterminada). Na verdade, nesses casos, a legitimidade para a causa não é concebida nos moldes do processo individual, mas sim para adequar-se ao chamado processo coletivo".[88]

Esse tópico ganha vulto no caso dos interesses *difusos*, visto que estes, por sua própria natureza, não comportam aglutinação necessária junto a certas entidades *credenciadas* pelo Poder público, como ocorre com os interesses coletivos. Tampouco se resolve o problema com a outorga de um título de legitimação *ex lege*, como é o reconhecimento de utilidade pública: primeiro, sendo *difusos* tais interesses, e aderentes a situações de fato, não se pode exigir que eles se apresentem necessariamente *organizados*, junto a um órgão ou ente adrede constituído, até porque a dispersão desses interesses pode ser efêmera, contingencial; depois, mesmo a certos grupos ocasionais deve-se reconhecer a possibilidade de acesso à justiça, sob pena de se perder, talvez, a parte mais fecunda do fenômeno coletivo.[89] (Figure-se, sob este último aspecto, a aspiração dos chamados *carentes organizacionais*, tais os moradores de rua, que pretendam usar como moradia os vãos livres abaixo dos viadutos de uma megalópole).

Ou ainda, figure-se que um grupo de moradores de uma área adjacente a um rio, pretendam evitar a iminente dejeção de elementos poluidores nesse

87. Op. cit., p. 174-175. A alteração à Lei Royer, referida no texto, sobreveio em 05.01.1988, com a Lei n. 88. Depois, a Lei 93-949, de 27.07.1993, veio dispor no art. 421-1: "Les associations régulièrement déclarées ayant pour objet statutaire explicite la défense des intérêts des consommateurs peuvent, si elles ont été agréées à cette fin, exercer les droits reconnus à la partie civile relativement aux faits portant un préjudicie direct ou indirect à l'intérêt collectif des consommateurs". Art. 421-2. Les associations de consommateurs mentionnées à l'article L. 421-1 et agissant dans les conditions précisées à cet article peuvent demander à la juridiction civile, statuant sur l'action civile, ou à la juridiction répressive, statuant sur l'action civile, d'ordonner au défenseur ou au prévenu, le cas échéant sous astreinte, toute mesure destinée à faire cesser des agissements ilicites ou à supprimer dans le contrat ou le type de contrat proposé aux consommateurs une clause illicite".

88. *Manual do Processo de Conhecimento*... cit., p. 68.

89. Com efeito, observa Vincenzo Vigoriti que, com tal exigência, correr-se-ia o risco de "emarginare una larga parte del fenomeno collettivo, privando di ogni possibilità di tutela quegli interessi che non hanno ancora raggiunto uno stadio avanzato di organizzazione interna" (*Interessi collettivi*... cit., p. 38).

corpo d'água: a se exigir uma *organização formal* desse grupo, o efeito danoso, quiçá irreversível, já se terá produzido no entretempo.[90] Possivelmente por isso, houve por bem o legislador autorizar o juiz a dispensar o portador judicial, no caso dos interesses individuais homogêneos, do "requisito da pré-constituição (...) quando haja manifesto interesse social evidenciado pela dimensão ou característica do dano, ou pela relevância do bem jurídico a ser protegido" (art. 82, § 1.º, da Lei 8.078/1990); em análogos termos dispõe o § 4.º do art. 5.º da Lei 7.347/1985, inserido pela Lei 8.078/1990.

Ao propósito, decidiu o STJ: "(...) 3. No mundo fenomenológico as relações causais estão tão intimamente ligadas que um único fato pode gerar consequências de diversas ordens, de modo que é possível que dele advenham interesses múltiplos. É o caso, por exemplo, de um acidente ecológico que resulta em danos difusos ao meio ambiente, à saúde pública e, ao mesmo tempo, em danos individuais homogêneos aos moradores da região. 4. Ademais, ainda que o caso presente tratasse unicamente de direitos indviduais homogêneos disponíveis, isso não afasta a relevância social dos interesses em jogo, o que é bastante para que se autorize o manejo de ação civil pública pelo agravado. Agravo regimental improvido" (AgRg no REsp 1.154.747, 2.ª T., j. 06.04.2010, v.u., rel. Min. Humberto Martins, *DJe* 16.04.2.010).

Uma primeira brecha na rigidez do princípio da *coincidência* entre titularidade do direito e legitimação para agir foi aberta, como antes visto, no

---

90. Dentre nós, a doutrina já reclamava a criação de instrumentos processuais de natureza célere, para que a tutela desses interesses metaindividuais fosse mais eficaz. Assim, Toshio Mukai: "(...) haveria que se criar no texto constitucional um instrumento processual célere (nos moldes do mandado de segurança) pelo qual as coletividades, através de suas entidades representativas (associações, sindicatos, sociedades etc.) pudessem obrigar os poderes públicos, com base no princípio do poder-dever do administrador público, a agir prontamente em todas as situações em que, pela incúria ou desinteresse da Administração, os interesses difusos da coletividade estivessem a ponto de serem irremediavelmente prejudicados por ação ou omissão de membros isolados da mesma coletividade" (A defesa dos interesses difusos, jornal *O Estado de S. Paulo*, 15.04.1985). O reclamo doutrinário encontrou eco: na CF/1988, a garantia do acesso à Justiça abrange *expressamente* a tutela *cautelar*, ou seja, o dano *temido* e não apenas o *sofrido* (art. 5.º, XXXV – "lesão ou *ameaça* a direito"); igualmente, na tutela aos interesses difusos ligados ao meio ambiente, patrimônio público e consumidores, está reafirmada a possibilidade de tutela *cautelar*: Lei 7.347/1985, art. 4.º; Código de Defesa do Consumidor (Lei 8.078/1990, art. 84, §§ 3.º e 4.º). De outra parte, tanto para defesa dos interesses metaindividuais da *infância-juventude*, como dos *idosos*, prevê-se uma ação de caráter mandamental, nos moldes do mandado de segurança (respectivamente: Lei 8.069/1990, art. 212, § 2.º; Lei 10.741/2003, art. 82, parágrafo único), tendência reafirmada em cores fortes com o advento do mandado de segurança *coletivo* (CF, art. 5.º, LXX; Lei 12.016/2009, arts. 21, 22).

caso dos interesses coletivos em sentido estrito; restava dar mais um passo, este bem mais complexo e arriscado, porque implicava alterar o *âmago* da legitimação para agir, isto é: o conceito mesmo de "justa parte". Com efeito, segundo Claudio Varrone, "siamo, infatti, in presenza di interessi di natura non economica, rispetto ai quali non è possibile porre a fondamento del concetto di 'giusta parte' l'appartenenza del bene, e, tanto meno, l'esistenza di un titolo idoneo a giustificare tale appartenenza".[91]

Com efeito, a noção de *justa parte*, no campo dos interesses metaindividuais, não pode ser encontrada a partir da titularidade do direito, mas impende aferir tal legitimação com base na aptidão ou idoneidade do portador desses interesses em *representá-los adequadamente*. Nos Estados Unidos, a *public standing* (legitimação em tema de interesse público) é dada a partir da verificação de que o autor é o melhor representante desse interesse no caso concreto (*the best plaintiff*). Como diz Loriana Zanuttigh, "l'equazione 'best plaintiffs' = giuste parti sorregge appunto la formulazione di una ulteriori ipotesi 'di private standing', inteso come 'organizational standing' (...)".[92]

A *justa parte* em tema de interesses difusos não pode ser encontrada na relação de titularidade entre autor e pretensão, seja porque os sujeitos concernentes são indeterminados, seja em virtude da própria fluidez do objeto. Também o esquema de legitimação adequado aos interesses coletivos *stricto sensu* não é próprio para o caso dos interesses difusos, porque, naqueles, pode ser adrede estabelecido o órgão ou entidade que será o portador judicial desses interesses coletivos, assim *organizados* junto ao seu "representante institucional". A questão, em se tratando de legitimação ativa para defesa de interesses difusos, consiste em saber se é possível reconhecer *poder de agir* a um cidadão, órgão público ou grupo social que se pretendem portadores de certos interesses cuja fluidez e indeterminação não permitem sua afetação a um "titular" exclusivo.

Neste passo, cabe uma palavra sobre a legitimação *passiva*, quando se trate de interesses difusos. A legitimação para o polo passivo da ação judicial, como se sabe, apresenta a peculiaridade de ser *ensejada* e, de alguma forma,

91. Sulla tutela degli interessi diffusi nel processo amministrativo, *Riv. Dir. Proc.*, out.-dez., p. 790, 1976. Neste passo, merece transcrita esta passagem de Vincenzo Caianiello: "La legittimazione a far valere gli interessi diffusi, prima di essere un problema d'ordine processuale è dunque un problema d'ordine sostanziale volto cioè a stabilire quando gli interessi rilevanti per la collettività nel suo complesso creino in capo ai suoi singoli componenti situazioni soggettive che potrebbero essere sia di interesse legittimo, azionabili dinanzi al giudice amministrativo, che di diritto soggettivo, azionabili dinanzi al giudice ordinario" (Introduzione... cit., p. 30).

92. Processo e tutela dell'ambiente... cit., p. 413.

vinculada à propositura da ação. Por outras palavras, o *fato* de ser uma ação direcionada à contraparte já confere a esta o direito a defender-se, ainda que seja para alegar sua ilegitimidade passiva. Isso se dá porque, como bem explica Donaldo Armelin, "a legitimidade, no processo, é eminentemente bilateral, de sorte que o autor está legitimado, em regra, para propor a ação contra aquele réu, e não contra outro. (...) Em consequência, pode-se dizer, no que tange à legitimidade do réu, que não constitui ela, normalmente, uma legitimidade autônoma e desvinculada daquela do autor. Ambos são legitimados quando inseridos na mesma relação jurídico-processual emergente da pretensão".[93]

Nesse sentido, prossegue Donaldo Armelin, agora transcrevendo Luigi Monaciani: "Sembra evidente che, quando la difesa del convenuto si limite alla semplice negazione del fondamento della domanda attrice egli non abbia perciò bisogno di una legittimazione diversa e autonoma, rispetto a quella dell'attore".[94] A autonomia dessa legitimação do réu, porém, ocorre quando ele abandona a simples postura de *resistência* à pretensão, e deduz pretensão ou exceção próprias, como se dá na reconvenção, na declaratória incidental, na *excepto inadimpleti contractus*, na novação, nas exceções de coisa julgada e de litispendência. É que nessas hipóteses, como aduz Donaldo Armelin, aplica-se o aforisma *reus in exceptione actor est*, de sorte que "somente aqueles réus que se encontram também inseridos naquelas situações ensejadoras das exceções substanciais ou de objeções processuais extrínsecas estão legitimados a argui-las".[95] José Manuel de Arruda Alvim, escrevendo ainda ao tempo em que o projeto previa, não a reconvenção, mas um *pedido contraposto*, avaliava que com isso "se corporifica o princípio de que a natureza dúplice da ação passa a ser a regra geral. Se a contestação pode abrigar, se for o caso, o pedido contraposto, não há mais necessidade de reconvenção" .[96] (Na sequência, porém, o projeto veio a ser alterado, ficando mantida a reconvenção, mesmo "independentemente de [o réu] oferecer contestação", a par de se prever a "reconvenção da reconvenção" (art. 344, *caput* e §§ 6.º e 7.º).

Quando se trate de ações importando interesses difusos, há que se considerar, primeiramente, a *raridade* de uma ação proposta *contra* os que sejam "correpresentantes" de um determinado interesse superindividual: a uma, porque, *de ordinário*, os *enti esponenziali* desses interesses, atuam no polo *ativo*, na *tutela* desses interesses; a duas, porque pela própria natureza desses interesses

93. Op. cit., p. 103.

94. Idem, ibidem.

95. Idem, p. 104.

96. Notas sobre o projeto de novo Código de Processo Civil, *RePro*, n. 191, jan. 2011, p. 303.

os sujeitos são *indeterminados*. Daí observar Vincenzo Vigoriti: "(...) l'esperienza appare comunque nel senso che l'iniziativa della tutela giurisdizionale è sempre stata presa dai titolari degli interessi sostanziali correlati in maniera collettiva, e que mai invece tale iniziativa è stata rivolta contro di essi".[97]

Sem embargo, não se pode descartar que, por exemplo, uma companhia pesqueira se *adiante* e promova uma ação tendo por objeto certos interesses difusos relacionados à pesca de espécimes da fauna marítima, dirigindo a ação *contra* a(s) entidade(s) *representativa*(s) desses interesses. Escrevendo para o direito italiano, Vincenzo Vigoriti observa que tal hipótese, em abstrato, "non può essere aprioristicamente esclusa. Si potrebbero, ad esempio, configurare azioni di mero accertamento (positivo o negativo) promosse da un imprenditore, o da altri soggetti comunque interessati, e dirette ad eliminare incertezze sulla legittimità e sull'adeguatezza di impianti di depurazione, sulla sufficienza dei mezzi adottati per tutelare la salute dei membri di una certa comunità, o di un'impresa, ecc.".[98]

Figure-se uma ação proposta por uma indústria, supostamente poluidora, objetivando o reconhecimento judicial (declaração) de que ela cumpriu suas obrigações no tocante à preservação do meio ambiente, com a instalação dos filtros adequados e prévio tratamento das emissões de poluentes na atmosfera. Em tal hipótese, coloca-se o problema da configuração subjetiva do polo passivo: a propositura da ação contra *todos* os virtuais "co-portadores" do interesse difuso à defesa do meio ambiente não se afigura possível; já a propositura contra (= em face de) *alguns* deles pode ser factível, desde que, sejam os portadores adequados (*enti esponenziali*) desses interesses, assim reconhecidos na legislação de regência; é dizer, com Vincenzo Vigoriti, "solo quando esistano esplicite norme che attribuiscano a determinati soggetti (persone fisiche o enti) il compito di farsi portatori di tali interessi in giudizio".[99]

Aliás, é pertinente ressaltar que a norma n. 23 das *Federal Rules of Civil Procedure* (conforme revisão de 1966) dispõe que (*a*) "one or more members of a class may sue *or be sued* as representative parties (...)", o que evidencia a possibilidade, nas *class actions*, de que os "co-portadores" dos interesses difusos venham a figurar no *polo passivo da ação*, embora, como já dito, não seja essa a hipótese mais ocorrente.[100] Nesse sentido, Vigoriti traz à colação o caso "US

97. *Interessi collettivi*... cit., p. 99.
98. Idem, ibidem.
99. Idem, p. 100.
100. Uma tradução para o português dessas *Federal Rules*, na parte alusiva às *class actions*, pode ser vista em: Antonio Gidi. *A class action como instrumento de tutela coletiva de direitos – as ações coletivas em uma perspectiva comparada*. São Paulo: RT, 2007, p. 506-509.

versus Cantrell, 307 F. Supp. 259 (1969)", "in cui si ritiene ammissibile un'azione contro una classe formata dai proprietari di bar e simili esercizi commerciali che discriminavano certe minoranze".[101]

Ainda a respeito daquela *rule 23*, Márcio Flávio Mafra Leal esclarece: "A ação pode ser coletiva tanto no polo ativo quanto no passivo". Na sequência, reporta-se a estudo de Rodney Max ("Defendant class suits as a mean of legal and social reform", *The Cumberland Law Review* 13/453, 1983), onde, segundo Mafra Leal, destacou-se "a importancia das ações coletivas em relação ao polo passivo, ou seja, de réus para a implementação de reformas sociais. O autor enfatiza pelo menos dois problemas principais: a legitimidade (*standing*) e a tipicidade-identidade das questões de fato ou de direito, difíceis de se estabelecerem nesse tipo de ação.[102]

O ponto vem assim tratado por Pedro da Silva Dinamarco: "(...) nos Estados Unidos a lei permite expressamente a *defendant class action*, ou seja, autoriza que uma ação coletiva seja ajuizada em face de representante dos interesses de toda uma classe. Dentro do sistema norte-americano isso é possível porque em qualquer ação coletiva há um rígido controle da *representação adequada* no caso concreto (representação *ope judicis*) e porque, consequentemente, a coisa julgada na ação coletiva sempre atinge todos os representados, independentemente do resultado da demanda. Entretanto, o sistema adotado pelo legislador pátrio é completamente diverso. A representação é apurada *ope legis*, ou seja, por expressa previsão legal, sem verificação da real representatividade do ente naquele caso concreto. Por isso mesmo, nos termos do art. 103 do Código de Defesa do Consumidor, a coisa julgada só poderá beneficiar a classe que estiver sendo representada, não impedindo o ajuizamento de demandas individuais, ainda que a ação civil pública tenha sido julgada improcedente por qualquer motivo. Daí por que a Lei 7.347, de 24 de julho de 1985, especialmente em seu art. 5.º autoriza a presença de associação de determinada classe apenas no polo ativo: o insucesso da defesa apresentada pela associação jamais poderá prejudicar indevidamente os interesses de seus associados".[103]

A seu turno, Ricardo de Barros Leonel, embora conceda que em alguns casos a ação coletiva possa ser ajuizada em face de entes políticos – "em boa parte dos casos, são os responsáveis por lesão a interesses supraindividuais", o que se estende aos "mentores e executores dos atos lesivos e, como tais, responsáveis solidariamente, podendo, também integrar passivamente a ação" – reconhece, todavia, que no direito pátrio não há como a coletividade,

101. *Interessi collettivi*... cit., p. 276, nota 39.

102. *Ações coletivas – história, teoria e prática*. Porto Alegre: Sérgio Antonio Fabris editor, 1998, p. 155 e rodapé n. 324.

103. *Ação civil pública*... cit., p. 269-270.

a classe, o grupo ou a categoria, constarem no polo passivo, *através* de um dos colegitimados legais, porque os "dispositivos que tratam da legitimação falam em propositura de ações coletivas e não em resposta a ações propostas (art. 5.º da Lei 7.347/1985; art. 3.º da Lei 7.853/1989; art. 1.º da Lei 7.813/1989; art. 91 da Lei 8.078/1990; art. 29 da Lei 8.884/94, que, ao usar a expressão 'poderão ingressar em juízo', deixa claro, no contexto, que se refere ao ajuizamento de ação (...)".[104]

Na jurisdição coletiva há sempre o risco de que a ação seja, *de indústria*, dirigida contra o "representante" menos idôneo, ou seja, menos *capaz* de bem defender os interesses da *classe*, com isso se objetivando, astutamente, uma declaração judicial de natureza prejudicial, possivelmente favorável ao autor e que, dessa forma, será oponível a todos os integrantes daquela classe. Para obviar esse inconveniente, o juiz norte-americano é dotado da *defining function*: o poder de considerar idônea ou não a representatividade do portador dos interesses da classe; no direito brasileiro, seria de invocarem-se os arts. 125, III, e 129 do CPC, que dotam o juiz de poderes para reprimir objetivos escusos acaso perseguidos pelas partes (inclusive a *colusão*), cabendo lembrar que o CPC é de aplicação subsidiária nas ações que envolvem interesses difusos (Lei 7.347/1985, art. 19).

No processo norte-americano, essa *defining function*, resultando positiva, leva a uma *certification order*, isto é, numa atestação judicial quanto ao recebimento da ação *enquanto demanda coletiva* e, bem assim, aí se fixam os limites do objeto litigioso e se dispõe acerca da idoneidade processual do portador (*ideological plaintiff*) do interesse metaindividual de que se trata. Escreve Cássio Scarpinella Bueno: "Esta identificação de quem será o *class representative* ganha ainda maior destaque, por razões óbvias, naquelas hipóteses em que a *class* integra o polo passivo da relação processual".[105]

Dentre nós, o anteprojeto de *Código Brasileiro de Processos Coletivos*, versão 2007 previa no art. 38, *caput*, uma *ação coletiva passiva originária*, "contra uma coletividade organizada, mesmo sem personalidade jurídica, desde que apresente representatividade adequada (...)".[106] Pense numa ação coletiva movida em face de uma *torcida organizada* que tenha praticado ou induzido atos de vandalismo contra o patrimônio de uma agremiação desportiva, ou tenha prejudicado sua imagem, em se considerando que a Lei 10.671/2.003 (*Estatuto do Torcedor*) define

---

104. Op. cit., p. 204-206.

105. As *class actions* norte-americanas e as ações coletivas brasileiras: pontos para uma reflexão conjunta. *Revista de Processo*, n. 82, p. 112.

106. V. o texto em: Ada Pellegrini Grinover *et al.* (coords.). *Direito Processual Civil Coletivo e o anteprojeto de Código Brasileiro de Processos Coletivos*. São Paulo: RT, 2007, p. 461-462.

como *torcida organizada* "a pessoa jurídica de direito privado ou existente de fato, que se organize para o fim de torcer e apoiar entidade de prática esportiva de qualquer natureza ou modalidade" (art. 2.º-A, incluído pela Lei 12.299/2010). Em tais condições, tal *torcida* passa a legitimar-se ao polo passivo da ação voltada a apurar os danos e imputar responsabilidades, nos termos do art. 39-B daquele *Estatuto* (dispositivo incluído pela Lei 12.299/2010): "A torcida organizada responde civilmente, de forma objetiva e solidária, pelos danos causados por qualquer dos seus associados ou membros no local do evento evento esportivo, em suas imediações ou no trajeto de ida e volta para o evento".

Acerca da ação coletiva *passiva*, Jordão Violin alerta que, a despeito de o ordenamento positivo não prevê-la, algumas delas tiveram curso na Justiça, exemplificando com a "Ação Civil Pública proposta pelo Ministério Público do Estado do Paraná em face do Sindicombustíveis, sindicato que reúne os postos revendores de combustíveis do Estado do Paraná. Na ação a promotoria pede a criação de um limite de 11% para margem de lucro dos postos de Curitiba e Região Metropolitana na venda de gasolina e de 30% na de álcool. O argumento da promotoria para a ação é garantir a livre concorrência no setor, de modo a proteger o consumidor de aumentos repentinos e abusivos. Observe-se que, se não fosse a representação de todos os postos revendedores pelo Sindicato, tal ação ficaria praticamente inviável. Há mais de duas centenas de postos de combustíveis atuando na região de Curitiba. É fácil imaginar a dificuldade de se formar um litisconsórcio entre todos eles".[107]

Na sequência, examinaremos os alvitres que se oferecem para a *legitimatio ad causam ativa*, quando se trate dos interesses difusos.

3.3.2 Alternativas na legitimação para agir em tema de interesses difusos

Numa visão tradicional, a legitimação para agir aparece como o *poder* em virtude do qual uma pessoa exerce o direito de ação num caso concreto.[108] Trata-se

107. *Ação coletiva passiva*. Salvador: JusPodivm, 2008, p. 93, 94.

108. "La qualité est le pouvoir en vertu duquel une personne exerce l'action en justice", dizem Henri Solus e Roger Perrot (Op. cit., p. 243). É claro que esse *poder* é estabelecido ao nível de *possibilidade* e não de *certeza*, o que, de resto, é uma característica geral das condições da ação. Como diz José Manoel Arruda Alvim: "A *legitimatio ad causam* é a atribuição, pela lei ou pelo sistema, do direito de ação ao autor, possível titular ativo de uma dada relação ou situação juríica, bem como a sujeição do réu aos efeitos jurídico-processuais e materiais da sentença" (*Manual*... cit., p. 413). Para Donaldo Armelin, a legitimação para agir é "uma qualidade jurídica que se agrega à parte no processo, emergente de uma situação processual legitimante e ensejadora do exercício regular do direito de ação, se presentes as demais condições da ação e pressupostos processuais, com o pronunciamento judicial sobre o mérito do processo" (Op. cit., p. 85).

de saber, no caso dos interesses difusos, quais pessoas ou entidades detêm esse poder; a que título o exercerão; se podem fazê-lo disjuntiva ou concorrentemente; se tal será possível com a estrutura atual do processo civil ou se modificações se fazem necessárias.

A primeira consideração a ser feita diz respeito ao fato de que a legitimação, nos interesses difusos, não pode ser resolvida em termos de perquirição sobre a titularidade da pretensão; isso seria até uma *contradictio in re ipsa*, visto que tais interesses são *difusos*, e isso basta para que seja descartada a hipótese de afetação dos mesmos a um "titular" *determinado*.[109] A óptica deve ser *objetiva*, isto é: deve-se dar prevalência aos aspectos da relevância social do interesse e da capacidade representativa de seu portador (esses são os títulos jurídicos); o portador desses predicativos não opera em termos de exclusividade, mas de veículo ou instrumento *idôneo* a solicitar a tutela judicial adequada. A tônica então se coloca, como diz Claudio Varrone, "non in termini di appartenenza o di esistenza di titoli legali di legittimazione, ma di pura *praxis*, del loro effettivo agire in funzione del conformarsi della vita sociale ai valori costituzionali".[110]

No ponto, Mauro Cappelletti realça a necessidade de uma *releitura* de vários capítulos da ciência processual, especialmente o da legitimação para agir, como condição para uma tutela judicial *efetiva* aos interesses metaindividuais; o que, segundo ele, não implica propriamente um abandono dos clássicos esquemas, senão antes um trabalho de *adaptação* das disponibilidades existentes: "Even the most sacred principles of 'natural justice' must therefore be reconsidered in view of the changed needs of contemporary societies. Reconsideration, however, does not mean abandonment, but rather adaptation".[111]

---

109. Aliás, Vittorio Denti não hesita em afirmar que, tratando-se de interesses superindividuais, é um erro recorrer-se aos esquemas tradicionais de legitimação. Isso porque "ocorre francamente riconoscere che il concetto di legittimazione è strettamente legato a una determinata concezione dell'azione, la quale a sua volta si modella sulla tutela dei diritti soggettivi di origine codicistica" (Relazione introdutiva... cit., p. 15).

110. Op. cit., p. 791. Neste ponto, porém, convém trazer à colação as judiciosas advertências de Gustavo Vignocchi, que, reconhecendo, embora, a necessidade de serem revistos os parâmetros excessivamente individualísticos da legitimação para agir, adverte para os perigos de uma postura excessivamente liberalizante: "Il porre i meccanismi del processo a disposizione di qualunque soggetto che, senza particolari qualificazioni, si faccia a chiedere la tutela giurisdizionale di interessi non propri e meramente collettivi (al di fuori dei casi del tutto speciali, circoscriti e giustificati dell'azione popolare) non solo altererebbe le strutture e le caratteristiche del processo giurisdizionale, ma anche lo stesso sistema generale dei diritti soggettivi *sensu lato*, eliminando in pratica ogni differenziazione fra interessi qualificati e invece meramente generici" (Il problema della tutela... cit., p. 222).

111. Vindicating the public interest through the courts. *The judicial process in comparative perspective*. Oxford: Clarendon Press, p. 304.

Assim posta a questão, vejamos as alternativas possíveis em tema de legitimação para agir no caso dos interesses metaindividuais.

3.3.2.1 Legitimação difusa (concorrente ou disjuntiva) aos particulares, individualmente ou agrupados

A tutela jurisdicional aos interesses difusos se situa no plano geral da "participação popular através da justiça", isto é, admite-se a existência de um grande contingente humano, cujos interesses, por serem *difusos*, não se enquadram no esquema tradicional da legitimidade, referida à *titularidade do direito* e assim *tendem a ficar marginalizados do processo jurídico*. Como afirma Denti: "La via giudiziale, infatti, si è dimostrata, in molti casi, l'unico possibile mezzo per dar voce agli interessi di quelle 'maggioranze diffuse' che, prive di rappresentanza istituzionale, si trovano la strada sbarrata dalle scelte del potere politico ed economico".[112]

Assim é que, gradualmente, foi se reconhecendo a premência de se dar "voz e voto" a esses *interesses sem dono,* até então esquecidos ou ignorados, por conta da consideração simplista e equivocada de que *o que pertence a todos não pertence a ninguém*, e assim torna-se inviável sua tutela.[113]

Tratando-se de interesses *difusos*, o ideal seria – por uma questão de simetria – que a legitimação fosse também *difusa*, isto é, aberta a todos os interessados. O instrumento processual hábil seria a vetusta *actio popularis*, radicada no direito romano, através da qual, os cidadãos – *cuivis de populo* – participavam da *res publica*, englobando o erário, a ordem pública, a família, a *gens* e os valores morais e religiosos – as *rei sacrae* da comunidade.[114]

Dentre nós, de tempos a esta parte foi se registrando uma revalorização da ação popular. No Brasil, José Carlos Barbosa Moreira, em pronunciamento feito em 1981 (Congresso Nacional de Direito Processual, *La Plata*, Argentina,

112. L'avvocato e la difesa di interessi collettivi. *Foro Italiano*, 1978, vol. 101, p. 7 da separata, n. 2.

113. Cf. Mauro Cappelletti: "'Giusta parte' non è più soltanto il titolare del diritto o interesse legittimo fatto valere in giudizio, o il soggetto direttamente e personalmente danneggiato, ma anche il soggetto privato – individuo o gruppo spontaneo – che agisce per il bene collettivo" (Formazioni sociali... cit., p. 393).

114. A doutrina ressalta dois aspectos da *actio popularis* romana: o de ser um instrumento "posto a serviço dos membros da coletividade para o controle permanente da legitimidade extrínseca (ou às vezes também intrínseca) do procedimento administrativo" (cf. Miguel de Seabra Fagundes. Da ação popular. *RDA*, n. 6, p. 1-19): e a circunstância "de se dar a legitimidade *ad causam* a qualquer pessoa do povo – *cuivis de populo*" (José Afonso da Silva. *Ação popular*...cit., p. 15). V. o nosso estudo: Ação popular. *Revista de Processo*, n. 27, São Paulo: RT, jul.-set. 1982; e nossa obra: *Ação popular*. 7. ed. São Paulo: RT, 2012.

1981), lembrava que, "fora do âmbito da ação popular, inexiste no direito positivo brasileiro regra específica atinente à vindicação judicial de 'interesses difusos'" (até porque o mandado de segurança, em virtude da Súmula 101 do Supremo Tribunal Federal, não substitui a ação popular).[115]

Na Itália esse tipo de ação é utilizável, dentre outras finalidades, para se coibir ilegalidade ou abuso na concessão de licença edilícia;[116] outrossim, Pedro da Silva Dinamarco, com apoio em Carlo Verardi, destaca a Lei italiana 549/1993, "que reconhece 'alle associazioni esponenziali un ruolo consultivo nei confronti della pubblica amministrazione', bem como 'forme di leggittimazione ad agire – in via inibitoria e risarcitoria – che non trovano riscontro nella disciplina italiana".[117] Na França, admite-se que a Lei Royer albergou uma ação popular em matéria de defesa dos interesses dos consumidores.[118]

Na Constituição portuguesa, alterada pela Lei Constitucional n. 1, de 24.07.2004, dispõe o art. 52.3: "É conferido *a todos, pessoalmente ou através de associações de defesa dos interesses em causa*, o direito de acção popular nos casos e termos previstos na lei, incluindo o direito de requerer para o lesado ou lesados a correspondente indemnização, nomeadamente para: a) promover a prevenção, a cessação ou a perseguição judicial das infracções contra a saúde pública, os direitos dos consumidores, a qualidade de vida e a preservação do ambiente e do património cultural; b) assegurar a defesa dos bens do Estado, das regiões autónomas e das autarquias locais" (v., também, o Dec.-lei 180/1996 que alterou o art. 26-A do CPC português). [119] Ao propósito, o Supremo Tribunal de Justiça de Portugal, no proc. 881/96, analisou a Lei 83/95, reguladora do direito de ação

---

115. A legitimação... cit., p. 4. Waldemar Mariz de Oliveira Junior lembra ainda a hipótese de denúncia por "qualquer cidadão" de crime de responsabilidade imputável a Ministro de Estado ou Presidente da República (Lei Federal 1.079/1950) (Tutela jurisdicional dos interesses coletivos e difusos. *Revista de Processo*, n. 33, jan.-mar. 1984, p. 11).

116. Vincenzo Vigoriti considera *popular* a ação prevista na *legge ponte* de 06.08.1967, n. 765, "ove appunto è previsto che 'chiunque' possa ricorere contro il rilascio di licenze (ora concessioni) edilizie illegittime" (*Interessi...* cit., p. 115-116).

117. Op. cit., p. 32.

118. Comentando essa lei, Pierre-François Divier anota que, no tocante à legitimação ativa das associações de consumidores, o legislador falou em *partie civile*, quando, antes, se trataria "d'une partie populaire... jouant franchement un rôle concurrent à celui du ministère public" (Op. cit., p. 211). É discutível essa afirmação, visto que a Lei Royer *restringe* a legitimação às associações *agrées* pelo Ministério da Justiça, mediante o preenchimento de certos requisitos e, assim, a legitimação não seria propriamente *difusa*, como ocorre nas ações populares *típicas*. (Obs.: a Lei Royer tem passado por sucessivas alterações, destacando-se as promovidas pelas Leis: n. 66-509 de 12.07.1966; n. 96-603 de 05.07.1996; n. 776, de 04.08.2008; n. 14, de 05.01.1988; n. 853, de 23.07.2010)

119. Em setembro de 2013 entrará em vigor o novo CPC português (Lei n. 41/2013), no qual o art. 31 trata do tema em questão.

popular, concluindo: "1. O art. 1.º da Lei 83, de 31.08.1995, abarca não só os 'interesses difusos', mas também 'os interesses individuais homogéneos'; 2. O direito de reparação de danos do consumidor por incumprimento de contrato inclusive na categoria dos 'interesses homogéneos individuais'".[120]

De maneira geral, registram-se, em diversos países, experiências idênticas ou similares à ação popular, tendentes a permitir a legitimação *difusa*, isto é, o controle jurisdicional dos interesses difusos através da iniciativa de qualquer um do povo. Estão sob essa rubrica vários exemplos do direito estrangeiro: a) na Baviera, há uma *Popularklage* para tutela dos direitos fundamentais do homem, consagrada na Constituição bavaresa de 1946: reconhecida a inconstitucionalidade do ato impugnado, a decisão terá efeitos *erga omnes*; b) nos Estados Unidos, o *Clean Air Act*, de 1970, permite a qualquer cidadão ajuizar ação contra entes públicos ou privados – *citizen action* – nos casos de poluição do ar atmosférico; c) na Suécia, a lei sobre a preservação da natureza, de 1969, permite aos cidadãos obterem ordem de cessação da atividade nociva;[121] d) na experiência tedesca, Nicolò Trocker assinala a tendência à ampliação do poder de agir na justiça, tendo-se instituído "vere e proprie ipotesi di azione popolare": nos campos societário, de marcas e patentes, de tutela do ambiente.[122]

A adoção do modelo da ação popular como instrumento para a tutela dos interesses difusos, se, por um lado, serve à nobre causa da participação popular através da justiça, apresenta, porém, alguns inconvenientes, reconhecidos pela doutrina. Em primeiro lugar, ela se apresenta como "faca de dois gumes", porque, se não for exercida de modo responsável, poderá servir para retaliações políticas, ou para ajuizamento de ações por mero espírito de emulação. Em segundo lugar, há o risco de a ação vir a ser intencionalmente *mal* proposta, justamente para se obter uma sentença de improcedência, que, uma vez transitada em julgado, jogará uma pá de cal sobre o assunto.[123] Finalmente, é possível que esse tipo de ação, ao invés de configurar uma colaboração, acabe por ser fator de perturbação da boa ordem dos serviços, quando não é ajuizada por motivos sérios e relevantes. Rafael Bielsa, em clássico estudo, alertava para "la posible propensión al ejercicio irreflexivo o irresponsable de la acción popular".[124]

Dentre nós, o saudoso Hely Lopes Meirelles ressaltava que "a ação popular não autoriza o Judiciário a invalidar opções administrativas ou substituir crité-

120. Recurso e acórdão do Supremo Tribunal de Justiça de Portugal – ação popular e interesses individuais homogêneos. *RePro*, n. 88, out.-dez. 1997, p. 147.

121. Cf. Mauro Cappelletti. *Formazioni...* cit., p. 386.

122. La tutela giurisdizionale... cit., p. 454.

123. Cf. José Afonso da Silva. Op. cit., p. 252.

124. Rafael Bielsa. La acción popular y la facultad discrecional administrativa. *La ley*, t. LXXIII, p. 724; *RF*, n. 157.

rios técnicos por outros que repute mais convenientes ou oportunos, pois essa valoração refoge da competência da Justiça e é privativa da Administração. O pronunciamento do Judiciário, nessa ação, fica limitado unicamente à legalidade do ato e à sua lesividade ao patrimônio público. Sem a ocorrência desses dois vícios no ato impugnado não procede a ação".[125]

Bem por isso, deve-se louvar a conduta do legislador brasileiro, na adoção de algumas cautelas voltadas a desestimular a propositura de ações temerárias ou ainda decorrentes de *colusão* entre as partes. Assim é que o Ministério Público é legitimado a prosseguir na ação em caso de desistência, além de lhe caber zelar pela produção das provas;[126] nos casos de improcedência em razão de precariedade probatória, não se opera o efeito da coisa julgada material,[127] aplicando-se, aí, a teoria da coisa julgada *secundum eventum litis*;[128] nos casos de ações propostas temerariamente, o autor é condenado no décuplo das custas,[129] sem prejuízo de responsabilidade residual civil e penal, quando for o caso.

---

125. *Mandado de segurança, ação popular, ação civil pública, mandado de injunção, habeas data.* 23. ed. atual. Arnoldo Wald e Gilmar Ferreira Mendes. São Paulo: Malheiros, 2001, p. 122.

126. Lei 4.717/1965, art. 7.º, § 1.º, e art. 9.º.

127. Idem, art. 18.

128. Giuseppe Chiovenda fazia restrições à coisa julgada *secundum eventum litis* (*Instituições de Direito Processual Civil.* Trad. J. Guimarães Menegale. São Paulo: Saraiva, 1942, vol. 1, n. 135). No direito brasileiro, José Afonso da Silva afirma que a adoção desse sistema, pelo art. 18 da citada lei de ação popular, é inconstitucional, porque fere o princípio de isonomia processual, "que é um aspecto particular da igualdade perante a lei (...) se o juiz não pode dispor, de ofício, de algum meio de prova que possa integrar o material existente nos autos, a demanda deverá ser rejeitada, porque *actore non probante, reus absolvitur*" (*Ação popular constitucional*...cit., p. 274). Contra: na doutrina italiana, Andrea Proto Pisani, afirmando que a eficácia *secundum eventum litis* corresponde "ad una tendenza evolutiva comune anche ad ordinamenti straniere (...)" (Appunti preliminari per uno studio sulla tutela giurisdizionale degli interessi collettivi (o più esattamente: superindividuali) innanzi al giudice civile ordinário, *Revista Diritto e Giurisprudenza*, vol. XXX, 1974, p. 815). Na doutrina brasileira, José Carlos Barbosa Moreira entende infundada a crítica de José Afonso da Silva ao referido art. 18 da lei em causa, considerando que a solução ali adotada é "merecedora de extensão a hipóteses análogas" (A ação popular... cit., p. 123 e rodapé n. 19). O autor mostra, com razão, que a disciplina desse art. 18 foi concebida justamente para afastar as hipóteses de colusão e de sentenças sucessivas contraditórias. A aplicação dessa técnica da eficácia *secundum eventum litis* deu-se no Código de Defesa do Consumidor, art. 103 e incisos, e no art. 16 da Lei 7.347/1985 (este último dispositivo, com a alteração promovida pela Lei 9.494/1997, ficou com esta redação: "Art. 16. A sentença civil fará coisa julgada *erga omnes*, nos limites da competência territorial do órgão prolator, exceto se o pedido for julgado improcedente por insuficiência de provas, hipótese em que qualquer legitimado poderá intentar outra ação com idêntico fundamento, valendo-se de nova prova").

129. Lei 4.717/1965, art. 13; CF, art. 5.º, LXXIII.

No direito brasileiro, em virtude da Súmula 365 do Supremo Tribunal Federal – "Pessoa jurídica não tem legitimidade para propor ação popular" – a legitimidade recai sobre os cidadãos, cabendo indagar a que *título* eles a exercem. A maioria doutrinária perfilha a tese de que o autor popular age como *substituto processual*, e assim já entendeu o STJ: "1. O autor popular não litiga contra o Estado, mas, ao contrário, como seu substituto processual, razão pela qual a vedação de concessão de liminares, contida no art. 1.º, da lei 8.437/1992, com audiência ou não do Poder público, não se aplica às ações populares. Precedentes da Corte. 2. Recurso especial não provido" (REsp 73.083/DF, 6.ª T., j. 09.09.1997, rel. Min. Fernando Gonçalves, *DJ* 06.10.1997).

Registre-se, todavia, a prestigiada posição de José Afonso da Silva, demonstrando, com bons argumentos, que o autor popular age por legitimação *ordinária*, visto que "ele exerce o direito primário decorrente da soberania popular, de que ele é titular, como qualquer outro cidadão".[130]

Essa qualificação, de resto, é típica na tutela dos interesses metaindividuais, pela razão posta por Anna De Vita: "Abbandonando la prospettiva individualística, l'accento non si pone più sul singolo e sullo status giuridico che lo personalizza e ne fa un *unicum* rispetto agli altri consociati, ma su un *quid* livellatore ed egalitario (...). Si tratterebbe cioè di un interesse concretamente protetto in capo al singolo, non tanto perché suo proprio, ma perché quel tale singolo è scelto o si auto-legittima come campione rappresentativo di una situazione di vantaggio, che essendo generalmente attribuita lo è anche individualmente".[131]

Dessa "legitimação difusa", isto é, de todos os interessados, se pode dizer com José Carlos Barbosa Moreira que ela é "concorrente e disjuntiva",[132] por-

---

130. Op. cit., p. 195. Para Cândido Rangel Dinamarco, na ação popular dá-se um "litisconsórcio unitário facultativo", entre "colegitimados extraordinários". Explica, a propósito do art. 18 da Lei 4.717/1965, que "essa extensão da coisa julgada é natural nos casos de *substituição processual* e, se não existisse o dispositivo citado, da mesma forma ficaria o substituído atingido pela autoridade da sentença de improcedência (ou seja, a entidade lesada) e, por consequência, todos os demais cidadãos, seus substitutos processuais. É óbvia a razão de moralidade pública que levou o art. 18 a fazer a ressalva dos casos em que a improcedência haja resultado da insuficiência de provas" (*Litisconsórcio*. 7. ed. São Paulo: Malheiros, 2002, p. 188 e 193). Para Waldemar Mariz de Oliveira Jr., o autor popular "não é substituto processual da mais pura linhagem, sendo, no entanto, inquestionavelmente, um legitimado extraordinário" (Op. cit., p. 19). No sentido da posição sustentada por José Afonso da Silva, podemos citar, no direito italiano, Salvatore Satta, para quem o autor popular não age como substituto processual, mas sim na tutela "di un suo interesse di sè civis"; igualmente, Cecília Assanti, para quem se trata de "un vero e proprio diritto personale, sebbene (...), comune ad altri consociati" (*apud* Celestino Biagini. Op. cit., p. 199). Ver o nosso: *Ação popular*.. 7. ed., 2012, cit., p. 176 e ss. .

131. La tutela giurisdizionale... cit., p. 350-351.

132. "(...) legitimação concorrente (e 'disjuntiva') dos cotitulares, que ficam habilitados a agir em juízo, na defesa do interesse comum, quer isoladamente, quer mediante a

que os cidadãos, isolada ou concorrentemente, podem ajuizar a ação popular. É curial que, quando o façam em grupo, dê-se a formação de um litisconsórcio *voluntário*, até porque a hipótese de um litisconsórcio necessário fica excluída por definição:[133] tratando-se de interesses concernentes à pluralidade de indivíduos (comunidade, categoria), seria inviável a presença de todos no processo.

Na verdade, a preocupação doutrinária com a legitimação para agir nas hipóteses de direitos ou interesses plurissubjetivos não é tão recente. Já Piero Calamandrei falava de "legittimazione per categoria",[134] anotando Nicolò Trocker que ela é "riconosciuta indistintamente a tutte le persone appartenenti a una certa categoria familiare o sociale, e ravvisava in essa una delle figure intermedie che si pongono fra l'azione privata e l'azione pubblica".[135] Em tais casos, podem os sujeitos interessados provocar o exercício da jurisdição "per il semplice fatto di appartenere ad una certa categoria professionale".[136]

Um bom exemplo dessa "legitimação por categoria", no direito moderno, é dado pelas *class actions*, do direito norte-americano,[137] onde se cunhou a figura

---

formação de um litisconsórcio voluntário. A legitimação para a defesa dos *interesses difusos* no direito brasileiro" (*Revista Forense*, vol. 276, p. 2).

133. Cf. Andrea Proto Pisani. *Appunti...* cit., p. 808.

134. Istituzioni di diritto processuale civile, *Opere giuridiche*, a cargo de Mauro Cappelletti, n. 4, p. 133. Exemplo dessa "legittimazione per categoria" na jurisprudência italiana encontra-se na sentença 472, de 14.7.1972 do *Consiglio di Stato*, a propósito de uma impugnação apresentada pelos "operatori economici alberghieri della zona tra Formia e Gaeta", a propósito de "provvedimenti amministrativi con cui si concede di installare ed esercitare depositi di oli minerali, che si ritiene idonei a pregiudicare la integrità di un ambiente particolarmente adatto all'esercizio dell'impresa turistica". A Corte entendeu que os recorrentes atuavam enquanto "portatori di un interesse che, se non meramente individuale, era sicuramente proprio della collettività determinata di cui essi facevano parte, avrebbero ben potuto ottenere giustizia" (cf. Celestino Biagini. L'azione popolare... cit., p. 212).

135. Op. cit., p. 456, n. 10.

136. Idem, ibidem. A seu turno, Federico Carpi anota que esses *interesses de categoria* "da un certo punto di vista possono essere qualificati seguendo la terminologia pubblicistica, come 'diffusi' oppure secondo l'impostazioni di uno degli illustri relatori (o autor invocado é Massimo Severo Giannini) come 'adespoti'" (cenni sulla tutela degli interessi collettivi nel processo civile e la cosa giudicata, *Riv. Trim. Dir. Proc. Civ.*, n. 3, p. 958-959, set.1984). Sobre a "legitimação por categoria", ver Giuseppe Tarzia, Le associazioni di categoria nei processi civili con rilevanza collettiva, *Rivista di Diritto Processuale*, out.-dez. 1987, p. 774 *et seq.*, especialmente item 10.º. Outrossim, o nosso Código de Defesa do Consumidor previu em seu art. 103, II, uma coisa julgada "*ultra partes*, mas limitadamente ao grupo, categoria ou classe (...)", justamente porque aí se trata de interesse *coletivo em sentido estrito* (art. 81, II desse Código) e, não, de interesse difuso.

137. É particularmente extensa a literatura sobre as *class actions*. Dentre os vários trabalhos, podem ressaltar-se: Keneth W. Dam. Class actions notice: who needs it? *The Supreme Court Review*, 1974, p. 97 et seq.; Note: "The importance of being adequate: due

de uma sorte de "autor popular" a que Louis Jaffe chamou *ideological plaintiff*. Por essas ações se opera a derrogação do princípio inspirador do litisconsórcio necessário, visto que se permite a presença em juízo de um representante da categoria social afetada (por exemplo, alguém que se oferece como o paladino dos usuários dos serviços de táxi); é claro que em tais casos, a legitimação para agir não pode ser buscada na técnica da *coincidência* entre titularidade do direito material e o autor da ação.

A legitimação é buscada alhures, por *critério objetivo*, qual seja o de saber se existe *adequacy of representation*, isto é, se a *parte ideológica* presente em juízo reúne as condições que a qualificam para representar a *class*. A verificação da idoneidade dessa representação compete ao juiz, no exercício da *defining function*, isto é, a função de definir se se trata ou não de uma *class action*, e se a representação, no caso concreto, é adequada. Essa definição é importante porque, em caso positivo, a sentença projetará efeitos *erga omnes*, para todos os integrantes da categoria, ainda que ausentes da ação.

É claro que esse tipo de ação, se por um lado atende às exigências da tutela aos interesses difusos, de outro implica numa verdadeira "revolução" na estrutura tradicional do processo, pelas alterações que provoca em vários tópicos processuais: comunicação efetiva dos atos processuais; contraditório; função do juiz; direito de defesa; coisa julgada etc. Vincenzo Vigoriti não hesita em dizer que "la class action si colloca in una dimensione nuova e diversa, e che rappresenta una rottura quasi completa con gli schemi processuali da sempre praticati nel mondo di 'common law', come in quello di 'civil law'".[138] A questão, anota Márcio Flávio Mafra Leal, reduz-se a "equacionar as exigências do devido processo legal e da noção do direito de ação como direito do indivíduo (pessoa física ou

---

process requirements in class actions under federal rule 23" (*Universal of Pennsylvania Law Review*, vol. 123, maio 1975, n. 5, p. 1.217 *et seq.*); Keneth W. Dam. Class actions: efficiency, compensation, deterrence and conflict of interest. *The Journal of Legal Studies*, vol. 4 (1), p. 47 et seq.; Gary Goldberg. Eisen III: Fluid recovery, constructive notice and payment of notice costs by defendant in class action rejected (Eisen v. Carlisle e Jacquelin). *Columbia Law Review*, vol. 73, n. 8, p. 1639 et seq.; Stephen C. Yazell. Group litigation and social context: toward a history of the class action. *Columbia Law Review*, vol. 77, n. 6, p. 866 et seq.

No que tange às *public actions*, o texto básico é o *Administrative Procedure Act*, de 1946, valendo ressaltar o capítulo IV, nominado *Alternative means of dispute resolution in the administrative process* – §§ 571-584. Ver jurisprudência em: Giovanni Quadri. Op. cit., p. 93 et seq. No direito brasileiro, ver: José Rogério Cruz e Tucci. "*Class action*" *e mandado de segurança coletivo*. São Paulo: Saraiva, 1990.

138. *Interessi...* cit., p. 255. No mesmo sentido, cf. Giovanni Quadri: "È stato detto a ragione che nessun istituto giuridico ha suscitato tante speranze e tanti timori come quello delle *Class Actions*" (Op. cit., p. 98).

jurídica) com o modelo representativo das ações coletivas e com a extensão da coisa julgada dela decorrente (coisa julgada extra-partes)".[139]

No que tange ao ponto que mais de perto nos interessa, verifica-se que a figura do *ideological plaintiff* representa um ponto avançado na evolução do importante tema da *standing* (legitimação para agir) nas ações que têm por objeto interesses difusos, sobretudo em matéria de proteção à natureza – *environmental lawsuits*. De início, o "poder de agir", nesse campo, era reconhecido a quem alegasse a violação de um *legal protected interest*, ou de um *special interest*, cabendo à parte a prova da violação do *right, privilege, immunity, power*, isto é, de uma situação jurídica própria, afetada pela ação ou omissão administrativa no que tange, por exemplo, à tutela do ambiente natural. Essa postura restritiva se dava pelo fato de que a *judicial review* dos atos administrativos não se podia fazer *in abstracto*, isto é, para o simples controle da legalidade, fazendo-se necessário que se tratasse de uma controvérsia real – *case or controversy requirement* – vedada a intervenção jurisdicional quando se tratasse de meras dissensões entre as partes – *advisory opinions*. Portanto, mesmo nessas ações de natureza metaindividual, o autor não se forrava do ônus de provar uma "situazione di interesse personale ed esclusivo di fronte all'attività amministrativa illegittima".[140]

Essa qualificação, que diríamos: "ordinária", era assim atribuída ao autor dito *hohfeldian-plaintiff*, quer dizer, àquele "chi fondi il proprio *standing* sulla violazione di un 'legally protected interest' di tipo tradizionale".[141] Evidente que essa postura não era adequada para a tutela dos interesses difusos, que, por sua própria natureza, não comportam redução aos limites do interesse direto

---

139. Op. cit., p. 36.

140. Cf. Loriana Zanuttigh. Op. cit., p. 400 e n. 15.

141. Idem, ibidem. A expressão *hohfelding-plaintiff* é utilizada por Louis J. Jaffe, reportando-se a Hohfeld (*Some fundamental legal conceptions as applied in judicial reasoning*, Yale, 1913). Jaffe considera que a *crucial question* é saber se o acesso à justiça depende da existência de uma parte que invoca necessariamente *his own legal status*, isto é, *a right, a privilege, an immunity or a power*. O autor mostra a lenta evolução operada na jurisprudência norte-americana, até se chegar ao reconhecimento de *standing* (legitimação) nos casos em que o autor invoca, em verdade, um interesse geral, por exemplo, o respeito à lei. Cita o caso Associated Industries, Inc. *versus* Ickes, onde uma *radio broadcasting licensee* se insurgia contra a concessão de uma licença a uma nova rádio, que, com aquela primeira, entraria em competição. O juiz Jerome Frank, embora observasse que a autora não gozava de interesse pessoal, direto ("no legally protected interest..., no interest in being free from competition"), reconheceu-lhe, porém, a qualidade de "private Attorney General", isto é, um "Ministério Público" exercido por um particular (The citizen as litigant in public action: the non-hohfeldian or ideological plaintiff. *University of Pennsylvania Law Review*, 1967/1968, p. 1033-1035).

e pessoal do indivíduo; para tal constatação muito contribuiu a verificação de que certos interesses difusos, conquanto relevantes, não eram valoráveis pecuniariamente; de outra parte, nesses interesses, o elemento subjetivo (culpa) passa a ser secundário, vindo ao primeiro plano os elementos objetivos: o dano produzido (ou eminente) e o nexo causal (hoje essa interação se expressa, nas questões ambientais, no binômio *poluidor-pagador*).

Tudo isso levou à conclusão de que nas ações cujo objeto são interesses difusos, não se pode exigir que o autor proceda como um *hohfeldian-plaintiff* que se "risente di un danno personale diretto e immediato, patrimonialmente valutabile"; ao contrário, a postura deve ser adequada ao *tipo* de interesse, que é especial, metaindividual. Louis Jaffe encarregou-se de mostrar que, em tema de interesses difusos, o autor deve ser um "non-hohfeldian or ideological plaintiff".[142] Tal afirmação fica melhor compreendida com esta explicação de Antonio Gidi: "Autor hohfeldiano. É a pessoa que vai a juízo em busca de uma determinação de que ele tem um direito, um interesse, um privilégio ou um poder. Ele vai a juízo em proteção dos seus interesses pessoais. É o contrário de *ideological plaintiff* e *non-hohfeldian plaintiff*. Segundo alguns, somente aquele que tem interesse pessoal na controvérsia pode garantir uma representação vigorosa dos interesses em jogo. A expressão 'hohfeldian' tem origem em um artigo publicado por Wesley Newcomb Hohfeld em 1913. É esse o tipo de representação encontrado nas ações coletivas americanas em geral".[143]

Pelo que se verifica, há um *núcleo comum* entre as *class actions* do direito norte-americano e a ação popular brasileira, na medida em que através delas se persegue a tutela de interesses superindividuais. Todavia, em tema de legitimação para agir, o modelo norte-americano é mais ousado, permitindo que uma pessoa se apresente como "representante ideológico" de toda uma categoria social, desde que demonstre que tal representação é adequada.[144] Ao passo que na ação popular brasileira o autor não é "representante", mas exerce o *seu* direito subjetivo público à proba e eficaz administração da coisa pública (ou, se se quiser, a *sua quota-parte* nesse interesse geral). No caso brasileiro, a ação é aberta a "qualquer cidadão",[145] isto é, a *causa* está na cidadania devendo o autor ser *cidadão-eleitor*, isto é, estar no gozo dos *direitos políticos*, porque "todo poder emana do *povo*, que o exerce por meio de seus representantes eleitos, ou *diretamente*, nos termos desta Constituição" (CF, par. único do art. 1.º).

142. Cf. Loriana Zanuttigh. Op. e loc. cits.

143. *A class action como instrumento...* cit., p. 474.

144. Segundo anota Vincenzo Vigoriti, a eficácia *erga omnes* da sentença, ainda com relação aos ausentes, "è un ulteriore riflesso della *ratio* dell'istituto: l'adeguatezza dei *class representatives* sostituisce le garanzie individuali" (*Interessi...* cit., p. 283).

145. Lei 4.717/1965, art. 1.º; CF, art. 5.º, LXXIII.

No modelo norte-americano a *causa* está no fato de a representação ser adequada, permitindo presumir que os interesses dos integrantes do grupo estão razoavelmente protegidos. Havendo a *adequacy of representation*, reconhece-se que o autor ideológico é um *real party in interest*.[146] É dizer, admitida uma ação como coletiva, e reconhecida a representação adequada de quem vem postular em Juízo pelos interesses da classe indigitada, presume-se que os membros desta tiveram respeitado o seu *right to be heard*. Segundo esclarece Cassio Scarpinella Bueno, "na doutrina que estuda as *class actions*, é comum a expressão de que, se todos estes membros ausentes foram devidamente representados, não há como questionar que tenham tido *their own day in Court* e, fique dito de pronto, não há qualquer necessidade de autorização prévia dos membros putativos de uma classe para que possam ser representados em juízo pelo autor da *class action*".[147]

Vale mencionar que no processo norte-americano há uma *variante* na legitimação ativa para as *class actions*, quando se outorga *adequada representação* não propriamente a um membro da classe, mas a um advogado adrede ajustado para operar como o *ideological plaintiff*. Trata-se, então, do *private attorney general*, que, segundo Márcio Flávio Mafra Leal, desempenha dupla função: "Promover o *public interest*, quando se trata, geralmente, de organizações não governamentais, ou danos individualmente sofridos por uma coletividade, quando o autor é um indivíduo. Neste último caso, o exercício da advocacia visa a alcançar os honorários exponenciais oferecidos pelas ações coletivas, principalmente nos chamados *mass tort cases*, em que há milhares de vítimas, em uma atividade advocatícia tipicamente empresarial".[148]

Cabe acrescentar que, no Brasil, a legitimação para agir em tema de interesses difusos não se limita à ação popular, mas, dependendo das peculiaridades do caso concreto, pode-se cogitar da ação declaratória de inconstitucionalidade,[149] e mesmo da ação cominatória,[150] o que não deve causar espécie, porque pelo art. 83 da Lei 8.078/1990 (dispositivo integrado ao *microssistema processual coletivo*,

146. A noção de "real party in interest" corresponde, basicamente, ao "legitimado ordinário" (cf. norma n. 17 das *Federal Rules of Civil Procedure*).

147. As *class actions* norte-americanas e as ações coletivas brasileiras: pontos para uma reflexão conjunta. *Revista de Processo*, n. 82, p. 102.

148. Op. cit., p. 136.

149. Celso Bastos. Op. cit., p. 44.

150. As ações cominatórias para cumprimento de obrigações de fazer e de não fazer hoje apresentam novas peculiaridades processuais, ao influxo da busca pela *prestação específica*, o que é particularmente importante na tutela judicial aos interesses metaindividuais, especialmente os relacionados ao meio ambiente: v. arts. 461 e 461-A do CPC. Isso é verdadeiro inclusive no âmbito da jurisdição singular: figure-se que uma condenação para uma empresa poluidora instalar filtros em suas chaminés, sob pena de multa diária, pode ter origem numa ação cominatória movida por um morador das redondezas; o

mercê do art. 117 dessa Lei), para a judicialização dos interesses metaindividuais são admitidas "todas as espécies de ações capazes de propiciar sua adequada e efetiva tutela". Naturalmente, nesse repertório, destaca-se a ação civil pública, instituída pela Lei 7.347/1985, salientando-se, todavia, que para esse instrumento processual o cidadão, de per si, não detém legitimação ativa (art. 5.º da Lei 7.347/1985; art. 82 da Lei 8.078/1990).

Escrevendo sobre a legitimação ativa nas ações coletivas, assim se pronunciou Mauro Cappelletti: "Uma solução eficaz há de ser 'pluralística', isto é, uma combinação de várias soluções integráveis entre si: a ação pública do Ministério Público; em certos casos, a de órgãos públicos especializados; a de associações privadas e de indivíduos; excepcionalmente, também a ação popular. Entendo que só por meio de uma articulada solução pluralística, que é justamente a solução adotada pelo Código de Defesa do Consumidor brasileiro, se poderá superar o ceticismo que alguns especialistas continuam a manifestar acerca da tutela dos consumidores e dos direitos difusos em geral".[151]

Ainda em nosso país, cabe ressaltar que também no campo dos interesses difusos de natureza *trabalhista* vem prevalecendo o *pluralismo* na legitimação ativa para a ação civil pública. Segundo informa José Eduardo de Souza Maia, de início, ante o teor do art. 8.º, III, da CF, que confere legitimação aos sindicatos, registrou-se certo dissenso a respeito da colegitimação ao Ministério Público; mas depois, prossegue, o "Tribunal Superior do Trabalho, pela Seção Especializada em Dissídios Coletivos, sepultou qualquer incerteza, reconhecendo a legitimação concorrente para a interposição da ação coletiva".[152] De resto, a despeito da resistência manifestada pelas Cortes Trabalhistas, propugna-se, em sede doutrinária, pela competência dessa Justiça especializada para conhecer e julgar *ações populares* e até aquelas fundadas em *improbidade administrativa*, aduzindo Renato de Almeida Oliveira Muçouçah: "Como ações coletivas que são estas em comento, a pertinência temática, a construção do mérito do processo é que determina, na verdade, a questão a ser discutida; nesse sentido, o ato administrativo atacado é apenas o pano de fundo de uma questão que, em sua substância, é trabalhista".[153]

---

comando judicial, apesar de emitido no bojo de ação individual, irá beneficiar toda a coletividade do entorno.

151. O acesso dos consumidores à Justiça. *RF*, n. 310, p. 58.

152. Op. cit., p. 1046. No ponto, cf. o nosso: Ação civil pública trabalhista... cit., *Revista MP do Trabalho*, vol. 12, set. 1996, p. 46; *RT* 732/11 e *Rev. LTr* 9, set. 1996, p. 1180; Revista *Synthesis* – TRT – 2.ª Região, n. 24, 1997, p. 60; *Revista de Processo*, n. 93, jan.-mar. 1999, p. 151.

153. Ação popular e ação de improbidade administrativa na Justiça do Trabalho – possibilidade de processamento. *Revista Ltr*, vol. 75, n. 3, mar. 2011, p. 348.

A seu turno, Ibraim Rocha visualiza o interesse difuso, no âmbito trabalhista, dizendo respeito "a uma ampla comunidade que não pode ser identificada ou reunida em determinada organização, pois isto desvirtuaria a sua natureza". Figura então o caso de "trabalhadores de cinco empresas, que trabalham em setores diversos da economia, porém interligados pelo produto final do trabalho. Por exemplo, fábrica 'A' de lã; fábrica 'B' de tecelagem, fábrica 'C' de tintas para tecidos, fábrica 'D' de botões e fábrica 'E' de acabamento de roupas". A seu ver, prossegue, "com fundamento nos interesses difusos, representando o que todos em essência produzem, poderiam os trabalhadores através de suas entidades sindicais, ou centrais sindicais, reivindicar percentuais de aumento ou propor acordo para evitar a demissão em massa destes trabalhadores, ou mesmo reivindicar a observância de normas de segurança e higiene do trabalho".[154]

Nesse sentido, Raimundo Simão de Melo colaciona aresto do TST, neste teor: "Ação civil pública. Legitimidade. A defesa dos interesses coletivos em juízo, através da ação civil pública, pode ser feita tanto pelo Ministério Público do Trabalho como pelos sindicatos, de vez que o ordenamento processual assegura a legitimidade concorrente de ambos (CF, art. 129, III e § 1.º, Lei 7.347/85, art. 5.º, I e II), [RR 316001/96.4, rel. Min. Ives Gandra Martins Filho, j. 22.02.2000, *LTr* 64-03/361-365]". Comentando, aduz o autor: "Esse entendimento é extremamente importante porque consagra a real vontade dos legisladores constituinte e ordinário no sentido de alargar cada vez mais o leque de legitimados para a defesa dos interesses metaindividuais, o que aumentou efetivamente a responsabilidade dos sindicatos na defesa dos interesses das respectivas categorias. Há que se reconhecer, portanto, uma importante parceria entre o Ministério Público do Trabalho e os sindicatos na defesa dos interesses metaindividuais trabalhistas".[155]

Nesse sentido, decidiu o TST: "1. Legitimidade do sindicato. Substituto processual. Direitos individuais homogêneos. Intervalo intrajornada. Na esteira do posicionamento do excelso Supremo Tribunal Federal de ter o artigo 8º, III, da Constituição Federal contemplado autêntica hipótese de substituição processual generalizada, o Plenário deste colendo Tribunal cancelou a Súmula nº 310, por meio da Resolução nº 121/2003, consolidando-se, a partir daí, nova jurisprudência, no sentido de admitir a ampla atuação do sindicato como substituto processual na defesa dos direitos dos integrantes da respectiva categoria profissional, inclusive quando são postulados direitos individuais homogêneos. Preedentes. Na espécie, figurando como causa de pedir direito individual de origem comum e pertinente aos empregados da reclamada – a base de cálculo do adicional de periculosidade – resta evidenciada a homogeneidade, sendo

154. *Ação civil pública e o processo do trabalho*. São Paulo: LTr, 1996, p. 32-33.
155. Op. cit., p. 117.

legítima a atuação do sindicato na qualidade de substituto processual. (RR 32400-39.2007.5.17.0191, 2.ª T., j. 08.06.2011, m.v., rel. Min. Guilherme Augusto Captuo Bastos, *DJ* 01.07.2011).

Relembre-se que um típico interesse difuso é o que concerne à defesa do meio ambiente, considerado "bem de uso comum do povo e essencial à sadia qualidade de vida" (CF, art. 225, *caput*), reconhecendo-se a existência de um *meio ambiente do trabalho* (CF, art. 200, VIII). Ao propósito, o Conselho Superior do Ministério Público de São Paulo editou a *Súmula de entendimento* n. 15: "O meio ambiente do trabalho também pode envolver a defesa de interesses difusos, coletivos ou individuais homogêneos, estando o Ministério Público, em tese, legitimado à sua defesa".[156] Ao propósito, Ronaldo Lima dos Santos lembra o art. 23-1 da *Declaração Universal dos Direitos do Homem* (ONU – 1948): "Toda pessoa tem direito ao trabalho, à livre escolha de seu trabalho, a condições justas e satisfatórias de trabalho e à proteção contra o desemprego". A seu ver, na concepção atual, o meio ambiente do trabalho "consiste num direito fundamental do ser humano, por isso que, constitucional e internacionalmente, protegido. Possui natureza eminentemente difusa".[157]

Vista, assim, a legitimação de "todos os interessados", em forma disjuntiva e concorrente, verifiquemos, em seguida, como se opera a legitimação para agir quando ela é reservada aos grupos sociais.

3.3.2.2 Legitimação restrita aos grupos sociais

A problemática da legitimação para agir em tema de interesses difusos apresenta-se diversamente, conforme seja exercitável por um indivíduo ou, ao contrário, por certos *grupos sociais*. No primeiro caso, é a própria lei (ou Constituição) que atribui a legitimação ao indivíduo (o *cidadão eleitor*, na ação popular brasileira; o *contribuinte*, o *habitante* de certa comuna, na França, no *recours pour excès de pouvoir*);[158] *nessas* hipóteses, já está indicado *quem* tem

156. V. o rol dessas súmulas de entendimento do Conselho Superior do MP paulista em: Hugo Nigro Mazzilli. *A defesa*... cit., p. 753 e s. Igualmente, no sítio: [http://www.mp.sp.gov.br/portal/page/portal/conselho_superior/sumulas].

157. *Sindicatos e ações coletivas*. São Paulo: LTr, 2003, p. 112 e 117.

158. Maxime Mignon faz uma resenha da evolução jurisprudencial do "Conseil d'État" e mostra que, em sua última fase, o Conselho, "rompant délibérément avec ses scrupules premiers, a rapproché le recours pour excès de pouvoir de l'action populaire", o que só não se configurou completamente porque o alargamento da legitimação ativa para esse 'recours' não foi admitida no plano nacional, restando restrita no plano local (Une évolution inachevée: la notion d'intérêt ouvrant le recours pour excès de pouvoir, *Dalloz Chronique*, n. XXII, p. 124, 1953). Conforme afirma Giovanni Quadri: O Conselho de Estado tem considerado "sufficiente il semplice *status* di abitante per riconoscere

o poder de agir; a questão remanescente é apenas a de tipificar a que *título* esse poder de agir é exercido (se como *representante, substituto processual* ou legitimado *ordinário*). No segundo caso (ação coletiva exercida coletivamente), *dois* problemas se apresentam em tema de legitimação para agir: saber *quem* é o portador legitimado e a que *título* ele age.

Enfocando ainda a primeira dessas hipóteses (ação coletiva exercida individualmente), admite-se, hoje, que não há necessidade de recorrer a certas tipificações complexas (representação, substituição, gestão de negócio) para qualificar a legitimação do "autor ideológico": ele age como legitimado *ordinário*, porque, sendo cada indivíduo titular de uma *quota* ou *fração* do *direito subjetivo público* à participação popular na gestão da coisa pública,[159] princípio esse que se combina com o da ubiquidade da justiça,[160] torna-se sustentável uma explicação mais singela para qualificar sua atuação: ele age exercendo o *seu direito*, não importando que outros, igualmente, pudessem fazê-lo. Pode ocorrer que o objetivo perseguido com o exercício desse direito coincida ou não com a opinião geral e o sentimento médio da coletividade, mas isso decorre da própria natureza dos interesses difusos, como muito bem colocou José Carlos Barbosa Moreira: "A comunhão é indivisível: entre os destinos dos interessados, por força das mais variadas circunstâncias, instaura-se uma união tão firme, que a satisfação de um só implica de modo necessário a satisfação de todos e, reciprocamente, a lesão de um só constitui, *ipso facto*, lesão da inteira coletividade".[161]

O que releva observar é que o indivíduo, no papel de autor popular, de *ideological plaintiff*, de proponente de um *recours pour excès de pouvoir*, exerce em nome próprio direito próprio; é claro que, ao menos em termos de probabilidade, desse exercício poderão advir benesses, em via reflexa, para a coletividade; mas essa é uma circunstância *eventual* e *futura*. Essa virtual projeção, na esfera coletiva, dos efeitos das condutas individuais não deve causar espécie, em se considerando que, no limite, não há antinomia apriorística, absoluta e insuperável, entre interesse individual e interesse público. Nesse sentido, Celso Antonio Bandeira de Mello já anotara que o interesse público pode ser compreendido como "o interesse resultante do conjunto de interesses que os indvíduos têm quando

---

l'interesse a ricorrere contro atti amministrativi riguardanti il territorio del comune, la sua organizzazione e il suo patrimonio" (Protezione degli interessi... cit., p. 111).

159. CF/1988, art. 1.º, parágrafo único: "Todo o poder emana do povo, que o exerce por meio de representantes eleitos ou diretamente, nos termos desta Constituição". Aqui, é importante lembrar o art. 2.º da Constituição italiana vigente, onde se "riconosce e garantisce i diritti inviolabili dell'uomo sia come singolo, *sia nelle formazioni sociali* ove si svolge la sua personalità" (grifamos).

160. CF/1988, art. 5.º, XXXV.

161. *A proteção jurídica*... cit., p. 2.

considerados em sua qualidade de membros da sociedade e pelos simples fato de o serem". [162]

A legitimação *ordinária*, nas ações coletivas exercidas individualmente, é particularmente posta em realce nas *class actions*, como observa Vincenzo Vigoriti: "L'attore si presenta come legittimato ordinario, e cioè come una *real party in interest*: in tale veste egli chiede di tutelare l'interesse proprio e, di sua iniziativa, prescindendo cioè da ogni predeterminazione legislativa, si offre insieme come 'rappresentativo' di quelli altrui di contenuto identico al proprio. È *escluso* che nelle azioni di classe si possa parlare di una legittimazione diversa da quella ordinaria"[163] (grifamos). Nesse mesmo sentido, Angel Landoni Sosa observa que o *National Environmental Policy Act*, ao prescrever que "el Congreso reconoce que cada persona debería gozar de un medio ambiente saludable...", criou, segundo a interpretação da Corte Suprema, "el derecho de cada individuo a un ambiente sano y agradable (...) y por consiguinte al otorgamento de la correspondiente legitimación para su defensa (...)".[164]

No que tange às ações de finalidade coletiva, exercitáveis através de grupamentos diversos, o quadro da legitimação apresenta-se menos nítido, visto que, como antes observado, é preciso saber *quem* está legitimado (a quem, no grupo, classe ou categoria compete o poder de agir), e a que *título*. Para tanto, seguindo o esquema antes traçado, veremos, primeiramente, as pessoas jurídicas instituídas para se fazerem portadoras de interesses difusos e reconhecidas como tal pelo Estado. Referimo-nos, grosso modo, às *associations agrées* do direito francês; às *associazioni riconosciute* do direito italiano; às *associações de defesa*, em geral.

No ponto, escreve Édis Milaré: "(...) no que se refere à tutela do meio ambiente, a liberalização dos mecanismos de legitimação *ad causam* foi uma das grandes inovações introduzidas pela Lei 7.347/85, que rompeu com o princípio tradicional da obrigatória coincidência entre os sujeitos da relação jurídicomaterial controvertida e os sujeitos do processo. De fato, além de conferi-la ao Ministério Público (que já a tinha desde a Lei 6.938/81), estendeu-a também a outras entidades públicas e privadas, entre as quais merece relevo lembrar as associações que tenham um mínimo de representatividade".[165]

3.3.2.2.1 Associações legalmente reconhecidas – Escrevendo a respeito da legitimação ativa das associações para a tutela judicial de interesses difusos, assim se posicionou Mauro Cappelletti: "Essa solução tem vantagens evidentes: a ação das associações pode superar os inconvenientes derivados da natural debilidade

162. *Curso de Direito Administrativo*. 15. ed. São Paulo: Malheiros, 2003, p. 53.

163. *Interessi*... cit., p. 273-274.

164. Angel Landoni Sosa. *Legitimación*... cit., p. 1175-1176.

165. *Direito do ambiente*. 7. ed. São Paulo: RT, 2011, p. 1419.

do litigante solitário, cujos recursos podem multiplicar; ademais pode tornar economicamente acessível o processo, na medida em que permite fazer valer em conjunto os direitos do grupo; se, além disso, se atribuem ao juiz poderes inibitórios, pode superar-se também outra fraqueza, lamentada com frequência, da tutela judicial, a saber, o fato de que ela apenas intervém *ex post*, já consumado o ilícito".[166]

Historicamente, o reconhecimento do poder de agir às associações para tutela de interesses gerais não se fez sem forte resistência por parte do Estado. Em primeiro lugar, havia o eterno temor de reabrir espaço aos "corpos intermediários"; segundo, temia-se que essas associações terminassem por "competir" com o monopólio reconhecido ao Ministério Público para tutela do interesse geral. Em última análise, a outorga da legitimação para agir nos interesses superindividuais reveste-se sempre de um caráter político, uma "escolha política", ainda que sob as vestes do tecnicismo jurídico.[167] Nesse sentido, Joselita Nepomuceno Borba considera que "a transcendência política conduz o direito de associação a perder o caráter de direito individual absoluto, sujeitando-se à regulação indispensável à convivência harmônica e pacífica com todas as garantias individuais e coletivas do conjunto da sociedade democrática".[168]

Se a outorga de legitimação *difusa* (a todos os indivíduos, indistintamente) atende ao objetivo da participação popular na administração da justiça, como um instrumento da *democracia participativa*, por outro lado, pode-se questionar se essa escolha é realmente a mais adequada, pelos riscos imanentes à generalização desse poder de agir. Como diz Vincenzo Vigoriti, constitui um *grave rischio* a outorga dessa iniciativa a "qualquer do povo", na medida em que o Estado fica "senza alcuna possibilità di verificare se questi sia davvero in grado di tutelare l'interesse", equivalendo a uma "rinunzia a chiedere all'attore garanzie di serietà e di continuità nella tutela dell'interesse protetto". A única diferença entre o autor da ação coletiva e os demais integrantes da classe ou da comunidade é que aquele agiu *primeiro*, mas daí não resulta, necessariamente, que ele seja "colui che potrebbe esercitarla meglio di altri".[169]

Considerações dessa natureza ensejaram, gradualmente, abertura de espaço cada vez maior às associações, na tutela dos interesses superindividuais, interessando-nos, por ora, examinar as associações regularmente constituídas e reconhecidas pelo poder público. Admite-se que elas desempenham papel

166. O acesso... cit., n. 310, p. 56.

167. No ponto, Jean Vincent e Serge Guinchard: "Il s'agit donc essentiellement d'un problème de politique juridique, car tout a été dit sur le plan de la technique" (Op. cit., p. 61).

168. *Legitimidade concorrente na defesa dos direitos e interesses coletivos e difusos*. São Paulo: LTr, 2013, p. 177.

169. *Interessi*... cit., p. 142.

quase público,[170] verdadeiras auxiliares do Ministério Público.[171] No que tange à admissão dessas associações como portadoras de interesses difusos, é possível identificar dois sistemas: em alguns casos, a lei se encarrega de conferir poder de agir a uma determinada associação, para defesa dos interesses difusos que ela representa; em outros casos, o legislador, mais cauteloso, prefere indicar os quesitos que uma associação deve preencher para exercer tal poder de agir.

Em doutrina, várias teorias buscam explicar o *fundamento* pelo qual o interesse dos componentes da classe ficaria em certo modo *representado* pelo autor ideológico, mormente, ante a relevante consequência da final extensão, àqueles sujeitos, dos efeitos do julgado coletivo. Assim, a *teoria da corporação de fato* ou da *pessoa jurídica ad hoc* encontra certa aplicação no art. 12, VII, do nosso CPC, onde a representação processual da sociedade sem personalidade jurídica se faz "pela pessoa a quem couber a administração dos seus bens"; outra vertente reside no reconhecimento de legitimação para agir aos grupos ocasionalmente formados (os *ad hoc gruppen*, do direito alemão, as *occasionali aggregazioni*, na experiência italiana). Dentre nós, uma aplicação recente dessa *fórmula aberta* se encontra na Lei 10.671/2.003 (*Estatuto do Torcedor*), cujo art. 2º-A, acrescido pela Lei 12.299/2.010, considera *torcida organizada* "a pessoa jurídica de direito privado *ou existente de fato* (...)", parecendo lícito entender-se que em qualquer desses dois casos é de se reconhecer a legitimação ativa para a ação civil pública nessa matéria, ao que se infere do disposto no art. 40: "A defesa dos interesses e direitos dos torcedores em juízo observará, no que couber, a *mesma disciplina da defesa dos consumidores em juízo de que trata o título III da Lei nº 8.078, de 11 de setembro de 1990*". É que, como se sabe, esse título III condensa a parte processual do CDC, a qual, por força do art. 117, se traslada para o regime da ação civil pública da lei 7.347/1985, conforme art. 21 desta última.

Pela *teoria da hipossuficiência*, pretende-se que o fundamento da representação deriva da presunção de que certas posições jurídicas individuais encontram-se em situação de desvantagem econômica e/ou jurídica em face da contraparte, de que é exemplo entre nós o "reconhecimento da vulnerabilidade do consumidor no mercado de consumo", donde derivam, de um lado, a inversão, a seu favor,

---

170. Diz Robert Vouin: "Dire notre action 'quasi publique' serait toucher déjà à la question de sa nature juridique". As denominações, no caso, são bem variadas: ações "associationnelles"; "collectives", "corporatives"; "quasi-syndicales". Robert Vouin prefere falar em "action *syndicale* de l'association" (De la recevabilité de l'action syndicale des associations. *JCP La Semaine Juridique*, vol. 1, n. 1.207, 1955).

171. Anna De Vita, citando Brichet, observa que as associações "déclarées", assim como as reconhecidas de utilidade pública, "appaiono infatti come 'les collaboratrices du ministère public'" (Op. cit., p. 371).

do ônus da prova, e, de outro, a possibilidade de tutela judicial coletiva (Lei 8.078/1990, arts. 4.º, I; 6º, VIII; 81 a 104).

Outra teoria, a do *consentimento*, encontra seu maior emprego na *class action for damages* (modelo inspirador de nossa ação coletiva para a defesa de interesses individuais homogêneos – Lei 8.078/1990, art. 103, § 3.º, c/c art. 104), sendo que no modelo norte-americano ao integrante da classe se reconhece o direito de se subtrair aos efeitos da coisa julgada (*opt-out right*). Ainda, pela *teoria do interesse*, pretende-se que exista uma *identificação* entre o interesse do grupo e a posição judicial sustentada pelo autor, e nessa *coincidência* residiria a legitimidade da atuação desse representante.[172]

Presentemente, desfruta de maior prestígio a *teoria institucional* ou *objetivista*, que parece melhor explicar a indigitada representação desses interesses metaindividuais em Juízo. Explica Márcio Flávio Mafra Leal que, cuidando-se de um "direito material *especial*, atribuído a uma *entidade fluida*, em virtude da indeterminação de seus membros (*comunidade*), e sem personalidade jurídica, e por isso direito *difuso*, o enfoque se desloca da legitimação da *representação* de grupos para a necessidade de um autor que implemente tais direitos e que possa levá-los a juízo. A *identidade* do representante como membro ou possuindo alguma particular pertinência com a comunidade representada, nesse caso, é irrelevante ou secundária. A ideia é que as ações coletivas focalizam direitos e valores tais que devem ser judicializados com a mera constatação de violação *objetiva* das normas que consagram direitos difusos, bastando essa verificação para desencadear a legitimação e o interesse de agir". Com isso se intenta contornar ou superar a exigência do *consentimento* dos sujeitos integrantes da classe, até porque, prossegue Márcio Flávio Mafra Leal, "a finalidade da ação se concentra no cumprimento da norma objetiva e não na representação direta dos interesses do grupo. Nesse caso, o consentimento poderia mesmo inviabilizar a ação coletiva, visto que a *vontade* da classe pode ser contrária ao comando da norma e aos valores que a ela subjazem".[173]

Como quer que se identifique o fundamento jurídico da atuação das associações, parece-nos que ainda nelas se verifica a legitimação *ordinária*: é a própria lei que reconhece à associação o poder de representar certa massa de interesses, e, assim, existe a *coincidência* entre a "titularidade" da pretensão e a entidade que age. É o que acontece na França, com as associações *agrées*, como as que se propõem a defender a família, ou proteger a natureza ou defender os consumidores. Por outras palavras, essas associações exercem,

172. Um detalhamento dessas teorias pode ser visto em Márcio Flávio Mafra Leal. Op. cit., p. 553-570.

173. Idem, p. 71-72.

em nome próprio, o *seu* direito de defender a família, os consumidores etc. Já na experiência norte-americana, Antonio Gidi esclarece que o Direito "outorga às associações (*union* ou *organization*) uma espécie de 'legitimidade representacional' (*associational*, *representational* ou *derivative standing*), que as autoriza a propor ações individuais e em nome dos seus afiliados em defesa dos seus interesses. Para que uma associação possa propor uma ação em benefício de seus afiliados, porém, é preciso que: a) os seus afiliados também possam propor ação em nome próprio; b) os interesses que a ação visa a proteger sejam conexos com os objetivos da associação; c) a presença dos afiliados no processo seja dispensável".[174]

Tornando à experiência francesa, vale registrar o quanto observado por Aloísio Gonçalves de Castro Mendes: "(...) a defesa dos interesses coletivos na França está limitada à atuação das associações, como parte civil, nas ações civis (*action civile*). Embora não haja norma geral permissiva, a legislação francesa vem ampliando gradativamente as hipóteses legais nesse sentido".[175] A seu turno, esclarece Márcio Flávio Mafra Leal que hoje se registra um avanço nesse contexto, trazido pelo "novo Código do Consumidor francês que atribui no art. 421-1 legitimidade para propor ações coletivas às organizações definidas no art. 2.º do Código da Família e Assistência Social, dispensada a autorização normalmente exigida para as associações *agrées*".[176]

Ainda na França, as associações de luta contra o racismo têm o poder de agir judicialmente, mesmo sem reconhecimento de utilidade pública, desde que seus estatutos sejam conformes àquele objetivo e desde que cinco anos se tenham passado desde sua "declaração" oficial.[177] As associações de proteção à natureza têm legitimação para agir, desde que sejam *agrées* pelo Ministério

174. *A class action...* cit., p. 126.

175. *Ações coletivas no direito comparado e nacional*. São Paulo: RT, 2002, p. 155.

176. Op. cit., p. 175. (Loi 93-949 1993-07-26 annexe JORF 27 juillet 1993: "Les associations régulièrement déclarées ayant pour object statutaire explicite la défense des intérêts des consommateurs peuvent, si elles ont été agréés à cette fin, exercer les droits reconnus à la partie civile relativement au faits portant préjudice direct ou indirect à l'intérêt collectif des consommateurs. Les organisations définies à l'article L. 211-2 du code de l'acton sociale et des familles sont dispensées de l'agrément pour agir en justice dans les conditions prévues au présent article").

177. Ver, a propósito, La lutte contre le racisme, de Jacques Foulon-Piganiol, comentário sobre a Lei 72-545, de 01.07.1972, *Dalloz Chronique*, XI, p. 56 *et seq*., 1972. Posteriormente, pela Lei 99-229/1.999 a França ratificou o *Tratado de Amsterdam* (1997) que estabelece diretivas antidiscriminatórias para a União europeia; na sequência, adveio a lei de 16.11.2001 que, nesse campo, alterou disposições dos Códigos do Trabalho, Penal e da Seguridade social, além do Estatuto dos Funcionários Públicos. Depois, a Lei 1.486 de 2004 criou a *Haute Autorité de lutte contre les discriminations et pour l'egalité*.

competente – o que lhes será concedido após três anos de atividades.[178] As associações de defesa dos consumidores também têm legitimação para agir, desde que *agrées* – o *agrément* lhes é concedido após um ano de comprovadas atividades e é válido por cinco anos, renovável por igual prazo – e desde que contenham 10 mil membros (em nível nacional) ou um *nombre suffisant de membres* (em nível local).[179]

Aluísio Gonçalves de Castro Mendes ressalta a participação das associações francesas na propositura da *action civile* em matérias diversas, como "protection de la nature et de l'environnement à l'amélioration du cadre de vie, la protection de l'eau, de l'air, des sols, des sites et paysages, à l'urbanisme, ou ayant pour objet la lutte contre les pollutions et les nuisances (...)" (*Código Rural*, art. L. 252-3). Assim também em matéria de "defesa dos investidores em valores mobiliários ou em produtos financeiros" (Lei 88-14, de 05.01.1988) e de defesa da saúde pública (*Código de Saúde Pública*, lei 91-32 de 1991). Castro Mendes informa que "a defesa dos interesses coletivos na França está limitada à atuação das associações, como parte civil, nas ações civis (*action civile*). Embora não haja norma geral permissiva, a legislação francesa vem ampliando gradativamente as hipóteses legais nesse sentido".[180]

Nessa mesma linha de outorga de legitimação para agir a certos grupos sociais personificados e reconhecidos, registra-se, na Itália, o art. 28 do *Statuto dei Lavoratori* que, reprimindo a conduta anti-sindical, outorgou legitimação aos organismos *locais* dos sindicatos, e assim, como diz Vincenzo Vigoriti, eles foram "ritenuti dalla legge gli unici 'adeguati portatori' di tale interesse".[181] Para Aluísio Gonçalves de Castro Mendes, não há consenso quanto ao tipo de legitimação do Sindicato; invocando Andrea Giussani, informa que o sindicato "operaria como legitimado ordinário, a fazer valer um direito próprio e autônomo de repressão à conduta patronal ilícita. Mas, por outro, nada impede que a associação sindical possa agir, quando também não contar com associados na empresa, ficando,

---

178. Lei 76.629/76 ("relative à la protection de la nature"), art. 40.

179. Lei 733-1.193/73, dita "Lei Royer" (do nome do Ministro da Justiça à época). Presentemente, o *Code de la Consommation*, de 22.03.1995, dispõe em seu art. L 422-1, na tradução de Márcio Flávio Mafra Leal: "Quando vários consumidores identificados, pessoas físicas, tenham sofrido prejuízos individuais que tenham sido causados pelo fato de um mesmo profissional, e que tenham uma origem comum, toda associação autorizada representativa no plano nacional, em aplicação das disposições do título I, pode, se ela tiver sido provocada por pelo menos dois consumidores atingidos, agir na reparação perante qualquer jurisdição em nome desses consumidores" (Op. cit., p. 176-177).

180. *Ações coletivas no direito comparado e nacional*. São Paulo: RT, 2002, p. 154-155. (Obs.: a Lei n. 88-14, de 1988 teve vários dispositivos alterados pela Lei 93-949, de 1993.)

181. *Interessi*... cit., p. 166.

assim, segundo aquele autor italiano, configurada a defesa de direito alheio, ou seja, a legitimação extraordinária". Em matéria ecológica, Aluísio Gonçalves de Castro Mendes cita a Lei 349, de 08.07.1986, "que prevê a possibilidade de intervenção tanto nos processos judiciais versando sobre indenização por danos ambientais, bem como de recorrer, em sede de jurisdição administrativa, contra os atos administrativos considerados ilegítimos, visando à sua anulação". No campo do consumerismo, em conformidade com a Diretiva 98/27, de 19.05. 1998, do Parlamento Europeu e do Conselho da União Europeia, adveio a Lei 281, de 30.07.1998, cujo art. 1.º, prossegue Castro Mendes, reconhece e garante "os direitos e interesses coletivos e individuais dos consumidores, com a promoção da tutela ao nível nacional e local também sob a forma coletiva e associativa".[182]

Ao critério da "representação adequada" do portador judicial do interesse metaindividual pretendia filiar-se também o Brasil, visto que o PL 3.034/1984, embrião da Lei 7.347/1985, objetivando ações de responsabilidade por danos ao meio ambiente ou a valores artísticos, estéticos, históricos, turísticos e paisagísticos, outorgava legitimação para agir às associações de defesa daqueles valores, desde que dotadas de "representatividade adequada", sendo este atributo revelado pela existência velha de seis meses e observada a correlação entre os fins estatutários e os valores controvertidos no caso concreto, quesitos esses a serem verificados pelo juiz.[183] Sem embargo, pode-se identificar um resquício da original proposta da "representação adequada" no disposto no art. 7.º da Lei 9.870/1999, sobre o valor das anuidades escolares, na medida em que aí se legitima as associações a ajuizarem a ação consumerista cabível, desde que a entidade conte com "o apoio de, pelo menos, vinte por cento dos pais de alunos do estabelecimento de ensino ou dos alunos, no caso de ensino superior". Outrossim,

---

182. Op. cit., p. 113-118. (Obs.: o art. 13.1. da Lei 349, de 1986, transcrito em rodapé pelo autor, veio depois alterado pelo art. 17 da Lei n. 93, de 23.03.2001.)

183. O texto integral do art. 2.º pode ser visto na obra coletiva: *A tutela dos interesses difusos*. Ada Pellegrini Grinover (coord.). São Paulo: Max Limonad, 1984, p. 189 et seq. Dos debates que se seguiram, porém, resultaram alterações no texto inicial, e a lei afinal promulgada (Lei 7.347/1985) ampliou o prazo em questão para um ano e não reteve a fórmula da "representatividade adequada" (v. art. 5.º). Na redação vigente, embora a alínea *a* do inc. V do art. 5.º mencione a prévia constituição da associação "há pelo menos 1 (um) ano nos termos da lei civil", o § 4.º ameniza essa exigência, autorizando o juiz a dispensar tal pré-constituição "quando haja manifesto interesse social evidenciado pela dimensão ou característica do dano, ou pela relevância do bem jurídico a ser protegido". Ao propósito, decidiu o STJ: "1. É dispensável o requisito temporal da associação (pré-constituição há mais de um ano) quando presente o interesse social evidenciado pela dimensão do dano e pela relevância do bem jurídico a ser protegido. (...)" (REsp 706.449/PR, 4.ª T., j. 26.05.2.008, m.v., rel. Min. Fernando Gonçalves, *DJe* 09.06.2008, LEX STJ vol. 227, p. 75).

essa Lei 9.870/1999 acrescentou ao rol das *práticas abusivas*, previstas no art. 39 do CDC (Lei 8.078/1990), este inciso XI: "Aplicar fórmula ou índice de reajuste diverso do legal ou contratualmente estabelecido".

Para Cassio Scarpinella Bueno, "a solução que, parece, seria a mais adequada para o sistema brasileiro é aquela imaginada originalmente quando da elaboração do primeiro anteprojeto da Lei da Ação Civil Pública. Ada Pellegrini Grinover, após mencionar o sistema encampado na Lei 7.347/85, anota que 'mais longe ia o Projeto 3.034/1984 (de autoria de Cândido Rangel Dinamarco, Kazuo Watanabe, Waldemar Mariz de Oliveira Jr. e da autora destas linhas) e do qual se originou a nova lei: combinando critérios próprios da *civil law e da common law, confiávamos ao juiz o exame da adequação e da capacidade das associações, sendo a constituição prévia e os objetivos institucionais simples dados a serem tomados na devida consideração*".[184]

Também o legislador austríaco optou pela outorga de legitimação para agir às associações de defesa do consumidor, adrede constituídas para tal (Lei de 08.03.1979). Aí se instituiu uma *Verbandsklage* (ação coletiva), na qual, segundo Ena-Marlis Bajons, "la legitimazione ad agire compete esclusivamente a determinate associazioni e non al singolo consumatore". Pelo art. 28 dessa lei, certas associações podem agir em juízo contra empresários que inserem condições gerais nos contratos, as quais "sono in contrasto con un divieto della legge o contro il buon costume", a fim de obterem uma sentença cominando a abstenção daquela prática, sentença essa que poderá ser objeto de ampla publicidade.[185] Cabe observar que o bem de vida aí tutelado é de natureza difusa: o equilíbrio nas relações de livre mercado, tema que suscita ampla área conflituosa, contrapondo os titulares dos bens de produção e os consumidores finais. Igualmente, na Suécia, a eventual inação do *ombudsman* dos consumidores legitima a ação das associações destes últimos perante a Corte do Mercado.[186]

Na Alemanha, tanto em matéria de condições gerais dos contratos como em matéria de concorrência desleal, conferiu-se legitimação às associações cujo objetivo seja consentâneo com os valores tutelados nessas leis. No tocante à primeira hipótese, observa Angel Landoni Sosa que "la sentencia puede extender sus efectos más allá del caso concreto y beneficiar a los restantes

184. As *class actions* norte-americanas e as ações coletivas brasileiras: pontos para uma reflexão conjunta. *RePro* nº 82, abr.-jun. 1996, p. 131 e rodapé n. 110, onde o autor alude ao trabalho de Ada Pellegrini Grinover, As garantias constitucionais do processo nas ações coletivas. *RePro*, n. 43, p. 30.

185. Op. cit., p. 292 et seq.

186. Cf. Hans Stenberg. Op. cit., p. 579.

consumidores (...)", além da possibilidade de sua *publicação*.[187] Escrevendo sobre essa experiência tedesca, Nicolò Trocker anota que a opção do legislador em conferir legitimação aos grupos sociais representativos desses interesses teve por base a consideração de que "il danno prodotto alla 'comunità' è maggiore e più immediato di quello eventualmente causato al singolo (...)"; e, de outra parte, que tais grupos *organizados* "si dimostrano strutturalmente più idonei (per la maggiore disponibilità finanziaria e per la maggiore capacità di informazione) a stimolare l'intervento degli organi giudiziari e a provare la pericolosità del comportamento denunciato".[188]

Ainda sobre a experiência tedesca, esclarece Márcio Flávio Mafra Leal que "as associações alemãs, além da previsão estatutária, devem comprovar uma efetiva atividade em prol dos direitos dos consumidores. Essa atividade consiste em serviços de informação e assessoramento aos consumidores (*Aufklärung und Beratung*), devendo a associação contar com membros especialmente ocupados nessas atividades e com um mínimo de 75 associados pessoas físicas (exigência da AGB-*Gesetz*)".[189] A seu turno, Aluísio Gonçalves de Castro Mendes informa que, em conformidade com a Diretiva 98/27 da Comunidade Europeia, adveio a Lei de 27.06.2000 introduzindo uma *verbandsklagen* (ação associativa) para defesa dos consumidores, trazendo como novidade a "exigência de registro prévio na lista nacional, sob a incumbência do Ministério da Administração Pública (...)".[190]

É claro que se trata de uma opção predominantemente *política* essa *escolha* entre outorgar a legitimação de forma difusa a todos os interessados ou somente a alguns grupos sociais determinados ou determináveis. Adotando este último critério, o poder público procura se precaver contra eventual abuso na utilização indiscriminada das ações que visam a tutela de interesses concernentes à coletividade. Em alguns países, como a França, há mesmo um temor de que as ações "coletivas" possam "degenerar" em ações populares.[191]

De outra parte, a outorga da legitimação para agir a grupos organizados, personificados, sobretudo às associações de "defesa", permite um controle estatal *a priori* sobre a idoneidade e honestidade de propósitos dessas associações. Aliás, é justamente aí que repousa a razão de ser da *adequacy of representation* nas *class*

---

187. *Legitimación*... cit., p. 1175.

188. Op. cit., p. 457-458. (Obs.: nessas matérias, v. o *Act Against Unfair Competition*, publicado em 03.03.2.010, no *Federal Law Gazette* (BGBL), parte I, p. 254; a *Diretiva 98/27* da Comunidade Europeia, de 19.05.1998; o Código Civil alemão de 2002.

189. Op. cit., p. 181.

190. Op. cit., p. 127-128.

191. Diz Anna De Vita: "Il regime adottato nel sistema francese appare come una felice mediazione tra gli estremismi dei due regimi alternativi dell'azione popolare e del monopolio assoluto del pubblico ministero" (Op. cit. p. 374).

actions do direito norte-americano: quer-se, como diz Vigoriti, "offrire ai membri della *class* rimasti estranei al giudizio la garanzia che chi agisce nell'interesse di tutti sia effettivamente capace di comunicare al giudice la dimensione reale degli interessi in gioco".[192] Sob outro prisma, Antonio Gidi obtempera: "Não há como negar haver manifesta dissociação entre o titular do direito superindividual (uma comunidade ou uma coletvidade, de acordo com a definição legal do art. 81, parágrafo único, do CDC) e o legitimado processual a defendê-lo em juízo através da ação coletiva (as entidades elencadas no art 5.º da LACP e no art. 82 do CDC). Entretanto, também há que se vislumbrar uma espécie de 'direito próprio' dessas entidades a defender os direitos superindividuais em juízo, já que ninguém mais poderia fazê-lo".[193]

Empenha-se a doutrina em oferecer mais de uma *classificação* das associações,[194] mas, sob a óptica do Direito positivado, impende ter presente que o Código Civil traz no art. 44 o elenco das *pessoas jurídicas de direito privado*: associações, fundações, organizações religiosas, partidos políticos, empresas individuais de responsabilidade limitada. Além disso, no campo do terceiro setor, cabe registrar as *ONG's* (organizações não governamentais), as associações de utilidade pública (Lei 91/1935, regulamentada pelo Decreto 50.517/1961); as associações de organização social (Lei 9.637/1998) e ainda as *OSCIP's* (organizações da sociedade civil de interesse público), objeto da lei 9.790/1999, regulamentada pelo Decreto 3.100/1999.

Resumindo o que foi visto, temos que a legitimação para agir, nas ações que visam a tutela de interesses superindividuais, é de tipo *ordinário*, por que: a) quando o indivíduo age *per se*, na tutela de interesses gerais, ele também defende interesse próprio, configurado na "cota-parte" daqueles interesses, a qual lhe pertence enquanto indivíduo, cidadão, eleitor ou contribuinte; é o que se passa, grosso modo, nas ações populares e nas *class actions* do direito norte-americano. Não importa que, eventualmente, alguns integrantes da categoria ou da coletividade não se interessem pela ação ou discordem de seu objeto, porque aí não se trata de litisconsórcio necessário;[195] o que releva é

192. *Interessi...* cit., p. 276.

193. *Coisa julgada e litispendência em ações coletivas*. São Paulo: Saraiva, 1995, p. 42.

194. V., ao propósito, a resenha oferecida por Joselita Nepomuceno Borba, op. cit., p. 178-182.

195. Cf. Vincenzo Vigoriti: "È pacifico che il consenso di tutti i membri della *class* non è necessario perché si possa parlare di rappresentanza adeguata". E exemplifica: algumas pessoas de raça negra podem aceitar escolas segregacionistas, mas eles serão representados como uma classe na ação movida por aqueles que não pensam assim (*Interessi...* cit., p. 275, n. 36). No mesmo senso, Stephen C. Yazell, na tradução de Márcio Flávio Mafra Leal: "Sob tais circunstâncias, o consentimento dos membros da classe é não

que o *cives* exerce a liberdade pública reconhecida *uti singuli*, de exigir uma administração proba e eficaz e o respeito à lei, conforme o caso; b) quando a tutela dos interesses superindividuais é feita através de grupos legalmente constituídos, a legitimação também é ordinária, na medida em que sustentam, em nome próprio, certas massas de interesses (ex.: os dos consumidores), para o que a lei os considerou idôneos.[196]

Nesse passo, o que pode variar são os *critérios* de legitimação: conforme o sistema jurídico, os grupos legitimados são indicados nominalmente (por exemplo, as associações de consumidores, que no sistema francês devem obter um prévio *agrément*,[197] ou, então, devem fazer prova, no caso concreto, de que possuem uma "representatividade adequada";[198] ou nas *class actions*, onde o *ideological plaintiff* deve fazer prova da *adequacy of representation*).

---

só desnecessário, como indesejável, por ameaçar a expor uma distância entre os comandos do direito substantivo e os desejos da classe, que é forçada a uma posição de vantagem substantiva putativa contra sua vontade" (*Ações coletivas*... cit., p. 72-73 e n. 120). Registre-se, dentre nós, a Lei 12.288/2010, que estabelece o *Estatuto da Igualdade Racial*, e, no art. 55, remete à ação civil pública da Lei 7.347/1985, para a "apreciação judicial das lesões e das ameaças de lesão aos interesses da população negra decorrentes de situações de desigualdade étnica (...)".

196. A CF brasileira dispõe no art. 5.º, XXI: "As entidades associativas, quando expressamente autorizadas, têm legitimidade para representar seus filiados judicial ou extrajudicialmente". Nesse sentido, o art. 5.º, II, da Lei da Ação Civil Pública – 7.347/1985 – outorgando legitimação à associação que "inclua, entre suas finalidades institucionais, a proteção ao meio ambiente, ao consumidor, à ordem econômica, à livre concorrência ou ao patrimônio artístico, estético, histórico, turístico e paisagístico" (alínea *b* do inc. V daquele art. 5.º, inserido pela Lei 11.448/2007). E assim também o Código de Defesa do Consumidor (Lei 8.078/1990), dando legitimação às "associações legalmente constituídas há pelo menos 1 (um) ano e que incluam entre seus fins institucionais a defesa dos interesses e direitos protegidos por este Código, dispensada a autorização assemblear" (art. 82, IV). Notar, nesses casos, como o critério de legitimação aparece deslocado para a "idoneidade" da representação dos interesses (em modo análogo à "adequacy of representation"), embora aquela nomenclatura não conste, *expressis verbis*, da dicção legal.

197. Cf. Anna De Vita, explicando que o "agrément" é "un atto discrezionale della pubblica amministrazione, emanato su istanza dell'interessato" (Op. cit., p. 382, n. 85).

198. Gustavo Vignocchi lembra que os elementos identificadores da "representatividade" do grupo são, sobretudo, aqueles de caráter estrutural, tais como o número dos aderentes; as relações com entes públicos; existência de estatuto; capacidade de responder por eventual reparação de danos em casos em que a pretensão deduzida em juízo venha ser considerada de todo infundada. Com parâmetros desse gênero, prossegue, "si potranno anche evitare, di massima, gli inconvenienti eventuali di eccessive latitudini dei poteri discrezionali dei magistrati, i quali, in mancanza di criteri obiettivi positivamente determinati, potrebbero essere talora involontariamente suggestionati da prospettazioni di pseudo interessi di categorie, in realtà mascheranti

Em qualquer caso, porém, há um *núcleo comum*: a legitimação é decorrente ou é prevista *ope legis*, o que implica, de um lado, o reconhecimento da existência de *instâncias coletivas*, diferenciadas do "interesse geral ou público"; de outro lado, o reconhecimento de que certos grupos, preenchidas certas condições, são idôneos como portadores judiciais de aspirações coletivas, basta para estabelecer uma *correspondência* entre o interesse metaindividual e o agente-entidade que se apresenta em juízo como seu *representante adequado*.

Cabe observar que tanto o art. 6.º do CPC, como o art. 81 do *Códice de Procedura Civile* colocam a legitimação extraordinária como *exceção*, configurável nos casos previstos em lei. Mas, entre nós, admite-se que essa *autorização* pode derivar do *sistema jurídico*, como um todo.[199]

De todo modo, a *substituição processual* prevista no citado art. 6.º de nosso CPC é concebida em contemplação de *conflitos intersubjetivos*, no máximo potencializados nas figuras litisconsorciais ou de intervenção de terceiros, mas, de todo modo, entre *partes determinadas*, ambiente processual totalmente diverso daquele onde afluem os conflitos metaindividuais, cujos sujeitos são tomados em *dimensão coletiva*. Por isso, escrevia o saudoso J. J. Calmon de Passos: "Coisa diversa se dá no campo dos chamados interesses difusos. Aqui, a peculiaridade, que decorre da própria natureza das coisas, de ser impossível apropriação ou satisfação de todos sem apropriação por ninguém, aqui, de legitimação extraordinária não se pode falar. Qualquer sujeito, pessoa física ou pessoa jurídica, a quem se atribua a legitimação, é legitimado ordinário e não substitui quem quer que seja, visto como os *outros* não podem excluí-lo de promover a tutela, porque ele também experimenta a necessidade, nem ele pode excluir os demais, postulando sua exclusiva satisfação, porque esta vai importar a satisfação de todos".[200]

---

stimoli o intenti privatistici o corporativi" (La tutela degli interessi diffusi nei settori della economia e della tutela dei consumatori. *JUS Rivista di Scienze Giuridiche*. Milão, jan.-abr. 1978, p. 81).

199. Cf. José Carlos Barbosa Moreira. *A ação popular*... cit., p. 17, n. 1. Cf. José Manoel de Arruda Alvim. *Manual*... cit., p. 413. A esse propósito, na experiência francesa, o *Conseil d'État* reconheceu, certa feita, legitimação ao *Touring Club de France* para intervir em controvérsia respeitante ao patrimônio florestal, paisagístico etc. Comentando essa decisão, Giovanni Quadri afirma que "l'interesse diffuso alla tutela di certi beni di preminente valore sociale è stato visto dal Conseil d'État come *personificato nell'ente istituzionalmente competente* e quindi *trasformato in interesse proprio dell'ente*, sia pure indiretto" (grifamos) (Op. cit., p. 114).

200. Substituição processual e interesses difusos, coletivos e homogêneos. Vale a pena pensar de novo? *In*: James Tubenchlak e Ricardo Bustamante (coords.). *Estudos Jurídicos*. Rio de Janeiro: Instituto de Estudos Jurídicos, 1993, p. 278.

A questão da legitimação para agir em matéria de interesses plurindividuais ganha complexidade quando se examina a hipótese de certos grupos com relação aos quais não se propõe a questão da personalidade jurídica, seja em virtude da extensão mesma do interesse tutelável, que torna remota a especialização do objeto (v.g., defesa da camada de ozônio que recobre a atmosfera, por exemplo), seja porque esses *enti sponenziali* podem ter duração efêmera, pela transitoriedade mesma do interesse tutelado (os chamados grupos ocasionais). Vejamos, então, a seguir, a questão da legitimação para agir dos grupos desprovidos de personalidade jurídica e cuja existência não é legalmente reconhecida pelo Estado.

3.3.2.2.2 Grupos sociais de fato ou não personificados – A abordagem desse tópico pressupõe o exame de alguns pontos premonitórios: 1. A natureza da tutela aos interesses difusos não parece exigir rigor formal na constituição dos grupos que pretendem sustentá-los; 2. A desvalia da noção de *personalidade jurídica* como pressuposto da capacidade processual em tema de interesses difusos.

Desde logo, impende reconhecer que a outorga de legitimação para agir a certos grupos *pré-organizados* e *bem configurados*, reconhecidos pelo Estado como *legítimos* portadores de certas massas de interesses, atende à preocupação estatal de evitar abusos e excessos no que poderia ser visto como uma *ingerência popular* em assuntos que, em princípio, recairiam no âmbito de atribuições da Administração Pública ou do Ministério Público. Dito de outro modo, a *triagem* que o Estado promova sobre os diversos grupos interessados, operaria o devido discrímen, segundo o critério da *idoneidade* para a representação judicial de interesses de largo espectro, resultando que os grupos assim "aprovados" passam a atuar como "colaboradores na boa gestão do bem comum".

Os interesses difusos têm tal denominação justamente porque não são suscetíveis de agregação definitiva e exclusiva em grupos sociais predeterminados; a *difusão* decorre da circunstância desses interesses extraírem sua legitimidade do simples fato de sua *relevância* para um conjunto mais ou menos indeterminado de indivíduos (uma categoria, os habitantes de uma localidade, os adquirentes de um certo produto, os usuários de um serviço público); quanto ao objeto, ele é insuscetível de atribuição ou fruição exclusiva (o ar atmosférico; a qualidade de vida; uma paisagem), donde a nota da *indivisibilidade*. Em tais condições, parece mesmo paradoxal exigir-se rigor formal na constituição dos grupos que se pretendem portadores desses interesses que, por sua natureza são... difusos, isto é: ninguém, ou nenhum segmento pode avocar sua titularidade em termos de exclusividade (ao contrário dos interesses coletivos *stricto sensu*, os quais, por exemplo, o Sindicato dos Metalúrgicos se apresenta como portador dos interesses da força-trabalho coalizada nessa categoria).

De outra parte, foi visto que uma das características desses interesses é sua tendência à rápida transformação,[201] ou seja, muitas vezes eles têm que ser exercidos prontamente, não havendo tempo hábil para atendimento a rigorismos formais na constituição do grupo interessado. Por exemplo, ante a iminência de um desastre ecológico numa pequena comunidade, não se pode exigir que o grupo de habitantes, interessado na defesa daquele bioma, se apresente formalmente revestido de um aparato associativo completo. Figure-se que num certo município não haja uma "associação de defesa" dos habitantes ou da região: ante a iminência de instalação de nova indústria poluidora, cujas emanações concorrerão para intoxicar a população e fazer perecer a cobertura vegetal das montanhas circunvizinhas, indaga-se: negar-se-á legitimação a um grupo de moradores que bate às portas da justiça pleiteando uma medida de urgência, capaz de sustar, ainda que provisoriamente, o dano ecológico? Sacrificar-se-ia o fundo, pela forma?

Sem embargo, a matéria é controvertida.

Vincenzo Vigoriti, escrevendo para o ordenamento italiano, não vê como os grupos *ocasionais* possam obter poder de agir. Ele admite que "quanti si riconoscono in un certo interesse costituiscono una 'comunità' o un 'gruppo' differenziato a livello sociologico, ma non credo che, nel nostro ordinamento, gruppi di questo tipo possono essere considerati in senso tecnico centri di imputazioni normative".[202] Nesse sentido, Henri Solus e Roger Perrot: "(...) seuls les groupements dotés de la personnalité juridique on le droit de saisir les tribunaux; les autres, telles les associations non déclarées (...) sont incapables d'ester en justice".[203]

Quer nos parecer, porém, que a exigência da personificação jurídica do grupo, se é adequada às ações individuais (nas quais o conceito de *justa parte* é aderente à *titularidade da pretensão*), todavia deve comportar certos temperamentos quando de trate de ações objetivando a tutela de interesses superindividuais, pela natureza mesma desses interesses. Uma larga margem do fenômeno coletivo ficará desprovida de tutela se os seus portadores, para obter legitimação ativa, tiverem que, prévia e necessariamente, se aglutinar em pessoas jurídicas perfeitamente instituídas e reconhecidas pelo Estado. Nesse sentido parece-nos elogiável a opção do legislador brasileiro que, no *Estatuto do*

---

201. Loriana Zanuttigh reconhece a "(...) consapevolezza della deteriorabilità e irreversibilità della situazione e del danno, che caratterizzerebbe gli interessi diffusi (...)". Em outra passagem, observa o autor que o ideal seria que a tutela se fizesse ao nível legislativo e político, mas aí se correria o risco "di avere tempi eccessivamente lunghi rispetto all'urgenza dei problemi concreti" (Op. cit., p. 426 e 443).

202. *Interessi...* cit., p. 36.

203. *Droit Judiciaire Privé...* cit., t. I, p. 264.

Torcedor, ao definir o que seja *torcida organizada*, referiu-se à "pessoa jurídica de direito privado *ou existente de fato* (...) – Lei 10.671/2003, art. 2.º-A, incluído pela Lei 12.299/2010.

Na linha dessa postura mais liberal, cogita-se, na Alemanha, de outorgar legitimação para agir em matéria de defesa dos consumidores "anche ad associazioni di fatto, formate *ad hoc* da consumatori, in modo da offrire una possibilità effetiva di influsso anche a spontanee iniziative di cittadini (...)".[204] Na França, em que pese a Lei de 1901 que instituíra a liberdade de associação, a tendência inicial foi de negar acesso à justiça às associações *non declarées*; estas, enquanto "prive di personalità giuridica, sono in via di principio giuridicamente incapaci, sia sul piano sostanziale che su quello processuale". Tal postura, adverte Anna De Vita, deriva do princípio "pas de personnalité sans loi".[205] Todavia, importante decisão da Corte de Cassação, em 28.01.1954[206] veio revolucionar esse quadro, distinguindo entre *personalidade jurídica* e *previsão legal*, para assim admitir que aquela primeira pode resultar de circunstâncias de fato, a saber, a própria *existência* do grupamento: "La personnalité civile n'est pas une création da la loi; elle appartient, en principe, à tout groupement pourvu d'une possibilité d'expression collective pour la défense d'intérêts licites, dignes, par suite, d'être juridiquement reconnus et protégés". Como se vê, essa decisão fez derivar a personalidade a partir de elementos *objetivos*, e não de um mero reconhecimento formal por parte do poder público.

Comentando essa decisão, Anna De Vita observa que ela representa "il precedente più avanzato in materia".[207] No caso, tratava-se de uma ação proposta por um "comité d'établissement", o qual, no silêncio da lei, o Tribunal de Apelação houvera considerado como privado de personalidade jurídica. G. Levasseur, em comentários a esse acórdão da Cassação francesa, salienta estes pontos de interesse maior: a) o julgado veio referendar uma tendência que "rallie maintenant l'opinion générale de la doctrine française", a saber, a concepção da pessoa jurídica sob a teoria da "realidade", superando a antiga teoria da "ficção"; b) sob essa visão *realista*, a personalidade, no silêncio da lei, decorre de dois elementos: "Des intérêts licites d'une part, une possibilité d'expression collective d'autre part"; essa possibilidade resulta "de l'organisation interne du groupement";[208] c) no silêncio da lei, ou quando os textos não forem

204. Cf. Ena-Marlis Bajons. L'azione collettiva – aspetti comparatistici di un nuovo tipo di azione a tutela del consumatore. *Rivista di Diritto Civile*, parte I, 1980, p. 297.

205. Op. cit., p. 362-363.

206. Recueil Dalloz, 1954 (jurisprudência), comentário de G. Levasseur, p. 217.

207. Op. cit., p. 364.

208. Nesse ponto, o autor se aproxima de Vincenzo Vigoriti, para quem o quesito da "organização" é indispensável para a caracterização de grupo portador de interesses

explícitos, caberá ao juiz dizer se tal grupo é ou não dotado de personalidade, vale dizer: outorga de personalidade por via pretoriana.[209] G. Levasseur avança prognósticos a este respeito, observando que, se a "família", a "comunidade", não dispõem de um "moyen d'expression suffisant" (o que lhes dificulta o reconhecimento da personalidade), está, todavia, aberto o caminho para o reconhecimento pretoriano de personalidade para as sociedades de fato e as associações *non declarées* (desprovidas de personalidade jurídica).[210]

Teme-se, na verdade, que o acesso à justiça de grupos não organizados, não personificados (cuja *personalidade* seria investigada e reconhecida, em cada caso, pelo juiz) poderia gerar certos abusos. Gustavo Vignocchi adverte para os "inconvenienti eventuali di eccessive latitudini dei poteri discrezionali dei magistrati, i quali, in mancanza di criteri obbiettivi positivamente determinati, potrebbero essere talora involontariamente suggestionati da prospettazioni di pseudo interessi di categorie, in realtà mascheranti stimoli o intenti privatistici o corporativi".[211]

Esse "superdimensionamento" do poder discricionário do juiz pode, porém, ser perfeitamente evitado pelo próprio legislador, a quem cabe excogitar e positivar os *critérios* que permitirão ao julgador aquilatar da "representatividade adequada" do grupo no caso concreto. O que se não pode conceber é que o legislador se omita ou não exerça cabalmente sua função, deixando assim o juiz na situação de *ter* que fixar os critérios axiológicos que, a rigor, deveriam estar previstos na norma. Justamente por isso, fala-se hoje em situações de *norma necessitada*, querendo referir-se a certos vazios que não podem ser preenchidos de outro modo, ante a exigência da *reserva legal* (CF, art. 5.º, II).

É claro que o reconhecimento de legitimação para agir aos grupos *ad hoc*,[212] formados espontaneamente ao sabor das contingências sociais, não será uma

---

coletivos: "Un'organizzazione comunque deve esistere perché possa parlarsi di 'collettivo' nel senso di relazione di interessi stabilita per il raggiugimento del fine comune. Questo è l'elemento essenziale che distingue gli interessi collettivi da quelli diffusi" (*Interessi collettivi*... cit., p. 39).

209. Cf. Gustavo Vignocchi. *La tutela*... cit., p. 41 e 81.

210. Para a distinção entre as associações "déclarées"; "non déclarées"; e "reconnues d'utilité publique", v. Anna De Vita. Op. cit., p. 362 et seq.

211. La tutela degli interessi diffusi nei settori della economía e della tutela dei consumatori. *JUS – Rivista di Scienze Giuridiche*. Milão: Università Cattolica del Sacro Cuore, 1978, p. 81.

212. José Carlos Barbosa Moreira alude aos *ad hoc Gruppen* do direito tedesco: "Entidades não dotadas de personalidade jurídica no plano do direito material, ou até de grupos formados com o puro e específico objetivo de movimentar o pleito" (*A legitimação*... cit., p. 2 e n. 6). Sob a óptica do direito italiano, Aldo Corasaniti reconhece que, "pur riconoscendosi che la corrispondenza tra un 'interesse diffuso' nella collettività e un

realidade viável a curto prazo. Como foi visto até agora, caminha-se para uma segunda ruptura no processo civil: a *descoincidência* entre titularidade do direito e legitimação para agir, quando se trata de interesses superindividuais. Para que também os grupos ocasionais, espontâneos, tenham acesso à justiça em nome desses interesses, impende prosperar a tese de que a personalidade jurídica pode ser dispensada quando se trate de interesses metaindividuais, porque neste caso a qualificação para agir será buscada em critérios objetivos: a capacidade de expressão coletiva do grupo e a natureza socialmente relevante de seu objeto; a partir de uma tal mudança de paradigma, passa a viabilizar-se a afetação de personalidade jurídica aos grupos sociais *de fato*.

A exigência de uma "organização formal" para os grupos que se pretendem portadores de interesses difusos induz, a um tempo, uma contradição interna (na medida em que o termo "difuso" se contrapõe a "organizado") e também a um impasse, visto que são justamente os interesses *difusos*, isto é, não organizados, em estágio ainda fluido, os que mais carecem de tutela jurisdicional, como o único canal entre o limbo[213] a que estão relegados e o seu reconhecimento pelo Estado e pela sociedade civil. É o que se passa na Itália, com os *comitati di quartieri*: é evidente que tais grupos sociais apenas têm por vínculo a circunstância de que seus integrantes habitam o mesmo contexto geográfico local (*insendiamento abitativo*). Não se coloca, para eles, a questão da personalidade jurídica, nem se justificaria a exigência de formalidades legais para que pudessem desempenhar sua missão. Eles podem desempenhá-la, satisfatoriamente, porque, de forma *natural*, legitimam-se como o *ente esponenziale* das pessoas que habitam o "quartiere"; daí decorre que os interesses *difusos*, esparsos entre esses moradores, podem ser *adequadamente representados* por esse "grupo espontâneo". Quanto a esses *comitati di quartieri* o Pretor de Roma admitiu-lhes a intervenção como

---

gruppo che ne assuma stabilmente la cura constituisce segno concludente della rilevanza giuridica dell'interesse, si ammette che tale rilevanza possa ravvisarsi anche sulla base di iniziative di individui partecipi e di 'occasionali aggregazione'" (La tutela degli interessi...cit., p. 182). Nesse sentido, Stefano Rodotà lembra que "l'ampliamento dell'area della legittimazione ad agire deve riguardare le occasionali aggregazioni che si formano intorno ad uno specifico interesse colletivo, bisognoso di tutela penetrante, anche se transitoria, per la quale non esisteva precedentemente alcun grupo istituzionale" (Op. cit., p. 97). *Aliter*, cf. Vincenzo Caianiello: "L'azionabilità di quegli interessi diffusi o collettivi dovrebbe passare attraverso un processo de personalizzazione, mentre la realizzabilità diretta di essi, cioè indipendentemente dalla intermediazione del giudice, dovrebbe sempre poter avvenire attraverso l'utilizzazione degli enti esponenziali della collettività, cioè attraverso un processo di pubblicizzazione degli interessi e quindi di istituzionalizzazione in capo a quegli enti" (Introduzione al tema... cit., p. 30-31).

213. Anna De Vita fala de "(...) situazioni collettive ancora destinate ad una specie di limbo giuridico nel silenzio della legge" (Op. cit., p. 383).

"parte civil" em processo penal por delito de construção sem licença.[214] Os comentadores consideram tal grupo um "organismo spontaneo o di base", talvez "l'esempio più chiaro di ente esponenziale".[215]

Os interesses difusos são, assim, sustentáveis (também) por grupos ocasionais, espontâneos, surgidos ao influxo de situações emergenciais da vida em sociedade (por exemplo, os usuários de serviços de táxi em certa comunidade, que se aglutinam em defesa de seus interesses, ante a iminência de aumento das tarifas, que consideram exagerado). A resistência para se reconhecer legitimação ativa a tais grupos funda-se em que eles não são dotados de personalidade jurídica e, assim, não "existindo" juridicamente, não preenchem o "pré-requisito" para a *legitimatio ad causam*. Como diz José Carlos Barbosa Moreira, escrevendo para o direito brasileiro, a outorga de legitimação para agir a entes não personificados é de remota aplicação, *de lege lata*, visto que nosso direito positivo segue "fiel ao princípio tradicional da obrigatória coincidência entre os sujeitos da relação jurídico-material controvertida e os sujeitos do processo ordenado à respectiva definição (...)". Adiante, remata: "A situação é manifestamente insatisfatória (...). Urge, *de lege ferenda*, experimentar outras soluções, com as cautelas necessárias para prevenir abusos".[216]

Essas "outras soluções" de que urge cogitar *de lege ferenda*, hão que considerar, em primeiro lugar, que a exigência da personalidade jurídica, se é bem compreensível no que tange a situações jurídicas individuais, não o é tanto, porém, quando se trata de interesses superindividuais: aqui, pela própria natureza do interesse, o que conta não é a existência legal do grupo portador,

---

214. Ver *Foro Italiano*, 1977, 2, p. 394; também, mesma revista, 1978, 2, p. 170.

215. Cf. Vincenzo Guerzio *et al.* Op. cit., p. 483. Contra, Vincenzo Caianiello, referindo-se a "tante sentenze folkloristiche cui ci sta abituando il giure penale, che ha riconosciuto la legittimazione di un comitato de quartiere a costituirsi parte civile in processo per abusi edilizi e ad ottenere il risarcimento dei danni (?), ladove si è con molta acutezza rilevato come il comitato di quartieri non ha autonomia finanziaria e patrimoniale, per cui non si vede come potrebbe essere titolare di un rapporto attivo, in ordine e per conto degli abitanti del comprensorio in sede di risarcimento e di conseguente destinazione della somma introitata" (Op. cit., p. 28).

216. *A legitimação...* cit., p. 5. A palavra do mestre encontrou eco em sede legislativa: no Código de Defesa do Consumidor outorgou-se legitimação ativa às "associações legalmente constituídas (...), dispensada a autorização assemblear"; e, bem assim, às "entidades e órgãos da administração pública, direta ou indireta, *ainda que* sem personalidade jurídica" (art. 81, III e IV). Outrossim, o "requisito da *pré-constituição* [da entidade] pode ser dispensado pelo juiz (...)" (§ 1.º do art. 81; § 4.º do art. 5.º da Lei 7.347/1985). Enfim, o art. 50 do Código Civil igualmente contempla essa *disregard doctrine*, para o caso de "abuso da personalidade jurídica, caracterizado pelo desvio de finalidade, ou pela confusão patrimonial (...)".

como "pessoa jurídica", e, sim, a existência de certos dados *objetivos*, como a relevância social do interesse e a adequada representatividade do grupo portador. Como bem observou Mauro Cappelletti, "il requisito della personalità giuridica è una mera esteriorità, mentre va tenuto presente che assai spesso questo nuovo tipo de interessi di grupo, di classe, di communità sono interessi per i quali non è possibile avere un ente, sia pur privato ma con personalità giuridica *precostituita*; assai spesso si tratta di bisogni e interessi nuovi (ad esempio, l' interesse di una collettività di opporsi a la costruzione di una fabbrica che sarebbe fonte di polluzione in una certa zona), interessi che emergono in quel momento e che non sempre possono trovare il loro paladino in enti preesistenti. Guardiamoci dal tornare a schemi formali e paralizzanti!"[217]

Ademais, impende convir que um ente desprovido de personalidade jurídica nem por isso se converte num *pária* na ordem jurídica. Certas universalidades, como a massa falida, o condomínio, a herança, não têm "personalidade jurídica" e, no entanto, através de seus representantes legais, têm reconhecida a *personalidade judiciária*, que é uma vertente da *legitimatio ad causam*.[218] Analisando certa decisão do Tribunal de Firenze (1947), Franco Carresi observa que, se as associações de fato são "sfornite de personalità giuridica", isso não as impede de fruirem de uma "*soggettività giuridica*", senão tão plena quanto a das *associazioni riconosciute*, mas ao menos beneficiando de "una rilevanza attribuita dall'ordinamento a questo ente che è di *fatto*, ma che non può essere ignorato dalla legge e perciò è anche di diritto". Negar-lhes significação jurídica, prossegue o autor, resultaria "in un incentivo a vivere ai margini dell'ordinamento stesso". Em síntese, remata, "ente di fatto non significa ente irrilevante dal punto di vista giuridico (...)".[219]

Assim, de tempos a esta parte, o dogma da personalidade jurídica vem sendo repensado e vem perdendo muito de seu prestígio de outrora. Por um lado, a teoria da pessoa jurídica como *ficção* cedeu terreno à teoria chamada *realista*, pela qual a personificação não deriva *ex lege*, e sim da capacidade objetiva do grupamento de se apresentar como expoente de um dadointeresse coletivo.[220]

---

217. *Appunti sulla...* cit., p. 54.

218. Cf. Kazuo Watanabe. Tutela jurisdicional dos interesses difusos: a legitimação para agir. *In:* Ada Pellegrini Grinover (coord.). *A tutela dos interesses difusos*. São Paulo: Max Limonad, 1984, p. 92-93.

219. V. Franco Carresi. Potere di disposizione e leggitimazione processuale nelle associazioni non riconosciute. *Rivista Trimestrale di Diritto e Procedura Civile,* 1948, p. 206-207. No tocante às associações religiosas e sua representação, ver: Sérgio Lariccia. *La rappresentanza di interessi religiosi*. Milão: Giuffrè, 1967, p. 167 et seq.

220. Cf. Jean Pierre Gastaud. Op. cit., p. 5.

Por essa vertente firmou-se a teoria da "desconsideração da personalidade jurídica" (*disregard of legal entity*),[221] pela qual a pessoa jurídica não deve perder sua *transparência*, isto é, não deve servir para *esconder* as pessoas físicas que a compõem; tal entidade nada mais é do que uma universalidade de bens e pessoas, com o fito de *fazer coletivamente o que cada um dos seus integrantes poderia fazer individualmente*.

Essa teoria também é chamada *doutrina da penetração*, do fato de que ela propõe a possibilidade de uma investigação a fundo, na pessoa jurídica, com o fito de se saber, num dado caso concreto, se "foi realmente a pessoa jurídica que agiu, ou foi ela mero instrumento nas mãos de outras pessoas, físicas ou jurídicas".[222] Fica assim questionado o princípio de que a pessoa jurídica tem existência *distinta* da de seus membros:[223] provado que os integrantes do grupo apenas *se valeram* da pessoa jurídica para praticar atos escusos, em proveito individual, poderá ser *desconsiderada* a existência desta, com vistas à responsabilização pessoal daqueles. Nesse sentido, dispõe o art. 50 do Código Civil (Lei 10.406/2002): "Em caso de abuso da personalidade jurídica, caracterizado pelo desvio de finalidade, ou pela confusão patrimonial, pode o juiz decidir, a requerimento da parte, ou do Ministério Público quando lhe couber intervir no processo, que os efeitos de certas e determinadas relações de obrigações sejam estendidos aos bens particulares dos administradores ou sócios da pessoa jurídica". Antes, já dispunha a esse respeito o art. 28, *caput* e § 5.º da Lei 8.078/1990, com relação ao consumerismo.

Se uma tal evolução está se registrando no que tange às pessoas jurídicas propriamente ditas, *a fortiori* se haverá de admitir que, em se tratando de grupos portadores de interesses difusos – portanto insuscetíveis de afetação ou apropriação exclusiva – a exigência da *personalidade jurídica* perde relevância, recaindo a tônica na *importância social do interesse* aliada à idoneidade de seu portador, como elementos *objetivos* ensejadores da legitimação para agir. Quanto ao temor, por parte do Estado, de que grupos assim formados ao influxo das

---

221. Essa teoria, informa Fábio Ulhoa Coelho, "foi formulada por Rolf Serick, professor de Heidelberg, em tese de concurso universitário, intitulada 'Aparência e realidade nas sociedades comerciais – o abuso de direito por meio da pessoa jurídica' e também por Piero Verrucoli, da Universidade de Piza, em sua monografia *O superamento da personalidade jurídica das sociedades de capital na* common law *e na* civil law" (cf. A teoria da desconsideração da personalidade jurídica. *In Estudos de Direito Público. Revista dos Advogados da Prefeitura do Município de São Paulo*, 1984, n. 5, p. 44).

222. Cf. J. Lamartine Correa de Oliveira. *A dupla crise da pessoa jurídica*. São Paulo: Saraiva, 1979, p. 613.

223. Ver acórdão relatado por Edgard de Moura Bittencourt, *RT* 238/394. (O art. 20 do precedente Código Civil de 1916 – "As pessoas jurídicas têm existência distinta da dos seus membros" – não tem correspondente no vigente Código – Lei 10.406/2002).

contingências sociais persigam objetivos carentes de seriedade ou *éminemment fantaisistes*,[224] sempre se poderá obviar tais riscos, instituindo-se sanções processuais importantes para os casos de colusão, de exercício temerário da ação ou com velado propósito de emulação ou de revanchismo político.

A legitimação para agir, nesses *grupos ocasionais*, pode ser considerada *ordinária*, visto que a ação do grupo e os interesses difusos aí veiculados tornam-se de tal modo indissociáveis, que se pode dizer que o grupo age em nome próprio, por direito próprio. Nesse sentido, cabe lembrar esta passagem de Kazuo Watanabe, em tema de legitimação para agir das associações portadoras de interesses difusos: "Os interesses e objetivos dos associados são os mesmos da associação e a presença desta em Juízo, tal como ocorre nos casos em que o sistema jurídico se vale da técnica da veiculação dos direitos e interesses por meio de entes não personificados, equivale à presença de todos os seus membros, e até de outros cotitulares dos direitos e interesses indivisíveis".[225]

Em tema de interesses difusos, portanto, a exigência da personalidade jurídica haveria que consentir temperamentos especiais, à vista da natureza fluida, por vezes fugaz, desses interesses, já que aderentes a meras situações de fato, como o reconheceu o próprio legislador (Lei 8.078/1990, art. 81, parágrafo único, I). Basicamente, o fato de um grupamento portador desses interesses não ser dotado de personalidade jurídica, não deve ser erigido em óbice à tutela jurisdicional, podendo aquele item ser suprido pelos elementos de ordem *objetiva*, antes lembrados; até porque é curial que deve prevalecer a *tutela* desses interesses sobre o mero reconhecimento da higidez jurídico-formal do grupo que deles se faz portador. Como diz Franco Carresi, "è nata una nuova realtà giuridica nel mondo delle cose quando l'ordinamento considera unitariamente un insieme (...) una nuova realtà giuridica è sorta nell'ambito delle persone tutte le volte che un aggregato di uomini sia riguardato dalla legge come qualcosa di distinto dalla soma dei suoi componenti".[226]

Isso é particularmente verdadeiro com relação às associações que se dedicam à proteção do meio ambiente: tratando-se de um valor insuscetível de

---

224. Cf. Roger Perrot. L'action en justice des syndicats professionels, des associations et ordres professionels. *Universitatis budapestinensis*, Annales, Budapeste, 1969, t. X, p. 103.

225. Tutela jurisdicional... cit., p. 95-96. A propósito, Alberto De Roberto explica a razão pela qual a jurisprudência italiana é reticente em reconhecer legitimação aos entes não personificados: "La preoccupazione di ottenere che della legittimazione in parola non si avvalgano – per finalità speculative e ricattatorie – organismi operanti al di fuori di ogni valutazione e controllo dell'autorità amministrativa (quale le organizzazioni non riconosciute)" (Interessi diffusi... cit., p. 125).

226. Op. cit., p. 207. Nesse sentido: Vincenzo Caianiello. Op. cit., p. 29.

fracionamento e de apropriação subjetiva ("bem de uso comum do povo" – CF, art. 225, *caput*), há de preponderar o aspecto *objetivo* da tutela, sobre a exigência de estrita *personificação* da entidade que se apresente como portadora daquele interesse, como subjaz no enunciado do art. 82, § 1.º, da Lei 8.078/1990). Ao propósito, escreve Paulo Roberto Pereira de Souza: "O sujeito de direito autônomo é substituído pela universalidade de titulares, que tem em comum uma situação de fato, que os torna, ao mesmo tempo, interessados e legitimados na tutela do direito em conflito".[227]

É precisamente o sentido de "íntima conexão" entre os interesses difusos e os grupos *espontaneamente* formados que se vem estruturando, na Itália, a possibilidade de que esses *enti esponeziali* sejam admitidos em juízo. Como decidiu o Pretor de Roma, uma "pluralità di interessi personali, omogenei" aparece unificada "nella figura dell'interesse colletivo"; este, por sua vez, "trova nel cosiddetto ente esponenziale l'organo spontaneo legittimato a farlo valere (...)".[228] Cabe observar que, agindo em nome de certos interesses difusos, o *ente esponenziale* o faz a título de legitimação *ordinária*, porque o art. 2.º da Constituição italiana "... riconosce e garantisce i diritti inviolabili dell'uomo, sia come singolo, sia nelle formazioni sociali ove si svolge la sua personalità...".[229]

Um fato que bem ilustra o antes exposto ocorreu no campo das relações de consumo, na França, envolvendo o talco *Morhange*, que, segundo relata Márcio Flávio Mafra Leal, "em 1972 causou a morte de 36 bebês e intoxicou outros 167 por um erro de fabricação que incluiu uma alta dose de um componente tóxico". O Tribunal aceitou a ação coletiva de duas associações de consumidores, mas rejeitou a ação do Comitê das Famílias Vítimas do Talco Morhange, pois esta "não preenchia os requisitos da autorização (*agrément*) exigida por Lei". Todavia, tal critério restritivo adotado nesse julgado pode ser questionado, porque, como pondera Márcio Flávio Mafra Leal em anterior passagem, "para os grupos ocasionais e efêmeros, sem representação formal, o problema não é seu reconhecimento como pessoa jurídica, mas de legitimidade de agir e aptidão dos autores para serem considerados 'adequados representantes' de todos que estejam compartilhando da situação jurídica dada".[230]

Uma sugestiva aplicação, dentre nós, da dissociação entre personificação jurídica e legitimação para agir está no art. 232 da CF: "Os índios, suas comunidades

---

227. A tutela jurisdicional do meio ambiente e seu grau de eficácia. *In:* José Rubens Morato Leite e Marcelo Buzaglo Dantas (coords.). *Aspectos processuais do direito ambiental*. São Paulo-Rio de Janeiro: Forense Universitária, 2003, p. 239.

228. Sentença de 05.02.1980, *Foro italiano*, 1980, vol. II, p. 466.

229. Cf. Vincenzo Guercio *et al.* Op. cit., p. 481.

230. Op. cit., p. 57 e 175. Sobre as *organizações da sociedade civil de interesse público*, v. a Lei 9.790/1999.

e organizações são partes legítimas para ingressar em juízo em defesa de seus direitos e interesses (...)".

Na sequência, veremos outra alternativa de legitimação para agir em sede de interesses difusos, qual seja, através de órgãos e agências governamentais.

3.3.2.3 Legitimação a órgãos e agências governamentais

Em vários países, a tutela dos interesses difusos, sobretudo no que concerne aos consumidores e à ecologia, é cometida a órgãos ou agências especialmente criados para esse fim. Mauro Cappelletti informa que "in molti paesi assistiamo da anni alla proliferazione di enti pubblici specializzati, investiti (*inter alia*) del potere di iniziare procedimenti civili (o amministrativi) in certe materie, o d'intervenire in tali procedimenti".[231] Posteriormente, Mauro Cappelletti asseverou que nesse critério de outorga de legitimação ativa a órgãos públicos especializados "os resultados têm sido, no todo, satisfatórios; resta todavia um grave problema, o fato de que uma proliferação de *administrative agencies* pode tornar mais pesado o aparelho estatal e ampliar a burocracia, com todos os riscos e os males do moderno *Big Government* e da *over regulation*".[232]

Na síntese exposta por Paulo Sérgio Jakutis, com apoio em obra de Marco Gasparinetti, os sistemas europeus de proteção aos direitos coletivos compreendem "três grandes grupos: a) países que seguem o modelo tedesco (Alemanha, Espanha, Holanda, Grécia e Itália); países ligados ao modelo francês (França, Bélgica e Luxemburgo); c) países que seguem o modelo nórdico (Reino Unido, Eire, Dinamarca, Suécia e Finlândia). O primeiro bloco (sistema tedesco) seria caracterizado por previsões específicas para a atuação de determinadas associações – sobretudo em questões relacionadas aos sindicatos e ao direito do trabalho, mas também na Alemanha, *v.g.*, dizendo respeito a associações ligadas aos consumidores – com o Código de Processo Civil, em países como Itália e Alemanha, regulando alguns poucos procedimentos onde o direito coletivo teria tratamento destacado. Já no modelo francês, a representatividade do ente que trará a juízo a questão coletiva é fixada *ex ante* por uma autoridade administrativa. Finalmente, no terceiro sistema, a tutela do direito coletivo seria demandada a uma autoridade pública independente".[233]

3.3.2.3.1 Suécia – Na Suécia, existe o *ombudsman* dos consumidores. Hans Stenberg e Ulf Bernitz explicam o funcionamento desse órgão e da Corte do

231. *Formazioni*... cit., n. 3, 1975, p. 380.

232. O acesso... cit., p. 55.

233. *Interesses difusos, coletivos e individuais homogêneos no processo do trabalho*. Dissertação de mestrado, FADUSP, 1999, p. 21, sob orientação do Prof. Wagner D. Giglio.

Mercado dando suas características principais: o *ombudsman* é integrante de um sistema que se completa com a "Corte de Mercado"; o objetivo perseguido é antes o de *prevenir* do que de apenar;[234] diante de uma denúncia contra uma empresa por contravenção às leis do mercado, opera-se a reversão do ônus da prova e cabe àquela provar que agiu corretamente; quando o *ombudsman* não consegue dirimir a controvérsia, ele a submete à Corte do Mercado (de composição paritária);[235] o *ombudsman* surge como uma "instância de supervisão ativa" e a Corte como uma "instância interpretativa";[236] é composto de, aproximadamente, treze *administradores*, de diferentes formações, e chefiado por um titular e um adjunto, ambos juristas eminentes; a notícia da contravenção às leis do mercado pode ser dada por qualquer pessoa, por escrito ou mesmo por telefone; o *ombudsman* é livre para decidir se agirá ou não; se o não fizer, a demanda pode ser engajada por uma associação de consumidores, junto à Corte; é competente para "négocier avec les entreprises en vue d'obtenir à l'amiable la rectification d'une méthode de marketing ou la suppression d'une condition contractuelle".[237]

Exemplos de atuação desse órgão: lutar contra as embalagens quando possam induzir o consumidor a erro; estabelecer *modus operandi* na prestação de serviços *de massa* como, *v.g.*, as reparações de veículos; interceder junto aos órgãos do serviço público: por exemplo, o *ombudsman* chegou a conseguir que os usuários de telefones não pagassem a taxa mínima quando o aparelho não fosse utilizado.[238] Os textos de regência são as leis: de 1970 (sobre métodos abusivos de publicidade e de venda) e de 1971 (sobre interdição de cláusulas contratuais exorbitantes).[239] Cabe ainda citar a lei de 1973 sobre vendas aos consumidores, que em seu art. 1.º definiu o "consumidor", termo que até agora tem gerado polêmica quanto ao seu real significado: "A pessoa física (*la personne privée*) que compra de um comerciante uma mercadoria, principalmente destinada a

---

234. Cf. Ulf Bernitz. La protection des consommateurs en Suède et dans les pays nordiques. *Revue Internationale de Droit Comparé*, 1974, n. 3-4, p. 559. Legislação atualizada: *The Marketing Act* (2008). Sobre a experiência sueca, v. Henrik Lindblom. The globalization of *class actions*. Disponível em: [http://www.law. stanford.edu/display/images/dynamic/events_media /Sweden_National_Report.pdf].

235. Cf. Ulf Bernitz. Op. cit., p. 558: a Corte tem nove membros: o presidente e o vice são juristas; há um técnico em questões de consumidores; os seis membros são compostos paritariamente: três representam os comerciantes e industriais e três representam os consumidores e assalariados.

236. Hans Stenberg. Op. cit., p. 578. Um tipo aproximado ao *ombudsman* é o *defensor del pueblo*, na Espanha (cf. Angel Landoni Sosa. Op. cit., p. 170).

237. Hans Stenberg. Op. cit., p. 580.

238. Idem, p. 581.

239. Os textos podem ser vistos em: Ulf Bernitz. Op. cit., p. 573 et seq.

uso particular e que é vendida dentro do contexto das atividades profissionais do comerciante".[240]

Aspecto interessante é que a Corte do Mercado pode aparelhar com uma *astreinte* seu decreto de interdição do ato ou atividade nocivos; se mesmo assim o comerciante reluta em atender à interdição, caberá ao tribunal (de direito comum), sob requisição do Procurador, verificar a *legalidade* do procedimento da Corte do Mercado e *ordenar* o pagamento da *astreinte*.[241]

Cabe acrescentar que o *ombudsman* dos consumidores não é o único *ombudsman* existente na Suécia. Desde 1979 existe o *ombudsman* parlamentário (com funções de verificação do cumprimento das leis pelos juízes, servidores públicos civis e militares). Antes, em 1915 surgira o *ombudsman* militar, depois absorvido pelo *ombudsman* parlamentário. Em 1954 foi criado o *ombudsman antitrust*, cuja atividade se funda na lei sobre práticas comerciais restritivas. Há ainda o *ombudsman* da imprensa (criado em 1969) e outro para assegurar a igualdade de tratamento a ambos os sexos nas relações de trabalho (instituído em 1980). A propósito, Angel Landoni Sosa observa que o *ombudsman*, "en sus diversas expresiones, se nos aparece como un eficaz instrumento para la defensa de los intereses difusos en los variados campos en los cuales ellos se pueden manifestar".[242]

Esclarece Paulo Sérgio Jakutis, com apoio na obra de Martin Eisenstein, que em 1968 surgiu o *Public Complaints Board*, um "corpo extrajudicial, formado por representantes do consumidor e dos negociantes, destinado a oferecer recomendações não vinculantes às disputas entre consumidores e fornecedores". Adiante, esclarece que o não acatamento à recomendação pode "implicar na aparição do nome do produtor, ou comerciante, na lista negra publicada, semestralmente, pela NSBCP (*National Swedish Board for Consumer Policies*) através do periódico *Advice and Results* e em vários jornais do país. Além disso, a decisão do PCB é

---

240. Idem, p. 547, n. 3. No direito brasileiro, v. os arts. 2.º, 3.º e §§ do Código de Defesa do Consumidor, onde são conceituados: "consumidor"; "fornecedor"; "produto" e "serviço". Comentando o conceito legal de consumidor, José Geraldo Brito Filomeno inclina-se pela doutrina de Fábio Konder Comparato: "Os *consumidores* são aqueles 'que não dispõem de controle sobre bens de produção e, por conseguinte, devem se submeter ao poder dos titulares deste', enfatizando ainda que o 'o consumidor é, pois, de modo geral, aquele que se submete ao poder de controle dos titulares de bens de produção, isto é, os empresários" (*Código Brasileiro de Defesa do Consumidor* – comentado pelos autores do anteprojeto. 8. ed. São Paulo-Rio de Janeiro: Forense Universitária, 2005, p. 32). Obs.: o estudo do Prof. Comparato, citado no excerto, intitula-se: A proteção ao consumidor: importante capítulo do Direito Econômico. *Revista de Direito Mercantil*, n. 15-16, 1974.

241. Idem, p. 560.

242. Legitimación... cit., p. 1174.

transmitida ao *ombudsman* do consumidor – que trabalha em contato permanente com o PCB – que verificará se, no caso, houve desrespeito ao *Marketing Act* e ao *Contract Terms Act* para as providências pertinentes". Na sequência, comparando os sistemas sueco e brasileiro, Paulo Jakutis conclui que "o nosso legislador eliminou a figura da *Market Court* e deu ao Ministério Público os poderes do *Consumer Ombudsman*, acrescendo-os às atribuições preexistentes daquela instituição. Resumimos em uma única figura os papéis que, no sistema sueco, acabam sendo desenvolvidos pelo *Consumer Ombudsman* e pelo *Public Prosecutor*".[243]

3.3.2.3.2 Noruega, Dinamarca, Finlândia – Nos demais países escandinavos, segundo informa Ulf Bernitz, a Noruega, a Dinamarca e a Finlândia seguiram, nessa ordem, a iniciativa da Suécia no que tange à proteção dos interesses dos consumidores. Enquanto os sistemas norueguês e sueco são análogos,[244] verifica-se que, no tocante à Dinamarca, o *ombudsman* é habilitado a pleitear perante o Tribunal Marítimo e Comercial de Copenhague, de onde os recursos podem subir até a Corte Suprema.[245] No que tange à Finlândia, a Lei de 1973 permite ao *ombudsman* interferir também nos casos de denúncia de formação de cartel entre comerciantes. Quando for constatado que o cartel é prejudicial à livre concorrência, uma interdição será expedida, podendo a parte interpor recurso junto à Corte Administrativa Suprema. São casos dessa ordem contratos contendo restrições à instalação de novas empresas num ramo determinado; acordos entre comerciantes ou industriais visando a fixação de preços no atacado. Segundo informa Tore Modeen, as interdições nesse campo têm sido raras, porque, no geral, as controvérsias são resolvidas em via amigável, pela intermediação do *ombudsman*. Além desse órgão, existe ainda um "Ofício dos Negócios dos Consumidores", órgão estatal encarregado de fazer pesquisas e informar os consumidores acerca da qualidade dos produtos existentes no mercado.[246]

A respeito desses países escandinavos – Noruega, Dinamarca, Finlândia –, podem ser consultados, pela ordem, estes textos: *Class actions, group litigation & otlher forms of collective litigation in the Norwegian Courts* [http://www.law.stanford.edu/display/images/dynamic/events__media/Norway_National__Report.pdf]; *Collective litigation in Finland*, por Klaus Viitanen [http://www.law.stanford.edu/display/images/dynamic/events_media/Finland_Legislation.pdf]; *Class actions in Denmark – from 2.008*, por Erik Werlauff [http://www.law.stanford.edu/display/images/dynamic/events_media /Finland_Legislation.pdf].

---

243. Op. cit., p. 22 e 25.

244. Cf. Angel Landoni Sosa. Legitimación... cit., p. 563-564.

245. Idem, ibidem.

246. Tore Modeen. La protection des consommateurs en droit finlandais. *Revue Internationale de Droit Comparé*, n. 3-4, 1974, p. 584 et seq.

3.3.2.3.3 *Inglaterra* – Na Inglaterra podem ser indicadas estas agências ou órgãos encarregados de tutelar os interesses plurindividuais, *lato sensu*: o *Queen's Proctor*, o *Public Trustee*, o *Director-General of Fair Trading* e o *Race Relations Board*.[247] O *Queen's Proctor* exerce função aproximada ao Ministério Público, quando defende o interesse público, representando o Estado nas ações de divórcio.[248] O *Public Trustee*, nomeado pelo *Lord Chancellor*, tem funções semelhantes às do *private trustee*.[249] Dois desses órgãos oferecem maior interesse para o tema em análise: o *Director-General of Fair Trading*, criado em 1973; sua função é a de promover, perante a *Restrictive Pratices Court*, as diligências necessárias à apuração de práticas tendentes à formação de monopólios, bem como de certos acordos comerciais contrários ao interesse público, especialmente quando prejudiciais aos consumidores.

O *Race Relations Board* representa o interesse público ao propor ações civis tendentes a coibir-reprimir atos de discriminação racial, considerados ilegítimos (*unlawful*), embora não "criminosos", estes últimos afetos ao Ministério Público – *Attorney-General*. Inicialmente instituído para desempenhar um papel de conciliador, o *Board* foi ganhando importância nessa matéria, o que se atribui à "ineffectiveness of the Attorney General in newly emerging areas of law". É interessante observar que esse *Board* mantém o monopólio do ajuizamento de ressarcimento de danos em nome das vítimas de atos de discriminação racial, configurando-se, assim, uma hipótese de substituição processual (legitimação anômala). Os textos de regência são os *Race Relations Acts* de 1965 e 1968.[250]

Giovanni Quadri aponta como precedente histórico da tutela dos interesses difusos o *writ of certiorari*, que a par do *prohibition writ* integra os *prerogative writs* ou *prerogative orders*. Nesses casos, diz o autor, a parte "agisce come un pubblico ministero privato (*private attorney general*)". Aponta, como exemplo, o caso "R. *versus* Taunton St. Mary (3 M and S 465), nel quale fino dal 1815 fu stabilito che ogni componente di una comunità locale inglese può chiedere un provvedimento di certiorari per aver avuto un danno in quanto componente della stessa comunità". O autor considera que "si tratta della interpretazione più chiara e realistica, ma anche più ampia, del concetto di interessi diffusi che si incontri anche nella odierna giurisprudenza".[251]

---

247. Tore Modeen. La protection des consommateurs en droit finlandais. *Revue Internationale de Droit Comparé*, ns. 3-4, 1974, p. 584 et seq.

248. Mauro Cappelletti; J.A. Jolwicz. *Public interest parties on the activer role of the judge in civil litigation*. Milão: Giuffrè; Nova York: Dobbs Ferry, 1975, p. 88-89.

249. Idem, p. 68, n. 168.

250. Mauro Cappelletti; J.A. Jolwicz. Op. cit., p. 89, n. 236, citando Jacob.

251. Op. cit., p. 104. Para Márcio Flávio Mafra Leal, a história das ações coletivas repousa na "experiência dos *group litigation* inglesa, especialmente o *bill of peace*, no século

Pelo Dispositivo n.º 10 das *Rules of Civil Procedure*, viabiliza-se a representação judicial do grupo quando se configura o *common interest* entre representante e representado, critério assentado desde o caso *Duke of Bedford v. Ellis*, em 1901 (a lide envolvia feirantes que litigavam em nome pessoal e também em nome de outros feirantes em torno da preferência por espaços num mercado público). Segundo relata Márcio Flávio Mafra Leal, "atualmente são disponíveis dois tipos básicos de ação coletiva na Inglaterra: a *representative action* (ACDI) e a *relator action* (ACDD). A *representative action* é a tradicional ação coletiva inglesa, em que um ou mais indivíduos representam um grupo e dele fazem parte, grupo este identificável pela comunhão de interesses no litígio. A coisa julgada, como sempre ocorreu, vincula todos, representantes e representados".[252]

Ainda conforme Márcio Flávio Mafra Leal, a jurisprudência mais recente tem admitido "ações coletivas por danos individuais, como no processo *Prudential Assurance Co., Ltd., v. Newman Industries, Ltd.*, de 1979, em que a Corte dividiu as questões comuns da classe e dos membros em dois estágios, aproximadamente como ocorre nas ações por danos individuais homogêneos (ACDI indenizatória) brasileiras: no primeiro estágio, resolvem-se as questões concernentes ao grupo, reconhecendo-se o fato e a responsabilidade do réu, em um segundo passo, consideram-se os danos sofridos por cada membro em separado". Quanto à *relator action*, prossegue o autor, configura-se quando "um indivíduo, que não possui legitimidade (*standing*) para propor uma ação de interesse público requer ao *attorney general* (procurador-geral do Ministério Público) autorização para aforar a ação em nome deste". As *relator actions*, prossegue o autor, "têm sido utilizadas também por associações (ONGs) para tentativa de cumprimento de direitos difusos, v.g., em questões ambientais, sem que a legitimidade do autor (*standing*) tenha sido reconhecida de maneira satisfatória na jurisprudência inglesa".[253]

Ainda de se registrar o advento na Inglaterra, em 1999, do Código de Processo Civil (*Rules of Civil Procedure*), qualificado por José Carlos Barbosa Moreira como uma "autêntica novidade, cujo surgimento vem sendo apregoado como a maior transformação legislativa, nesse terreno, há mais de século".[254] Ali vêm disciplinadas, no que ora mais interessa, as *multi-party litigations*, instituindo-se, no relato de Paula Komatsu, uma *macro justice*, incrementada a partir das

---

XVII, que era uma autorização para o processamento de uma ação sob a forma coletiva" (*Ações coletivas*... cit., p. 139-140).

252. Op. cit., p. 140-141.

253. Op. cit., p. 142, 143 e 145.

254. Uma novidade: o Código de Processo Civil inglês. *Temas de Direito Processual*. 7.ª série. São Paulo: Saraiva, 2001, p. 179.

emendas advindas em 2000 com a regulação das *Group Litigations*, nas quais o Tribunal pode considerar "apropriado o agrupamento de ações para serem julgadas sob o procedimento de ação coletiva"; além disso, prossegue a autora, uma sentença "proferida numa ação coletiva irá vincular todos os membros do grupo efetivamente registrados" (ou seja, aqueles que exerceram o *right to opt in*), aderindo à demanda coletiva.[255]

Particularidade interessante vem ressaltada por Aluísio Gonçalves de Castro Mendes, de que "pode haver a determinação pela Corte para que haja um processo teste ou modelo (*test claim*), cujo resultado projeta, *a priori*, efeito vinculante sobre as demais demandas previamente registradas. As questões comuns ou as ações de ensaio devem ser processadas e julgadas por um determinado órgão judicial (*management court*), que ficará prevento para, inclusive, efetuar, também, o registro de pretensões individuais relacionadas com a *common question* ou com a *test claim*. Todavia, as questões individuais são normalmente julgadas por tribunais locais, levando em consideração a decisão coletiva ou o resultado da ação de ensaio e eventuais diretrizes formuladas pela *management court*".[256]

Sobre a experiência inglesa na tutela aos interesses metaindividuais, consulte-se o estudo Global class actions Project contry report: England and Wales, por Cristopher Hodjes (http://globalclassactions.stanford.edu/sites/default/files/documents/England_Country%20Report.pdf).

3.3.2.3.4 *Estados Unidos* – Com apoio na obra clássica de Stephen Yazell (*From medieval group litigation to the modern class action*, Yale, 1987), Márcio Flávio Mafra Leal expõe que no pioneiro processo *West v. Randall*, de 1820, o juiz da Suprema Corte, Joseph Story, acabaria projetando as diretrizes do sistema das *class actions*, ao assim dispor: "Onde as partes são muito numerosas e a corte percebe que será quase impossível trazê-las perante o tribunal, ou onde a questão é de interesse geral em que uns poucos podem promover uma ação em benefício de todos, ou onde houver uma associação voluntária com fins públicos ou privados em que seja possível a representação dos direitos e interesses de todos que dela fazem parte; nesses e em casos análogos, a ação se demonstra não ser meramente em nome dos autores, mas de todos os outros interessados: o pedido para formação de litisconsórcio necessário deverá ser repelido e o tribunal deverá dar prosseguimento ao processo até a decisão de mérito".[257]

---

255. *Ação coletiva: evolução histórica*. Dissertação de mestrado, FADUSP, 2003, sob orientação do saudoso Prof. Luiz Carlos de Azevedo, p. 84-88, *passim*.

256. *Ações coletivas no direito comparado e nacional*. São Paulo: RT, 2002, p. 60-61.

257. Op. cit., p. 149-150.

Ainda no relato de Márcio Flávio Mafra Leal, o juiz Story, na obra *Equity Jurisprudence* esclareceria que desde os *bill of peace* concedidos nas *group litigations* pelos tribunais da *equity*, já então, a *ratio decidendi* se fundava no propósito de "prevenir a multiplicidade de litígios com o mesmo objeto, ou seja, com nítido propósito de economia processual. Story adicionou ainda o fato de as ações coletivas facilitarem a judicialização de pequenas causas, aproximando-se de um dos fundamentos da doutrina do acesso à justiça".[258]

Como se sabe, desde então, foi-se gradativamente implementando a participação de entidades paraestatais, de maneira geral, no gerenciamento dos múltiplos interesses metaindividuais, não só através da facilitação do acesso à justiça, como perante as instâncias administrativas, destacando-se a sucessiva criação de órgãos e agências governamentais em matérias relevantes como saúde pública, alimentação e, sobretudo, defesa do consumidor e do meio ambiente.

A par disso, impende reconhecer o relevante papel desempenhado pelas organizações não governamentais, sob o modelo denominado *organizational private attorney general*, com destaque, aduz Márcio Flávio Mafra Leal, para a "promoção de interesses públicos não estatais, utilizando-se largamente das ações coletivas como instrumento de atuação e cumprimento de direitos conquistados nos movimentos sociais das últimas décadas e positivados nos sucessivos *Civil Rigths* desde 1964".[259] Neste passo vale mencionar, dentre nós, a Lei 9.790/1999, que "dispõe sobre a qualificação de pessoas jurídicas de direito privado, sem fins lucrativos, como *Organizações da Sociedade Civil de Interesse Público*", as quais se propõem a atuar em áreas de relevante interesse público, tais como assistência social, patrimônio cultural, educação, saúde, segurança alimentar e nutricional, meio ambiente, promoção do voluntariado, combate à pobreza, construção de novos direitos, podendo para tanto serem celebrados *Termos de Parceria* com o Poder Público (art. 3.º e incisos; arts. 9 a 15).

Dentre as agências governamentais encarregadas de gerenciar interesses metaindividuais nos Estados Unidos destacam-se: *Environmental Protection Agency; Food and Drug Administration; Securities and Exchange Commission; Federal Trade Commision.* Embora o papel primordial dessas agências seja o de participar da regulamentação administrativa daqueles assuntos (ecologia, saúde pública, proteção ao consumidor), podem elas participar ativamente nas ações judiciais que envolvem aqueles interesses gerais. Ao propósito, escreve Maria Caetana Cintra Santos: "Numa perspectiva histórica, ainda que recente, registra-se que o instituto das agências nasceu nos Estados Unidos da América, fruto da tradição jurídica anglo-saxônica, que comporta o desenvolvimento

258. Idem, p. 150.

259. Op. cit., p. 132.

de instituições titulares de competência normativa extravagante, com eficácia individual ou coletiva, não adstrita ao Poder Legislativo centralizado".[260]

É de se esperar uma atuação judicial ainda mais convincente nessas matérias, com a criação da *Consumer Protection Agency*, que seria uma espécie de *American Consumer Ombudsman*.[261]

Outra importante atuação de entidades públicas e privadas (e, de resto, do próprio cidadão) se dá no campo ambiental, através das *citizen actions*, também chamadas *citizen suits*, manejadas com base na Lei Federal do Ar Puro (*Clean Air Act*)[262] e na Lei Federal das Águas Puras (*Clean Water Act*).[263] Ao propósito, explica Antonio Herman V. Benjamin: "A ação popular ambiental, no sistema americano, tem, pois, dupla função: 'incentivar' a atuação dos órgãos públicos encarregados de executar a política ambiental e 'substituir' tais órgãos quando se quedem inoperantes, seja por descaso, seja por carência de recursos".

Na sequência, o autor conceitua a *citizen action* como "o direito público de origem legislativa, exercitável por qualquer cidadão ou pessoa jurídica, extraordinariamente legitimados, objetivando obrigar, judicialmente, os poluidores e o próprio Estado a respeitarem a legislação ambiental". O acesso a essa espécie de *public interest action* é bem facilitado, como se colhe na tradução feita por Antonio Herman V. Benjamin: "Um indivíduo, pessoa jurídica, sociedade, associação, Estado federado, Município, região administrativa, e qualquer órgão, Ministério ou outras entidades governamentais e qualquer funcionário, agente ou empregados destes". Dado interessante é que, previamente ao ajuizamento da *citizen action*, deve ser notificado o órgão público competente na matéria, assinando-se-lhe o prazo de sessenta dias para que seja suprida sua falha ou omissão (*diligent prosecution exemption*). Em comparação com o nosso sistema, o autor situa a *citizen action* "numa posição intermediária entre a ação popular e ação civil pública brasileiras. Naquela, o autor é o cidadão. Nesta, sempre um ente intermediário".[264]

Sobre a experiência norte-americana na tutela aos interesses metaindividuais consulte-se o estudo "*Class actions in the United States of America: an overview of the process and the empirical literarature*, por Nicholas M. Pace [http://www.law.stanford.edu/display/images/dynamic/events_media/USA_National_Report.pdf]

260. O Ministério Público e o controle das agências reguladoras. *Boletim dos Procuradores da República*, n. 65, set. 2003, p. 12.

261. Mauro Cappelletti; J.A. Jolowicz. Op. cit., p. 90, n. 238, citando Halpern.

262. O *Clean Airt Act* foi incorporado pelo *US Code*, *title* 42, *chapter* 85; a previsão das *citizen suits* está no § 7603 do *subchapter* III.

263. O *Clean Water Act* foi incorporado pelo *US Code*, no title 33, chapter 26; a previsão das *citizen suits* está no § 1365 do *subchapter* V.

264. A *citizen action* americana e a tutela ambiental. *RePro* n. 62, p. 61 et seq., *passim*.

3.3.2.3.5 França – Na França caberia, neste rol que vimos indicando, lembrar a figura do *médiateur*. Instituído pela Lei 73-6/73, a ele cabe receber as reclamações individuais contra o mau funcionamento do serviço público, reclamações essas que lhe são passadas pelos deputados ou senadores, aos quais o reclamante deve se dirigir em primeira instância. É nomeado por seis anos pelo Conselho de Ministros. O papel desse mediador é, em princípio, o de resolver o *affaire* através de meios suasórios junto ao órgão público imputado como ineficiente. Não obtendo êxito, o mediador pode tornar pública a recomendação que houvera transmitido a esse órgão; além disso, na omissão da autoridade competente, pode o mediador intentar a responsabilização disciplinar e penal do agente responsável. É publicado o relatório anual que o mediador envia ao Presidente da República e ao Parlamento.

Segundo esclarece Paulo Sérgio Jakutis, com apoio em Philippe Thery, ainda subsiste na França uma corrente de pensamento pela qual a defesa de interesses metaindividuais "deveria caber exclusivamente ao Ministério Público e outra, mais liberal, indicando que a atividade dos entes privados viria apenas complementar a atividade do Ministério Público que, por si só, não apresentaria tendência para agir em áreas que não são, tradicionalmente, pertencentes ao campo de atuação do *parquet*". Na sequência, reportando-se a Marco Gasparinetti, o autor esclarece que a partir do Dec. 88-586, de 6 de maio de 1988, cabe à autoridade administrativa – e não ao juiz, como nas *class actions* norte-americanas – a atribuição de aferir a idoneidade do portador desses interesses, em ordem a representá-los adequadamente em juízo.

Informa ainda Paulo Jakutis que a Lei 88-14, de 15 de janeiro de 1988, concedeu a esses entes credenciados "a titularidade de uma legitimação processual geral (tanto para a tutela inibitória como para a voltada às indenizações) em relação aos direitos coletivos dos consumidores". Enfim, aduz o autor, "com a Lei 92-60 de 18 de janeiro de 1992 foi dada à associação de consumidores, com representatividade nacional, o poder de agir em nome e por conta de dois ou mais consumidores que tenham sofrido prejuízo individual, em razão de um mesmo operador econômico, e sendo o dano de origem comum. Destarte, a ação assim proposta, permite ao juiz instruir e julgar uma pluralidade de pretensões de indenização, representando considerável economia processual".[265]

---

265. Dissertação cit., p. 29, 30 e 32. Ainda reportando-se a Marco Gasparinetti, Paulo Jakutis informa que "as leis francesas de proteção ao consumidor foram codificadas por força da Lei 93-949, de 26 de julho de 1993, sendo que o livro quarto do *Code de la Consommation* é dedicado às associações dos consumidores e às ações que elas podem exercer" (Dissert. cit., p. 32, n. 55). Obs.: a Lei 92-60, de 1992, mencionada no texto colacionado, veio a ser revogada pela Lei 93-949, de 1993.

Complementando, Aluisio Gonçalves de Castro Mendes informa que "a defesa dos interesses coletivos na França está limitada à atuação das associações, como parte civil, nas ações civis (*action civile*). Embora não haja norma geral permissiva, a legislação francesa vem ampliando gradativamente as hipóteses legais nesse sentido".[266]

3.3.2.3.6 Portugal, Índia, Espanha e Israel – § *Portugal*. O art. 26-A do Código de Processo Civil lusitano[267] refere-se às "acções para a tutela de interesses difusos", expressão esta que Aluisio Gonçalves de Castro Mendes capta numa acepção ampla e noutra restrita. "Em sentido lato, estaria em contraposição com os direitos meramente individuais, e, por outro lado, não se confundiria com os interesses estritamente públicos, englobando, assim, as necessidades legalmente protegidas e sentidas numa esfera pluriindividual, afetando uma comunidade, um grupo, uma classe ou pessoas ligadas por circunstâncias comuns. Englobaria, desse modo, os interesses difusos, em termos estritos, os coletivos, provenientes de cotitularidade, e os individuais homogêneos. Na definição mais adstrita, diz respeito apenas aos interesses metaindividuais, de natureza indivisível, reunidos por situação fática, sem que haja uma relação jurídica-base, entre as pessoas afetadas, ou que a ligação jurídica não seja relevante, como, por exemplo, na persecução da melhoria do meio ambiente, diante da poluição sonora ou do ar.[268]

Outrossim, a Constituição portuguesa (1976) traria importantes subsídios para o incremento da tutela judicial dos interesses metaindividuais, ao dispor sobre os direitos de petição e de ação popular, cujos conceitos depois foram alterados, com destaque para a Lei Constitucional 01/1997, pela qual a precedente menção aos *interesses legítimos* (art. 20) veio substituída por "interesses legalmente protegidos", com isso, aduz Castro Mendes, procurando-se "expressar a transformação ocorrida em torno da problemática da legitimação, antes indissoluvelmente vinculada à titulação do direito material, e portanto, aos direitos subjetivos". Já o objeto da *acção popular* (art. 52, n. 3) passou a incluir, ao lado da tutela à saúde pública, ao ambiente, à qualidade de vida e ao patrimônio cultural, também os "direitos dos consumidores" (depois normatizados num Código específico, com a Lei 24/96) e a "defesa dos bens do Estado, das regiões autônomas e das autarquias locais". Na regulamentação advinda com a Lei 83/95, consagrou-se, segundo Carlos Adérito Teixeira, "um modo de acesso supraindividual à justiça, a par do que sucede em outros ordenamentos com os mecanismos de 'class action', 'substituted action' ou das 'citizen suits' do siste-

---

266. Op. cit., p. 155.
267. Em setembro de 2013 entrará em vigor o novo CPC português (Lei n. 41/2013), cujo art. 31 trata da legitimação ativa para ações em nome de interesses metaindividuais.
268. Idem, p. 133.

ma norte-americano e anglo saxônio, ou ainda da 'acção civil pública' do direto brasileiro, na defesa de interesses de titularidade plural".[269]

Importante ressaltar que uma decisão do Supremo Tribunal de Justiça, de 23.09.1997 (Proc. 503/97, rel. Cons. Miranda Gusmão), entendeu que o objeto da ação popular "abarca não só os 'interesses difusos', mas também os 'interesses individuais homogêneos', reconhecendo legitimidade à Associação de Consumidores de Portugal "para propor acção popular tendo por objecto o pedido de indemnização dos assinantes de contratos do serviço telefônico público por violação do mesmo por parte da Portugal Telecom S.A.". Reportando-se a José Lebre de Freitas, comenta Luiz Paulo da Silva Araújo Filho: "Assim, com base nos arts. 20 e 52 da CRP, e através das Leis 83/95 e 24/96, existe hoje em Portugal um instrumento propício à tutela dos interesses difusos, coletivos ou individuais homogêneos no que se refere à saúde pública, ao ambiente, à qualidade de vida, ao patrimônio cultural, ao domínio público e à qualidade do consumo de bens e serviços".[270]

Quanto ao regime de legitimação, o art. 14 da pré-citada lei portuguesa sobre ação popular fala num "regime especial de representação processual", onde o autor "representa, por iniciativa própria, com dispensa de mandato ou autorização expressa, todos os demais titulares dos direitos ou interesses em causa que não tenham exercido o direito de autoexclusão [...] com as consequências constantes da presente lei". Buscando atinar com a vera natureza jurídica desse poder de agir, Ada Pellegrini Grinover anota que o legislador "pode ter entendido referir-se apenas à dispensa de mandato ou autorização expressa para um verdadeiro representante, ou quem sabe ter ido mais longe ao instituir uma nova forma de legitimação, nem ordinária, nem extraordinária, que tampouco se confunde com a representação".[271]

De todo modo, parece-nos que a lei portuguesa recepcionou a exigência da chamada *pertinência temática* do grupo portador do interesse metaindividual, na medida em que, segundo esclarece José Lebre de Freitas, a "legitimidade das associações e fundações não depende apenas da personalidade jurídica (como no caso das pessoas singulares): é também necessário que, entre as suas atribuições ou objectivos estatutários, esteja a defesa dos interesses em causa no tipo de acção de que se trate, bem como que não exerçam qualquer tipo de

---

269. *Ação popular: em busca de um novo paradigma*. Apud Aluísio Gonçalves de Castro Mendes. Op. cit., p. 136.

270. *Ações coletivas: a tutela jurisdicional dos direitos individuais homogêneos*. Rio de Janeiro: Forense, 2000, p. 43.

271. Ação popular portuguesa; uma análise comparativa, *Revista de Processo*, n. 83, jul.-set. 1996, p. 169. V. também: Recurso e acórdão do Supremo Tribunal de Justiça de Portugal – ação popular e interesses individuais homogêneos. Ada Pellegrini Grinover (colab.). *Revista de Processo*, n. 88, out.-dez. 1997, p. 128-147.

actividade profissional concorrente com empresas ou profissionais liberais (art. 3 da Lei 83/95)".[272]

De todo esse espectro normativo cabe ressaltar o art. 26-A do vigente CPC português: "*Acções para a tutela de interesses difusos.* Têm legitimidade para propor e intervir nas acções e procedimentos cautelares destinados, designadamente, à defesa da saúde pública, do ambiente, da qualidade de vida, do patrimônio cultural e do domínio público, bem como à protecção do consumo de bens e serviços, qualquer cidadão no gozo dos seus direitos civis e políticos, as associações e fundações defensoras dos interesses em causa, as autarquias locais e o Ministério Público, nos termos previstos na lei". [273] Outrossim, dispõe a Constituição portuguesa vigente: "Art. 52. *Direito de petição e direito de acção popular.* (...) 3. É conferido a todos, pessoalmente ou através de associações de defesa dos interesses em causa, o direito de acção popular nos casos e termos previstos na lei, incluindo o direito de requerer para o lesado ou lesados a correspondente indemnização, nomeadamente para: a) Promover a prevenção, a cessação ou a perseguição judicial das infracções contra a saúde pública, os direitos dos consumidores, a qualidade de vida, a preservação do ambiente e do património cultural; b) Assegurar a defesa dos bens do Estado, das regiões autónomas e das autarquias locais". Enfim, dispõe o art. 2º da antes referida Lei nº 83/95: "*Titularidade dos direitos de participação procedimental e do direito de acção popular.* 1. São titulares do direito procedimental de participação popular e do direito de ação popular quaisquer cidadãos no gozo dos seus direitos civis e políticos e as associações e fundações defensoras dos interesses previstos no artigo anterior, independentemente de terem ou não interesse directo na demanda. 2. São igualmente titulares dos direitos referidos no número anterior as autarquias locais em relação aos interesses de que sejam titulares residentes na área da respectiva circunscrição".

§ *Índia* – O *Indian Monopolies and Restrictive Trade Practices Act*, de 1969, investiu o *Registrar of Restrictive Trade Agreements* para agir como um "advogado do interesse público", contra práticas e acordos comerciais escusos; a notícia de tais atos contrários aos interesses da coletividade pode também ser trazida à Comissão encarregada de apurá-los através de associações de consumidores, ou mesmo por um grupo não inferior a 25 consumidores.[274]

Eis aqui, nesta última hipótese, um exemplo de *grupo ocasional*, portador de interesses difusos: trata-se de um grupo formado contingentemente, cuja

---

272. A acção popular no direito português. *Revista da Escola Superior da Magistratura de Pernambuco*, n. 16-17, p. 369, jul. 2002-jun. 2003.

273. V. supra, nota de rodapé n. 267.

274. Cf. Marcelo Caetano. Op. cit., p. 90, n. 241.

atuação, porém, poderá afetar a situação jurídica e/ou econômica de toda uma classe ou categoria.

§ *Espanha*. Dispõe o art. 24, n. 1, da Constituição: "Todas las personas tienen derecho a obtener tutela efectiva de los jueces y tribunales en el ejercicio de sus derechos e intereses legítimos, sin que, em ningún caso, pueda producirse indefensión", ao passo que o art. 7.°, n. 3, da *Ley Orgánica del Poder Judicial* estabelece: "Los juzgados y Tribunales protegerán los derechos e intereses legítimos, tanto individuales como colectivos, sin que en ningún caso pueda producirse indefensión. Para la defensa de estos útimos se reconocerá la legitimación de las corporaciones, asociaciones y grupos que resulten afectados o que estén legalmente habilitados para su defensa y promoción".

Comentando, escreve Luiz Paulo da Silva Araújo Filho que, "embora a legitimação para a defesa dos interesses coletivos (*lato sensu*), como se viu, tenha sido conferida pela LOPJ às corporações, associações e grupos afetados ou que estejam legalmente habilitados (associações de consumidores, entes profissionais, sindicatos etc.), enaltece a doutrina que o Tribunal Constitucional espanhol, em uma hipótese caracterizada como de interesse difuso, reconheceu a legitimidade de uma demandante judia, que propôs uma ação de 'protección civil del derecho al honor' contra os autores de uma reportagem sobre a atuação nazista relacionada com os judeus e com os campos de concentração, 'aunque no se la citaba ni pertenecia a ningún órgano de representación del pueblo judio, cuyo honor se atacaba em el referido trabajo periodístico". Assim, deu-se proteção a todos e a cada um dos membros integrantes do grupo".[275]

Importante ressaltar o advento, em 2000, da nova *Ley de Enjuiciamiento Civil*, que, no relato de Aluísio Gonçalves de Castro Mendes,[276] "incluiu no seu bojo normas relacionadas com a capacidade das associações e grupos de consumidores para serem partes, bem como a legitimação destas e, também, disposições sobre a sentença e a execução da coisa julgada coletiva". O art. 6.°, item 7.°, recepciona inclusive os entes desprovidos de personalidade jurídica, ao legitimar "grupos de consumidores ou usuários afectados por un hecho dañoso cuando los individuos que lo compongan estén determinados o sean fácilmente determinables. Para demandar en juicio será necesario que el grupo se constituya con la mayoria de los afectados". Mas, segundo o art. 15, n. 3, quando "el hecho dañoso perjudique a una pluralidad de personas indeterminadas o de difícil determinación, el llamamiento suspenderá el curso del proceso por un plazo que no excederá de dos meses y que se determinará en cada caso atendiendo a las circunstancias o complejidad del hecho y a las dificultades de determinación

---

275. Op. cit., p. 43-44. V., também, supra, item 3.3.2.3.4, parte final.
276. Op. cit., p. 156-159, *passim*.

y localización de los perjudicados". Notar, aí, uma aproximação com a técnica da "fair notice under the circumstances", das *class actions* norte-americanas.

Sobre a experiência espanhola na tutela aos interesses metaindividuais, consulte-se o estudo "*Group litigation in Spain*, de Pablo Gutiérrez de Cabiedes Hidalgo (http://www.law.stanford.edu/display/images/dynamic/events_media/spain_national_report.pdf).

§ *Israel* – Existe o "Comissário para as Reclamações do Público", criado por Lei de 18.05.1949, cujo agente, o "Controlador do Estado", atua no sentido de "completar o recurso jurisdicional para um controle parlamentar da administração". Havendo a prática de um ato administrativo prejudicial aos direitos de uma pessoa, esta ou um deputado estão legitimados a promover a atuação daquele órgão, verdadeiro *ombudsman* israelense.[277] Paulo Sérgio Jakutis dá, ainda, notícia de ações promovidas pelo *Attorney General* israelense na "defesa de algum direito ou interesse público", e, reportando-se a Shaley Ginossar, esclarece que o escritório do *ombudsman* isralense (o antes referido "Comissário para as Reclamações do Público") cresceu, de 17 advogados em 1971, para 35 em 1973, "atuando em várias ocorrências contrárias à boa administração".[278] Segundo relata Aluísio Gonçalves de Castro Mendes, o CPC israelense dispõe no art. 29 "que todos os autores ou réus de uma determinada causa poderão ser representados por parte deles. Prevê, ainda, que os demais interessados sejam notificados, por meio de intimação pessoal ou de publicação, se a comunicação pessoal não for possível, por alguma razão, para que as outras pessoas atingidas possam tomar conhecimento e eventualmente intervir na causa".[279]

Sobre a experiência israelense na tutela aos interesses metaindividuais, consulte-se o estudo de Amichal Magen e Peretz Segal, "*The globalization of class actions*" [http://www.law.stanford.edu/display/images/dynamic/events_media/Israel_National_Report.pdf].

3.3.2.3.7 Brasil – No campo da proteção à ecologia, a Lei 6.938/1981 fixou as diretrizes da Política Nacional do Meio Ambiente (art. 4.º), criou o Sistema Nacional do Meio Ambiente – SISNAMA (art. 6.º) e o Conselho Nacional do Meio Ambiente (CONAMA) tendo este último sua competência estabelecida no art. 8.º, redação da Lei 8.028/1990. Há também empresas públicas que concorrem para aquela finalidade, como a CETESB, no Estado de São Paulo.[280]

---

277. Cf. Waldemar Mariz de Oliveira Jr., citando Nathalie Marguerite Kerber (Op. cit., p. 21).

278. Dissertação cit., p. 37.

279. Op. cit., p. 169.

280. Cf. Paulo Affonso Leme Machado. Administração participada... cit., p. 47-48. Quanto à Cetesb (SP), o autor lamenta uma "nociva soma de atividades: a Cetesb vende tecnologia ambiental e ao mesmo tempo pretende fiscalizar".

No campo da defesa dos interesses do consumidor, são bastante atuantes os PROCON's,[281] valendo mencionar o Decreto 2.181/1997 que dispõe sobre a organização do *Sistema Nacional de Defesa do Consumidor*, compreensivo da Secretaria Nacional do Consumidor do Ministério da Justiça, assim como dos "demais órgãos federais, estaduais, do Distrito Federal, municipais e as entidades civis de defesa do consumidor" (arts. 1.º e 2.º). Há também os Conselhos de Defesa do Consumidor, à semelhança do que se passa com análogos órgãos consultivo-executivos em campos diversos, como os *Conselhos Tutelares*, na área da infância e juventude (Lei 8.069/1990, art. 131) os *Conselhos do Idoso* (art. 5.º da Lei 8.842/1994; art. 48 da Lei 10.741/2003 – Estatuto do Idoso). No campo ambiental, o STJ pronunciou-se sobre a legitimidade ativa do IBAMA: Resp 789.640/PB, 2.ª T., j. 27.10.2009, rel. Min. Mauro Campbell Marques.

No campo da defesa da ordem econômica e da livre concorrência, pontifica o Conselho Administrativo de Defesa Econômica, autarquia do Ministério da Justiça, dispondo o art. 47 da Lei 12.529/2011: "Os prejudicados, por si ou pelos legitimados referidos no art. 82 da Lei 8.078, de 11 de setembro de 1990, poderão ingressar em juízo para, em defesa de seus interesses individuais ou individuais homogêneos, obter a cessação de práticas que constituam infração da ordem econômica, bem como o recebimento de indenização por perdas e danos sofridos, independentemente do inquérito ou processo administrativo, que não será suspenso em virtude do ajuizamento de ação". É de salientar, outrossim, que o objeto da ação civil pública abrange a "responsabilidade por danos morais e patrimoniais causados (...) por infração da ordem econômica" (art. 1.º, *caput* e inc. V, ambos com redação da Lei 12.529/2011).

A alternativa de tutela aos interesses difusos através de órgãos ou agências especializados apresenta, basicamente, uma vantagem, ao lado de alguns inconvenientes. A vantagem reside em que essas entidades, pela sua incumbência específica de atuação em determinada área, tendem a obter notável *especialização*, e, sob esse aspecto, elas prefeririam ao Ministério Público, ao qual se endereça certa crítica doutrinária de não ser órgão adequado à persecução dos delitos "especiais".[282] Igualmente, tem-se alertado que a outorga de legitimação para agir

---

281. Cf. Waldírio Bulgarelli. A tutela do consumidor na jurisprudência brasileira e *de lege ferenda*. *In:* Ada Pellegrini Grinover (coord.). *A tutela dos interesses difusos*. São Paulo: Max Limonad, 1984, p. 119, n. 21. O Procon, que antes enfrentava óbices processuais pelo fato de não dispor de personalidade jurídica (ver nossos: *Comentários ao Código de Defesa do Consumidor*. 2. ed. São Paulo: Saraiva, 1991, p. 284), veio a ter sua tarefa facilitada porque o art. 82, III, desse Código dá legitimação ativa às "entidades e órgãos da administração pública, direta ou indireta, ainda que sem personalidade jurídica".

282. Dizia o saudoso Mauro Cappelletti: "Le Ministère Public est bien apte à exercer les attributions *traditionnelles* (...): protection des mineurs, des incapables, des absents,

aos órgãos e entes públicos engendra o risco de que eles venham a se burocratizar, e passem a apresentar um ritmo lento, incompatível com a celeridade exigida para a tutela dos interesses difusos.[283] Segundo Mauro Cappelletti, nesse sistema de legitimação há sempre um risco: "Celui d'avoir des organismes qui ralentissent et compliquent sans raison le développement économique, et qui pésent comme des parasites sur la vie de la société".[284]

A solução, assim, estaria *in medio virtus*: a legitimação caberia às agências e entes públicos institucionalizados, *mas* com o concurso das associações representativas dos interesses difusos ocorrentes no caso concreto, em legitimação *concorrente e disjuntiva*. É o que se passa na Suécia, onde o *konsumentombudsman* é secundado pelas associações dos consumidores; é o caso de Portugal, onde o direito de ação popular é *compartilhado* entre vários legitimados (art. 14 da Lei 83/1995: "(...) o autor representa por inciativa própria, com dispensa de mandato ou autorização expressa, todos os demais titulares dos direitos ou interesses em causa que não tenham exercido o direito de autoexclusão (...)"); é o que se passa dentre nós, onde a Lei 7.347/1985 permite às associações, tanto quanto aos entes políticos, órgãos públicos, Defensoria Pública e ao Ministério

---

du mariage, etc. Il s'agit en effet d'attributions de caractère typiquement 'juridique', pour lesquels il faut une 'partie publique' impartiale, équilibrée, neutre, désintéressée, bref, un *auxiliaire* du juge plutôt qu'une véritable *partie*. En revanche, le Ministère Public paraît convenir moins à des fonctions de protection d'intérêts, qui supposent une compétence non seulement juridique, mais économique (par ex., protection contre les fraudes du marché), sociale (par ex., violation des conventions collectives de travail), urbaniste (par ex., violation des règles de construction), etc." (Le rôle du Ministère Public, de la *prokuratura* et de *l'attorney general* dans la procédure civile. *Public interest parties and the active role of the judge in civil litigation*. Milão: Giuffrè e New York: Dobbs Ferry, 1975, p. 281). Para um circunstanciado e incisivo contraponto a essa alegada "inadequação" do *parquet* para a tutela de interesses metaindividuais, v. Hugo Nigro Mazzilli. *A defesa*..., 22. ed., cit., p.325-332. Aliás, o próprio Mauro Cappelletti, em outro estudo (O acesso... cit., n. 62, p. 208), viria admitir que "as razões do escasso êxito na Europa [da atuação ministerial no campo dos interesses metaindividuais] não se aplicam ao Ministério Público brasileiro, sobretudo que sua independência foi assegurada pela Constituição, e em consequência também do fato de que em algumas cidades do Brasil se criaram seções especializadas em matéria de interesses difusos, nos quadros do Ministério Público".

283. Cf. Fábio Nusdeo. Op. cit., p. 137, onde, colacionando J. M. Clark, o autor observa que nessas *agências* "há um período criador inicial, quando pessoas habilitadas e dedicadas darão o melhor de si para a criação de uma agência que reputem necessária ao aperfeiçoamento do sistema. Porém, elas passam e o *élan* eventualmente fenece. Uma vez consolidada, a agência passa a ser alvo de interesses, tanto da burocracia como do setor privado, e a marca originalmente imprimida possivelmente venha a ser alterada".

284. Formazioni... cit., n. 3, p. 382.

Público, intentarem a ação civil pública de responsabilidade por danos morais e patrimoniais causados ao meio ambiente, ao consumidor, a bens e direitos de valor artístico, estético, histórico, turístico e paisagístico, por infração da ordem econômica e da ordem urbanística e, enfim, a qualquer outro interesse difuso ou coletivo (art. 1.º e incisos).[285]

Instituiu-se, assim, uma legitimação ativa de tipo "concorrente – disjuntiva", de clara inspiração pluralista e participativa, inclusive facultando-se a *intervenção* de outras associações legitimadas, bem como do Poder Público, enquanto "litisconsortes de qualquer das partes" (§ 2.º do art. 5.º da Lei 7.347/1985). A solução é análoga à do sistema francês, onde se permite às associações provocarem a instauração da ação penal, mediante sua admissão como parte civil, e, especialmente, no caso da Lei Royer (art. 46 da Lei 73-1193, de 1973, depois revogado pela Lei 88-14 de 1988 e subsumido na Lei 421-1, *Code de La Consommation*) ou promoverem ação civil perante as jurisdições comum e administrativa, mediante prévio parecer favorável do Ministério Público, quanto à *representatividade* da associação.[286] No caso da experiência francesa dá-se, como aduz Ada Pellegrini Grinover, um "exemplo eloquente do jogo de freios e contrapesos necessário a impedir excessos".[287]

Ainda, registre-se o crescente incremento dentre nós do chamado *modelo regulatório*, com a criação de várias *agências reguladoras* em matérias, atividades e serviços de largo espectro social e econômico (ANVISA, ANS, ANEEL, ANA, ANATEL), na esteira do processo de privatização. Tais entidades, se de um lado têm sua atuação estabelecida nas respectivas leis de regência, de outro, como observa Maria Caetana Cintra Santos, "possuem ampla discricionariedade, para melhor atender às suas funções e especificidades, decorrentes da atividade estatal revestida de índole gerencial".[288]

Essa atuação assim *concorrente e disjuntiva* harmoniza-se, de resto, com a diretriz estabelecida na Constituição Federal, pela qual a legitimação reconhecida ao Ministério Público na tutela aos interesses metaindividuais "não impede a de terceiros, nas mesmas hipóteses, segundo o disposto nesta Constituição e na lei" (§ 1.º do art. 129). Sem embargo de o legislador brasileiro ter optado por configurar a *representação adequada* através de critérios *objetivos* (constituição da entidade autora há pelo menos um ano; vocação estatutária para defesa

285. O art. 1.º e incisos da Lei 7.347/1985 foram, ao longo do tempo, bastante alterados: Leis 8.078/1990; 8.884/1994 (depois revogada em sua maior parte pela Lei 12.529/2011); Lei 10.257/2001; Med. Prov. 2.180-35/2001. .

286. V. ao propósito: Anna De Vita. Op. cit., p. 370-375, n. 63 e 82.

287. Ada Pellegrini Grinover. Novas tendências... cit., n. 13, p. 14.

288. Op. cit., p. 12.

dos interesses metaindividuais socialmente relevantes – art. 5.º, I e II, da Lei 7.347/1985), há de sempre prevalecer a *razoabilidade* na interpretação desse sistema. Nesse sentido, Édis Milaré exemplifica com a CETESB (sociedade de economia mista de São Paulo): "(...) possui inquestionável legitimidade para o ajuizamento de ação civil pública que vise a garantir a preservação ambiental no Estado de São Paulo, tendo em vista a sua missão institucional, consistente no controle estadual da qualidade do meio ambiente, conforme art. 5.º do Decreto estadual 8.468/1976, que regulamentou a Lei estadual 997/1976. Não poderia, em contrapartida, ajuizar ação coletiva pretendendo tutelar direito do consumidor, ou qualquer outro que se distancie do seu campo de atuação".[289]

O mesmo se diria, *mutatis mutandis*, do PROCON em São Paulo, em face de lesão a interesse coletivo de consumidores de outro Estado, lembrando-se, ao propósito, que a Lei 8.078/1990 visualiza o dano coletivo ao consumidor sob os âmbitos local, regional e nacional (art. 93 e incisos). A questão insere-se na chamada *pertinência temática*, importante componente da *representação adequada*, que à sua vez, serve de parâmetro para aferir a legitimação ativa na tutela dos interesses metaindividuais.

Explica Ricardo de Barros Leonel que com relação à defesa de valores como meio ambiente, consumidor, patrimônio público, erário, pessoas portadoras de deficiência, não se faz necessário "aferir se há liame entre a atuação do Ministério Público e a preservação daquelas posições jurídicas relevantes, inerentes de forma indivisível a toda a coletividade (interesses supra-individuais), pois tal nexo é presumido pelo legislador. Nos interesses individuais homogêneos esta presunção é relativa, havendo necessidade de verificar se o caso trata de interesses que, por sua relevância, ganham conotação social, justificando a atuação do *Parquet*. Com relação aos demais entes públicos legitimados, esta presunção de pertinência temática fica mitigada. É evidente o liame entre sua ação e a defesa dos interesses metaindividuais, mas dentro dos limites da abrangência de sua atuação (limites territoriais) e de suas finalidades institucionais (defesa de interesses correlatos à sua atividade, na hipótese dos entes que integram a administração indireta do Estado)".[290]

De todo modo é inegável a *tendência expansiva* na legitimação ativa para a tutela dos interesses metaindividuais, podendo ser lembrado que a Lei 10.741/2003 (*Estatuto do Idoso*) expressamente incluiu a Ordem dos Advogados do Brasil dentre os colegitimados (art. 81, III); outrossim, a Lei 12.016/2009 veio regulamentar a impetração de mandado de segurança coletivo em defesa de interesses coletivos e individuais homogêneos (arts. 21 e 22). A jurisprudência, a seu turno, tem feito eco a essa *tendência expansiva*, como decidido, v.g.,

---

289. *Direito do ambiente*... cit., p. 1421.

290. *Manual*..., 2. ed., cit., 2011, p. 208-209.

pelo STJ: "Os Centros Acadêmicos, nomenclatura utilizada para associações nas quais se congregam estudantes universitários, regularmente constituídos e desde que preenchidos os requisitos legais, possuem legitimidade para ajuizar ação civil pública em defesa dos direitos individuais homogêneos, de índole consumerista, dos estudantes do respectivo curso, frente à instituição de ensino particular. Nesse caso, a vocação institucional natural do centro acadêmico, relativamente aos estudantes de instituições de ensino privadas, insere-se no rol previsto nos arts. 82, IV, do CDC, e art. 5.º da Lei 7.347/85. 2. A jurisprudência do STF e do STJ reconhece que, cuidando-se de substituição processual, como no caso, não é de exigir-se autorização *ad hoc* dos associados para que a associação, regularmente constituída, ajuize a ação civil pública cabível" (REsp 1.189.273/SC, 4.ª T., j. 01.03.2.011, rel. Min. Luiz Felipe Salomão, *DJe* 04.03.2011).

A propósito dessa tendência, aduz Hugo Nigro Mazzilli: "Embora alguns órgãos públicos possam não ter personalidade jurídica (o próprio Ministério Público não a tem), poderão, em alguns casos, ter personalidade judiciária, como ocorre com as mesas das câmaras legislativas, ou com os órgãos estatais de defesa do meio ambiente ou o consumidor (como os Procons), nos Municípios e Estados em que eles sejam meros serviços públicos despersonalizados etc. Também os condomínios de edifícios de apartamento podem defender em juízo interesses coletivos dos condôminos, desde que tenham autorização em assembleia para isso".[291]

No Brasil assiste-se, desde a última década do século passado, ao incremento das *agências reguladoras*, na esteira do *Programa Nacional de Desestatização* (Lei 9.491/1997). Por essa nova vertente, explica Maria Caetana Cintra Santos, o "Estado deixa de ser agente, protagonista, no cenário econômico. Passa a ser árbitro, com o exercício vigoroso da função reguladora e fiscalizadora, a ser alcançado através de uma estrutura administrativa inédita, envolvendo a criação de novos entes públicos, mais dinâmicos e eficientes, com o específico objetivo de controlar as empresas privadas que venham a assumir a prestação dos serviços públicos, assegurando um desempenho eficaz e satisfatório ao usuário. (...) Em linhas gerais pode-se dizer que, a centralização, o dirigismo estatal, caracterizado por uma política que atribui ao Estado todas as atividades relevantes para o interesse coletivo, dá lugar ao modelo regulatório, que revela uma redução da intensidade, da extensão, da natureza e qualidade da atividade estatal".[292]

291. *A defesa*... cit., p. 334. Sobre a legitimação dos condomínios para a ação civil pública, v. Eduardo Cândia. Legitimidade ativa dos condomínios para a ação civil pública. *RePro* n. 194, abr. 2001, especialmente p. 233.

292. O Ministério Público e o controle das agências reguladoras. *Boletim dos Procuradores da República*, n.º 65, set./2003, p. 11.

Assim é que, na sequência da conversão do CADE (Conselho Administrativo de Defesa Econômica) em autarquia (inicialmente pela Lei 8.884/1994, hoje revogada na maior parte pela Lei 12.529/2011), foram sendo criadas agências reguladoras em setores diversos, de grande relevância social-econômica, como *energia elétrica* (ANEEL – Lei 9.427/1996); *telecomunicações* (ANATEL – Leis 9.295/1996 e 9.472/1997); *petróleo* (ANP – Lei 9.478/1997 e Dec. 2.455/1998); *vigilância sanitária* (ANVISA – Lei 9.782/1999); *saúde* (ANS – Lei 9.961/2000); *águas* (ANA – Lei 9.984/2000). Todos esses grandes temas, em virtude mesmo de seu largo espectro, são propícios à formação de conflitos metaindividuais, valendo lembrar a incidência do art. 22 da Lei 8.078/1990 (Código de Defesa do Consumidor): "Os órgãos públicos, por si ou suas empresas, concessionárias, permissionárias ou sob qualquer outra forma de empreendimento, são obrigados a fornecer serviços adequados, eficientes, seguros e, quanto aos essenciais, contínuos. Parágrafo único. Nos casos de descumprimento total ou parcial, das obrigações referidas neste artigo, serão as pessoas jurídicas compelidas a cumpri-las e a reparar os danos causados, na forma prevista neste Código".

Ressalte-se o afirmado por Hugo Nigro Mazzilli, reportando-se a Eurico de Andrade Azevedo (Agências reguladoras. *Revista da Procuradoria Geral do Estado de São Paulo*, 1998, p. 49-50): "Também as agências reguladoras podem, em tese, ajuizar ações civis públicas ou coletivas, pois são autarquias sob regime especial. Podem fazê-lo isoladamente ou em litisconsórcio com os demais colegitimados". *Aliter*, porém, quanto à legitimação dessas agências no polo passivo, como esclarece Mazzilli: "No polo passivo, mais do que interesse prático, exige-se interesse jurídico de quem queira assistir a parte para poder opor-se ao pedido do autor. Nesse sentido, por exemplo, a jurisprudência já recusou, acertadamente, a intervenção de agência governamental em ação civil pública, pois ela desejava assistir o réu, embora só tivesse interesse prático que não a qualificava nem como litisconsorte necessária nem como assistente litisconsorcial" (STJ, REsp 431.606, j. 15.08.2002, v.u., rel. Min. Eliana Calmon, *DJU* 30.09.2002, p. 249).[293]

3.3.2.4 Legitimação ao Ministério Público[294]

Resta, agora, examinar a alternativa de outorga de legitimação, para agir em tema dos interesses difusos, ao Ministério Público. E, nesse passo, força é reconhecer, *venia concessa*, que de início a posição doutrinária revelara-se um tanto restritiva. Basicamente, vinham alinhados estes pontos críticos: a)

---

293. *A defesa*... cit., 22. ed., p. 306, 352, e nota de rodapé 48.

294. Chamada por Piero Calamandrei *legittimazione pubblica* (Istituzioni di diritto processuale civile. *In:* Mauro Capelletti (coord.). *Opere giuridiche*. Nápoles: Morano, 1977, p. 133).

o Ministério Público é uma instituição naturalmente voltada à persecução de delitos "tradicionais", comuns, mostrando pouca vocação persecutória quando se trata de delitos de natureza econômica ou "coletiva"; b) o Ministério Público estrutural e funcionalmente está demasiadamente conexo ou subjacente à estrutura do poder estatal, para que dele se pudesse esperar a necessária autonomia e combatividade desejáveis quando se trata de tutela aos interesses supra-individuais; c) ao Ministério Público falta aparelhamento e infraestrutura indispensáveis à tutela desses interesses "especiais".

Uma breve amostragem doutrinária evidenciará que a tanto se resumem as críticas endereçadas ao *parquet* nesse campo. Mauro Cappelletti aduzia que a ação do Ministério Público "est plus prompte et efficace lorsqu'il s'agit de poursuivre les crimes traditionnels (vol, rapine, homicide...) que lorsqu'il s'agit de frapper les types de délite nouveaux (et plus sophistiqués): comme les fraudes alimentaires, les délits en matière d'urbanisme, financière, bancaire, la pollution criminelle etc.".[273] Nesse sentido, escrevendo com vista à experiência francesa, Anna De Vita[295] assinala que o Ministério Público "si è spesso mostrato tenacemente restio ad esercitare l'azione penale in tutti i casi di trasgressione alla legislazione economica".[296] Escrevendo sobre a experiência tedesca, Nicolò Trocker informa que em tema de tutela aos interesses difusos, "la parte migliore della dottrina tedesca e italiana prospetta fondate riserve sull'opportunità di introdurre o estendere l'iniziativa processuale del pubblico ministero (...)".[297]

Vincenzo Vigoriti, a seu turno, anota que, de ordinário, os integrantes do *parquet* "si sentono infatti prima di tutto penalisti e tendono quindi a considerare le questioni civili di cui devono occuparsi (obbiettivamente, in genere poco stimolanti) come marginali e secondarie nei confronti di quelle penali".[298] Ainda segundo esse autor, "la presenza del pubblico ministero nel processo civile è espressione di quel modo, superato, di concepire gli interessi e la loro tutela che, per classica rappresentazione, fa cominciare lo Stato laddove finisce l'individuo".[299] Já Malagugini aborda o aspecto estrutural da instituição, e sua colocação entre os Poderes Executivo e Judiciário: a estrutura hierárquica da organização judiciária leva à "compressione dell'indipendenza" de seus integrantes, "allineandoli, attraverso i meccanismi delle gerarchie e dei vertici giurisdizionali, alla volontà dell'esecutivo".[300] Nesse ponto, Mauro Cappelletti

295. *Le rôle du Ministère Public*... cit., p. 290, *d*.
296. Op. cit., p. 380.
297. Op. cit., p. 459.
298. *Interessi collettivi*... cit., p. 243, n. 18.
299. Idem, p. 247.
300. *Apud* Vincenzo Vigoriti. Op. cit., p. 248, n. 26.

não hesita em afirmar que o Ministério Público "è una istituzione gerarchica e di carriera. Ciò significa, in parole povere, che in tale istituzione si arriva ai posti di comando quando si è vecchi, dopo esser vissuti per molti anni in un mondo in certo qual senso isolato, una 'categoria sociale', a sé".[301]

Mais adiante, Mauro Cappelletti alude ao fato de o Ministério Público não ser aparelhado à tutela dos interesses difusos, que requerem conhecimentos especializados: "Il pubblico ministero sarà male attrezzato per un'adeguata difesa e rappresentanza degli interessi civili che sono collegati a quegli stessi, complessi fenomeni economici, industriali, edilizi, perchè tale rappresentanza e difesa implicherebbero conoscenze altamente specialistiche in materia contabile, urbanistica, ecologica, chimica e così via discorrendo".[302]

Na doutrina uruguaia, assinala Landoni Sosa: "... la experiencia enseña que las rutinas ya existentes en torno a dicho Ministerio, así como respecto de sus funcionarios auxiliares, hacen poco probable que éste las abandone para encarar en forma eficiente las nuevas exigencias que le planteará, sin dudas, la tutela de los intereses difusos".[303]

Registram-se, todavia, muitas vozes favoráveis à atuação do Ministério Público em tema de tutela dos interesses metaindividuais. Integrantes do Ministério Público paulista defenderam a instituição, demonstrando que as críticas antes colacionadas não são aplicáveis ao caso brasileiro, "onde o Ministério Público é dotado de completa estrutura legal, orgânica e funcional, com larga tradição de atuação no cível, inclusive com a preocupação de defender, neste campo, os 'interesses públicos'". Em prol dessa argumentação, citam a crescente legitimação para agir a ele atribuída em sede de tutela de interesses difusos: em reparação por dano ecológico (Lei 6.938/1981, art. 14, § 1.º); em tema de ação civil pública (Lei federal 8.625/1993 e Lei Complementar paulista 734/1993; Lei 7.347/1985, art. 5.º e § 1.º); criação de curadorias especializadas, em cada comarca do Estado de São Paulo, para proteção e defesa, no plano administrativo, do meio ambiente, dos direitos dos consumidores e do patrimônio cultural e natural do Estado (Lei Complementar estadual 734/1993, art. 47, § 3.º, I).

Quanto à imputação de ligação com o Executivo, aqueles autores lembram as hipóteses em que o MP, como titular da ação penal, volta-se contra os próprios agentes

301. *Formazioni*... cit., p. 376. Essa circunstância não é ocorrente no Ministério Público paulista, onde a ascensão na carreira flui razoavelmente, a par de a Lei Orgânica (Lei Complementar 734/1993) assegurar boa estrutura e independência funcional à instituição.

302. *Formazioni*... cit., p. 377.

303. Cf. Angel Landoni Sosa. *Legitimación*... cit., p. 1168. No mesmo sentido, segundo esse autor: Augusto M. Morello. *Jurisprudência argentina*, 11.02.1981, n. 5.189, p. 8 (*apud* Angel Landoni Sosa. *Legitimación*... cit., p. 1.169, n. 31).

do Estado, e, bem assim, quando opina livremente nos mandados de segurança e nas ações populares; ressaltam que o art. 1.º da Lei Orgânica Nacional do Ministério Público assegura ao promotor "independência no exercício de suas funções"; que no Estado de São Paulo, a Constituição cerca de garantias a instituição, seja em assegurando inamovibilidade e irredutibilidade de vencimentos aos promotores, seja dotando a instituição de autonomia administrativa e financeira. Também não aceitam a crítica no tocante à sua "falta de especialização", lembrando que no Brasil a instituição atua no campo das "questões civis de acentuada repercussão social, coletiva, difusa, como, por exemplo, as relacionadas com as Falências e Concordatas, com os Acidentes de Trabalho, ou aquelas, objeto de Ações Populares e de Mandado de Segurança"; e, através das Curadorias, ele atua "em toda a órbita civil". Apenas num ponto aceitam a crítica doutrinária: o Ministério Público se ressente de melhor aparelhamento; de "recursos materiais suficientes para uma ação eficaz no sentido da proteção dos interesses metaindividuais", o que, todavia, não é uma deficiência exclusiva, mas uma carência comum a todos "os demais organismos aos quais em tese seria possível confiar a missão de tutor dos interesses difusos". (Ressalte-se, todavia, que os excertos ora colacionados constam de obra publicada em 1984, portanto apenas um ano antes do surgimento da Lei 7.347/1985, sobre a ação civil pública).[304]

304. Cf. Édis Milaré; Nelson Nery Junior e Antonio Augusto Mello de Camargo Ferraz,. *A ação civil pública e a tutela jurisdicional dos interesses difusos*. São Paulo: Saraiva, 1984, p. 67 et seq., *passim*. Nesse sentido, Waldemar Mariz de Oliveira Jr. reconhece que, "quando se foge do esquema clássico, o Ministério Público encontra-se praticamente manietado, sem condições e forças para agir". Ressalva, porém, que o argumento pontuado por Mauro Cappelletti de ser o *parquet* muito ligado ao Poder Executivo "pode ser aplicável à realidade italiana, não, porém, à brasileira. De fato, todos nós reconhecemos que o Ministério Público no Brasil representa uma instituição verdadeiramente idônea e independente, motivo pelo qual não existiria, nesse particular, nenhum óbice a impedir que agisse ele na defesa dos direitos comunitários" (Tutela jurisdicional dos interesses coletivos. *In:* Ada Pellegrini Grinover (coord.). *A tutela dos interesses difusos*. São Paulo: Max Limonad, 1984, p. 19). Nessa mesma linha, Gilberto de Mello Kujawski redarguira às críticas endereçadas ao art. 9.º do Projeto 4.984-A/1985 (atual art. 9.º da Lei 7.347/1985), afirmando: "O Ministério Público não é órgão do Executivo, e sim órgão executivo, o que é diferente. Não está *subordinado* à vontade do Executivo, mas *coordenado* à ação deste último, e dotado de autonomia em sua esfera (...). Aquele projeto não *restringe* a propositura da ação ao puro arbítrio do Ministério Público, mas concede legitimidade concorrente a outras entidades para o mesmo efeito" (O poder econômico e a lei ambiental. *O Estado de S. Paulo*, de 22.07.1985, p. 17). A seu turno, Paulo Salvador Frontini augura "uma maior identificação (do Ministério Público) com a sociedade civil, assumindo de vez o papel de defensor da coletividade e dos interesses comuns das pessoas em geral ('direitos difusos')" (O Ministério Público no juizado especial das pequenas causas. *In:* Kazuo Watanabe (coord.). *Juizado especial de pequenas causas*. São Paulo: RT, 1985, p. 171, n. 2, *d*).

A propósito desse tema, diríamos, primeiramente, que não nos parece justo, nem lógico, pretender a exclusão do Ministério Público quando se trate de legitimação para agir em matéria de interesses difusos, e isso por que: *a)* tratando-se, primordialmente, de tutela *jurisdicional* do bem comum, *lato sensu*, não se justificaria que desse processo ficasse alheio um órgão público cuja atuação se faz *junto* ao Judiciário e que tem por escopo a tutela do interesse social e dos interesses individuais indisponíveis – CF, art. 127; *b)* uma tal exclusão, para mais, sequer seria exequível frente ao direito positivo, já que o MP atua obrigatoriamente nas causas "que envolvam litígios coletivos pela posse da terra rural e nas demais causas em que há interesse público evidenciado pela *natureza da lide* ou qualidade da parte" (CPC, art. 82, III), o mesmo ocorrendo em sede dos instrumentos específicos de controle jurisdicional da legalidade dos atos administrativos: o mandado de segurança (Lei 12.016/2009, art. 12, *caput* e parágrafo único), a ação popular (Lei 4.717/1965, arts. 7.º, I, *a*, e 9.º); a ação direta de declaração de inconstitucionalidade (CF/1988, art. 129, IV); a ação civil pública (Lei federal 8.625/1993 – Lei Orgânica do Ministério Público – art. 25, IV, *a*; Lei 7.347/1985, art. 5.º § 1.º; Lei federal 6.938/1981, art. 14, § 1.º); a ação por ato de improbidade administrativa (Lei 8.429/1992, art. 17);[305] a defesa dos investidores lesados no mercado de valores mobiliários (Lei 7.913/1989), a par da intervenções necessárias em ações civis públicas em defesa de segmentos diferenciados, tais os *idosos*, os *deficientes físicos*, as *minorias e etnias raciais*; *c)* se o Ministério Público se ressente, a certos respeitos, de um melhor aparelhamento para conduzir eficazmente a tutela de interesses diferenciados, que requerem conhecimentos extrajurídicos, o lógico seria *suprir* essa carência, possibilitando a seus integrantes o acesso às informações técnicas nos campos da ecologia, sociologia, biologia, consumerismo, gestão financeiro-orçamentária do Estado. Por outras palavras, a solução *racional* consiste em dotar essa instituição dos meios e informações necessários a que ela e seus integrantes estejam à altura de poder prestar o seu *concurso* à tutela dos interesses difusos. Numa palavra, *quem quer os fins dá os meios*.[306]

---

305. A propósito, Nelson Nery Junior profetizara que "o grande futuro do Ministério Público no âmbito civil lhe está reservado pela ação civil pública, e, mais especificamente, pela tutela jurisdicional dos interesses difusos" (A ação civil pública. *Revista de Processo*, n. 31, São Paulo: RT, jul.-set. 1983, p. 230). O autor lembra hipóteses que considera de *ação civil pública* em que é legitimado o MP: *declaração de inconstitucionalidade*; *ação de nulidade de casamento*; ações de *interdição, destituição e suspensão de pátrio poder, remoção de tutor ou curador e extinção de fundações*; *ação de nulidade por simulação*; *ação rescisória*; *ação reparatória por danos ao meio ambiente*; *ação de dissolução de sociedade*; *ação por acidente do trabalho e ação de alimentos* (Op. cit., p. 226 et seq.).

306. Hoje, o operador do direito precisaria ter um conhecimento *enciclopédico* para que pudesse lidar eficazmente com a vasta gama dos conflitos metaindividuais que

O próprio Mauro Cappelletti viria depois a admitir que as reservas feitas pela doutrina europeia à eficácia da atuação do MP no campo dos interesses difusos "não se aplicam ao Ministério Público brasileiro, sobretudo depois que sua independência foi assegurada pela Constituição, e, em consequência também do fato de que em algumas cidades do Brasil se criaram seções especializadas em matéria de interesses difusos, nos quadros do Ministério Público".[307]

A seu turno, o STJ, enquanto *guardião do direito federal comum*, sobre o qual expressa a *ultima ratio*, reconheceu a legitimidade do MP para a tutela dos interessses metaindividuais, em acórdão que pode ser considerado o *leading case* na matéria: "1. O Ministério Público está legitimado a defender os interesses transindividuais, quais sejam os difusos, os coletivos e os individuais homogêneos. 2. É que a Carta de 1988, ao evidenciar a importância da cidadania no controle dos atos da administração, com a eleição dos valores imateriais do art. 37 da CF como tuteláveis judicialmente, coadjuvados por uma série de instrumentos processuais de defesa dos interesses transindividuais, criou um microsistema de tutela de interesses difusos referentes à probidade da administração pública, nele encartando-se a Ação Popular, a Ação Civil Pública e o Mandado de Segurança Coletivo, como instrumentos concorrentes na defesa desses direitos eclipsados por cláusulas pétreas. 3. Deveras, é mister concluir que a nova ordem constitucional erigiu um autêntico 'concurso de ações' entre os instrumentos de tutela dos interesses transindividuais e, *a fortiori*, legitimou o Ministério Público para o

---

eclodem numa sociedade massificada e altamente competitiva, bastando considerar o rol das matérias que constituem objeto da ação civil pública *padrão* (Lei 7.347/1985, art. 1.º), além dos temas esparsos pela legislação extravagante (infância-juventude, deficientes físicos, mercado de capitais, idosos, erário público, biossegurança-engenharia genética, ordem econômica e livre concorrência, raças e etnias, *torcedores*, etc.). Essa questão estende-se também a outros operadores do direito, mormente os atuantes na advocacia do setor público (Procuradores da União, Estados e Municípios), tendo Rubens Approbato Machado alertado para o "aspecto do domínio do conhecimento técnico especializado em áreas diversas, indispensáveis a instrumentalizar o trabalho do advogado público, na busca do efetivo e completo controle da legalidade dos atos administrativos. Como exigir que o advogado se manifeste sobre superfaturamento do preço contratado; pagamento adequado e aprazado da parcela estabelecida no contrato, em razão da medição da obra parcialmente edificada; fórmulas matemáticas para planilhas de cálculos; caracterização analítica de uma floresta, na apuração de eventual indenização por limitação do uso do solo, dentre tantas outras hipóteses possíveis de serem aqui arroladas?" (O controle dos princípios da Administração Pública pela advocacia pública. *Revista da OAB*, n. 73, jul.-dez. 2001). Na matéria, v. o nosso estudo: Advocacia do setor público: riscos e obstáculos no limiar do novo milênio. *RT*, n. 807, jan. 2003.

307. O acesso... cit., *RF* 310/55 e *RePro* 62/208. V. ao propósito: Hugo Nigro Mazzilli. *A defesa*... 22. ed, cit., p. 330-331.

manejo dos mesmos. 4. *Legitimatio ad causam* do Ministério Público à luz da dicção final do disposto no art. 127 da CF, que o habilita a demandar em prol de interesses indisponíveis" (REsp 736.524/SP, 1.ª T., j. 21.03.2006, rel. Min. Luiz Fux, *DJe* 03.04.2006, p. 256). Em sentido consonante, estabelece a Súmula 329 do STJ: "O Ministério Público tem legitimdade para propor ação civil pública em defesa do patrimônio público".

De outra parte, o alvitre de atribuir em via *exclusiva* ao Ministério Público[308] a promoção tendente à tutela dos interesses difusos não se afigura desejável. Primeiro, essa política configuraria uma distorção da realidade porque, em tema de interesses superindividuais, o problema básico é o da participação *espontânea* da coletividade nos assuntos e anseios que lhe são mais profundos: a veiculação *obrigatória* e exclusiva desses interesses através de certos órgãos públicos (seja o próprio MP, sejam as "agências" adrede instituídas) poderia arrefecer a espontaneidade do *processus* de revelação e de reivindicação desses interesses.

Um exemplo eloquente do que ora se está afirmando é trazido por Tiago Fensterseifer: afirmando que o MP deve, "quando possível, unir forças numa atuação conjunta, potencializando a sua tutela e efetividade", o autor registra "a recente atuação conjunta entre o Ministério Público e a Defensoria Pública paulistas, onde a última ingressou como assistente litisconsorcial do *Parquet* em ação de execução de termo de ajustamento de conduta contra o Município de Ferraz de Vasconcelos, o qual descumpriu acordo relativo à regularização de deposição de lixo tóxico (resíduos de agrotóxico BHC, proibido no Brasil desde 1983 por causar danos severos ao sistema nervoso central das pessoas que o manipulavam). O Juiz, com parecer favorável do Ministério Público local autorizou que a Defensoria Pública ingressasse no polo ativo da referida ação".[309]

É preciso ter presente que esses interesses são, justamente, aqueles que até há pouco tempo estavam marginalizados ou mesmo ignorados: sua tutela jurisdicional, para ser eficaz, depende de que eles possam emergir e se exteriorizar. É claro que a "comunicação direta" desses interesses, desde suas bases de origem até o Judiciário, implica certos riscos, sobretudo quando haja falta de seriedade ou, eventualmente, espírito de emulação das pessoas ou grupos que deles se fazem portadores. Mas aí sempre se pode prevenir ou coibir esses abusos e

---

308. O próprio constituinte fez opção pela proposta *pluralista e participativa*, ao dispor que a legitimação do MP "não impede a de terceiros": art. 129, § 1.º.

309. A legitimidade da Defensoria Pública para a ação civil pública ambiental e a condição de pessoa necessitada em termos (sócio) ambientais. *RePro*, n. 193, mar. 2011, p. 92, rod. 95.

distorções, mediante a indicação, ao nível legislativo, de certos critérios mínimos a serem preenchidos nos casos concretos, com vista ao reconhecimento da representatividade adequada da "parte ideológica".[310]

No Brasil, o Projeto de Lei 3.034/1984 – embrião da Lei 7.347/1985 – dispondo sobre as ações de responsabilidade por danos causados ao meio ambiente, ou a valores artísticos, estéticos, históricos, turísticos e paisagísticos, legitimava as associações que, *a critério do juiz*, fossem dotadas de "representatividade adequada", assim consideradas aquelas *velhas* de seis meses; instituídas para a proteção daqueles interesses, a intervirem no processo penal como assistente do Ministério Público; também, poderiam propor a ação privada subsidiária da pública, bem assim a ação civil ressarcitória dos danos àqueles interesses; neste último caso, as associações agiriam concorrentemente à União, aos Estados e aos Municípios (arts. 1.º a 4.º). Os autores do Projeto – Desembargadores e Professores paulistas Cândido Rangel Dinamarco, Kazuo Watanabe e Waldemar Mariz de Oliveira Júnior, e a Professora Ada Pellegrini Grinover, justificaram tal sistema, dizendo que se buscou no modelo das *class actions* o conceito de *representatividade adequada*, "atribuindo uma certa dose de discricionariedade ao juiz (*Federal Rules of Civil Procedure de 1966*, n. 23), mas fixando na disciplina legislativa as condições para avaliá-las" (Exposição de Motivos, *Justificação*, p. 3). O texto que a final se converteu na Lei 7.347/1985 alterou o prazo de prévia existência das associações para um ano e não mencionou expressamente a "representatividade adequada", nem deu ao juiz o poder de aferi-la *in concreto*, (a *defining function*, reconhecida ao juiz norte-americano nas *class actions*).

Importante registrar, com Pedro Lenza, que aquele pioneiro texto fora relatado por José Carlos Barbosa Moreira no I Congresso Nacional de Direito Processual (Porto Alegre, 11-16 de julho de 1983), o qual apresentou "parecer favorável à tese e significativas considerações sobre o assunto, sugerindo alterações formais e a previsão do controle da medida liminar nas ações civis inibitórias, nos moldes da suspensão da execução da liminar prevista para o mandado de segurança. Com manifestações favoráveis de Galeno Lacerda, Calmon de Passos e Ovídio Baptista da Silva houve a aprovação do projeto por aclamação, que, após diversas manifestações e discussões por juristas e profissionais do direito, foi apresentado à Câmara dos Deputados pelo Deputado Federal Flávio Flores da Cunha Bierrenbach, tomando o n. 3.034/84".[311]

---

310. É como pensa Andrea Proto Pisani: "... non necessariamente l'accertamento cui ora si è accennato deve però provenire dal legislatore, potendo questi anche limitarsi ad indicare in via generale ed astratta i requisiti richiesti e rimettere al giudice l'accertamento della loro sussistenza in concreto" (Op. cit., p. 809).

311. *Teoria geral da ação civil pública*. 2. ed. São Paulo: RT, 2005. p. 157

A solução *intermédia*, no instigante capítulo da legitimação para agir em tema de interesses metaindividuais, parece a mais indicada na espécie. Os interesses difusos, por sua própria natureza, reclamam uma legitimação... difusa, a ser reconhecida, em modo *disjuntivo e concorrente*, aos cidadãos, *per se* (via ação popular), às associações, Ministério Público, Defensoria Pública, entes políticos e órgãos públicos, no caso da ação civil pública.[312] Nada obsta, e é mesmo ideal que todos esses *enti esponenziali* conjuguem seus esforços (que de resto não são antinômicos) no sentido de levar ao Judiciário, com a maior celeridade e transparência possíveis, esses interesses difusos que até pouco tempo vagavam, acéfalos e ignorados, pelas sombrias regiões do "limbo jurídico". Nesse passo, adotamos o pensamento de Mauro Cappelletti: "La conclusion finale consiste dans un appel au pluralisme. L'effort conjugué d'organes publics (Le Ministère public parmi eux) et de sujets et groupes privés se révèle, en effet, nécessaire pour assurer une protection efficace des intérêts les plus vitaux des sociétés contemporaines".[313]

Essa solução pluralística foi a acolhida pelo constituinte brasileiro, ao estabelecer no art. 129, § 1.º, da CF/1988: "A legitimação do Ministério Público para as ações civis previstas neste artigo não impede a de terceiros, nas mesmas hipóteses, segundo o disposto nesta Constituição e na lei".

---

312. Nesse sentido é o pensamento dos preclaros integrantes do MP paulista, na obra antes referida: "... queremos deixar claro que não se pretende sacrificar a iniciativa individual, conferindo ao Ministério Público, com exclusividade, o encargo da defesa dos interesses difusos (...). Ao contrário, pensamos seja até conveniente ampliar a noção de legitimação, para esse efeito, atribuindo legitimidade inclusive às associações, além de fazê-lo aos particulares (como ocorre com as *class actions*)" (*A ação civil*... cit., p. 63). Também nesse sentido, Andrea Proto Pisani pondera que as soluções alvitradas em tema de legitimação para agir em sede dos interesses superindividuais "non si escludono necessariamente, ben essendo pensabile che, con riferimento a taluno, ad alcuni o a tutti gli interessi collettivi, il legislatore attribuisca la legittimazione ad agire disgiuntamente ai singoli membri della collettività interessata, alle associazioni (riconosciute o no) che abbiano come proprio fine istituzionale la tutela di interessi collettivi specifici, e al pubblico ministero" (Op. cit., p. 810). Assim também pensa Waldemar Mariz de Oliveira Júnior: "Parece que a solução adotada em vários países, no sentido de aliar-se a um organismo governamental a iniciativa dos indivíduos e de grupos privados, direta ou indiretamente interessados, é, até agora, a que revelou melhores resultados" (*Tutela jurisdicional*... cit., p. 20).

313. *Le role*... cit., p. 291. É esse também o pensar de Angel Landoni Sosa: "La atribución de legitimación para la defensa de los intereses difusos debería ser amplia y la solución más aconsejable el establecimiento de un sistema mixto, que combine las ventajas de un órgano público altamente especializado, similar al *Ombudsman*, con la idoneidad y el conocimiento direto por parte de las asociaciones representativas" (Op. cit., p. 175, conclusão n. 8.4).

Esse *apelo ao pluralismo*, feito pelo constituinte e perfilhado pelo legislador ordinário, todavia, acabou por ficar aquém da expectativa, bastando considerar a eloquência dos números que apontam para uma notória prevalência do Ministério Público como portador de interesses metaindividuais em juízo. No ponto, discorre José Carlos Barbosa Moreira: "No Estado do Rio de Janeiro são 100 ações civis públicas promovidas pelo Ministério Público para pouco mais de 10 ações civis públicas promovidas pelas associações civis; em São Paulo, no campo dos direitos do consumidor são 95 ações do Ministério Público para 10 de associações; em matéria de ambiente, segundo uma pesquisa feita em 100 comarcas daquele Estado, das 444 ações propostas, apenas 4% o foram por associações civis. De sorte que é um fenômeno curioso que merece um estudo sociológico". Adiante, prossegue: "Até ocorre que, muitas vezes, a associação civil interessada, que poderia ir a juízo diretamente e propor referida ação, prefere recorrer aos serviços do Ministério Público, para que se promova a ação, se falhar o inquérito civil, que tem dado algum resultado".[314] (O panorama parece não se ter alterado substancialmente ao longo do tempo, ao que se colhe do afirmado por Tiago Fensterseifer, evocando o Relatório do Ministério da Justiça sobre a tutela judicial dos interesses metaindividuais, divulgado em setembro de 2007: "(...) a legitimidade dos demais entes, ao menos no âmbito da tutela do ambiente, praticamente nunca saiu do papel, sendo que, até hoje, aproximadamente 95% das ações civis públicas ambientais são (e sempre foram!) ajuizadas pelo órgão ministerial".[315]

A seu turno, Paulo Sérgio Jakutis esclarece que algo semelhante se passa no campo trabalhista: "Não é incomum que os sindicatos – também legitimados a promover as ações coletivas (...) limitem-se a apresentar denúncias ao MP sobre irregularidades para que a ação venha a ser promovida pelo *parquet*. Esse quadro, como não poderia deixar de ser, acaba por sobrecarregar um legitimado único, comprometendo a defesa dos interesses coletivos".[316] Essa avaliação coincide com a de Ronaldo Lima dos Santos reconhecendo uma certa inibição dos sindicatos nesse campo: "Atualmente, diante de uma constatada irregularidade, limitam-se a denunciar ao Ministério Público do Trabalho a fim de que o *parquet* instaure inquérito civil público e proponha a respectiva ação e, quando muito, ingressam como litisconsortes facultativos.[317]

No campo cível a realidade não parece diferir substancialmente, a teor do exposto por Antonio Augusto Mello de Camargo Ferraz, admitindo que

314. Ação civil pública. *Revista Trimestral de Direito Público*, n. 3, 1993, p. 192.

315. A legitimidade da Defensoria Pública para a ação civil pública ambiental e a condição de pessoa necessitada em termos (sócio) ambientais. *RePro*, n. 193, mar. 2011, p. 87.

316. Dissertação de mestrado cit., p. 78, n. 192, final.

317. Op. cit., p. 303.

"hoje talvez seja exacerbada a preponderância do Ministério Público dentre os vários colegitimados para o exercício da ação. Isso me parece um mérito da Instituição, que tem conquistado o respeito e a confiança de organizações não governamentais e de associações, as quais, muitas vezes, preferem, sem maiores ônus, provocar a atuação de um Promotor de Justiça do que tomarem a iniciativa da ação elas próprias". Na sequência, porém, obtempera: "A multiplicação de casos a cargo do Ministério Público expõe a meu ver a Instituição a graves riscos, como o do indevido inchaço de seus quadros, o da banalização e burocratização da atuação e, sobretudo, o da perda de eficiência no enfrentamento das questões mais sérias e de maior relevância social. Futura revisão da lei deveria, assim, considerar o problema, mediante criação de mecanismos de estímulo do exercício da ação pelos colegitimados, ainda que de forma preponderante nos casos mais simples, em que não houvesse necessidade de maior estrutura de investigação".[318]

Questão deveras instigante reside no fato de o texto constitucional vedar ao Ministério Público a "representação judicial e a consultoria jurídica de entidades públicas" (art. 129, IX, parte final), restrição que, se de um lado é compreensível, ante a distinção entre interesse público primário e secundário (ou fazendário), de outro lado coloca em risco o erário, quando as ameaças ou afrontas contra ele não venham tempestivamente coartadas pelos órgãos de controle e fiscalização e/ou pelos representantes judiciais da entidade pública lesada. O STJ soube encontrar a solução razoável e convincente, ao decidir: "(...) 7. Conferir à Fazenda Pública, por meio de suas procuradorias judiciais, a exclusividade na defesa do patrimônio público, é interpretação restritiva que vai de encontro à ampliação do campo de atuação conferido pela Constituição ao Ministério Público, bem como leva a uma proteção deficiente do bem jurídico tutelado. 8. Por isso é que o Ministério Público possui legitimidade extraordinária para promover ação de execução do título formado pela decisão do Tribunal de Contas do Estado, com vistas a ressarcir ao erário dano causado pelo recebimento de valor a maior pelo recorrido" (REsp 1.119.377/SP, 1.ª Seção, j. 26.08.2.009, rel. Min. Humberto Martins, *DJe* 04.09.2009, p. 445).

Como se vê, para que se mantenha o desejável *equilíbrio nas iniciativas* dos colegitimados ativos à tutela dos interesses metaindividuais, é preciso interpretar com bom senso e sentido finalístico os textos de regência, por modo que a solução encontrada consiga preservar no limite máximo possível o interesse metaindividual em jogo.[319]

---

318. Ação civil pública, inquérito civil e Ministério Público. *In:* Édis Milaré (coord.). *Ação civil pública – Lei 7.347/85 – 15 anos*. 2. ed. São Paulo: RT, 2002, p. 91.

319. V. ao propósito, o nosso estudo: A projetada *participação equânime* dos colegitimados à propositura da ação civil pública: da previsão normativa à realidade forense. *RT*, n. 796, fev. 2002.

3.3.2.5 Legitimação da Defensoria Pública

As pessoas comprovadamente *necessitadas* têm assegurado o direito subjetivo público à assistência jurídica, fazendo assim exsurgir o correspondente dever estatal à oferta dessa prestação, até porque a preservação da *igualdade* entre os contraditores, num processo judicial ou administrativo, pressupõe uma certa equivalência de forças entre eles, equilíbrio esse que fica rompido, ou em parte comprometido, quando uma parte apresenta expressiva carência de recursos, ou alguma outra flagrante vulnerabilidade, ou ainda quando um polo está amparado por consistente respaldo técnico-jurídico, prestado por bons advogados, e o outro, não, ou ao menos não tanto.[320] Nesse sentido, dispõe o inciso LXXXIV da CF que "o Estado prestará assistência jurídica integral e gratuita aos que comprovarem insuficiência de recursos", texto que se completa com o art. 134, *caput*, afetando tal atribuição à *Defensoria Pública*, "instituição essencial à função jurisdicional do Estado, incumbindo-lhe a orientação jurídica e a defesa, em todos os graus, dos necessitados, na forma do art. 5.º, LXXIV".

A atuação da Defensoria Pùblica é regulamentada pela LC federal 80/1994, valendo desde logo ressaltar que há um razoável consenso no sentido de que a expressão *necessitado* não comporta leitura simplista ou reducionista, mas deve antes estender-se para alcançar outras situações de vulnerabilidade, para além daquela estritamente financeira, por modo a incluir até mesmo certos segmentos desvalidos, tais os chamados *carentes organizacionais*, quais sejam as pessoas expostas a uma tal situação de desemparo e fragilidade (*v.g.*, os moradores de rua), que não conseguem se coalizar para fins de organização e defesa de seus direitos.

Em outra sede, tivemos oportunidade de examinar a matéria ora sucintamente introduzida,[321] estudo esse do qual colacionamos o excerto a seguir reproduzido, suprimindo os números indicativos dos itens constantes da publicação original, e ora introduzindo alguns elementos de atualização, a par de alguma alteração redacional:

"Dado que a legitimação do MP 'não impede a de terceiros, nas mesmas hipóteses' (CF, § 1.º do art. 129), fazendo defluir uma legitimação de tipo concorrente-disjuntiva

320. Sobre o tema, de modo abrangente, v. Fernanda Tartuce Silva: *Igualdade e vulnerabilidade no Processo Civil*, Rio de Janeiro: Gen – Forense, 2012. (A obra deriva de tese de doutorado aprovada na FADUSP em 29.03.2011, presentes à D. Banca Examinadora, sob nossa presidência, os Professores Giselda Maria Fernandes Novaes Hironaka, Sidnei Amendoeira Júnior, Antonio Claudio da Costa Machado e William Santos Ferreira).

321. Contribuição esperada do Ministério Público e da Defensoria Pública na prevenção da atomização judicial dos mega-conflitos. *Revista de Processo*, n. 164, out. 2008, p. 152-169, ora colacionados os itens 5 e seguintes do citado trabalho.

(Lei 7.347/85, art. 5.º; Lei 8.078/90, art. 82), e considerando-se a dispersão do megaconflito dentre milhões de poupadores, ressuma, em paralelo, a colegitimidade da Defensoria Pública, instituição regulada pela LC federal 80/1994 (no Estado de São Paulo: LC 988/2006), ubicada dentre as "funções essenciais à Justiça", na expressiva dicção constitucional, ao lado do MP e da advocacia, esta de caráter privado e ainda a do setor público.

Deveras, compete à Defensoria "a orientação jurídica e a defesa, em todos os graus, dos necessitados, na forma do art. 5.º, LXXIV" (CF, art. 134, caput*). Saliente-se que, conceitualmente, a locução "orientação jurídica" é um plus na comparação com "assistência judiciária", esta última voltada, basicamente, a viabilizar o acesso à justiça aos hipossuficientes. Com efeito, as atribuições da Defensoria Pública vão muito além disso, como observa José Carlos Barbosa Moreira: 'A grande novidade trazida pela Carta de 1988 consiste em que, para ambas as ordens de providências, o campo de atuação já não se delimita em função do atributo 'judiciário', mas passa a compreender tudo o que seja 'jurídico'. A mudança do adjetivo qualificador da 'assistência', reforçada pelo acréscimo do 'integral', importa notável ampliação do universo que se quer cobrir. Os necessitados fazem jus agora à dispensa de pagamentos e à prestação de serviços não apenas na esfera judicial, mas em todo o campo dos atos jurídicos. Incluem-se também na franquia: a instauração e movimentação de processos administrativos, perante quaisquer órgãos públicos, em todos os níveis, os atos notariais e quaisquer outros de natureza jurídica, praticados extrajudicialmente; a prestação de serviços de consultoria, ou seja, de informação e aconselhamento em assuntos jurídicos'".*[322]

Com certeza, necessitam de (melhor) orientação para que possam exercer suas opções e faculdades processuais os integrantes da vasta coletividade dos poupadores lesados, valendo lembrar que a "informação adequada e clara", a par da "efetiva prevenção e reparação de danos patrimoniais e morais, individuais, coletivos e difusos", constituem (sic) "direitos básicos do consumidor" (Lei 8078/90, art. 6.º, III e VI). Aí mesmo se funda e avulta o papel da Defensoria, na medida em que dentre suas funções institucionais se encontra a de "patrocinar os direitos e interesses do consumidor lesado" (...) "inclusive contra as pessoas jurídicas de direito público" (LC 80/1994, art. 4.º, XI e § 2.º).

Note-se que o conceito de "necessitado" não pode, em pleno século XXI, prender-se à mesma leitura reducionista das priscas eras (Lei 1.060/1950), texto reportado a uma época, a uma sociedade e a um Brasil muito distantes da realidade contemporânea. Ao propósito, explica Leandro Coelho de Carvalho que a concepção da Defensoria "como meio de viabilizar o acesso formal de pessoas carentes ao

---

322. O direito à assistência jurídica: evolução no ordenamento brasileiro de nosso tempo. *RePro*, n. 67, jul.-set. 2002, p. 130.

Judiciário é difundida e antiga. E indubitavelmente equivocada. A atuação institucional não se prende – nem poderia – à esfera judicial. Necessitado, por sua vez, não pode mais ser compreendido unicamente como o hipossuficiente econômico. Esta visão míope, obsoleta, é baseada na ordem constitucional anterior e no modelo praticado pela advocacia, absolutamente impróprio para a Defensoria Pública. A natureza das atribuições dos Defensores Públicos conferem-lhes relativo trânsito na comunidade, entidades do terceiro setor e Poder Público. Não por acaso, a instituição é uma ferramenta excelente para exercer o papel de elo entre estes atores, e como tal deve ser utilizada. Mesmo no âmbito forense, e sem descurar dos interesses das partes que patrocinam, por intermédio deles é sensivelmente mais fácil implementar os ideais da justiça restaurativa (com destaque para a execução penal), baseado num modelo conciliatório (não adversarial), em prol do acesso à ordem jurídica justa".[323]

Nesse sentido, a Min. Fátima Nancy Andrighi, do STJ, no REsp 555.111/RJ (j. 05.05.2006, rel. Min. Castro Filho, DJU 18.12.2006), propugnou por uma interpretação atualizada e contextualizada da expressão "necessitado", contida na vetusta Lei 1.060/1950: "(...) não é pelo fato de os seus consumidores terem adquirido automóveis que não podem ser considerados necessitados para fins do art. 134 da CF; porquanto o conceito jurídico de necessitado, contido no parágrafo único do art. 2.º da Lei 1.060/50 é mais amplo do que de 'pobre' ou 'miserável', não está vinculado a determinado limite de valor de renda mensal ou de patrimônio e, sim, à impossibilidade de pagamento das despesas processuais em prejuízo do próprio sustento ou da família".

Em sentido consonante, posicionam-se Luiz Manoel Gomes Júnior, Daniele Regina Marchi Nagai Carnaz e Jussara Suzi Assis Borges Nasser Ferreira: "Parece-nos que, ainda que tais ações venham a beneficiar pessoas as quais não deveriam ser assistidas pela Defensoria Pública, tendo em vista sua condição financeira privilegiada, há que se ter em mente outros princípios que circundam a propositura das ações civis públicas, notadamente quando tal ação versar sobre tema com reconhecida relevância social nas quais vislumbra-se o interesse da sociedade na solução coletiva do litígio, seja como forma de atender às políticas judiciárias no sentido de se propiciar a defesa plena da sociedade, seja para garantir a segurança jurídica em tema de extrema relevância, evitando-se a existência de decisões conflitantes, ou seja, a limitação da legitimidade da Defensoria Pública para a defesa de interesses difusos seria burra, uma vez que ignoraria tais princípios e, consequentemente, prejudicaria, mais uma vez, àqueles que necessitam".[324]

---

323. As atribuições da Defensoria Pública sob a ótica do acesso à ordem jurídica justa. *Repro*, n. 156, fev. 2008, p. 205.

324. Legitimidade da Defensoria Pública para propositura de ações civis públicas. *Revista de Processo*, n. 163, set. 2008.

Vale relembrar que o anteprojeto de Código Brasileiro de Processos Coletivos, versão janeiro/2007, [325] *agregava a todo o contexto antes exposto um dado a um tempo instigante e relevante: a carência ou a deficiência extraídas, já não mais (ou não somente) sob a tradicional óptica econômico-financeira, mas ao ângulo organizacional: a Defensoria Pública viria incluída dentre os legitimados à ação coletiva ativa, credenciando-se à "defesa dos interesses ou direitos difusos e coletivos, quando a coletividade ou os membros do grupo, categoria ou classe forem necessitados do ponto de vista organizacional e dos individuais homogêneos, quando os membros do grupo, categoria ou classe forem, ao menos em parte, hipossuficientes".*[326] De lege ferenda, *vale referir a PEC 487/2005, que intenta melhor delinear o conceito e o âmbito de atuação da Defensoria, como uma instituição "permanente e essencial à função jurisdicional do Estado, incumbindo-lhe, fundamentalmente, como expressão e instrumento do regime democrático, a promoção dos direitos humanos, a orientação jurídica e a tutela em todos os graus e instâncias, judicial e extrajudicialmente, de forma integral e gratuita, dos direitos e interesses individuais e coletivos dos necessitados, na forma da lei".*[327]

A todas as luzes, o regime de legitimação ativa para a ação civil pública (rectius, *para o processo coletivo) é o concorrente – disjuntivo, porque simétrico e compatível com um ambiente em que os sujeitos são indeterminados e o objeto é indivisível, e onde a condição legitimante não pode ser buscada na "titularidade da pretensão material" (como se dá na jurisdição singular), mas vem extraída do binômio relevância social +*

---

325. Na sequência, esse anteprojeto viria converter-se no PL da Câmara 5.039/2009, voltado a regular a nova ação civil pública, o qual, todavia, não prosperou até o momento (julho/2013).

326. *Apud* Ada Pellegrini Grinover *et al.* (coords.). *Direito Processual Coletivo e o anteprojeto de Código Brasileiro de Processos Coletivos.* São Paulo: RT, 2007, p. 457. Ressalte-se que em estudo publicado há mais de uma década, a Professora explicara: "São carentes organizacionais as pessoas que apresentam uma particular vulnerabilidade em face das relações sócio-jurídicas existentes na sociedade contemporânea. Assim, por exemplo, o consumidor no plano das relações de consumo; o usuário de serviços públicos; os que se submetem necessariamente a uma série de contratos de adesão; os pequenos investidores do mercado mobiliário; os segurados da previdência social; o titular de pequenos conflitos de interesse, que via de regra se transforma em um litigante meramente eventual. Todos aqueles, enfim, que no intenso quadro de complexas interações sociais hoje reinante, são isoladamente frágeis perante adversários poderosos do ponto de vista econômico, social, cultural ou organizativo, merecendo, por isso mesmo, maior atenção com relação a seu acesso à ordem jurídica justa e à participação por intermédio do processo" (Acesso à Justiça e o Código de Defesa do Consumidor. *In O Processo em evolução.* São Paulo: Forense, 1996, p. 116-117).

327. *Apud* Leandro Coelho de Carvalho. Op. cit., *RePro*, n. 156, p. 209, para quem a atual "disciplina constitucional sobre Defensoria Pública é totalmente insatisfatória, a começar pela absurda localização topográfica (inserta na mesma seção da advocacia, atividade privada com a qual não guarda relação)".

representatividade adequada do portador judicial, aí incluída a chamada pertinência temática. É o que, sem esforço, se colhe dos vários textos de regência: CF/1988, arts. 103; § 1.º do art. 129; Lei 7.347/1985, art. 5.º; Lei 8.078/1990, art. 82 .

Conforme cediço princípio de hermenêutica, que não deve o intérprete distinguir onde não o tenha feito o legislador: a Lei 11.448/2007 inseriu a Defensoria Pública no rol dos colegitimados ativos à ação civil pública (art. 5.º, II, da Lei 7.347/1985), valendo observar que nesse elenco o legislador não faz acepção dentre os subtipos de interesses metaindividuais (difusos, coletivos em sentido estrito e individuais homogêneos), em função da qualidade ou da nomenclatura do agente credenciado à iniciativa judicial. Logo, todos os colegitimados podem fazê-lo em prol de quaisquer desses interesses, respeitado, como antes dito, o quesito da pertinência temática (v.g., CF, art. 127; Lei 7.347/1985, art. 5.º, IV, b; Lei 11.340/2006 (dita "Maria da Penha"), arts. 25, 28, 37), quesito esse, aliás, quiçá mais aderente ao interesse de agir (= necessidade + utilidade+ adequação da via eleita). Para Luiz Manoel Gomes Júnior, "ampla deve ser a legitimidade da Defensoria Pública, seja porque a mesma integra o Estado, que não possui qualquer limitação em sede de legitimidade, seja porque, tratando-se de direito coletivo há de ser privilegiada a possibilidade de a defesa ser a mais ampla e efetiva possível".[328]

Por definição, os interesses metaindividuais reportam-se a relações multiplexas, projetando um largo espectro sócio-político-econômico-cultural, donde não comportarem "apropriação exclusiva " por determinado agente que deles se apresente como portador judicial (ideological plaintiff, na nomenclatura norte-americana), salvo algumas reduções estabelecidas ex lege, como nas ações por improbidade administrativa, para as quais se legitimam somente o MP e a Fazenda lesada (art. 17 da Lei 8.429/1992) ou nas ações em prol de investidores lesados no mercado mobiliário, para as quais se legitima o MP (art. 1.º da Lei 7.913/1989), ou ainda na ação popular, para a qual é legitimado o cidadão eleitor (CF, art. 5.º, LXXIII). Nem por outro motivo, de resto, admite-se o litisconsórcio ativo facultativo entre os Ministérios Públicos da União, Estados e Distrito Federal (Lei 7.347/1985, § 5.º do art. 5.º), não sendo, outrossim, de se descartar igual conjunção de esforços entre duas associações ou entre qualquer uma delas e o MP (v.g., a Associação de Defesa da Serra do Mar e o parquet paulista, em caso de degradação ambiental desse sítio especialmente protegido).

Análoga possibilidade jurídica (e conveniência social) respaldaria o litisconsórcio facultativo entre o MP e a Defensoria, quando assim venha indicado pelas peculiaridades da espécie. Nesse sentido, propõe Humberto Dalla Bernardina de Pinho: "Nada impede, contudo, que em determinada comarca, o defensor e o promotor façam um acordo de cavalheiros ou melhor, assinem ambos, em litisconsórcio,

328. A Ação civil pública..., cit., *in* Araken de Assis *et al.* (coords.), *Direito Civil e Processso – estudos em homenagem ao Professor Arruda Alvim*. São Paulo: RT, 2.008, , p. 691.

a inicial, o que reduziria bastante as chances da sua rejeição pela ausência dos tão invocados requisitos da indisponibilidade do direito invocado e da relevância social da questão".[329]

Sobretudo nos megaconflitos, essa conjunção de esforços haverá de ser ainda mais eficiente quando induza a celebração de um termo de ajustamento de conduta, para o qual ambas as instituições estão credenciadas (§ 6.º do art. 5.º da Lei 7.347/85) e que, levado à homologação, adquire força de título executivo judicial (CPC, art. 475-N, V, inciso acrescentado pela lei 11.232/2005).

Trata-se aí de fórmula aderente ao ideário do chamado processo de estrutura cooperatória (fora e além, pois, do tradicional ambiente adversarial), tema no qual pontificou o saudoso Mauro Cappelletti, que já à época, houvera prenunciado a explosão da litigiosidade que viria assolar a presente sociedade de massas: "Entendo, com efeito, que em muitos aspectos da vida contemporânea o que mal se justifica é precisamente o caráter contencioso da relação, o qual deve ser, tanto quanto possível, evitado ou atenuado. Isso é verdade sobretudo quando entre as partes subsistem relações duradouras, complexas e merecedoras de conservação. Em tais relações a lide não representa outra coisa senão um momento ou sintoma de tensão que nos limites do possível, deve ser tratada. A decisão judicial emitida em sede contenciosa presta-se otimamente a resolver relações isoladas e meramente interindividuais; ela se dirige a um episódio do passado, não destinado a perdurar. A justiça coexistencial, pelo contrário, não visa a trancher, a decidir e definir, mas antes a 'remendar' (falei justamente de uma mending justice) uma situação de ruptura ou tensão, em vista da preservação de bem mais duradouro, a convivência pacífica de sujeitos que fazem parte de um grupo de uma relação complexa, à qual dificilmente poderiam subtrair-se. A justiça contenciosa presta-se mal à preservação desses valores, dirigindo-se, repito, principalmente ao passado, mais que ao futuro. A justiça contenciosa é boa para as relações de tipo tradicional, não para aquelas cada vez mais típicas e frequentes nas sociedades contemporâneas, nas quais assumiram grande importância as que os sociólogos denominam de total institutions: instituições 'integrais' no sentido de que, enquanto membros de várias comunidades, econômicas, culturais, sociais, somos constrangidos a passar nelas grande parte da nossa vida e atividade: fábrica, repartições públicas, escolas, bairros etc.".[330]

Dentre nós, o tema veio retomado e reelaborado por Carlos Alberto Alvaro de Oliveira: "Hoje, contudo, o caráter privado não corresponde mais à concepção do-

329. A legitimidade da Defensoria Pública para a propositura de ações civis públicas: primeiras impressões e questões controvertidas. *In* Araken de Assis *et al.* (coords.). *Direito Civil e Processo...*, cit., p. 685-686.

330. Problemas de reforma do processo civil nas sociedades contemporâneas. Trad. José Carlos Barbosa Moreira. *RePro*, n. 65, jan.-mar. 1992, p. 133.

minante sobre a natureza e função do processo civil, pois a experiência desmentiu a crença na eficiência do trabalho desenvolvido pelos participantes do processo. Basta pensar em que a aplicação do princípio dispositivo em sua concepção clássica, impondo exclusiva contribuição das partes no aporte ao processo da matéria de fato, relativiza além do desejável a apreciação da verdade pelo juiz, forçando-o a se contentar passivamente com a versão trazida pelas partes. Também restringe a liberdade do órgão judicial, de maneira inconveniente, a adoção do chamado sistema da prova legal ante a rigorosa regulação da apreciação da prova, cujo exemplo mais acabado é fornecido pelo direito comum". Mais adiante, o autor foca a postura pró-ativa do juiz contemporâneo, considerando-a "(...) perfeitamente conciliável com o ativismo das partes, conscientes e cooperadoras. Esse ativismo em grande parte decorre da tomada de consciência de que o juiz é também um agente político do Estado, portador do poder deste e expressão da democracia indireta praticada nos estados ocidentais contemporâneos, inexistindo portanto razão para enclausurá-lo em cubículos formais do procedimento, sem liberdade de movimentos e com pouquíssima liberdade criativa. O excesso de formalismo conduziria, por outro lado, à exaltação das prescrições formais como fim em si mesmo, de modo manifestamente incompatível com as finalidades sociais do processo moderno".[331]

Em modo consonante posiciona-se José Roberto dos Santos Bedaque: "Em primeiro lugar, é preciso abandonar a ideia de que os atos processuais devem atender rigorosamente a determinada forma previamente estabelecida, não tendo o juiz poderes para flexibilizar os rigores da lei. O formalismo exagerado é incompatível com a visão social do processo. Não podemos olvidar que o Estado está comprometido com a correta solução das controvérsias, não com a forma do processo. Esta constitui fator de garantia do resultado e de segurança para as partes, não pode ser objeto de culto".[332] *Seguindo esse ideário, prevê o PL da Câmara Federal nº 8.046/2010, sobre o novo CPC, no art. 8º: "Todos os sujeitos do processo devem cooperar entre si para que se obtenha, com efetividade e em tempo razoável, a justa solução do mérito".*

Justamente por conta do renovado ambiente sócio-político-econômico-cultural que nos envolve presentemente, com notória ênfase do coletivo sobre o individual, é que se hão de priorizar as fórmulas auto e heterocompositivas de solução de conflitos (ADR's: alternative dispute resolutions, na nomenclatura do direito anglo-saxão); se e quando elas não se revelarem eficazes, abre-se o espaço para a busca de uma resposta judiciária unitária e isonômica, assim se evitando os males, os ônus e as injustiças da atomização do conflito. Leandro Coelho de Carvalho observa que o Defensor Público, consciente de suas responsabilidades, "evita a solução fácil do ingresso de inúmeras

331. Poderes do juiz e visão cooperativa do processo (I). Disponível em: [http://juridico.adv.br]. Acesso em: 20.05.2008, p. 2-3.

332. *Efetividade do processo e técnica processual*. São Paulo: Malheiros, 2006, p. 108.

ações repetidas em juízo e prioriza a mediação, busca alternativas fora do Judiciário e trabalha para evitar litígios assemelhados no futuro". Dentre essas possibilidades, recomenda "priorizar o diálogo com os demais interessados (formalizando termos de ajustamento de conduta, sempre que possível) como principal tentativa de solução".[333]

Sem embargo do antes exposto, especialmente a ênfase na legitimação concorrente e disjuntiva dos atores credenciados à tutela processual coletiva, vale registrar que pende de julgamento no STF a ADIn nº 3.943, de 16.08.2007, proposta pela CONAMP – Associação Nacional dos Membros do Ministério Público, relatora a Min. Carmen Lúcia, na qual se questiona a inserção, pela Lei 11.448/2007, da Defensoria Pública no rol dos colegitimados à ação civil pública (inc. II do art. 5.º da Lei 7.347/1985). Argumenta a peça exordial que o art. 134 da CF/1988 vem atrelado ao art. 5.º, LXXIV ("o Estado prestará assistência jurídica integral e gratuita aos que comprovarem insuficiência de recursos"), e, assim, "a Defensoria Pública pode somente, atender aos necessitados que comprovarem, individualmente, carência financeira. Portanto, aqueles que são atendidos pela Defensoria Pública devem ser, pelo menos, individualizáveis, identificáveis, para que se saiba, realmente, que a pessoa atendida pela Instituição não possui recursos suficientes para o ingresso em Juízo. Por isso, não há possibilidade alguma de a Defensoria Pública atuar na defesa de interesses difusos, coletivos ou individuais homogêneos, como possuidora de legitimação extraordinária". Postula-se, em primeiro plano, a inconstitucionalidade do pré-citado inciso II do art. 5.º da Lei 7.347/1985, ou, na hipótese de a Corte entender que a Defensoria pode ajuizar ação em prol de interesses coletivos e individuais homogêneos, "que, alternativamente, se dê interpretação conforme ao texto constitucional, para excluir a legitimidade ativa da Defensoria Pública, quanto ao ajuizamento de ação civil pública para defesa de interesses difusos".

Desnecessário enfatizar a extrema relevância do que venha a ser decidido na citada ADIn, considerando-se que a Defensoria Pública é uma instituição relativamente nova, empenhada na luta por sua afirmação conceitual dentre as "funções essenciais à Justiça", pugnando por sua credibilidade social e ainda pela real efetividade prática de sua atuação, escopos que, em grande parte, dependem do reconhecimento de sua legitimação à propositura de processos coletivos em prol de interesses metaindividuais. A importância dessa causa pode ainda ser aquilatada pelo número de amici curiae nela já admitidos, segundo colhido no sítio do STF:[334] *a ANPR – Associação Nacional dos Procuradores da República, o IBAP – Instituto Brasileiro de Advocacia Publica, a*

333. Op. cit., *RePro*, n. 156, p. 215 e rodapé n. 24.

334. Disponível em: [http://www.stf.gov.br/portal/processo/verProcessoAndamento.asp?numero=3943&clã]. Consultado em: 14.10.2.008. Nota de atualização disponível em: [www.stf.jus.br]. Consultado em: 11.08.2011. Verifica-se que a citada *ADin* não teve liminar e, segundo informa Pedro Lenza, encontra-se "pendente de julgamento" (*Direito Constitucional esquematizado*, 17. ed., São Paulo: Saraiva, 2013, p. 971).

ANADEP – Associação Nacional dos Defensores Públicos e a ANDPU – Associação Nacional dos Defensores Pública da União, se levado em conta que tais intromissões só são admitidas pelo Relator quando este avalia positivamente "a relevância da matéria e a representatividade dos postulantes" (§ 2.º do art. 7.º da Lei 9.868/1999). Luiz Guilherme Marinoni aduz que tal intromissão "objetiva fundamentalmente pluralizar o debate constitucional, vendo o terceiro como um amigo da Corte, ou melhor, como alguém que possa falar em nome de um setor social cuja palavra tenha importância para a formação do debate em torno da controvérsia constitucional A intervenção do amicus curiae, portanto, constitui uma técnica processual voltada a permitir a maior participação possível no debate e na formação do consenso a respeito das controvérsias constitucionais. Trata-se de uma forma de intervenção implementadora da participação popular e legitimadora das decisões relativas às normas constitucionais e aos direitos fundamentais".[335]

Em sede doutrinária, Cirilo Augusto Vargas questiona, porém, a própria utilidade prática que adviria do possível acolhimento da citada ADIn 3.943, alinhando dentre outros argumentos: "o expurgo de um dispositivo legal do ordenamento não será capaz, por si só, de obstar a atuação da Defensoria Pública na defesa dos interesses difusos"; (...) "a legitimação da Defensoria Pública para a propositura de ação civil pública é reflexo da cláusula constitucional de acesso à justiça e instrumento de consolidação do Estado Democrático de Direito"; (...) "se a razão de ser da Defensoria Pública é a defesa das pessoas carentes, no caso da instituição atuar num conflito meta individual, estará defendendo interesse próprio e não dos indivíduos afetados pelo provimento. Logo, sua legitimação é ordinária e não extraordinária. A Defensoria se adéqua ao conceito de parte ideológica referido por Cappelletti porque é órgão criado pela Constituição com finalidade específica, que age para o bem coletivo"; (...) "restringir a legitimação da Defensoria traria prejuízo para o próprio Poder Judiciário, que seria forçado a criar mecanismos administrativos destinados a conter a enxurrada de ações individuais ajuizadas para resolver o problema. Demorada a solução, o ônus recairia sobre os Magistrados e sobre a população carente".[336]

É de se augurar que a decisão a ser prolatada pelo STF na citada ADIn 3.943 venha a se afinar com o objetivo maior, que é o da efetiva proteção jurídica aos necessitados, não apenas no sentido da hipossuficiência econômico-financeira, mas também da carência organizacional, como antes salientado. Ao propósito, assim se posiciona Pedro Lenza: "Com o máximo respeito, aguardando ainda a posição do STF, entendemos que não há qualquer vício de inconstitucionalida-

335. Da teoria da relação jurídica processual ao processo civil do Estado constitucional. *RT*, n. 852, out. 2006, p. 34-35 e rodapé n. 60.

336. ADI n. 3.943: atentado contra a democracia. Disponível em: [http://jus2.uol.com.br/doutrina/texto.asp?id=10490]. Acesso em: 14.10.2008.

de, especialmente em razão da tutela 'molecularizada' do processo coletivo e da indisponibilidade do objeto. Assim, em razão da natureza do objeto da ação civil pública, não se tem como partir o interesse transindividual. Vamos aguardar...".[337]

A polêmica está pois, presentemente alçada à elevada apreciação do guarda da Constituição, que deverá posicionar-se quanto à questionada constitucionalidade da legitimação ativa outorgada pela Lei 11.448/2007 à Defensoria, para o ajuizamento de ação civil pública, podendo, ao seu alto critério, dar interpretação conforme ao inc. II do art. 5.º da Lei 7.347/85, a teor do parágrafo único do art. 28 da Lei 9.868/1999. Sem embargo, numa perspectiva de viés conciliatório (compatível com a natureza objetiva das ações no controle direto, onde prevalece o interesse público no deslinde da controvérsia), é inegável que a tutela do interesse metaindividual em causa viria otimizada com a união de esforços de ambas as Instituições, em prol da causa comum, qual seja a consecução de uma resposta judiciária célere, unitária e isonômica, por modo a que, de um lado, não restem resíduos conflitivos periféricos e, de outro, venha prevenida a atomização do thema decidendum em multifárias e repetitivas demandas individuais. Tudo, enfim, na esteira do milenar aviso: "Reipublicae interest quam plurimos ad defendam suam causam admittere".[338]

Com efeito, a desejável "repartição equânime", dentre os vários colegitimados, das iniciativas judiciais para as ações coletivas, já foi objeto de alguma reflexão de nossa parte em estudo específico sobre o tema, oportunidade em que pudemos ponderar que o projetado equilíbrio "acabou por não se implementar na prática, em grande parte pela retração dos entes políticos nesse campo, tudo resultando numa sobrecarga para o órgão ministerial, o qual, dada a indisponibilidade dos valores que constituem objeto das ações de finalidade coletiva, não tem outra alternativa senão desdobrar-se para atender a tantas representações, denúncias e solicitações que lhe são encaminhadas por aqueles que, na verdade, também são legitimados ativos e portanto deveriam ser os parceiros no manejo das ações de finalidade coletiva!". E, mais adiante: "(...) a legitimação concorrente-disjuntiva foi instituída não para que alguns dos colegitimados se autoisentassem do dever de apurar os fatos e de propor, sendo o caso, a ação cabível, mas, sim, porque o objeto tutelado – interesses e valores metaindividuais – por definição não comporta titularização subjetiva e, por conseguinte, não permite afetação exclusiva a um só representante processual, visto serem indeterminados os sujeitos concernentes e indivisível o objeto".[339]

337. *Direito Constitucional esquematizado*, 17. ed., 2013, cit., p. 971.

338. Paulo, Fr. 4. *De operis novi nunciatione*, 39, 1. *Apud* Tommazo Bruno, verb. *Azione popolare*. Digesto Italiano, v. IV, parte segunda, Turim: Torino Editore, p. 952, rodapé n. 1.

339. A projetada participação equânime dos colegitimados à propositura da ação civil pública: da previsão normativa à realidade forense. *In:* Paulo Henrique dos Santos Lucon (coord.). *Tutela Coletiva*. São Paulo: Atlas, 2006, p. 235 e 243-244. (Texto publicado,

Ante todo o exposto, considerando: que o processo coletivo se oferece como ferramenta técnica, idônea a conjurar ou ao menos amenizar os notórios e crescentes males da pulverização dos megaconflitos em múltiplas e repetitivas ações individuais; que há relevante interesse social na oferta ao jurisdicionado, enquanto consumidor do serviço judiciário estatal, de uma resposta de qualidade – justa, jurídica, econômica, tempestiva e razoavelmente previsível; que a titularidade dos interesses metaindividuais judicializados é, na verdade, reportada à coletividade envolvida, operando o portador judicial como um condutor processual para tal especialmente autorizado,[340] *alcança-se a conclusão de que todos os colegitimados ativos devem unir esforços para a consecução do objetivo comum, para tal superando, consensualmente, eventuais divergências conceituais ou alguma possível sobreposição de atribuições".*[341]

3.3.2.6 *A legitimação prevista no art. 5.º da Lei 7.347/1985*

A mencionada Lei federal 7.347/1985 (disciplina a ação civil pública) outorgou legitimação ativa (art. 5.º) ao Ministério Público, Defensoria Pública, entes políticos e seus órgãos descentralizados, bem como às associações velhas de um ano, cujos estatutos prevejam a tutela do interesse metaindividual controvertido.[342]

Como se qualificaria uma tal *legitimatio ad causam*?

Se nos ativermos à concepção rigidamente individualística do processo civil, e assim interpretarmos o art. 6.º do CPC, concluiremos, por certo, que não

---

originalmente, na *RT* 796, fev. 2002, p. 11-38, e, depois em: João Carlos de Carvalho Rocha et al. (coords.). *Ação civil pública – 20 anos da lei 7347/85*. Belo Horizonte: Del Rey, 2006, p. 279-325.)

340. Nery & Nery: "Para as ações coletivas na tutela de direitos difusos e coletivos, trata-se de *legitimação autônoma para a condução do processo (selbständige ProzeBführungsbefugnis)*, ordinária". *Código de Processo Civil Comentado e legislação extravagante*. 8. ed. São Paulo: RT, 2004, n. 2 ao art. 5.º da Lei 7.347/1985, p. 1426.

341. Cf. nosso estudo Contribuição esperada..., cit., *RePro* 164, out./2008, p. 152-169, ora tendo sido reproduzido, com inserção de alguns elementos de atualização e de redação, o excerto constante de p. 161-169.

342. Cf. art. 5.º da Lei 7.347/1985 e art. 82 da Lei 8.078/1990. Ao propósito, Celestino Biagini reporta-se à doutrina especializada (Salvatore Satta, Cecilia Assanti), "ove si riconosce che il cittadino, con l'azione popolare, non agisce come sostituto processuale (in nome proprio, cioè, ma per un interesse altrui), bensì a tutela di 'un suo interesse, di *sè civis*, nell'exercizio di 'un vero e proprio diritto personale, sebbene' ... 'comune ad altri consociati'". Adiante, observa que o "*punto decisivo* resta quello di diritto sostanziale, per cui, riconosciuta la meritevolezza di tutela dell'interesse al bene intorno a cui si è aggregato il gruppo, non può poi negarsi l'azione al componente del gruppo que agisca a tutela dell'interesse del grupo medesimo" (L'azione popolare... cit., p. 199 e 210).

se trata de legitimação *ordinária*,[343] visto que, cuidando-se de interesses *difusos*, há uma pluralidade indefinida de sujeitos que, em princípio, são ou podem ser afetados por aqueles interesses. Como não é possível que *todos* esses sujeitos estejam presentes na lide ou nela se façam representar em modo consistente, chegar-se-ia à conclusão de que o texto em questão abriga uma forma anômala ou extraordinária de legitimação, ou ainda um caso de *substituição processual*.[344]

Ocorre que, observando-se mais atentamente a espécie, constata-se que, a se admitir uma tal qualificação, tornar-se-ia necessário acrescentar que se trata de legitimação anômala de tipo *misto*,[345] porque as entidades nominadas no texto em questão exerceriam legitimação *ordinária* (na "parte" em que são portadoras de um "interesse próprio") e legitimação *extraordinária* (na "parte" em que agiriam como representantes ou substitutos dos demais sujeitos concernentes ao interesse metaindividual judicializado).

Essa qualificação, para além das dificuldades que normalmente exsurgem da legitimação anômala ou da substituição processual, teria ainda o gravame de ser bifronte: *ordinária e extraordinária*, conforme o "ângulo de visão", ou seja, conforme se tratasse dos interesses aglutinados na entidade autora ou dos interesses dos terceiros a ela não aderentes. Ora, já na legitimação para a ação popular – instrumento idôneo para a tutela judicial de interesses metaindividuais – José Afonso da Silva demonstrou, superiormente, que o autor não é *substituto*, nem *representante*, mas age por direito próprio.[346]

Outra alternativa, quiçá menos complexa, seria a de nos socorrermos, analogicamente, da disciplina das obrigações indivisíveis. Tentou-o, na Itália, Constantino, com o apoio de Andrea Proto Pisani.[347] Basicamente, a ideia repousa no art. 1.319 do *Codice Civile*, pelo qual, diz Giorgio Constantino, "ciascun concreditore-ovvero ciascuno dei sogetti investiti dell'interesse collettivo – può pretendere l'adempimento e, quindi, indica che ciascuno dei cointeressati è autonomamente legittimato".[348] Entre nós, dizia o art. 892, 1.ª parte, do precedente

---

343. Cf. Vicente Greco Filho: "(...) a regra geral é a de que está autorizado a demandar quem for o titular da relação jurídica, dizendo-se, então, que a legitimação é ordinária" (*Direito processual*... t. I, 19. ed., cit., p. 79).

344. Ver, a propósito: José Carlos Barbosa Moreira. *Tutela jurisdicional*... cit., p. 219.

345. Segundo Celso Agrícola Barbi, forte em Lopes da Costa, tal se dá quando se reúnem "a legitimação normal, na parte em que o direito reclamado pertence ao autor, e anômala, na parte em que o direito reclamado pertence aos demais credores ou condôminos" (*Comentários ao Código de Processo Civil*. Rio de Janeiro: Forense, 1981, vol. 1, p. 110-111).

346. *Ação popular constitucional*... cit., p. 182 et seq.

347. Op. cit., p. 278-279.

348. Brevi note sulla tutela giurisdizionale degli interessi collettivi davanti al giudice civile. *Le azioni a tutela degli interessi diffusi nel diritto comparato*. Milão: Giuffrè, 1976, p. 234-235.

Código Civil (correspondente à 1.ª parte do art. 260 do vigente Código): "Se a pluralidade for dos credores, poderá cada um destes exigir a dívida inteira". Quer dizer: aproximando-se os interesses difusos dessa categoria das obrigações indivisíveis, chegar-se-ia a uma legitimação "concorrente e disjuntiva". A propósito, diz José Carlos Barbosa Moreira: "(...) sendo a indivisibilidade, precisamente, uma das características essenciais da estrutura dos 'interesses difusos', basta, para resolver o problema, operação hermenêutica simples, que desprenda da acepção rigorosamente técnica as palavras 'credores' e 'dívida'".[349]

Conquanto a disciplina das "obrigações indivisíveis" se reporte a situações jurídicas individuais, *rectius*, "direitos subjetivos" (ao passo que nos interesses difusos a pertinência subjetiva é fluida, indeterminada), é inegável a utilidade do recurso analógico em foco, na medida em que contribui para a melhor compreensão da *estrutura* da legitimação ativa em sede dos interesses metaindividuais.

Tais interesses passaram a merecer tutela judicial, não pelo critério clássico de *pertinência a um titular determinado* (o que no caso seria inaplicável), mas por outro parâmetro, qual seja, o reconhecimento por parte do legislador: (*i*) da vera existência daqueles interesses ao interno da sociedade civil; (*ii*) de sua relevância para essa mesma coletividade, por concernirem aos valores maiores, como o meio ambiente, os consumidores, o patrimônio cultural etc.). Não há necessidade (ou utilidade) de recorrer às complexas configurações da "legitimação extraordinária" para explicar a judiciabilidade dos interesses metaindividuais, até porque vários deles *já estão juspositivados* (a par de outros que poderão vir a sê-lo: inciso IV do art. 1.º da Lei 7.347/1985), e também, porque já vêm indicados, em *numerus clausus*, os que deles se podem fazer portadores em juízo. Bem por isso, pondera Antonio Gidi: "Já não faz tanta diferença classificar a legitimidade para as ações coletivas como ordinária ou extraordinária, na medida em que, conforme a lição de José Carlos Barbosa Moreira, não é tão relevante saber *a que título* se dá proteção jurisdicional aos direitos superindividuais, se efetivamente *se dá* tal proteção".[350]

Se, por exemplo, a Associação de Defesa da Serra do Mar (SP) promove uma ação civil pública para responsabilizar as empresas causadoras da poluição que degradou a floresta, ela estará agindo *autorizada* pela Lei 7.347/1985, art. 5.º, inc. IV e, ao mesmo tempo, defendendo posição jurídica *própria*, nesse sentido de aderente à sua finalidade institucional. Basta, portanto, que se interprete com a devida *abertura e atualidade*[351] o art. 6.º do CPC, e se poderá concluir que

349. *A proteção jurisdicional...* cit., p. 100.

350. *Coisa julgada e litispendência em ações coletivas*. São Paulo: Saraiva, 1995, p. 39.

351. José Carlos Barbosa Moreira alude à necessidade de se "alargar os limites, às vezes demasiado estreitos, da *acionabilidade*, quer pelo ângulo objetivo – abrindo a hipóteses injustificadamente excluídas a via de acesso à cognição judicial –, quer do ponto de

é *ordinária* a legitimação das entidades referidas no art. 5.º da citada Lei sobre os interesses difusos.[352]

Como diz, acertadamente, Kazuo Watanabe: "Associação que se constitua com o fim institucional de promover a tutela de interesses difusos (meio ambiente, saúde pública, consumidor etc.), ao ingressar em juízo, estará defendendo um interesse próprio, pois os interesses de seus associados e de outras pessoas eventualmente atingidas são também seus, uma vez que ela se propôs a defendê-los como sua própria razão de ser".[353] Uma vez admitida em juízo, presume-se que a associação tem *representatividade adequada* e assim age em nome próprio, defendendo os interesses difusos nela representados e simbolizados.

Sem embargo, a questão segue em aberto, valendo registrar que vai ganhando corpo a proposta de Nery & Nery sobre a natureza da legitimação ativa prevista no art. 5.º da Lei 7.347/1985: "Para as ações coletivas na tutela de direitos difusos e coletivos, trata-se de *legitimação autônoma para a condução do processo* (selbständige Prozeßführungsbefugnis) ordinária. Quando a ação coletiva for para a tutela de direitos individuais homogêneos (v. CDC, 81, par. ún. III), haverá substituição processual, isto é, legitimação extraordinária. A norma comentada encerra legitimação concorrente e disjuntiva (Grinover, Watanabe e Nery. *CDC Coment.*, pp. 820, 869 e 1013/1014) e o litisconsórcio ativo que pode ser formado entre os colegitimados é facultativo".[354] Ricardo de Barros Leonel adere a esse

---

vista subjetivo – rompendo as barreiras erguidas pela acanhada concepção tradicional da legitimação para agir" (Tendências contemporâneas do direito processual civil. *Temas de direito processual. 3.ª série*. São Paulo: Saraiva, 1984, p. 9, n. 2).

Nesse sentido, Giovanni Quadri, comentando a jurisprudência do *Conseil d'Etat*, afirma que esse Tribunal "è stato sempre più liberale nel riconoscere l'interesse al ricorso da parte di individui ed associazioni che agiscono a tutela di interessi della comunità, dimostrando grande sensibilità per l'evoluzione dell'ordinamento in senso sociale e solidaristico" (Op. cit., p. 116).

352. A essa conclusão também já havia chegado José Afonso da Silva, em tema de ação popular (Op. cit., p. 193-195).

353. Acesso à justiça... cit., p. 94. Com efeito, já nas *public actions* do direito norte-americano, a legitimação é ordinária, como conclui Giovanni Quadri, a propósito de certo caso julgado pela Corte Suprema (357, US, 1958): "L'associazione, infatti, secondo la CS, rappresentando legalmente i suoi membri, quando agisce per tutelare i loro diritti agisce anche per tutelare i suoi diritti, come personificazione della comunità" (art. cit., p. 98). Não discrepa dessa linha o Conselho de Estado italiano, como assevera esse autor, colacionando a jurisprudência: "Quando il comune impugna un atto che danneggia la municipalità intesa come collettività di persone, agisce per interesse proprio e diretto" (Op. cit., p. 113).

354. *Código de Processo Civil comentado e legislação extravagante*, 11.ed., São Paulo: RT, 2010, nota n. 3 ao art. 5.º da Lei 7.347/1985, p. 1414. Ver, ainda, o nosso: *Ação civil pública*, 12. ed. São Paulo: RT, 2011, capítulo 6, dedicado à legitimação ativa.

entendimento: "Concluindo, na hipótese de interesses essencialmente coletivos – difusos e coletivos – identifica-se a legitimação autônoma para a condução do processo, sendo que, quanto à tutela de interesses individuais homogêneos, a legitimação é extraordinária, com verdadeira substituição processual no polo ativo da demanda".[355]

A matéria, como antes dito, segue aberta a novas especulações e proposições, como o faz Aluizio Gonçalves de Castro Mendes, para quem a configuração da legitimação ordinária "pode ser em parte aceita diante da admissibilidade do indivíduo, na qualidade de integrante da classe atingida, como legitimado para a propositura da ação coletiva. Dessa forma, estaria ele também defendendo um interesse próprio, embora comum ou coligado com o de outras pessoas integrantes de uma coletividade, grupo, classe ou categoria. Poderia, assim, ser considerada como uma *legitimação composta*, na qual estariam presentes o interesse próprio conjugado com o alheio. No âmbito dos legitimados previstos no art. 5.º da Lei da Ação Civil Pública, e no art. 82 do Código de Defesa do Consumidor, no entanto, não se pode dizer que os legitimados, entes políticos, Ministério Público, órgãos estatais e associações, estejam defendendo direitos que lhes são próprios. O interesse é ideológico, no sentido da pessoa, jurídica ou formal, estar exercendo um papel de verdadeiro paladino do meio ambiente, dos consumidores, do patrimônio histórico etc., cuja atribuição foi conferida pela lei e, no caso das associações, também pelos respectivos estatutos".[356]

É preciso ter presente que se trata de legitimação de interesses superindividuais, e, portanto, não se pode ficar adstrito a premissas e categorias jurídicas válidas para a legitimação em tema de *direitos subjetivos*, no plano da jurisdição singular. De tudo, o que releva é que os interesses difusos, antes relegados ao *limbo jurídico*, possam encontrar o remédio pronto e eficaz para o seu acesso à Justiça. Inconcebível seria que, por exacerbado apego aos cânones tradicionais, se obstaculizasse a *promoção judicial* desses interesses socialmente relevantíssimos. Mauro Cappelletti lembra que, segundo Bertrand Russel, "l'avvocato del cambiamento a un compito ben più difficile dell'avvocato della conservazione e dell'ordine. Ma quando ciò che si vuol conservare non risponde più alle nuove, inderogabili necessità sociali, allora la conservazione non è più 'ordine'".[357]

Ainda em tema de legitimação ativa na jurisdição coletiva, pode-se cogitar da chamada *teoria objetivista ou institucional*, que considera a previsão, no direito positivo, de fatos, valores e interesses metaindividuais que ao legislador pareceram socialmente relevantes, a ponto de lhes destinar uma tutela judicial diferenciada,

---

355. *Manual do Processo Coletivo*, 2. ed., São Paulo; RT, 2011, p. 154. .

356. Op. cit., p. 244-245.

357. *Formazioni*... cit., p. 402.

capaz de propiciar certos benefícios, como a prevenção das chamadas *demandas múltiplas* (decorrentes da atomização do conflito coletivo); o tratamento unitário ou *molecular* da controvérsia; a potencialização da eficácia do julgado (*ultra partes* ou mesmo *erga omnes*), assim *credenciando*, desde logo, órgãos e entidades para o manejo desses fatos, valores e interesses em juízo. Sob esse enfoque, a questão da legitimação viria como um *posterius*, em certo modo já *encaminhada* pela precedente juspositivação dos interesses, a par da escolha, *ex lege*, dos *portadores institucionais*.

É possível que esse enfoque tenha o mérito de, a certo respeito, *simplificar* a configuração da legitimação ativa nas ações coletivas, anotando Márcio Flávio Mafra Leal que essa vertente "contorna aspectos dogmáticos relativos às objeções do devido processo legal, porquanto, a partir da concepção de que o direito material não possui um titular com personalidade jurídica, não há a preocupação de se encontrar uma fórmula representativa de direitos individuais ou de unidades jurídicas autônomas, pela ausência de um titular ordinário. O modelo de legitimação do autor, então, sem a necessidade de justificar a representação e sem ferir a cláusula do devido processo legal, fundamenta-se na necessidade de atuação dinâmica da ordem jurídica".[358]

Do ponto de vista pragmático, não há negar que, à leitura dos arts. 5.º da Lei 7.347/1985 e 82 da Lei 8.078/1990, o legislador pátrio houve por bem adotar uma legitimação *concorrente-disjuntiva*, ao conceder poder de agir a entidades associativas, órgãos públicos, entes políticos e Ministério Público, que tanto podem atuar *de per si* como consorciados. Decompondo essa legitimação, Pedro Lenza conclui que ela é "*extraordinária, autônoma, exclusiva, concorrente e disjuntiva*: a) *extraordinária*, já que haverá sempre substituição da coletividade; b) *autônoma*, no sentido de ser a presença do legitimado ordinário, quando identificado, totalmente dispensada; c) *exclusiva* em relação à coletividade substituída, já que o contraditório se forma suficientemente com a presença do legitimado ativo; d) *concorrente* em relação aos representantes adequados, entre si, que concorrem em igualdade para a propositura da ação; e e) *disjuntiva*, já que qualquer entidade poderá propor a ação sozinha, sem a anuência, intervenção ou autorização dos demais, sendo o litisconsórcio eventualmente formado, sempre facultativo".[359]

3.4 Os meios processuais disponíveis frente à tutela dos interesses difusos. O novo papel do juiz

Ao cabo das considerações aduzidas precedentemente, três ordens de questões exsurgem, naturalmente: a) saber se a estrutura e categorias atuais da

358. Op. cit., p. 74.

359. *Teoria geral da ação civil pública*, 2. ed., cit., p. 193.

ciência processual são eficazes para a tutela das situações jurídicas metaindividuais; em caso negativo, qual será a melhor alternativa: adaptar os institutos existentes ou criar novos, compatíveis com essas novas exigências; b) especificamente em tema de legitimação para agir, qual deve ser, no modelo brasileiro, a alternativa mais adequada, *de iure condito* e *de iure condendo*; c) qual deve ser o novo papel do juiz quando se trate de ações objetivando a tutela de situações metaindividuais. Examinemos essa pontuação, pela ordem.

Como é cediço, o direito processual civil apresenta sensível vocação para a tutela de direitos e situações jurídicas individuais, no plano da jurisdição singular; essa tendência se evidencia, desde logo, pela tradicional exigência de que o interesse de agir seja *pessoal e direto* com relação ao seu portador judicial (*ei qui agit*), é dizer, que a legitimação para a causa derive da *coincidência* ou da *correspondência* entre titularidade da pretensão de direito material e o agente que pretende fazê-la valer através do exercício do direito de ação. Bem por isso, este último é *específico e bastante condicionado* (CPC, arts. 3.º, 267 e incisos, 295 e § único), ao passo que o direito de petição é *genérico e incondicionado* (CF, art. 5.º, XXXIV, *a*).

Visto esse quadro, não estranha que, quando se trate de outorgar tutela a situações que depassam a esfera individual, o direito processual clássico se ressente de categorias e instrumentos hábeis e eficazes, servindo de exemplo o que se passa com a coisa julgada nos litígios intersubjetivos, a qual se confina "às partes entre as quais é dada" (CPC, art. 472), o que a torna inadequada para imunizar a decisão de mérito proferida nos conflitos metaindividuais, já que nestes, por definição, a coisa julgada terá que apresentar eficácia expandida, *erga omnes* ou *ultra partes*, conforme a espécie.[360]

Além desse aspecto técnico, há interferência do dado político: a função jurisdicional, que se desenvolve a partir da instauração de um processo, é, por imposição da própria separação entre os Poderes, uma atividade de *substituição*, nesse sentido de que incide *se e quando* ocorra um litígio não superado nas

360. "Che lo schema del processo ordinario, nei suoi istituti fondamentali, dal contraddittorio alle prove, alla cosa giudicata, corrisponda al modello delle situazioni giuridiche privatistiche, ed in utima analisi alla tutela dei diritti soggettivi, è affermazione intorno alla quale non dovrebbero piú sussistere dissensi" (Vittorio Denti. *Relazione introduttiva...* cit., p. 17). No mesmo sentido, para o direito latino-americano, cf. Angel Langoni Sosa: "La doctrina procesalista latinoamericana, a través de varios de sus más caracterizados exponentes, ha señalado que la tutela de los intereses difusos importará una profunda modificación en los conceptos clásicos, ya que existen institutos como la legitimación y la cosa juzgada que no se adaptan a este tipo de proceso y que en consecuencia deberán ser variados y que además existen otros elementos como ser las facultades conferidas al órgano jurisdiccional y las funciones del Ministerio Público que deberian ser reestructurados" (*Legitimación...* cit., p. 1159).

vias suasórias, ou incompossível nas instâncias primárias, fazendo pressupor que, *in concreto*, a norma de regência revelou-se ineficaz para prevenir ou resolver a pendência. Ademais, esse litígio há de se ter instaurado entre pessoas determinadas ou ao menos determináveis, porque não compete ao Judiciário a regulação apriorística e genérica do *modus vivendi* da coletividade, papel esse a ser desempenhado pelos Poderes Legislativo ou Executivo, conforme o caso.

Gradativamente, foi-se constatando que as *vias usuais* de recepção, triagem e regulação dos interesses gerais – o Executivo e o Legislativo – não se mostravam satisfatoriamente eficazes, seja porque suas intrincadas estruturas internas atuam como freio ou desestímulo para a espontânea veiculação dos interesses metaindividuais, seja porque a morosidade típica dos processos decisórios nessas instâncias primárias mostram-se em descompasso com a celeridade requerida por esses emergentes interesses de massa. O Judiciário foi, assim, chamado a desempenhar um novo papel, quiçá um *rôle suppletif*.[361]

Dado que a instância judicial não pode atuar de ofício, mas apenas quando provocada em forma e figura de juízo, e nos limites do que o seja, em face de um dado caso concreto, a primeira questão que se coloca é a de saber se a ciência processual conta com um acervo de instrumentos e institutos aptos a dotar o Judiciário dos meios para a outorga da tutela adequada aos interesses metaindividuais; na sequência, impende saber qual o melhor caminho a seguir: (*i*) singela adaptação do contexto existente; (*ii*) criação de tutela específica, com oferta de institutos e categorias próprios para os conflitos metaindividuais; ou, enfim, (*iii*) uma solução intermédia, que preservasse o existente, na medida do possível, sem prejuízo da reelaboração dos conceitos e eventual criação de novos institutos, *quando necessário*.

3.4.1 Está o processo dotado dos instrumentos hábeis à tutela dos interesses difusos?

Tem se admitido que o processo civil, sendo, em princípio, preordenado para a tutela de situações e conflitos intersubjetivos, não opera satisfatoriamente quando se trata de outorgar tutela a situações metaindividuais, bastando notar que no espectro subjetivo o processo tradicional *avança* só até as clássicas figuras litisconsorciais e, mesmo assim, desde que o contingente dos sujeitos envolvidos não seja muito numeroso, porque senão o juiz pode limitá-lo (CPC, § único

---

361. Ver: André Hubert Mesnard. Le rôle suppletif du juge en matière d'environnement. *Revue de l'Institut des Études Juridiques de l'Urbanisme et de la Construction, Droit et Ville*, n. 6, p. 251 *et seq*. Angel Landoni Sosa faz reservas a essa "função supletiva": "Se corre el riesgo de que el Juez finalice aplicando no los valores claramente expresados a nível político, sino sus propios valores, transformándose de árbitro neutral en órgano necesariamente parcial" (*Legitimación*... cit., p. 1170).

do art. 46). A questão então se reduz a saber qual o *rumo* a ser seguido ante tal constatação.

Alguns, como Mauro Cappelletti, não hesitam em afirmar que "une véritable révolution est en cours dans le domaine du droit judiciaire civil (...). Nous assistons à présent au déclin d'une conception individualiste du procès et de la justice. Tous les principes et les structures qui étaient enracinés dans cette conception apparaissent insuffisants pour donner une solution acceptable au problème de la protection nécessaire qu'il faut assurer aux nouveaux intérêts 'diffus' et 'collectifs' devenus vitaux pour la société moderne".[362]

Sob outra mirada, Vincenzo Vigoriti, embora reconheça "l'inadeguatezza, strutturale e permanente, delle istituzioni processuali ad accogliere e soddisfare le istanze di tutela di situazioni di vantaggio non strettamente individuali", acena com a necessidade "di non trascurare il contingente, e di dedicarsi quindi anche alle più faticose (e fantasiose) operazione di 'ortopedia giuridica' pur di assicurare una qualche risposta alla domanda di accesso alla giustizia di certi interessi".[363]

Esta última proposta – que chamaríamos de *adaptação criativa* do acervo processual existente às novas exigências surgidas com o acesso à justiça dos interesses metaindividuais – parece-nos o melhor rumo a seguir. Em primeiro lugar, há necessidade *atual* – aqui e agora – de se outorgar tutela a esses interesses, de modo que não se afigura viável proceder, *ex radice*, a uma revisão global do processo civil, com eventual criação de institutos específicos, para só então cuidar-se de concretizar praticamente a desejável tutela. Em segundo lugar, recepcionando o material já existente, sob uma interpretação menos rígida e mais progressista ou liberal, constata-se que ao menos alguns dos mais importantes institutos comportam essa adaptação.

Assim é que a legitimação para agir, quando se trate desses interesses superindividuais, "non presuppone la necessità che venga preliminarmente modificata l'attuale normativa positiva, dal momento che è senz'altro esatto ritenere che 'le norme al riguardo sono così scarne e polivalenti da rendere ammissibili tutte le soluzioni'".[364] Aliás, no direito brasileiro, Kazuo Watanabe há tempos acenara com a possibilidade de uma interpretação *aberta* do art. 6.º do CPC, assim como do art. 5.º, XXXV, da CF/1988, a par de uma interpretação sistemática com outros textos no nível constitucional e de legislação ordinária. Às tantas de sua argumentação, indaga o autor: "(...) se é fim lícito às associações se

362. *La protection d'intérêts*... cit. p. 596. No mesmo sentido: Angel Landoni Sosa. Los sistemas... cit., p. 1170.

363. *Interessi*... cit., p. 15.

364. Cf. Claudio Varrone, reportando-se a Romano (*Foro Italiano*, 1973, III, col. 263) (op. cit., p. 786).

proporem à defesa do meio ambiente, dos valores culturais, à defesa do consumidor, enfim, dos interesses difusos, não seria, acaso, discrepante de todo esse sistema constitucional a conclusão que negue às mesmas associações a possibilidade de promover a defesa desses interesses difusos perante o Judiciário?".[365]

Como se vê, é lícito cogitar-se de uma releitura do *due process of law*,[366] de modo a *adaptá-lo* às novas situações coletivas emergentes numa sociedade de massa, de perfil bastante competitivo, na qual se contrapõem interesses de toda sorte, movidos por grupos antagônicos, fortemente reivindicantes. Se o direito, em geral, e o processo, em especial, não se aparelharem para equacionar tais interesses, com vistas a outorgar-lhes a tutela devida, eles se encaminharão, naturalmente, para outras *formas de expressão*, provavelmente mais agressivas, em detrimento da paz social e em desprestígio do Direito e da função jurisdicional.

Considerem-se, por exemplo, os conflitos rurais contrapondo grandes massas de interesses e número expressivo de sujeitos envolvidos (as chamadas *ocupações*, promovidas pelos grupos ditos *sem terra*), em face dos quais os conceitos tradicionais de posse e de domínio, e as estruturas clássicas do processo civil vêm se revelando insuficientes para equacionar e resolver em modo satisfatório. Justamente por isso, o PL da Câmara Federal 8.046/2010, sobre o novo CPC, inova na parte das ações possessórias, prevendo no art. 579: "No caso de litígio coletivo pela posse de imóvel, quando o esbulho ou turbação afirmado na petição inicial houver ocorrido há mais de ano e dia, o juiz, antes de apreciar o pedido de concessão da medida liminar, deverá designar audiência de mediação, a realizar-se em até trinta dias(...)". Nos parágrafos do dispositivo vêm previstas intimações do Ministério Público, da Defensoria Pública, e dos "órgãos responsáveis pela política agrária e pela política urbana da União, de Estado, ou do Distrito Federal e de Município (...)". Ainda, prevê-se que o "juiz

---

365. Tutela jurisdicional... cit., p. 91.

366. Essa expressão, acolhida na V e XIV Emendas à Constituição dos Estados Unidos, tem sua origem remota na Magna Carta de 1215, outorgada por João Sem Terra, compelido pela nobreza. Seu art. 39 dizia: "No free man shall be taken, or imprisoned, or disseised, or outlawed, or exiled, or in any way destroyed, nor will we go upon him, nor will we send upon him, except by the legal judgement of his peers or by the law of the land". Nota: Na obra *Liberdades públicas – parte geral*, de Manoel Gonçalves Ferreira Filho; Ada Pellegrini Grinover; Ana Cândida da Cunha Ferraz (São Paulo, Saraiva, 1978, p. 50), encontra-se esta tradução: "Nenhum homem será preso ou detido em prisão ou privado de suas terras ou posto fora da lei ou banido ou de qualquer maneira molestado; e não prcederemos contra ele, nem o faremos vir a menos que por julgamento legítimo de seus pares e pela lei da terra". O texto remete à obra de Roscoe Pound, "Magna Carta de 1215", *in Desenvolvimento das Garantias Constitucionais da Liberdade*. São Paulo: Instituição Brasileira de Difusão Cultural S/A – IBRASA, 1965, p. 91-101..

poderá comparecer à área objeto do litígio quando sua presença se fizer necessária à efetivação da tutela jurisdicional".

Com efeito, há algum tempo ponderara Antonio Herman V. Benjamin, escrevendo sobre as controvérsias envolvendo o meio ambiente: "Tanto o fenômeno do 'conglomerado de interesses' (nem sempre formalizado), como o da 'dispersão dos danos' põem em xeque a formulação e montagem do processo civil tradicional na instrumentalização da solução dos conflitos ambientais".[367]

No dizer de Angel Landoni Sosa, com apoio em Recaséns Siches, "los intereses no reconocidos hasta la fecha seguirán ejerciendo su presión para obtener su reconocimiento en el futuro".[368] Esses interesses que se diriam *à procura de um autor* (numa paráfrase *pirandelliana*) pressionam por um modo de expressão, a saber, um *momento judiciário* onde possam obter reconhecimento de sua existência, relevância social, e, consequentemente, a devida tutela. A judicialização dos interesses metaindividuais tem o significado, observa Carlos Alberto de Salles, "de trazer para o Judiciário a função de adjudicar o *interesse público* na situação disputada pelas partes, isso é, decidir no caso concreto o interesse que deve ser preponderante entre aqueles consagrados pelo ordenamento jurídico. Mais do que isso, deixando de adjudicar interesses circunscritos às esferas individuais de autonomia privada, ao decidir sobre bens coletivos, realiza opções relacionadas com a alocação e apropriação de recursos comuns. Nessa nova tarefa, a atividade judicial deve responder à questão de realizar não apenas uma justiça corretiva (ou retributiva), mas também aquela distributiva, ligada à atribuição individual de recursos comuns".[369] (Pense-se na momentosa controvérsia sobre a *transposição das águas do Rio de São Francisco*, judicializada em ações civis públicas perante a Justiça Federal, megaempreendimento governamental que polariza os interesses dos ambientalistas, da agricultura, dos Estados envolvidos e da população ribeirinha).[370]

Outros tópicos do sistema processual que, aparentemente, se mostram pouco afeiçoados a servir à causa dos interesses superindividuais também poderiam, mercê de algum engenho e arte, prestar seu valoroso concurso. Por exemplo, a questão do contraditório e do princípio da prévia e ampla defesa. É evidente que os princípios *audiatur et altera pars* e *res inter alios acta aliis nec nocet nec*

367. A *citizen action*... cit., p. 64.

368. Los sistemas... cit., p. 157.

369. *Execução judicial em matéria ambiental*. São Paulo: RT, 1999, p. 58.

370. V. o nosso: Transposição das águas do rio São Francisco: uma abordagem jurídica da controvérsia. *In*: Édis Milaré (coord.). *Ação civil pública após 20 anos – efetividade e desafios*. São Paulo: RT, 2005, p. 519-557.

prodest, se tomados em todo seu rigor, conduzem a um impasse quando se trate de conflitos discrepantes das conhecidas lides intersubjetivas. Com efeito, nos interesses *de classe* ou *de categoria*, tais princípios não podem ser tomados ao pé da letra, até pela consideração básica da impossibilidade física da presença de *todos* os interessados no processo.[371]

No ponto, escreve Ricardo de Barros Leonel: "Sem apegos ao formalismo e com a preocupação voltada à compreensão do processo coletivo como polo metodológico do instrumentalismo substancial, a conclusão inarredável é de que a coisa julgada nas ações coletivas apresenta peculiaridades que decorrem da natureza da relação jurídica de direito material tutelada. A necessidade de reconhecimento de maior extensão aos efeitos da sentença coletiva é consequência da indivisibilidade dos interesses tutelados (material ou processual), tornando impossível cindir os efeitos da decisão judicial, pois a lesão a um interessado implica a lesão a todos, e o proveito a um a todos beneficia. É a indivisibilidade do objeto que determina a extensão dos efeitos do julgado a quem não foi 'parte' no sentido processual, mas figura como titular dos interesses em conflito".[372]

Diante disso, duas alternativas se abrem: ou se fica adstrito à conotação tradicional dos princípios clássicos (e com isso se chegará inevitavelmente a um impasse quando se tratar da tutela a interesses plurissubjetivos); ou se lhes dá uma interpretação *aberta*, progressista, com vistas a tornar *possível* a tutela desses interesses. Dentre essas duas opções, parece-nos evidente o acerto da segunda, como proposto por Vincenzo Vigoriti: "(...) ladove esiste una possibilità – ragionevole, s'intende – di utilizzare strumenti, pur forgiati a fini diversi, per la tutela di interessi collettivi tale possibilità vada senz'altro colta. Il che non implica affatto rinuncia a studiare, proporre e sostenere quei mutamenti, anche di fondo che le esigenze di tutela degli interessi superindividuali dovessero far ritenere necessarie".[373] Na fórmula sintética de Mauro Cappelletti: "Reconsideration, however, does not mean abandonment, but rather adaptation".[374]

Trata-se, então, de indicar *sucedâneos*, a par de conferir-se interpretação *atualizada e contextualizada* aos princípios da defesa e do contraditório, *adaptando-os* às novas exigências. O direito norte-americano fornece bons subsídios a esse respeito, com a disciplina das *class actions*. Nessas ações, ante a impossibilidade

371. José Carlos Barbosa Moreira observa que na legitimação para agir em tema de interesses difusos fica "excluída, por intuitivas razões, a hipótese de exigir-se a presença em juízo de todos os cointeressados, como litisconsortes ativos necessários" (A função social do processo civil moderno e o papel do juiz e das partes na direção e na instrução do processo. *Temas de Direito Processual. 3.ª série*. São Paulo: Saraiva, 1984, p. 48).

372. *Manual do Processo Coletivo*, 2. ed., cit., , p. 277.

373. *Interessi...* cit., p. 15.

374. *Vindicating...* cit., p. 304.

da presença *real* de todos os interessados,[375] o enfoque é deslocado para outro parâmetro: o que releva é saber se aquele que se apresenta como *representante* (parte ideológica) do grupo ou segmento social é *realmente* um representante idôneo, adequado. Presente que seja esse requisito estará validamente instaurada a lide porque, tratando-se de interesses plurissubjetivos, a *coincidência* não pode ser buscada no binômio "titularidade do direito subjetivo – poder de agir" (como nos conflitos individuais), mas ela repousa em *outro critério*: o fato de naquele representante idôneo estarem subsumidas as situações subjetivas dos integrantes da *class*. Em tal condição, tal representante é havido como uma *real party in interest*[376] e, consequentemente, considera-se que a *class* teve o seu *fair day in Court*.[377]

Bem por isso, a *rule* n. 23 das *Federal Rules of Civil Procedure* declara que "the representative parties will fairly and adequately protect the interests of the class".[378] Por outras palavras, tem-se presente que a pretensão é *afetada* a uma *coletividade* (classe, categoria), visto não ser possível obter o consenso *absoluto* dessa coletividade,[379] nem tampouco a presença, no processo, de *todos* os seus integrantes. Posto que tal pretensão coletiva é socialmente relevante e não pode ficar desprovida de tutela, a solução encontrada foi a de substituir o critério da *titularidade* da pretensão (viável nos conflitos individuais) pelo critério da "adequacy of representation".

Por via de consequência, também os limites subjetivos da coisa julgada têm que ser revistos nessas ações cujo objeto são interesses metaindividuais. No caso das *class actions*, uma das razões pelas quais se alterou, em 1966, a *rule* n. 23, é que se queria evitar que o efeito preclusivo da coisa julgada atin-

---

375. A Seção 195 do "Civil Practice Act" autoriza a propositura de uma "class action" quando: "The question is one of a common or general interest of many persons or where the persons who might be made parties are very numerous and it may be impracticable to bring them all before the court (...)" (*apud* Jack B. Weinstein. Revision of procedure: some problems in class actions. *Buffalo Law Review*, vol. 9, p. 454. Ver art. 23 das *Federal Rules of Civil Procedure*).

376. Cf. Vincenzo Vigoriti. Op. cit., p. 273-274 e n. 34. A seu turno, esclarece Antonio Gidi: "*Real part in interest*: Legitimado ordinário ou extraordinário. Diz-se da pessoa que tem o direito de propor a ação, seja em nome próprio, seja em nome de terceiros. V. *Standing*" (*A class action como instrumento*... cit, p. 482).

377. Cf. Vincenzo Vigoriti, *Interesse*..., cit., p. 280, n. 48.

378. Idem; ver texto dessa regra, p. 306. Uma boa exposição sobre a estrutura atual da norma n. 23 das *Federal Rules of Civil Procedure* pode ser vista em: Aluísio Gonçalves de Castro Mendes. Op. cit., p. 73-83.

379. Diz Jack B. Weinstein: "A class action should not be denied merely because every member of the class might not be enthusiastic about enforcing his rights" (Op. cit., p. 460).

gisse os terceiros só quando os beneficiasse.[380] Na redação atual, tais efeitos operam quanto aos terceiros "whether favorable or not". Mas, em contraposição, esses integrantes da *class*, identificáveis *through reasonable effort*, serão intimados mediante "the best notice practicable under the circunstances", assegurando-se-lhes o direito de aderirem ou não ao que virá a ser julgado (*opt in-opt out*): "The court will exclude him from the class if he so requests by a specified date".[381]

Sob uma óptica formalista, tradicional, tais soluções seriam aberrantes do *due process of law*, especialmente porque as V e XIV Emendas à Constituição americana estabelecem que ninguém pode ser privado da vida, liberdade ou propriedade sem ter tido oportunidade de defesa num processo regular. Ocorre que, em se tratando de interesses difusos, que depassam a esfera do indivíduo isoladamente considerado, a interpretação do *due process of law* deve ser feita com certos temperamentos. Caso contrário, por um apego excessivo aos cânones tradicionais (ou por não se saber adaptá-los às novas exigências), esses interesses, que *não podem* ter um dono, ficarão marginalizados.

Essa interpretação *especial* que devem merecer esses princípios tradicionais, em sede de ações com finalidade coletiva, repousa em duas premissas: em

---

380. Cf. Vincenzo Vigoriti. *Interessi*... cit., p. 282 e n. 52. No direito norte-americano, Keneth W. Dam ironiza sobre as *class actions*, salientando: "To consumer advocates, environmentalists, civil libertarians, and others who would reform society through the courts, Rule 23 became a new charter" (Op. cit., p. 97).

381. Ver *rule* 23 (c) 2, das *Federal Rules of Civil Procedure*. Dentre nós, a Lei 7.347/1985 sobre a ação civil pública em tema de interesses difusos adotou o sistema da eficácia preclusiva *secundum eventum litis*, dispondo que a sentença "fará coisa julgada *erga omnes*, exceto se a ação for julgada improcedente por deficiência de provas" (art. 16). Reaplicou-se, assim, o critério antes utilizado no art. 18 da Lei 4.717/1965 sobre a ação popular. Esse dispositivo já fora previsto no texto do Projeto originário (3.034/1984), dizendo seus autores, na justificação, que houveram por bem em dar guarida "à inteligente disciplina da coisa julgada *secundum eventum litis*". Idem, quanto ao sistema da coisa julgada *erga omnes* nas ações coletivas do Código de Defesa do Consumidor, art. 103, I e § 1.º (Lei 8.078/1990). Para uma visão crítica desse sistema, v. José Ignácio Botelho De Mesquita. Na ação do consumidor, pode ser inútil a defesa do fornecedor. *Revista do Advogado*, AASP, n. 33, São Paulo, dez. 1990, p. 80-82; Vicente Greco Filho. *Comentários ao Código de Defesa do Consumidor*. 2. ed. São Paulo: Saraiva, 1991, p. 360-365. Nota: a Lei 9.494/97 deu a seguinte redação ao art. 16 da Lei 7.347/1985: "A sentença civil fará coisa julgada *erga omnes*, nos limites da competência territorial do órgão prolator, exceto se o pedido for julgado improcedente por insuficiência de provas, hipótese em que qualquer legitimado poderá intentar outra ação com idêntico fundamento, valendo-se de nova prova". *Aliter*, no PL 5.139/2009 que se preordenava a regular a nova ação civil pública, dispondo o art. 33: "A sentença no processo coeltivo fará coisa julgada *erga omnes*, independentemente da competência territorial do órgão prolator ou do domicílio dos interessados".

primeiro lugar, nos interesses difusos, o homem não é tomado em sua acepção *singular*, e sim em *dimensão coletiva*, vale dizer, enquanto *integrante* de uma coletividade mais ou menos vasta (cuja extensão pode variar, desde núcleos menores – habitantes de um bairro; consumidores de um produto – até vastas comunidades, como os cidadãos de um país, como se dá nas ações populares, fundadas em lesão de âmbito nacional). Em tal circunstância, é claro que o critério para a *legitimatio ad causam* não pode ser o mesmo empregado nos conflitos individuais (*uti singuli*), do tipo "Ticio *versus* Caio".[382] Em segundo lugar, as garantias *individuais* do *due process of law* (especialmente as referentes à defesa, contraditório e limites subjetivos do julgado) hão que ser vistas sob a óptica de garantias de índole *coletiva*, consentâneas com a natureza e finalidade dessas novas exigências sociais.[383]

Daí por que, nas ações coletivas o conceito de "representação adequada" veio, por assim dizer, *substituir* o critério da legitimação fundada na coincidência ou correspondência entre titularidade do direito subjetivo material e autor da ação. Como diz Federico Carpi, "garanzia costituzionale della tutela giurisdizionale dei diritti non significa solo difesa e rispetto del contraddittorio, ma, insieme a questi, anche effettiva e concreta attuazione di quei diritti od interessi che alle volte non può essere realizzata (...) se non per il tramite di una sentenza che esplichi efficaccia anche oltre la cerchia dei soggetti fra i quali si è costituito e svolto il rapporto processuale e che di questo possono essere una mera occasione (...) non interessa chi proponga la domanda, ma che cosa viene chiesto. Ne è l'esempio più evidente quella fungibilità processuale che si reperisce in materia di azione popolare correttiva, ove l'impulso processuale

---

382. Na base dessa dicotomia está, em última análise, a distinção entre direitos subjetivos e interesses legítimos. Essa distinção, anota Federico Carpi, "acquista tanto maggior interesse quanto più ci si allontana da una concezione esclusivamente privatistica della tutela delle situazioni soggettive, per avvicinarsi ad un piano di maggior incidenza superindividuale, usando un 'espressione volutamente generica'" (Op. cit., p. 957).

383. Como diz Vincenzo Vigoriti, "la misura limitata in cui si riconosce ai singoli componenti della *class* la possibilità di non partecipare al giudizio è un ulteriore riflesso della *ratio* dell'istituto: l'adeguatezza dei *class representatives* sostituisce le garanzie individuali" (*Interessi*... cit., p. 283). No mesmo sentido, cf. Mauro Cappelletti e Bryan Garth: "These class actions transform traditional, individualistic due process into a complex mix for individual and social dimensions. 'Adequacy of representation' is the touchstone for the social dimension, justifying, at least in theory, the assumption taht those who are in the class can fairly be bound. The notice and opt out provision bolster the individual dimension" (Finding an appropriate compromise: a comparative study of individualistic models and group rights in civil procedure – Civil Justice Quaterly. 2.º Congresso Internacional de Processo Civil, Würzburg, Alemanha, 11 a 16 de setembro de 1983, p. 134 da separata).

può passare da colui che ha agito ad un altro soggetto, che ha in astratto pari legittimazione concorrente".[384]

Verdade que, no cotejo entre a nossa ação civil pública e a *class action* norte-americana, verifica-se que duas relevantes questões imanentes a esta última não guardam perfeita correspondência com o modelo brasileiro, a saber: (*i*) a deliberação judicial acerca da *representatividade adequada* do portador do interesse coletivo (*defining function*, expressada através da *certification order*) e (*ii*) o problema da *comunicação* do processo coletivo aos integrantes da classe, mormente para o eventual exercício do direito à exclusão da eficácia da coisa julgada (*right to opt out*). É que, como ponderam Alvim & Alvim e James Marins, no modelo brasileiro (art. 5.º da Lei 7.347/1985; art. 82 da Lei 8.078/1990), tem-se que: "a) de um lado, os representantes agem *ex lege* e são inequívoca e taxativamente os indicados no art. 82; b) de outra parte, no que diz respeito à extensão da eficácia *negativa da sentença* e respectiva autoridade da coisa julgada suscetível de se formar no plano de ação coletiva, não virá essa afetar a esfera individual (art. 103, § 1.º, referente aos incisos I e II, do mesmo art. 103; § 2.º, deste mesmo art. 103, referente à hipótese do art. 103, inciso III (...)".[385]

No ponto, é importante registrar o alerta de Cassio Scarpinella Bueno no sentido de que deve o juiz brasileiro manter-se alerta no tocante à aferição da legitimidade ativa na jurisdição coletiva: "Se, como não se pode esconder, o processo brasileiro é iluminado e traçado a partir do mesmo vetor do devido processo legal que norteia o sistema norte-americano, parece que não se pode buscar resolver o problema da legitimidade para agir meramente no campo da lei. Que a lei possa (e deva) indicar soluções, não há o que contestar. O que não pode fazer, todavia, é pretender, em grau de definitividade, que aquela solução seja a mais adequada e a mais escorreita possível, não permitindo ao aplicador da lei liberdade para, caso a caso, valorar as situações e verificar se o espírito daquele dispositivo legal está em sintonia à cláusula constitucional precitada. Desde que positiva sua pesquisa, não há qualquer óbice de a lei, tal qual escrita, ser aplicada. De outro lado, na negativa, plausível que o juiz entenda que, naquele caso concreto, os vetores do devido processo legal não estão sendo *adequadamente cumpridos*. Nestes casos, deve recusar, motivadamente, o prosseguimento da ação, ao menos, enquanto veículo de tutela coletiva".[386]

384. Cenni sulla..., cit., *Rivista Trimestrale di Diritto e Procedura Civile*, n. 3, set./1974, , p. 961.

385. José Manoel de Arruda Alvim Neto *et al. Código do Consumidor comentado*. 2. ed. São Paulo: RT, 1995, p. 354.

386. *As class actions*... cit., p. 129.

Essa temática já ocorrera a Hugo Nigro Mazzilli, ao observar: "O interesse de agir do Ministério Público é presumido pela própria norma que lhe impõe a atribuição. Quando a lei lhe confere legitimidade para acionar ou intervir, é porque lhe presume o interesse". (...). "Não se confunde, porém, o *interesse de agir*, extraprocessual, que o Ministério Público sempre tem quando a lei lhe cometa uma atuação institucionalmente compatível, com o *interesse processual*, que é a adequação entre a necessidade de a instituição recorrer ao Judiciário e a utilidade prática do provimento jurisdicional pretendido". (...) "O interesse de agir também é abstratamente presumido para as pessoas jurídicas de Direito Público interno. Entretanto, pode lhes faltar em concreto o interesse processual. Quanto aos demais legitimados ativos à ação civl pública ou coletiva, o interesse de agir e o interesse processual não se presumem: devem vir demonstrados em concreto (autarquias, empresas públicas, sociedades de economia mista, fundações, associações etc.)".[387]

Na desejável vertente que intenta conjugar a criação e a adaptação dos institutos existentes às novas necessidades, encontramos no direito norte-americano o *fluid recovery*,[388] como forma de dar solução adequada à *parte residual* da condenação que caberia a um contingente mais ou menos vasto de pessoas, não identificáveis individualmente. Segundo informa Vincenzo Vigoriti, quando "i componenti della *class* non sono individualmente identificabili, per cui risulta impossibile distribuire parte delle somme assegnate alla *class* vincitrice, o quando comunque residuano delle somme di denaro, il giudice ha il potere di dare disposizioni sul l'utilizzazione dei residui stessi ('fluid class recovery')".[389] No Brasil, buscou-se solução aproximada a essa, na Lei 7.347/1985, sobre a ação civil pública em tema de interesses difusos. Diz o *caput* do art. 13: "Havendo condenação em dinheiro, a indenização pelo dano causado reverterá a um fundo gerido por um Conselho Federal ou por Conselhos Estaduais de que participarão necessariamente o Ministério Público e representantes da comunidade, sendo seus recursos destinados à reconstituição dos bens lesados".[390] Esse sistema do "Fundo" de que trata o art. 13 da Lei 7.347/1985 foi conectado ao das ações coletivas do Código de Defesa do Consumidor (Lei 8.078/1990: arts. 99, § único;

---

387. *A defesa*... 22. ed., cit., p. 369-371.

388. Sobre os "discovery devices", no processo norte-americano, v. Vincenzo Vigoriti. *Garanzie costituzionali del processo civile*, Milão: Giuffrè, 1973, p. 75 et seq. Trata-se, em modo aproximado, de uma técnica que releva do princípio da comunhão da prova, justificada pela predominância do interesse na descoberta da verdade real sobre os interesses pessoais dos litigantes (arts. 26, 31, 34, 45, das *Federal Rules of Civil Procedure*).

389. *Interessi*... cit., p. 286, n. 61.

390. A Lei 12.288/2010 (*Estatuto da Igualdade Racial*) renumerou o primitivo parágrafo único do art. 13 da Lei 7.347/1985 e acresceu o § 2.º.

100, § único; § 3.º do art. 103). Ao propósito desse "Fundo", saliente-se que a matéria foi regulamentada no Decreto federal 1.306/1994.

Ainda acerca do ressarcimento devido em caso de afronta a interesse metaindividual, pondera Mauro Cappelletti: "Para tornar eficaz a tutela dos interesses difusos, o ressarcimento deveria estender-se ao total do dano 'causado' pelo *mass wrong-doer*, e não ao dano exclusivamente sofrido pelas partes. O ressarcimento deveria ser depois repartido entre os membros do grupo, sem exclusão dos que não tenham participado individualmente do processo; ou então destinado a fins inerentes aos interesses e valores envolvidos no pleito (o chamado *fluid recovery*)".[391]

Esclarece Cássio Scarpinella Bueno que no modelo norte-americano a "utilização do *fluid class recovery* serve mais para fornecer um benefício geral para toda a classe do que para compensar cada um dos indivíduos que a formam. Caso típico de sua utilização colhe-se naqueles casos envolvendo a formação de cartéis, onde, dada a extrema dificuldade (senão impossibilidade) de serem identificadas todas as pessoas afetadas individualmente pelas práticas abusivas, os responsáveis são condenados a minorar seus preços durante um determinado período".[392] No modelo brasileiro, as indenizações a título individual têm preferência no cotejo com a parte concernente ao dano coletivo (Lei 8.078/1990, art. 99 e § único), e nesse caso, o que sobeja é recolhido ao Fundo dos Interesses Difusos, o qual, igualmente, conta com outras fontes (art. 100 e parágrafo único da Lei 8.078/1990; art. 8.º e parágrafo único do Dec. federal 1.306/1994; Lei federal 9.008/1995).

Situação peculiar é a do *quantum* resultante da condenação por danos ao erário público, em que o pagamento, ou a reversão dos bens se dá "em favor da pessoa jurídica prejudicada pelo ilícito" (art. 18 da Lei 8.429/1992).

Em suma, parece-nos que o melhor caminho a seguir seja o que conjugue a *adaptação* dos instrumentos existentes na ciência processual com a criação (onde a adaptação não se afigure possível ou eficaz) dos institutos e categorias necessários à tutela desses interesses metaindividuais. Fica assim descartada a hipótese de uma verdadeira *revolução no processo* civil,[393] a qual implicaria em

391. O acesso... cit., p. 56. No mesmo sentido, os vários trabalhos de Antonio Herman V. Benjamin, dentre os quais: Responsabilidade civil e acidentes de consumo no Código de Defesa do Consumidor. *Revista do Advogado*, AASP, n. 33, São Paulo, dez. 1990, p. 16-34. Ver também a obra coletiva por ele coordenada: *Dano ambiental, prevenção, reparação e repressão*. São Paulo: RT, 1993, especialmente sua contribuição intitulada "O princípio poluidor-pagador e a reparação do dano ambiental", p. 226 et seq.

392. Op. cit., p. 114.

393. A razão, nesse ponto, está com Massimo Villone: "Non appare invece possibile un uso per così dire rivoluzionario o di rottura di strumenti processualistici, tendente

desconhecer institutos e categorias pacientemente burilados e estabelecidos ao longo da evolução da ciência processual. A ciência – assim como a natureza – não dá saltos; avança, apoiando-se sobre bases conquistadas precedentemente, reciclando e revendo, a certos intervalos, os dados e conclusões antes alcançados.

Nesse sentido, Angel Landoni Sosa dá notícia de um modelo a ser seguido, na tutela aos interesses difusos: no direito uruguaio, em matéria de proteção aos consumidores, a legislação prevê "la publicación en todos los casos sin excepción, cualquiera fuere la infracción cometida, del nombre y demás datos del infrator y de la naturaleza de la misma".[394] O Código Brasileiro de Defesa do Consumidor – Lei 8.078/1990 – prevê entre as sanções administrativas cabíveis (art. 56) a "imposição de contrapropaganda" – inc. XII; outrossim, dispõe o art. 78: "Além das penas privativas de liberdade e de multa, podem ser impostas, cumulativa ou alternadamente, observado o disposto nos arts. 44 a 47, do Código Penal: (...) II – a publicação em órgãos de comunicação de grande circulação ou audiência, às expensas do condenado, de notícia sobre os fatos e a condenação (...)". Igualmente, o Decreto que organiza o *Sistema Nacional de Defesa do Consumidor* – n.º 2.181/1997 – inclui dentre as penalidades administrativas a "imposição de contrapropaganda" (art. 18, XII). Ainda, registre-se que o PL da Câmara 5.139/2009, que se preordenava a regular a nova ação civil pública, trazia um capítulo (*X*), intitulado "Do cadastro nacional de processos coletivos e do cadastro nacional de inquéritos civis e compromissos de ajustamento de conduta", cometendo ao CNJ organizar e manter dito cadastro, "com a finalidade de permitir que os órgãos do Poder Judiciário e os interessados tenham amplo acesso às informações relevantes relacionadas com a existência e o estado das açoes coletivas" (art. 54).

3.4.2 Considerações sobre o modelo brasileiro de tutela aos interesses difusos

No modelo brasileiro, a ação popular pode e deve continuar a servir como instrumento de tutela aos interesses difusos, embora na *praxis* judiciária ela venha comumente utilizada para perquirição de atos do poder público (v. art. 1.º

---

al capovolgimento di un equilibrio storico consolidato di interessi. Tali strumenti rimangono, infatti, nella disponibilità del titolare del potere politico, ed in specie del legislatore (non rileva, qui, naturalmente, la prospettiva dell'eventuale garanzia costituzionale)" (Op. cit., p. 91). Nesse sentido, cf. José Carlos Barbosa Moreira: "Nenhuma 'revolução' puramente processual é suscetível, por si só, de produzir, na estrutura jurídico-social, modificações definitivas" (*A função social*... cit., p. 43). Também, Giovanni Quadri, salientando que a tutela dos interesses difusos deve ser feita "attraverso istrumenti ben collaudati, che non consentano abusi nell'interessi degli attori e dei loro avvocati e che non sconvolgano il mondo economico con un pericoloso terrorismo giudiziario" (Op. cit., p. 102).

394. Legitimación para la defensa... cit., p. 162.

da Lei 4.717/1965). É que, com a superveniente ampliação de seu objeto (CF, art. 5.º, LXXIII; art. 1.º da Lei 7.347/1985), nada obsta o seu uso no campo do meio ambiente, que é um típico interesse difuso.[395] Por outro lado, restrita a *legitimatio ad causam* ao *cidadão eleitor*,[396] é claro que as pessoas jurídicas e, *a fortiori*, os "grupos ocasionais" não podem interpô-la. Um exemplo da *tendência ampliativa* no manejo da ação popular está na sua aplicação no âmbito das *relações de trabalho*, até porque o citado inc. LXXIII do art. 5.º da CF, ao mencionar o "meio ambiente", não exclui, naturalmente, as afrontas ao meio ambiente *do trabalho* (CF, art. 200, VIII), sabido que a expressão *meio ambiente* não se restringe ao sentido naturalístico de *biota* (Lei 6.938/1981, art. 3.º, I), mas inclui os planos *cultural*, *artificial* (o que o homem agregou à natureza) e o do *trabalho*, neste último caso induzindo a competência da Justiça do Trabalho (CF, art. 114, I). No ponto, aduz Renato de Almeida Oliveira Muçouçah: "(...) a construção do mérito do processo é que determina, na verdade, a questão a ser discutida. Nesse sentido, o ato administrativo atacado é apenas o pano de fundo de uma questão que, em sua substância, é trabalhista".[397]

Daí a importância da criação de *sucedâneos* que venham suprir tais deficiências. Tais são, *v.g.*, a ação civil pública, ajuizável em legitimação "concorrente e disjuntiva", nos termos da Lei 7.347/1985, art. 5.º,[398] certas ações cíveis, como a possessória[399] ou a cominatória;[400] o interdito proibitório,[401] a nunciação de obra nova,[402] a par do manejo da antecipação dos efeitos da tutela (CPC, art. 273; art. 461, § 3.º), de grande utilidade em ações consumeristas e ambientalistas.[403] Nesse

---

395. Nesse sentido: Ada Pellegrini Grinover. A tutela jurisdicional..., cit., *RF* 268/76; José Carlos Barbosa Moreira. *A ação popular do direito brasileiro...* cit., p. 110 et seq. Também o nosso: *Ação popular*, 7. ed., 2012, cit., p. 76 e ss.

396. Art. 1.º e § 3.º da Lei 4.717/1965. Ver, também, Súmula 365 do STF.

397. Ação popular e ação de improbidade... cit., p. 348.

398. Especificamente sobre esse tema, ver o nosso: *Ação civil pública...* 12. ed., 2011, cit., especialmente o capítulo 6, sobre a legitimação ativa.

399. Cf. Nery & Nery: "Não há mais limitação ao *tipo de ação*, para que as entidades enumeradas na LACP 5.º e do CDC 82 estejam legitimadas à propositura da ACP para a defesa, em juízo, dos direitos difusos, coletivos e individuais homogêneos" (*Código de Processo Civil...* cit., nota n. 9 ao art. 1.º da Lei 7.347/1985).

400. Ver CPC art. 461 e §§ (redação das Leis 8.952/1994 e 10.444/2002); arts. 83, 84 e 117 da Lei 8.078/1990 (Código de Defesa do Consumidor).

401. Cf. José Carlos Barbosa Moreira. Tutela jurisdicional dos interesses coletivos e difusos. *Temas de direito processual. 3.ª série*. São Paulo: Saraiva, 1984, p. 215.

402. Idem, ibidem, observando que tal ação poderá ser utilizada com base no art. 934, III, do CPC, "desde que se reconheça a existência de um interesse difuso na observância, pelos membros da comunidade, das regras jurídicas que disciplinam as construções".

403. Ao propósito, v. o nosso: Tutela antecipada: uma interpretação do art. 273 do CPC, na redação conferida pela Lei federal 8.952/94. *In*: Sálvio de Figueiredo Teixeira (coord.).

campo, é fundamental a participação ativa do Poder Judiciário, que poderá, com coragem e criatividade, conferir a necessária *plasticidade* aos institutos e categorias processuais existentes, adaptando-os à tutela dos interesses metaindividuais, bem como poderá *criar*, no silêncio ou na falta de previsão normativa, a solução que melhor atenda aos objetivos sociais no caso concreto.

Na pauta de uma recomendável releitura da experiência brasileira sobre a tutela dos interesses metaindividuais, será preciso ter presente a notável ampliação de objeto advinda ao seu principal instrumento – a ação civil pública – e as consequências daí decorrentes.[404] Poder-se-á também cogitar de um sistema semelhante ao empregado nas *class actions*, que assegure ao integrante da *classe* ou *categoria* envolvida na ação o direito de opção inicial por ficar ou não vinculado ao que se irá afinal decidir (*opt in-opt out*). É claro que o êxito desse sistema pressupõe a existência de um sistema de publicidade e comunicação realmente eficaz.[405]

Ao propósito, Márcio Flávio Mafra Leal, reconhecendo que o Brasil "conta com uma das mais avançadas legislações sobre ação coletiva no mundo", ainda

---

Reforma do Código de Processo Civil. São Paulo: Saraiva, 1996, p. 167-185. Na doutrina italiana, Gustavo Vignocchi salienta que o processo penal normalmente destinado a cobrir a área mais estrita da tutela de um *mínimo ético* está hoje "notevolmente ampliato con le più aggiornate concezioni garantistiche, nei campi, un tempo in parte imprevisti, degli illeciti per inquinamento, alterazioni ecologiche e ambientali, violazioni edilizio-urbanistiche, frodi alimentari, abusi monopolistici, deviazioni dolose di attività commerciali, industriali, bancarie ecc. È evidente quindi che, mentre in tale sede penale, può presentarsi già una adequata tutela degli interessi diffusi (...)" (Op. cit., p. 223-224).

404. Isso veio a ocorrer por força do art. 110 do CDC, que reinseriu o inc. IV ao art. 1.º da Lei 7.347/1985, com esta redação: "A qualquer outro interesse difuso ou coletivo". Depois, o art. 88 da Lei 8.884/1994 ampliou ainda mais o objeto da ação civil pública, para abranger não só os danos patrimoniais, mas também os "danos morais" (art. 1.º, *caput*, da Lei 7.347/1985). A redação atual do citado dispostivo é dada pela 12.529/2011.

405. Eficaz que seja tal sistema de publicidade, escreve Andrea Proto Pisani, "si potrà abbandonare la regola del manifestarsi dell'efficacia della sentenza *secundum eventum litis*" (Appunti preliminari per uno studio sulla tutela giurisdizionale degli interessi collettivi (o più esattamente: superindividuali) innanzi al giudice civile ordinario. *Rivista Diritto e Giurisprudenza*, vol. XXX, 1.974, p. 816). Gustavo Vignocchi, a seu turno, afirma que contra essa técnica se levantam "le più ampie riserve, sotto il profilo della oportunità sociale, della tecnica processuale e della giustizia in concreto" (Op. cit., p. 274). No sistema do Código de Defesa do Consumidor (que por força de seu art. 117 tem sua parte processual aplicável à ação civil pública da Lei 7.347/1985), optou-se por um tipo de coisa julgada *in utilibus e secundum eventum litis* (art. 103). E, no caso das ações coletivas para a defesa de interesses individuais homogêneos, previu-se a publicação de "edital no órgão oficial, a fim de que os interessados possam intervir no processo como litisconsortes, sem prejuízo de ampla divulgação pelos meios de comunicação social por parte dos órgãos de defesa do consumidor" (art. 94 da Lei 8.078/1990, CDC).

assim preconiza que se "pode aperfeiçoar o sistema teórico e normativo, definindo melhor os conceitos e a disciplina processual das ações coletivas e prevendo a ação por representação (ACDI) proposta por indivíduos da classe de pessoas vitimadas por algum ilícito".[406]

3.4.3 O papel do juiz nas ações que objetivam a tutela de interesses difusos

Muito se espera do papel a ser desempenhado pelo juiz nas ações que objetivam a tutela a interesses metaindividuais. Por um lado, as situações emergentes nos casos concretos serão mais numerosas e diversificadas do que as hipóteses tipificadas nas normas (pensemos, v.g., nas "sofisticadas" formas de poluição ambiental e de degradação da natureza resultantes da conduta humana); de outro lado, sem embargo de que em nosso sistema a legitimação ativa para a ação civil pública vem fixada *ope legis*, ainda assim sobeja espaço ao magistrado para perquirição do importante quesito da *pertinência temática* (da associação, dos entes da administração indireta, da fundação privada), observando Antonio Gidi: "Apesar de não estar expressamente previsto em lei, o juiz brasileiro não somente *pode*, como *tem o dever* de avaliar a adequada representação dos interesses do grupo em juízo. Se o juiz detectar a eventual inadequação do representante, em qualquer momento do processo, deverá proporcionar prazo e oportunidade para que o autor inadequado seja substituído por outro, adequado".[407]

No ponto, importante o alerta de Hugo Nigro Mazzilli: "A pretexto de conceder tutela a interesses transindividuais, não pode o Poder Judiciário administrar em lugar do administrador ou impor ao Poder Executivo diretrizes de oportunidade e conveniência que só a este incumba considerar. Isso afasta, em princípio, a possibilidade de ajuizamento de ações civis públicas ou coletivas em matérias cujo juízo discricionário seja conferido pela lei estritamente ao administrador (o chamado *mérito* do ato administrativo discricionário)". Em contraponto, adiante esclarece o autor que "não se pode, exemplificativamente, afastar do exame do Judiciário o pedido em ação civil pública que vise a compelir o administrador a dar vagas a crianças nas escolas ou a investir no ensino, a

---

406. Op. cit., p. 218, conclusão VIII (na terminologia adotada pelo autor, a sigla *ACDI* significa ação coletiva para defesa de direitos individuais).

407. A representação adequada nas ações coletivas brasileiras: uma proposta. *Revista de Processo*, n. 108, p. 68, out.-dez. 2002. É a chamada *defining function*, usual nos sistemas que admitem o *juiz ativo*, como sucede nas *class actions*. A propósito, Vincenzo Caianiello ressalta como "risulti difficile allo stesso giudice accertare di volta in volta si l'organizzazione occasionale rappresenti veramente gli interessi del gruppo di cui si dichiari essere portatore" (Op. cit., p. 28).

assegurar condições condignas e suficientes para o cumprimento das penas pelos sentenciados, a propiciar atendimento adequado nos postos públicos de saúde, a assegurar condições de saneamento básico ou segurança pública no Município ou Estado etc. O que não se há de admitir, porém, é o uso da ação civil pública ou coletiva para administrar em lugar do governante".[408]

De outra parte, a "criatividade" reclamada ou esperada dos juízes no plano da jurisdição coletiva tem os seus limites, de acordo com o sistema jurídico de cada país. Nos Estados Unidos, lembra Vincenzo Vigoriti, aos juízes "si riconosce, da un lato, ampia discrezionalità e gli si chiede, dall'altro, 'inventiveness' e cioè coraggio e fantasia"; na Itália, ainda segundo esse autor, "forse si pretende il contrario".[409] Na França, como, de resto, nos países onde existe o contencioso administrativo, se exacerba a responsabilidade do juiz nesse campo, como sucedeu no caso *Société Civile Sainte Marie de l'Assomption*, onde o Conselho de Estado desempenhou papel de verdadeiro "arbitre entre plusieurs intérêts publics – celui de la construction d'une autoroute et celui de la protection de la tranquilité d'un hôpital psychiatrique (...)".[410] Isto é, coube ao órgão jurisdicional – que de ordinário é um aplicador da norma de regência – fazer uma opção meta-jurídica, tocando já o nível das *escolhas* de caráter político, para definir qual destes dois valores deveria prevalecer: o aumento das vias de transporte e consectários econômicos daí decorrentes ou a preservação do ambiente natural e da privacidade de um nosocômio instalado nas proximidades.

No Brasil, a melhor doutrina alerta para os perigos de uma exagerada ampliação do contraste jurisdicional nessas matérias que *tangenciam* as esferas de atuação dos outros Poderes, especialmente no que tange aos atos discricionários. Ao propósito, aduz Ada Pellegrini Grinover: "A tendência ao indiscriminado controle do ato administrativo, quanto ao seu mérito, tem sido condenada pela doutrina e pela jurisprudência, atentas aos perigos do controle jurisdicional do ato discricionário: teríamos, aí, na verdade, a substituição da discricionariedade do administrador pela discricionariedade do juiz, invertendo as posições funcionais do poder e bloqueando toda a atividade administrativa".[411]

Paralelamente, é inegável o papel de *juiz ativo* no plano da jurisdição coletiva, quanto mais não seja pela circunstância de a eficácia do julgado apresentar-se potencializada, projetando-se *ultra partes* ou mesmo *erga omnes*, donde dever o juiz desdobrar os cuidados com o quesito da *relevância social* do interesse e

408. *A defesa*... 22. ed., cit., p. 137-138.
409. *Interessi*... cit., p. 287.
410. Cf. André Hubert Mesnard. Op. cit., p. 259. (CE 20.07.1972); Rec. Lebon, p. 657, concl. Morisot.
411. A tutela jurisdicional dos interesses difusos. *Revista Forense*, n. 268, p. 76.

sua *adequada representação* nos autos. Com isso contribuirá o Judiciário para prevenir o desvirtuamento da ação coletiva, que de outro modo poderia servir como instrumento em favor de interesses subalternos ou mesmo escusos, os quais, em casos extremos poderiam configurar, segundo refere Cassio Scarpinella Bueno, verdadeiras "falcatruas multitudinárias".[412]

Em última análise, na base da *resistência* a que o Judiciário se "imiscua" nas questões de índole *política* ou de *discricionariedade administrativa* está a consideração de que questões desse gênero podem atingir *interesses*, e não *direitos subjetivos*, propriamente ditos. É claro que se impõe alargar esse horizonte, permitindo-se a tutela também aos interesses legítimos (ainda que *difusos*), a fim de que a proteção aos interesses metaindividuais transcenda os estudos teóricos e passe a ser *concreta*. Não é demais repetir, com Jean Vincent e Serge Guinchard, que "tout ce qui est juridique n'est point en effet enchâssé dans des droits subjectifs".[413]

Se não é desejável que o juiz aplique os *seus próprios* critérios de valoração do *interesse público*, então é preciso dotar o órgão jurisdicional dos meios de informação e dos recursos técnicos a fim de que sua "escolha" entre as várias opções viáveis para decidir o caso concreto se faça pelo modo mais objetivo e imparcial possível. Se há "el peligro de que el juez, en el nuevo rol que le incumbe en la protección de los intereses difusos, pueda eventualmente convertirse en legislador o en administrador",[414] então é preciso disponibilizar ao magistrado o acesso às informações técnicas nas áreas propícias ao conflitos de massa, como as atinentes à "qualidade de vida", à "defesa do consumidor", à "defesa das minorias sociais e dos excluídos" etc. Seria mister que "el juez pudiese tener a su disposición un bien provisto cuerpo de peritos que le suministren los conocimientos tecnicos de los cuales carece".[415]

(Sob o ideário de *democratizar* a função jurisidicional, agregando-lhe *legitimidade social*, enquadra-se a crescente participação de *amici curiae* em julgamentos cuja eficácia se expandirá ao interno da coletividade, tal a fixação, pelo STF, da *relevancia da questão constitucional* e a emissão de *Súmula Vinculante* (pela ordem: CPC, art. 543-A, § 6.º; Lei 11.417/2006, art. 3.º, § 2.º).

---

412. As *class actions*..., cit., p. 142.

413. Op. cit., p. 47. Sobre esse tópico, ver, especialmente: Ada Pellegrini Grinover. *As garantias*... cit., p. 143 et seq., com bibliografia.

414. Cf. Angel Landoni Sosa. *Legitimación*... cit., p. 1167.

415. Idem, ibidem. É de se louvar o disposto no art. 73, I, da Lei Orgânica da Magistratura Nacional, que assegurou o direito ao aprimoramento e atualização profissional, dispondo que ao juiz se concederá "licença, sem prejuízo de vencimentos e vantagens, para frequência a cursos ou seminários de aperfeiçoamentos e estudos (...)" (LC 35/1979, com a redação da LC 37/1979).

Trata-se, em suma, de buscar o ponto de *razoabilidade-proporcionalidade* que assinalará o melhor caminho a seguir. Hoje, é pacífico que o Poder Judiciário e o Processo Civil são chamados a desempenhar um novo papel: o de servir, *também*, como instrumento de participação popular na gestão da coisa pública. Esse *alargamento* da seara jurisdicional, porém, deve ser feito com prudência, de sorte a preservar a harmonia com os outros poderes e de modo a que não se *desnature* a função jurisdicional em si mesma. Como bem observado por Antonio Herman V. Benjamin, "o novo papel do juiz não decorre apenas de sua adaptação à nova realidade da *conflituosidade massificada*. Sua participação ativa no processo vem em socorro principalmente daqueles titulares de parcela do direito ou interesse deduzido em juízo os quais, exatamente pelo caráter de massa do conflito, estão incapacitados de adentrar ao tribunal e acompanhar *in personam* o desenrolar da disputa".[416]

Essa postura – que diríamos de *prudente coragem* – do magistrado é particularmente importante nas ações ambientais, onde não raro, no caso concreto apresentam-se valores igualmente importantes, mas incompossíveis, tornando inevitável a *escolha* de um deles, em detrimento do outro. Figure-se a instalação de empreendimento de pequeno potencial poluidor, numa região carente de recursos, em contemplação da subsequente oferta de empregos, notando-se a inviabilidade de atendimento a ambos os interesses: o direito ao trabalho e a intangibilidade do ecossistema. Tais conflitos, anota Teori Albino Zavascki, podem acabar judicializados, "ou quando inexistir regra legislada de solução, ou quando essa (construída que foi à base de *mera intuição* de possíveis conflitos) se mostrar insuficiente ou inadequada à solução do conflito concretizado que, não raro, se apresenta com características diferentes das que foram imaginadas pelo legislador. Em qualquer caso, considerada a inexistência de hierarquia, no plano normativo, entre os direitos fundamentais previstos na Constituição, a solução do conflito há de ser estabelecida mediante a devida *ponderação dos bens e valores* concretamente colidentes, de modo a que se identifique uma relação específica de prevalência de um deles". O certo, prossegue, é que "qualquer que seja o agente ou a via utilizada, a solução do conflito entre direitos fundamentais, na busca de concordância prática entre eles, opera, necessária e invariavelmente, uma *limitação* de um em benefício do outro".[417]

Tudo está, mais uma vez, em se estabelecer os freios e contrapesos. Como diz J.A. Jolowicz: "Il est essentiel à la bonne administration de la justice de minimizer le risque que le juge décide selon ses préférences ou ses préjugés".[418]

---

416. *A citizen action*... cit., p. 65.

417. Antecipação de tutela e colisão de direitos fundamentais. In: Sálvio de Figueiredo Teixeira (coord.). *Reforma do Código de Processo Civil*. São Paulo: Saraiva, 1996, p. 145.

418. Le rôle actif... cit., p. 303. De modo geral sobre o tema, consulte-se a obra coletiva: *Participação e processo*. Ada Pellegrini Grinover; Cândido Rangel Dinamarco e Kazuo

O binômio *razoabilidade – proporcionalidade* há de ser de grande utilidade quando se mostre inevitável a *opção entre valores fundamentais*, matéria tão delicada quanto controvertida, parecendo a Massimo Villone não ser razoável "che il giudice possa bene risolvere il quesito se si debba o meno costruire un oleodotto o una strada e si possa destinare un'area di *wildlife* a parco pubblico per un'utilizzazione di massa che conduca, inevitabilmente, a snaturare l'ambiente, se si debbano spendere fondi stanziati laddove l'indirizzo politico dell'Amministrazione contempli invece la restrizione delle spese per combattere l'inflazione. Si tratta di questioni la cui decisione comporta comunque per la collettività dei costi, sia pure di natura diversa: la scelta su quale costo debba essere sopportato, ed in che misura, non appare congeniale al ruolo del giudice".[419]

De todo modo, presente um juízo de admissibilidade positivo quanto à higidez da ação e do processo, o magistrado não poderá declinar a prestação jurisdicional de mérito, escusando-se num *non liquet* (CPC, art. 126). Daí, escreve Vera Lúcia R. S. Jukovsky: "Quando determinada associação promove ação civil pública para a defesa do ambiente, não se pode considerar que o juiz estaria a colocar-se indevidamente no lugar dos outros poderes de Estado, usurpando funções. Com efeito, está ele a exercer atividade própria de agente político, da qual está constitucional e legalmente investido. A sua atuação decorre do seu poder-dever institucional, do qual não lhe é permitido abrir mão".[420]

É claro que o encontro do melhor caminho a seguir será tão mais facilitado quanto mais rápida e eficazmente o Legislativo e a Administração se desincumbirem de suas atribuições, *aliviando*, assim, a tarefa do Judiciário que, em *princípio*, existe para *aplicar* a norma de regência a um caso concreto.[421] Caberia ao Legislativo – não é acaciano lembrar – a tarefa de ponderar as opções ao nível político que se lhe oferecem, escolhendo aquela que melhor lhe pareça consultar ao bem comum; cabe à Administração, a seu turno, exercer cumpridamente seu poder de regulamentar e de autotutelar suas determinações, "aplicando a lei de ofício", na precisa expressão do saudoso Seabra Fagundes.

Watanabe (coords.). São Paulo: RT, 1988, na qual participamos com o estudo: Ação civil pública: instrumento de participação na tutela do bem comum (p. 190-211).

419. Op. cit., p. 87-88.

420. O papel do juiz na defesa do meio ambiente. *Revista do TRF da 3.ª Região*, n. 42, abr.-jun. 2.000, p. 61.

421. Diz José Carlos Barbosa Moreira: "Inevitável a impressão de estarmos encerrados num círculo vicioso: não há como tornar *mais* 'efetivo' o processo sem aumentar o serviço dos órgãos judiciais; mas é também impossível aumentar tal serviço, sem tornar o processo *menos* efetivo" (notas sobre o problema da 'efetividade' do processo, *Temas*... cit., p. 41; v., também: *Estudos de direito processual em homenagem a José Frederico Marques*. São Paulo: Saraiva, 1982).

Um avanço relevante vem sendo dado com a busca de maior *efetividade* do processo, sob o pálio do ideal *chiovendiano* de que *o processo deve dar, no limite do praticamente possível, a quem tem um direito, tudo aquilo e precisamente aquilo a que faz jus*[422] (ou seja: não um bem da vida qualquer ou algum singelo sucedâneo). Nesse sentido, pode ser lembrada, na experiência estrangeira, a Lei francesa 88.209/88, que, segundo informa Mauro Cappelletti, "limitadamente às causas de menor valor, da competência dos *tribunaux d'instance*, modificou o novo *Code de Procédure Civile*, atribuindo ao juiz, em acréscimo ao poder de injunção de pagamento, também o de uma *injonction de faire* (novos arts. 1.425, 1 a 9, do Código) – um poder que em certos casos pode mostrar-se bem útil ao consumidor. O significativo nessa reforma é o abandono do antigo princípio *nemo praecise potest cogi ad factum*, com a consequente possibilidade de execução *in natura* da prestação contratual; deve notar-se, além disso, a forte simplificação de todo o procedimento".[423]

Dentre nós, buscando otimizar a *eficácia prática* do nosso processo civil (e das decisões aí proferidas) vêm sendo implementados importantes institutos, como a *antecipação dos efeitos da tutela* (CPC, arts. 273 e 461, § 3.º), o *procedimento monitório* (CPC, art. 1.102-A), o o sincretismo *cognição-execução*, promovido pela Lei 11.232/2005 (CPC, arts. 475-I a 475-R).[424] Essa tendência renovatória já vinha prenunciada desde o Código de Defesa do Consumidor (Lei 8.078/1990), com técnicas criativas, como a *inversão do ônus da prova* (art. 6.º, VIII), a *desconsideração da pessoa jurídica* (art. 28), e, sobretudo, a *tutela específica da obrigação*, superando a tradicional "conversão em perdas e danos" (art. 84 e parágrafos). [425]

O objetivo de alcançar a máxima efetividade da intervenção judicial através do processo está fixado no PL da Câmara Federal 8.046/2010, sobre o novo CPC: Art.

---

422. Il processo deve dare per quanto è possibile praticamente a chi ha un diritto tutto quello e proprio quello ch'egli ha diritto di conseguire (Dell'azione nascente dal contratto preliminare. *Rivista di Diritto Commerciale*, 1911; e *Saggi di diritto processuale civile*. Roma, 1930, p. 110).

423. *O acesso...* cit., p. 59. Obs.: o art. 1.425, 1 a 9, do CPC francês, passou por sucessivas alterações: *Décrets* 88-209/1.988; 542/2.003; 836/2.004; 1678/2.005.

424. V. o texto e exposição de motivos nos Cadernos *IBDP* (Instituto Brasileiro de Direito Processual), org. Petrônio Calmon Filho, vol. III, ago. 2003, p. 25 et seq.). À p. 8 dessa publicação, vem informado que o citado anteprojeto "foi apresentado pelo Professor Sálvio de Figueiredo Teixeira ao Ministro da Justiça no dia 18 de março de 2003, em audiência que contou com a participação dos professores Fátima Nancy Andrighi, Athos Gusmão Carneiro e Petrônio Calmon Filho".

425. Depois, essa técnica seria aproveitada no bojo do CPC (arts. 461 e 461-A, conforme Leis 8.952/1994 e 10.444/2002). V. ao propósito, nosso estudo: Considerações acerca de certa tendência legislativa à atenuação do dogma *nemo ad factum praecise cogi potest*. *In:* José Rogério Cruz e Tucci (coord.). *Processo civil – Evolução – Vinte anos de vigência*. São Paulo: Saraiva, 1995, p. 259 et seq.

4.º "As partes têm direito de obter em prazo razoável a solução integral do mérito, incluída a atividade satisfativa"; Art. 6.º "Ao aplicar o ordenamento jurídico, o juiz atenderá aos fins sociais e às exigências do bem comum, resguardando e promovendo a dignidade da pessoa humana e observando a proporcionalidade, a razoabilidade, a legalidade, a publicidade e a eficiência".

Vale trazer à colação estas palavras de Alberto Romano que, conquanto direcionadas ao *giudice amministrativo* italiano, são merecedoras da reflexão dos nossos eminentes magistrados que, doravante, ver-se-ão cada vez mais chamados a dirimir controvérsias envolvendo os interesses difusos: "(...) in presenza di un ricorso che gli chiede di sindacare la legittimità dell'attività amministrativa, di decidire una controversia al riguardo, non ci pare costituzionalmente coerente che esso rinunci a sindacare, rinunci a decidere, perchè l'interesse che è alla base del ricorso stesso non è sufficientemente individualizzato, o specificamente connesso col vizio dell'atto che viene denunciato. È nell'estensione sotto tali profili della sua funzione, che il giudice amministrativo deve arrivare a tutelare anche gli interessi c.d. diffusi: degli interessi che sono sì debolmente individualizzati, ma nei quali lo sbiadimento dei profili individualistici corrisponde un'accentuazione dei profili di rilevanza sociale".[426]

Esse parece o caminho a seguir e nele se coloca, dentre nós, José Renato Nalini, ao escrever sobre a postura do juiz nos conflitos metaindividuais: "Não deve ser ele um revolucionário, a decidir *contra legem*, trazendo instabilidade ao valor apreciável da segurança jurídica, mas não deve se recusar à outorga, quando o sistema está a mostrar soluções tecnicamente viáveis e politicamente corretas".[427]

Trata-se, aduz Pedro Lenza, da *superação da figura do magistrado estátua*[428] (o autor invoca a doutrina de José Carlos Barbosa Moreira, no ponto em que este alude a "certa mentalidade que, sob color de zelo em preservar a imparcialidade do juiz, preconiza uma espécie de 'distanciamento', capaz de confundir-se, sem grande dificuldade, com a mais gélida indiferença pelo curso e pelo resultado do pleito").[429] No dizer de Pedro Lenza, "é fundamental que o *direito* exercido

---

426. Il giudice amministrativo di fronte al problema della tutela degli interessi diffusi. *Atti del XXIII Convegno di Studi de Scienza dell'Amministrazione*. Rilevanza e tutela degli interessi diffusi: modi e forme di individuazione e protezione degli interessi della collettività. Milão: Giuffrè, 1978, p. 56.

427. O juiz e a proteção dos interesses difusos. *Revista da Procuradoria Geral do Estado de São Paulo*, jun. 1992; *RT* 680, p. 60.

428. *Teoria geral da ação civil pública*, 2. ed., cit., p. 299.

429. Sobre a 'participação' do juiz no processo civil: Ada Pellegrini Grinover; Cândido Rangel Dinamarco e Kazuo Watanabe (coords.). *Participação e processo*. São Paulo: RT, 1988, p. 389.

pela magistratura seja *socialmente eficaz*, buscando-se, ao máximo, a diminuição do grande abismo existente entre este último – o *direito socialmente eficaz* – e o *direito formalmente vigente*, o que a sociologia jurídica americana denominou de conflito existente entre a *law in books* X *law in action*".[430]

Nesse sentido, o pensamento de Fábio Konder Comparato: "A era do juiz politicamente neutro, no sentido liberal da expressão, já foi superada. Os juízes deixam de ser, como têm sido até agora, exclusivamente árbitros distantes e indiferentes de conflitos privados ou de litígios entre indivíduos e o Estado. Doravante, incumbe também à justiça realizar, no seu campo de atividade, os grandes objetivos sócio-econômicos da organização constitucional".[431]

Reflita-se, então, sobre qual deva ser a postura do magistrado brasileiro chamado a intervir nos contemporâneos conflitos de largo espectro social, como os da população moradora nas áreas sujeitas à guerrilha entre facções criminosas, ou mesmo ao contingente de motoristas que trafegam por tais regiões, sujeitando ordeiros cidadãos à loteria perversa das *balas perdidas*; os conflitos armados entre fazendeiros e comunidades indígenas pela posse e exploração de vastas áreas rurais; a controvérsia sobre o cultivo e comercialização de produtos *transgênicos*, contrapondo interesses do *agro-business* e dos ambientalistas; o avanço da ocupação desordenada e clandestina em áreas de mananciais, com supressão de matas ciliares, pondo em risco a água potável que deve ser ofertada à população.

De ordinário, em tais situações, ver-se-á o juiz na contingência de lidar com valores meta-jurídicos, escolhas primárias, opções políticas, subjacentes a questões envolvendo o manejo dos bens ambientais, a boa aplicação dos recursos públicos, a segurança da população, e, de maneira geral, tudo o que concerne à larga extensão da *qualidade de vida*. Bem por isso, é louvável a previsão constante do PL da Câmara 8.046/2010, sobre o novo CPC: "Não se considera fundamentada [e, portanto, nula: CF, art. 93, IX] qualquer decisão judicial, seja ela interlocutória, sentença ou acórdão, que: (...) II – empregue conceitos jurídicos indeterminados sem explicar o motivo concreto de sua incidência no caso". .[432]

430. Op. cit., p. 299.

431. Novas funções judiciais no Estado moderno. *RT*, n. 614, dez. 1986, p. 22.

432. De modo geral, nosso pensamento acerca do conteúdo e legitimidade da prestação jurisdicional, na experiência brasileira contemporânea, está desenvolvido em nossas obras: *A resolução dos conflitos e a função judicial no contemporâneo Estado de Direito*. São Paulo: RT, 2010; *Acesso à Justiça – condicionantes legítimas e ilegítimas*. São Paulo: RT, 2011.

CONSIDERAÇÕES CONCLUSIVAS

1. Os interesses e os direitos situam-se em ambientes diferentes e apresentam eficácia diversa: aqueles primeiros surgem, desenvolvem-se e interagem livremente, porque estão no plano fático (o da mera "existência-utilidade", na terminologia de André Gervais); ao passo que os *direitos* se situam no plano ético-normativo, de modo que surgem a partir dos valores adrede escolhidos pelo Poder e expressados através de uma norma, de conteúdo declarativo, autorizativo ou repressivo. Daí decorre a diferença quanto à *eficácia* dos interesses e dos direitos: aqueles primeiros sintetizam aspirações, ideias, expectativas, que podem *ou não* vir a ser realizadas, a depender do grau de colaboração que possam despertar; já os direitos se qualificam pelas notas da *atributividade* a um dado titular (geralmente em caráter de exclusividade), pela *exigibilidade* e pela *sanção* para os casos de ameaça, recusa, afronta, ou, em certos casos, de oferta insuficiente pela contraparte.

2. É imanente ao ser humano, independentemente de qualquer condicionamento social, cultural ou econômico, a busca pela realização pessoal, pelo reconhecimento de seus pares, pela credibilidade ao interno da coletividade ou ao menos de certo grupo (ideário que, de resto, é subjacente ao *Wellfare State* – o Estado de bem estar geral). Conquanto perfeitamente compreensível e justificada, não raro essa *busca pela felicidade* passa ao largo da criação nomogenética e do discurso jurídico, não resultando reprimida, nem tampouco incentivada. Tal ocorre com certos interesses sobre os quais não recaiu a *escolha* procedida pelo Poder na tarefa de juspositivação: considerados os valores predominantes na sociedade, alguns se revelam relevantes e prioritários, vindo a ser como tal recepcionados no ordenamento; outros valores, porém, se é verdade que não vêm a merecer igual tratamento, nem por isso exigem repressão ou interdição. Esses valores singelos, ou *menores*, extremamente difundidos na comunidade, formam o segmento dos interesses simples, *de fato* ou ainda interesses, *tout court*. A postura do Estado, com relação a eles, é de indiferença, ou por vezes, de tolerância.

3. A expressão "interesse social" é polissêmica, do fato dela por vezes ser referenciada aos interesses de uma dada universalidade (*v.g.*, o "interesse social" de uma pessoa jurídica, sinalizando o direcionamento de sua atividade a uma dada finalidade), podendo, já agora sob outra mirada, evocar os interesses concernentes à sociedade civil como um todo. Naquele primeiro senso estrito, o interesse é "social" apenas na *forma* em que vem exercido, permanecendo individual em sua *essência* (trata-se do o exercício coletivo de interesses que em seu âmago remanescem individuais); na segunda acepção, o qualificativo "social" é aderente à *projeção expandida* em que ele se realiza. Neste sentido largo, "interesse social" é o que consulta aos valores espontaneamente surgidos e cultivados no seio de uma determinada comunidade, dando ensejo ao exercício coletivo de interesses eminentemente *coletivos*.

4. As expressões "interesse geral" e "interesse público" apresentam conteúdo de tal forma aproximado ao de "interesse social", que melhor se afigura tomá-las todas como locuções sinônimas. Certo, a expressão "interesse geral" vem amiúde relacionada a certos segmentos sociais (*v.g.*, o "interesse geral" dos comerciantes, dos usuários de certo serviço público), ao passo que o "interesse público" é comumente invocado quando envolve a participação ou a contrapartida do Estado, enquanto guardião da *ordem pública* e gestor do *bem comum*. Mas, essas conotações não apresentam um grau de nitidez tal que permita a diferenciação *nuclear* entre esses interesses. Integram eles, assim, o gênero "interesses pluri ou metaindividuais", expressão que, ao mesmo tempo, evidencia o conteúdo básico do objeto considerado e contribui para a desejável concreção terminológica.

5. Ao longo dos séculos, tem-se verificado uma evolução cíclica ou pendular dos interesses, alternando-se o foco ou o primado ora em direção ao "individual" ora ao "coletivo", com prevalência para este último, a partir da gradual instalação do chamado *Estado Social de Direito*. Ao longo do período medieval, o corporativismo representou um meio-termo nessa polarização, na medida em que a filiação aos grupos emergentes representava para o indivíduo alguma proteção e uma certa possibilidade de ascensão social e profissional. Esse processo não arrefeceu na atualidade, haja vista a afluência dos indivíduos em direção a certos grupos (políticos, econômicos, institucionais), influentes junto aos centros de decisão, grupos esses que assim se colocam *entre* o indivíduo isolado e o Estado, como verdadeiros *corpos intermediários*. O Poder constituído vê-se na contingência de *conviver* com esses agrupamentos (e seus poderosos *lobbies*), aceitando-os (ou tolerando-os), não raro, como "colaboradores", porque não há como coibi-los ou evitá-los. Presentemente, o "interesse coletivo" se interpõe, a meio caminho, entre as polaridades dos interesses *individual* e *público*, aglutinando-se nas "categorias", "classes", associações,

sindicatos, partidos políticos, e, mesmo, nas organizações do chamado *terceiro setor*, tais as *ONG's* (organizações não governamentais), *OSCIP's* (organizações da sociedade civil de interesse público), *PPP's* (parcerias público-privadas).

6. Interesse "individual" e interesse "coletivo" não podem ser concebidos, *a priori*, em termos absolutamente antinômicos ou excludentes, e, sim, tomando-se como parâmetro o aspecto ou o caráter que neles é *predominante*: interesse individual é o que, *precipuamente*, surge e remanesce em função das necessidades do indivíduo (é certo que de seu exercício pode resultar um benefício coletivo, mas essa circunstância é contingencial, não alterando a essência do objeto definido); interesse coletivo é o que surge e remanesce em função de certas instâncias sociais de configuração corporativa, organizadas precipuamente para o atendimento dos valores nelas aglutinados. Daí podem, eventualmente, decorrer vantagens para outros indivíduos estranhos ao grupamento, ou até à própria coletividade em geral, mas tais ocorrências se dão por via reflexa e não como objetivo primário.

7. O conceito de "interesse coletivo" comporta três acepções: (*i*) interesse *pessoal* do grupo; (*ii*) *soma* dos interesses individuais; (*iii*) *síntese* dos interesses individuais. Somente com relação a este último sentido cabe falar, *propriamente*, em interesse coletivo, porque no momento em que se opera a *síntese*, os componentes individuais originários se desvanecem, passando a plano secundário; desse momento em diante, surge um *elemento novo*, uma *alma coletiva*, que depassa e absorve os interesses individuais dos integrantes do segmento social ou da categoria em questão. Nesse sentido específico, cabe falar num interesse coletivo *stricto sensu*.

8. Na acepção restrita, referida no item precedente, o interesse coletivo apresenta as seguintes notas características: *a)* uma *organização*, que lhe dá o grau de agregação necessário à sua coesão interna e identificação em face dos demais interesses; *b)* a afetação junto a certos grupos ou segmentos sociais determinados (os *enti esponenziali* a que alude a doutrina italiana); *c)* um substrato ou vínculo jurídico comum, que coaliza os indivíduos afetados ao mesmo interesse coletivo; por exemplo, os integrantes de uma mesma categoria laboral, de um partido político, de uma mesma família, de uma associação. (Veja-se, ao propósito, o conceito legal de *interesses ou direitos coletivos*: art. 81, parágrafo único, II, da Lei 8.078, de 11.09.1990 – Código de Defesa do Consumidor.)

9. Na *ordem escalonada* em que podem ser visualizados os interesses em geral, estabelecida pelo critério de sua coercitividade e atributividade, verifica-se que se encontram em extremos opostos (*i*) os interesses *simples* e (*ii*) os interesses *juridicamente protegidos* (direitos subjetivos, individuais e públicos). Entre

aqueles dois termos se aloja o interesse *legítimo*, que é *mais* do que o interesse simples (na medida em que recebe uma certa proteção estatal, ainda que indireta ou reflexa, por conta de se mostrar compatível com o sistema), e é *menos* do que o direito subjetivo, porque, para usarmos a terminologia italiana, não constitui um *punto de riferimento* consistente numa prerrogativa ou situação jurídica suficientemente diferenciada e posta à fruição de um titular definido.

10. Ainda sob o critério tomado no item precedente, temos que o interesse *difuso* se coloca "entre" o interesse simples e o interesse legítimo. Ele é *mais* do que o interesse simples, por isso que o Estado não pode adotar uma postura de indiferença com relação a ele (ao contrário: o interesse difuso é *res omnium*, e não *res nullius*, donde decorre sua *relevância social* a justificar tutela eficaz e diferenciada, *v.g.*, o *meio ambiente* – CF, art. 225, *caput*: "bem de uso comum do povo"). De outra parte, o interesse difuso não é exatamente assimilável ao interesse legítimo, porque este último pressupõe uma dada situação *jurídica* subjacente, embora disponibilizada a um universo de indivíduos determinados ou determináveis, ao passo que o interesse difuso exsurge de uma situação *de fato*, concernente a um número indefinido de indivíduos.

11. Os interesses *difusos* apresentam as seguintes notas básicas: *a) indeterminação dos sujeitos*, disseminados em segmentos sociais mais ou menos vastos, ou mesmo pela coletividade como um todo; *b) indivisibilidade do objeto*, que, apresentando-se num estado fluído ao interno da sociedade, não comporta atribuição diferenciada e exclusiva a indivíduos ou grupos predeterminados; *c) intensa litigiosidade* interna, derivada da circunstância de que esses interesses não têm por parâmetro valores *a priori* consolidados no sistema jurídico, mas, antes, exsurgem de escolhas políticas, opções primárias, mutáveis e de largo espectro social, o que enseja a polarização de posições diversas e, não raro, antagônicas; *d)* tendência à transição no tempo e no espaço, por isso que esses interesses derivam de situações de fato, instáveis e cambiantes, ao sabor das contingências que vêm alterar o *status quo* existente à época em que se manifestaram originariamente (pense-se no interesse difuso à proteção da floresta no entorno de certo sítio preordenado à instalação de uma usina hidrelétrica, interesse aquele que vem a se alterar substancialmente quando o lago adjacente ao empreendimento vem a submergir a cobertura vegetal).

12. Numerosos são os fatores e contingências sociais que podem ensejar ou revelar interesses difusos. De forma geral, aparecem aderentes aos conflitos *de massa*, concernindo a um número vasto e indefinido de indivíduos afetados por ocorrências relativas aos serviços públicos, aos medicamentos, às relações de consumo, à ecologia, à qualidade de vida em geral, aos direitos humanos, às minorias étnicas e sociais, às políticas governamentais etc. Alguns desses interesses encontram recepção explícita ou implícita no texto constitucional ou na legislação ordinária, mas essa positivação não lhes é indispensável, visto que a tutela a que fazem jus independe de prévia e específica tipificação no ordenamento, e, sim, da demonstração de sua *relevância social*.

13. Os interesses difusos aproximam-se, em certa medida, das chamadas *liberdades públicas*, uma vez que ambas as categorias têm em seu núcleo o *homem* e as projeções de sua personalidade, no que aí se contém de atemporal, inalienável e imprescritível. Todavia, a similitude não é total, porque uma *liberdade pública*, como tal, deve ser acompanhada ou *reforçada* por um direito (subjetivo público) que a torne eficaz e exigível, representando um verdadeiro "crédito" do indivíduo em face da coletividade e do Estado, contexto esse estranho à natureza dos interesses difusos.

14. A judicialização dos interesses difusos enfrenta, além de certos óbices (superáveis) de caráter técnico-jurídico, algumas barreiras de ordem política, tais como: *a)* o temor do enfraquecimento do Estado, que ficaria à margem do processo pelo qual os interesses difusos ascenderiam, *diretamente*, de suas bases de origem até o Judiciário, sem um estágio intermediário pelo Legislativo ou pela Administração Publica; *b)* esse *acesso direto* conflitaria com o sistema político-representativo, o qual prevê colegiados de representantes do povo (o Legislativo), encarregados de identificar, recepcionar e, sendo o caso, normatizar os valores e interesses emergentes em sociedade, assim considerados relevantes e carentes de positivação; outrossim, ficaria mitigado o poder de polícia da Administração, que, ao aplicar a lei, de ofício, assume a missão de preservar a ordem pública e o bem-estar da população; *c)* esse *acesso direto* implicaria, ademais, um "superdimensionamento" da função jurisdicional (o binômio *judicialização da política - politização do Judiciário*), afetando à *solução adjudicada estatal* a solução de megaconflitos ainda *fora do ponto de maturação,* e com isso levando o Judiciário a assumir atribuições em princípio estranhas à sua precípua função, tais as de fazer opções políticas e escolhas primárias dentre os valores prevalecentes na comunidade. A essa "macrocefalia" do Judiciário corresponderia uma consequente mitigação ou enfraquecimento dos outros Poderes, atritando o princípio da independência e harmonia entre eles e gerando focos de tensão.

15. A tais objeções se pode responder, sinteticamente, que o princípio da ubiquidade ou da indeclinabilidade da jurisdição (CF, art. 5.º, XXXV), não permite sejam subtraídas da apreciação judicial as controvérsias não prevenidas nem dirimidas suasoriamente entre os contraditores diretos ou entre estes e as instâncias primárias. A esse contexto não se excepcionam os conflitos envolvendo os interesses difusos, os quais, porventura não tutelados por outros

meios (ou não o sendo satisfatoriamente), podem ser submetidos ao Judiciário, através dos *representantes adequados* (*v.g.*, os nominados no art. 5.º da Lei 7.347/1985 e art. 82 da Lei 8.078/90). É claro que a extensão e a dimensão da cognição jurisdicional nesse campo, será maior ou menor, a depender de como se tenha passado a atuação dos outros Poderes, quando foram antes instados pelos portadores daqueles interesses. Não se pode, assim, tecnicamente, falar em *suplência* da atividade jurisdicional nessa área e, certamente, tal não implica "usurpação" de atribuições alheias. A harmonia e a independência entre os Poderes pressupõem que cada um deles se desincumba satisfatoriamente de seus respectivos misteres, valendo lembrar que uma vez judicializada uma macro-lide, numa ação revestida de suas condições, num processo existente e válido, o juiz não pode declinar um *non liquet*, a pretexto de cuidar-se de conflito de larga repercussão econômica ou social, sob pena de configurar-se negativa de jurisdição.

16. Interesses difusos são os interesses metaindividuais que, não tendo atingido o grau de agregação e organização necessário à sua afetação institucional junto a certas entidades ou órgãos representativos dos interesses já socialmente definidos, restam em estado fluído, dispersos pela sociedade civil como um todo (*v.g.*, o interesse à pureza do ar atmosférico) podendo por vezes concernir a certas coletividades de conteúdo numérico indefinido (*v.g.*, os consumidores). Caracterizam-se: pela indeterminação dos sujeitos, pela indivisibilidade do objeto, por sua intensa litigiosidade interna e por sua tendência à transição ou mutação no tempo e no espaço (v., a propósito, o conceito de *interesses ou direitos difusos*: art. 81, parágrafo único, I, da Lei 8.078, de 11.09.1990 – Código de Defesa do Consumidor), conceito que se estende ao sistema da ação civil pública, mercê do art. 21 da Lei 7.347/1985.

17. O interesse processual, em seus moldes tradicionais, é concebido como a necessidade ou utilidade do acesso ao Judiciário, geralmente pelo afirmado titular da pretensão material, para obtenção de um bem da vida ou de um *status* jurídico inalcançável de outro modo, observada a adequação da via processual eleita. Quando se trate de interesses difusos, aquele conceito deve ser interpretado com certos temperamentos, entendendo-se presente o interesse processual quando o recurso ao Judiciário se afigure idôneo e eficaz à tutela de uma macro lide, inclusive quanto à urgência do provimento cabível; ainda, há de se ter presente que tal interesse não tem como ser afetado a um dado *titular*, por conta da indeterminação dos sujeitos concernentes. A circunstância de que tais interesses poderiam ou deveriam ser tutelados em outra sede não é impeditiva do juízo positivo de admissibilidade da ação coletiva e de seu julgamento pelo mérito, por isso que, tratando-se de interesses ainda

em estado fluído, esparsos pela comunidade, muita vez a via jurisdicional afigura-se a mais disponível, especialmente no que concerne à urgência na prevenção do dano temido ou na correção da lesão ocorrida.

18. A legitimação ativa, em sua acepção tradicional, de cunho individualístico, tem sido extraída a partir da coincidência ou da correspondência entre a titularidade de um afirmado direito ou situação de vantagem e o polo ativo da ação, ou seja: a *pertinência subjetiva do interesse*. Em se tratando de interesses difusos, que – por definição – não comportam apropriação ou afetação em termos de exclusividade, a *justa parte* não pode ser buscada na relação entre titularidade da pretensão e poder de agir; ela será aferida em função de elementos objetivos: relevância social do interesse; superioridade da tutela coletiva em face do que porventura se poderia obter de outro modo ou em outras instâncias; idoneidade do portador em Juízo. É o que, na disciplina das *class actions* do processo norte-americano, denomina-se *adequacy of representation*.

19. Várias são as técnicas disponíveis na legitimação para agir em sede de interesses difusos: (*a*) a *legitimação* "difusa" (concorrente e disjuntiva) encontra exemplos na *class action* do direito norte-americano e em nossa ação popular constitucional. Em ambos os casos, a legitimação é ordinária, com a diferença, porém, de que na primeira o autor age por si *e* como representante da *class* interessada (*ideological plaintiff*), sendo sua legitimação apurada em termos da *adequacy of representation*; na segunda, ao nosso sentir, o autor age em nome próprio, na defesa de direito próprio (sua quota-parte no direito subjetivo público à proba administração e/ou defesa do patrimônio público) e sua legitimação é apurada em termos de cidadania, isto é, a fruição de direitos políticos (cidadão eleitor: CF, art. 5.º, LXXIII); (*b*) a *legitimação aos grupos sociais*, aí compreendidos os que são *reconhecidos ex lege* como idôneos representantes de certos interesses metaindividuais.

No primeiro caso (*associazioni riconosciute; associations agrées; organizações reconhecidas de utilidade pública*) tais grupos desenvolvem uma atividade "delegada" ou pelo menos "chancelada" pelo Estado, por vezes operando como *auxiliares* do Ministério Público, segundo alguns, ou como *concorrentes* deste, segundo outros. Esse reconhecimento estatal pode decorrer da outorga permanente do direito de ação (ex.: na França, as associações que recebem o *agrément*), ou tal legitimação pode ser verificada no caso concreto, por critérios objetivos (ex.: dentre nós, as associações contempladas na Lei 7.347/1985, art. 5.º, V, *a* e *b*). No segundo caso, em se tratando de grupos espontâneos, ocasionais (*ad hoc Gruppen*), uma questão residual se coloca, a saber: a falta de personalidade jurídica, de capacitação jurídica (*legitimatio ad processum*). Para superar essa dificuldade, tem-se proposto a *desconsideração* da personalidade jurídica quando se trate de representação judicial de interesses metaindividuais, recaindo a tônica em dados *objetivos*: a superioridade da tutela coletiva *in concreto*; a relevância social do interesse; a urgência na tutela; a idoneidade do grupo para se fazer portador desses interesses.

Ainda, (*c*) a *legitimação a órgãos públicos e agências governamentais* (solução publicista): é um alvitre bastante utilizado, especialmente nos países escandinavos (os vários *ombudsman*); na Inglaterra (o *Director General of Fair Trading*, o *Race Relations Board*); nos Estados Unidos (a *Environmental Protection Agency*, a *Food and Drug Administration*), nos países antes ditos *socialistas* (a *Prokuratura*), e, dentre nós, organismos ou entidades como o CONAMA, o PROCON, o CADE, o IBAMA, as diversas *agências reguladoras*. A solução, em princípio, é viável, embora a doutrina registre o risco desses órgãos se "burocratizarem" com o tempo, perdendo o *élan* e a independência iniciais. No Brasil, a Lei 11.448/2007 inseriu a *Defensoria Pública* dentre os colegitimados à ação civil pública (no caso, em matéria de assistência jurídica aos necessitados – Lei 7.347/1985, art. 5.º, II, c/c CF, arts. 5.º, LXXIV, e 134), atribuição essa que até o momento (julho/2013) segue *sub judice*, mercê da *ADIn* 3.943 interposta no STF pela CONAMP (Confederação Nacional do Ministério Público).

Enfim, (*d*) a *legitimação ao Ministério Público*: certa vertente doutrinária mostra-se restritiva quanto à legitimação ativa do *parquet*, para promover a tutela judicial dos interesses metaindividuais: argumenta-se que haveria excessiva proximidade entre a instituição e o Poder Executivo; ou ainda, uma certa tendência do Ministério Público a concentrar sua atividade na persecução dos delitos "tradicionais"; enfim, aponta-se por vezes uma certa carência estrutural e de conhecimentos técnico-especializados em assuntos como ecologia, consumerismo, saúde pública, e bem assim em tema de defesa dos direitos de certas minorias étnico-raciais e sociais etc. À toda evidência, tais críticas não se acomodam ao Ministério Público brasileiro, visto que a instituição tem mantido, ao longo dos anos o protagonismo nas iniciativas judiciais nesse campo, como também tem revelado diligência e destreza nas apurações de ameaça e de lesão a interesses metaindividuais, mediante inquéritos civis onde amiúde são celebrados exitosos *termos de ajustamento de conduta*.

Solução intermédia que se afigura razoável, é a de se reconhecer ao Ministério Público legitimação "concorrente e disjuntiva" com a Defensoria Pública, associações, órgãos públicos e entes políticos, para que a defesa dos interesses difusos seja estabelecida, equânime e democraticamente, de modo a assegurar o acesso à justiça dos vários setores da sociedade civil, o que vem ao encontro do desejável *pluralismo* nas iniciativas. Essa solução foi adotada no art. 5.º da Lei 7.347/1985 sobre a ação civil pública, e perfilhada no Código de Defesa do Consumidor, cujo sistema processual, de resto, estende-se à ação civil pública (arts. 82 e 117 da Lei 8.078/1990), notando-se, todavia, uma certa "posição de vantagem" assegurada ao Ministério Público: sua presença é obrigatória no processo, senão como parte, ao menos como fiscal da lei (§ 1.º do art. 5.º da Lei 7.347/1985); o *parquet* beneficia de uma "legitimação subsidiária" em caso de desistência ou abandono da causa (Lei 7.347/1985, § 3.º do art. 5.º; Lei 4.717/1965 – ação popular – art. 9.º); pode instaurar o *inquérito civil* (Lei 7.347/1985, art. 8.º, § 1.º); e, enfim, há um certo reconhecimento *a priori* de seu interesse de agir, em face das atribuições institucionais asseguradas na Constituição Federal (CF, arts. 127, 129) e nas leis de regência (Lei 7.347/1985, art. 5.º, Lei 8.078/1990, art. 82, I; Lei 8.625/1993, art. 25, IV, *a*; Lei Complementar 75/1993, art. 6.º, VII; no Estado de São Paulo, Lei 734/1993, art. 103, VIII).

20. Interpretando-se o art. 6.º do nosso CPC com a devida abertura, por modo a acomodá-lo à tutela dos *interesses* (legítimos, difusos) e não somente dos direitos subjetivos, chega-se à conclusão de que a legitimação estabelecida no art. 5.º da Lei 7.347/1985 em sede de interesses difusos é de tipo *ordinário*, porque daquela exegese sistemática e teleológica resulta que o Ministério Público, a Defensoria Pública, os entes políticos, seus órgãos descentralizados e as entidades associativas receberam *poder de agir na justiça*, em nome próprio, defendendo interesses que, no limite, também lhes concernem, em conformidade com seus fins institucionais, por aí se entendendo que tal atuação se realiza num regime de colegitimação, ficando subsumidos no portador judicial os interesses metaindividuais judicializados.[1]

21. O Direito Processual Civil brasileiro está provido de institutos que, interpretados e aplicados com as refrações e temperamentos exigidos pela tutela a interesses metaindividuais, poderão, perfeitamente, servir a esse desiderato. Estão nesse caso, precipuamente, a ação civil pública e a ação popular constitucional, mas, igualmente, embora em menor espectro, o mandado de segurança coletivo (Lei 12.016/2009, arts. 21 e 22), os interditos, a ação cominatória e mesmo a nunciação de obra nova, além dos provimentos cautelares diversos.[2] O mesmo se diga com relação a temas como a publicidade dos atos processuais, as intimações, a intervenção de terceiros, o princípio dispositivo, o contraditório, a coisa julgada etc., todos a merecer a devida *adaptação* às novas necessidades sociais reveladas com a eclosão dos interesses de massa. O PL da Câmara Federal 5.139/2009, que se preordenava a regular a nova ação civil

1. Cf. art. 5.º, XXI, da CF/1988: "As entidades associativas, quando expressamente autorizadas, têm legitimidade para representar seus filiados judicial ou extrajudicialmente".

2. Conforme interpretação sistemática dos seguintes dispositivos: CF, art. 129, III e § 1.º; Lei 8.078/1990, arts. 83 e 117; Lei 7.347/85, inc. IV do art. 1.º, acrescentado pelo art. 110 da Lei 8.078/1990.

pública,[3] recepcionava a legitimação *concorrente – disjuntiva*, estendendo-a, expressamente, à OAB (entidade já credenciada à ação coletiva em defesa dos idosos – Lei 10.741/2003, art. 81, III), às entidades sindicais e de fiscalização do exercício das profissões e aos partidos políticos (PL citado, art. 6.º, IV, V, VI).

22. Na tutela aos interesses metaindividuais, deve o juiz ter sempre presente que se trata do diferenciado ambiente da *jurisdição coletiva*,[4] donde ser indispensável que analise os fatos e interprete os textos de regência em modo progressista e teleológico, de modo a assegurar àqueles interesses de largo espectro o respaldo urgente e eficaz de que necessitam para sair do *limbo jurídico* a que, durante tanto tempo, ficaram relegados. Do Ministério Público, a seu turno, espera-se a sensibilidade, a coragem e a criatividade para a efetiva promoção desses interesses, acolhendo, outrossim, os subsídios que terceiros interessados nessa *mesma tutela* podem aportar, mormente ante a tendência contemporânea à intervenção crescente dos *amici curiae* nos processos envolvendo temas de largo impacto para a coletividade (por exemplo, no procedimento de edição, revisão e cancelamento de súmula vinculante do STF: Lei 11.417/2006, § 2.º do art. 3.º). Da Defensoria Pública, no exercício de sua missão de forte conotação social, espera-se o desempenho de papel decisivo na facilitação do acesso à justiça dos carentes de assistência jurídica.[5] Dos grupos sociais, portadores/representantes desses interesses de massa,

3. Tiago Fensterseifer informa, a respeito: "Cumpre pontuar que, lamentavelmente, o PL 5.139/2009, que tramitava no Congresso Nacional, resultou arquivado na Comissão de Constituição e Justiça e de Cidadania da Câmara dos Deputados, fazendo naufragar o brilhante trabalho realizado por inúmeros juristas na elaboração da Nova Lei da Ação Civil Pública, a qual objetivava consolidar uma legislação uniforme e sistemática para o processo civil coletivo. Há, ainda, recurso pendente de julgamento pelo Plenário da Câmara dos Deputados para tentar reverter tal situação de absurdo retrocesso e conservadorismo do nosso Parlamento, por vezes mais preocupado em blindar os Poderes Legislativo e Executivo contra intervenções judiciais do que resguardar propriamente os direitos daqueles que os elegeram". (A legitimidade da Defensoria Pública para a ação civil pública ambiental e a condição de pessoa necessitada em termos (sócio) ambientais. *Revista de Processo* 193, mar./2011, p. 59, nota de rodapé 16).

4. No tema, a nossa obra: *Jurisdição coletiva e coisa julgada*. 3. ed. São Paulo: RT, 2012, especialmente cap. III.

5. No tema, o nosso artigo: Contribuição esperada do Ministério Público e da Defensoria Pública na prevenção da atomização judicial dos mega-conflitos. *Revista de Processo* n. 164, out./2008, p. 471-491. Igualmente, o artigo: A reiterada legitimidade da Defensoria Pública para ao ajuizamento de ações coletivas (em coautoria com Carolina Brambila Bega), *in* MILARÉ, Édis (coord.), *A Ação civil pública após 25 anos*, São Paulo RT, .2010, p. 733-741.

espera-se que possam promovê-los em tempo hábil e em boa forma e figura de juízo, pautando sua atuação pela seriedade, perseverança e espírito público. Dos entes políticos, por meio de suas Procuradorias, espera-se uma atuação diligente e responsável na defesa dos interesses metaindividuais, em simetria com sua vocação institucional para a boa gestão da coisa pública. Enfim, do Estado brasileiro como um todo se espera, como diz o épico lusitano, "o favor, com que mais se acende o engenho...".[6]

6. Luís Vaz de Camões. *Os Lusíadas*. Canto décimo, n. 145.

BIBLIOGRAFIA

ALESSI, Renato. *Sistema istituzionale del diritto amministrativo italiano*. 3. ed. Milão: Giuffrè, 1960.

ALMEIDA, Gregório Assagra de. *Direito processual coletivo brasileiro*. São Paulo: Saraiva, 2003.

ALVARO DE OLIVEIRA, Carlos Alberto. Poderes do juiz e visão cooperativa do processo (I). Disponível em: [http://juridico.adv.br]. Consultado em: 20.05.2008.

ANDRIGHI, Fátima Nancy. Direitos do consumidor na jurisprudência do STJ. Disponível em: [http://bdjur.stj.gov.br]. Consultado em: 09.08.2001.

ANTUNES, Henrique Sousa. Class actions, group litigation & other forms of collective litigation, disponível em: [http://www.law.stanford.edu/display/images/dynamic/events_media/Portugal_National_Report.pdf]. Consultado em: 25.07.2011.

ARAÚJO, Luiz Alberto David e NUNES JÚNIOR, Vidal Serrano. *Curso de direito constitucional*. 3. ed. São Paulo: Saraiva, 1999.

ARAÚJO CINTRA, Antônio Carlos. *Motivo e motivação do ato administrativo*. São Paulo: RT, 1980.

ARAÚJO FILHO, Luiz Paulo da Silva. *Ações coletivas: a tutela jurisdicional dos direitos individuais homogêneos*. Rio de Janeiro: Forense, 2000.

ARENHART, Sérgio Cruz e MARINONI, Luiz Guilherme. *Manual do processo de conhecimento: a tutela jurisdicional através do processo de conhecimento*. 2. ed. São Paulo: RT, 2003.

ARMELIN, Donaldo. *Legitimidade para agir no direito processual civil brasileiro*. São Paulo: RT, 1979.

ARRUDA ALVIM, José Manoel. *Código de Processo Civil comentado*. São Paulo: RT, 1975.

______ et al. *Código do consumidor comentado*. 2. ed. São Paulo: RT, 1995.

______. *Manual de Direito Processual Civil*, 14.ed., São Paulo: RT, 2011.

______. Notas sobre o projeto de novo Código de Processo Civil. *Revista de Processo* n. 191, jan. 2011.

AUDINET, Jacques. La protection judiciaire des fins poursuivies par les associations. *Revue Trimestrielle de Droit Civile*, vol. 53, 1955.

______. L'action syndicale des associations. *Gazette du Palais*, 2.º sem. 1973.

BAETGE, Dietmar. Class actions, group litigation & other forms of collective litigation. Disponível em: [http://www.law.stanford.edu/display/images/dynamic/events_media/Germany_National_Report.pdf]. Consultado em: 25.07.2011.

BAJONS, Ena-Marlis. L'azione collettiva – Aspetti comparatistici di un nuovo tipo di azione a tutela del consumatore. *Riv. Dir. Civile*, parte I, 1980.

BANDEIRA DE MELLO, Osvaldo Aranha. *Princípios gerais de direito administrativo*. Rio de Janeiro: Forense, 1969.

______. BANDEIRA DE MELLO, Celso Antonio. *Curso de Direito Administrativo*. 15. ed. São Paulo: Malheiros, 2003.

BARBI, Celso Agrícola. *Comentários ao Código de Processo Civil*. Rio de Janeiro: Forense, 1981.

BARBOSA MOREIRA, Carlos Roberto. Os direitos difusos nas grandes concentrações demográficas. *Revista de Processo*, n. 70, São Paulo: RT, 1993.

BARBOSA MOREIRA, José Carlos. A ação popular do direito brasileiro, como instrumento de tutela jurisdicional dos chamados interesses difusos. *Temas de direito processual. 1.ª série*. 2. ed. São Paulo: Saraiva, 1981; *Revista de Processo*, n. 28, São Paulo: RT, out.-dez. 1982.

______. Ação civil pública. *Revista Trimestral de Direito Público*, n. 3, 1993.

______. Ações coletivas na Constituição Federal de 1988. *Revista de Processo*, n. 61, São Paulo: RT, 1991.

______. A função social do processo civil moderno e o papel do juiz e das partes na direção e na instrução do processo. *Temas de direito processual – 3.ª série*. São Paulo: Saraiva, 1984.

______. A legitimação para a defesa dos interesses difusos no direito brasileiro. *RF*, n. 276.

______. A proteção jurídica dos interesses coletivos. *RDA*, n. 139, jan.-mar., 1980.

______. A proteção jurisdicional dos interesses coletivos e difusos. In: GRINOVER, Ada Pellegrini (coord.). *A tutela dos interesses difusos*. São Paulo: Max Limonad, 1984.

______. Notas sobre o problema da "efetividade" do processo. *Estudos de direito processual em homenagem a José Frederico Marques*. São Paulo: Saraiva, 1982.

______. Sobre a "participação" do juiz no processo civil. In: GRINOVER, Ada Pellegrini; DINAMARCO, Cândido Rangel e WATANABE, Kazuo (coords.). *Participação e processo*. São Paulo: RT, 1988.

______. Tendências contemporâneas do direito processual civil. *Temas de direito processual – 3.ª série*. São Paulo: Saraiva, 1984.

______. Tutela jurisdicional dos interesses coletivos e difusos. *Revista de Processo*, n. 10, jul.-set. 1985; *Temas de direito processual – 3.ª série*, São Paulo: Saraiva, 1984.

______. Uma novidade: o Código de Processo Civil inglês. *Temas de Direito Processual – 7.ª série*. São Paulo: Saraiva, 2001.

______. O direito à assistência jurídica: evolução no ordenamento brasileiro de nosso tempo. *Revista de Processo*, n. 67, jul.-set., 2002.

BASEDOW, Jürgen. Small claims enforcement in a high cost country: the German Insurance Ombudsman. Disponível em: [http://www.scandinavianlaw.se/pdf/50-3.pdf]. Consultado em: 25.07.2011.

BASTOS, Celso. A tutela dos interesses difusos no direito constitucional brasileiro. *Revista de Processo*, n. 23, São Paulo: RT, jul.-set. 1981.

BEDAQUE, José Roberto dos Santos. *Direito e processo: influência do direito material sobre o processo*. 2. ed. São Paulo: Malheiros, 1995.

______. *Efetividade do processo e técnica processual*. São Paulo: Malheiros, 2006.

BENJAMIN, Antonio Herman V. A *citizen action* norte-americana e a tutela ambiental. *Revista de Processo*, n. 62.

______. O conceito jurídico de consumidor. *RT*, n. 628/69. São Paulo.

______. O princípio poluidor-pagador e a reparação do dano ambiental. *Dano ambiental: prevenção, reparação e repressão*. São Paulo: RT, 1993.

______. Responsabilidade civil e acidentes de consumo no CDC. *Revista do Advogado*, AASP, n. 33, São Paulo, dez. 1990.

BERNITZ, Ulf. La protection des consommateurs en Suède et dans les pays nordiques. *Revue Internationale de Droit Comparé*, n. 3-4, 1974.

BERTONI, Raffaele. Giudici e interessi diffusi. *La Giustizia penale*, n. VII-IX, parte III, ago.-set. 1979.

BERTRAND, Edmond. De l'ordre économique à l'ordre collectif. *Le droit privé français au milieu du XXe siècle – Études offertes à Georges Ripert*. Paris: Libr. Gen. Droit Jurispr., 1950. t. I.

BIAGINI, Celestino. L'azione popolare e la tutela degli interessi diffusi. *Atti del XXIII Convegno di Studi di Scienza dell'Amministrazione – Rilevanza e tutela degli interessi diffusi, modi e forme di individuazione e protezione degli interessi della collettività*. Milão: Giuffrè, 1978.

BIELSA, Rafael. La acción popular y la facultad discrecional administrativa. *La ley*, *RF*, n. 157, t. LXXIII.

BIHL, Luc. L'action "syndicale" des associations. *La Gazette du Palais*, Paris, 2.º sem. 1973.

BOLLA, Mario Edgardo; BISSIO, Enrique Edgardo; OSIO, Alejandro V. Legitimación para la defensa de los intereses difusos. *La protección de los intereses difusos con special referencia al medio ambiente*. Congreso Nacional de Derecho Procesual, Universidad Nacional de La Plata, Argentina, 1981.

BONNARD, Roger. Les droits publics subjectifs des administrés. *Revue de Droit Public*, n. 49, 1992.

BOTELHO DE MESQUITA, José Ignacio. *Da ação civil*. São Paulo: RT, 1975.

______. Na ação do consumidor, pode ser inútil a defesa do fornecedor. *Revista do Advogado*, AASP, n. 33, São Paulo, dez. 1990.

BRUNO, Tommazo. Verb. Azione. *Digesto Italiano*, v. IV, parte 2.ª. Turim: Torino Editore.

BUARQUE DE HOLLANDA FERREIRA, Aurélio. *Novo dicionário da língua portuguesa*. Rio de Janeiro: Nova Fronteira, 1980.

BULGARELLI, Waldirio. A tutela do consumidor na jurisprudência brasileira e *de lege ferenda*. In: GRINOVER, Ada Pellegrini (coord.). *A tutela dos interesses difusos*. São Paulo: Max Limonad, 1984.

BUZAID, Alfredo. *Agravo de petição*. São Paulo: Saraiva, 1956.

CAGGIANO, Monica Herman Salem. Proteção jurídica dos interesses difusos. *Estudos de Direito Público – Revista da Associação dos Advogados da Prefeitura de São Paulo*, n. 2, jul.-dez. 1982.

CAIANIELLO, Vincenzo. Introduzione. *Atti del XXIII Convegno di Studi di Scienza dell'Amministrazione (Rilevanza e tutela degli interessi diffusi, modi e forme di individuazione e protezione degli interessi della collettività)*. Milão: Giuffrè, 1978.

CALAMANDREI, Piero. Istituzioni di diritto processuale civile. In: CAPELLETTI, Mauro (coord.). *Opere giuridiche*. Nápoles: Morano, 1977.

CALMON DE PASSOS, J. J. *Mandado de segurança coletivo, mandado de injunção,* habeas data. Rio de Janeiro: Forense, 1989.

______. Substituição processual e interesses difusos, coletivos e homogêneos. Vale a pena pensar de novo? In: TUBENCHLAK, James; BUSTAMANTE, Ricardo (coords.). *Estudos jurídicos*. Rio de Janeiro: Instituto de Estudos Jurídicos, 1993.

CAMARGO FERRAZ, Antonio Augusto Mello de. Ação civil pública, inquérito civil e Ministério Público. In: MILARÉ, Édis (coord.). *Ação civil pública – Lei 7.347/85 – 15 anos*. 2. ed. São Paulo: RT, 2002.

______. NERY JÚNIOR, Nelson e MILARÉ, Édis. *A ação civil pública e a tutela jurisdicional dos interesses difusos*. São Paulo: Saraiva, 1984.

CÂNDIA, Eduardo. Legitimidade ativa dos condomínios para a ação civil pública. *Revista de Processo*, n. 194, abr. 2011.

CAPITANT, Henri. Interesse (verbete). In: COUTURE, E. *Vocabulário jurídico*. Trad. A. H. Guaglianone. Buenos Aires: Depalma, 1973.

CAPPELLETTI, Mauro. Appunti sulla tutela giurisdizionale di interessi collettivi o diffusi. *Revista Giurisprudenza Italiana,* vol. 127, 1975.

______. Formazioni sociali e interessi di gruppo davanti alla giustizia civile. *Rivista di Diritto Processuale*, n. 3, 1975.

______. La protection d'intérêts collectifs et de groupe dans de procès civil (métamorphoses de la procédure civile). *Revue Internationale de Droit Comparé*, n. 3, 1975.

______. Legitimidade processual e ação popular no direito do ambiente. *Revista de Processo*, n. 76.

______. Le rôle du Ministère Public, de la *prokuratura* et de *l'attorney general* dans la procédure civile. *Public interest parties and the active role of the judge in civil litigation*..Milão: Giuffrè e New York: Dobbs Ferry, 1975.

______. O acesso dos consumidores à justiça. *Revista de Processo*, n. 62, abr.-jun. 1991.

______. Problemas de reforma do Processo Civil nas sociedades contemporâneas. Trad. José Carlos Barbosa Moreira. *Revista de Processo*, n. 165, jan.-mar. 1992.

______. Vindicating the public interest through the courts. *The judicial process in comparative perspective*. Oxford: Clarendon Press, 1989.

______ e GARTH, Bryan. Finding an appropriate compromise: a comparative study of individualistic models and group rights in civil procedure – Civil Justice Quaterly. 2.° Congresso Internacional de Processo Civil, *RFA*, set. 1983.

______ e JOLOWICZ, J. A. *Public interest parties and the active role of the judge in civil litigation*. Milão: Giuffrè e New York: Dobbs Ferry, 1975.

CARNELUTTI, Francesco. Derecho y processo en la teoria de las obligaciones. *Estudios de derecho procesal*. Buenos Aires, 1952.

______. *Lezioni di diritto processuale civile*. Padua: Cedam, 1926.

CARNEIRO, Athos Gusmão. O novo Código de Processo Civil – breve análise do projeto revisado no Senado. *Revista de Processo*, n. 194, abr. 2011.

CARPI, Federico. Cenni sulla tutela degli interessi collettivi nel processo civile e la cosa giudicata. *Riv. Trim. Dir. Proc. Civ.*, n. 3, set. 1974.

CARREIRA ALVIM, José Eduardo. Ação civil pública e o direito difuso à segurança pública. *Informativo INCIJUR (Instituto de Ciências Jurídicas)*, n. 42, jan. 2003.

CARRESI, Franco. Potere di disposizione e legittimazione processuale nelle associazioni non riconosciute. *Riv. Trim. Dir. Proc. Civ.*, 1948.

CARVALHO, Luis Gustavo Grandinetti Castanho de. Responsabilidade por dano não--patrimonial a interesse difuso (dano moral coletivo). *Revista da Escola da Magistratura do Estado do Rio de Janeiro – EMERJ*, vol. 3, n. 9, 2000.

CARVALHO, Leandro Coelho de. As atribuições da Defensoria Pública sob a ótica do acesso à ordem jurídica justa. *Revista de Processo*, n. 156, fev. 2008.

CHEVALLIER, Jacques. L'association entre le public et le privé. *Revue du Droit Public*, n. 4, 1981.

CHIOVENDA, Giuseppe. *Instituições de direito processual civil*. Trad. J. Guimarães Menegale. São Paulo: Saraiva, 1942.

COLAÇO ANTUNES, Luís Felipe. *A tutela dos interesses difusos em direito administrativo: para uma legitimação procedimental*. Coimbra: Almedina, 1989.

COLLIARD, Claude Albert. *Libertés publiques*. Paris: Dalloz, 1982.

COMPARATO, Fábio Konder. A proteção do consumidor: importante capítulo do direito econômico. *Ensaios e pareceres de direito empresarial*. Rio de Janeiro: Forense, 1978. Também publicado na *Revista de Direito Mercantil*, n. 15-16, 1974.

______. Ensaio sobre o juízo de constitucionalidade de políticas públicas. *RT*, n. 737, mar. 1997.

______. Novas funções judiciais no Estado moderno. *RT*, n. 614, dez. 1986.

CONSTANTINO, Giorgio. Brevi note sulla tutela giurisdizionale degli interessi collettivi davanti al giudice civile. *Le azioni a tutela degli interessi diffusi nel diritto comparato*. Milão: Giuffrè, 1976.

CORASANITI, Aldo. La tutela degli interessi diffusi davanti al giudice ordinario. *Riv. Dir. Civile*, mar.-abr. 1978. Também publicado na obra coletiva *Rilevanza e tutela degli interessi diffusi: modi e forme di individuazione e protezione degli interessi della collettività*. Milão: Giuffrè, 1978.

CORREA DE OLIVEIRA, Lamartine J. *A dupla crise da pessoa jurídica*. São Paulo: Saraiva, 1979.

COSTA, Sergio. Interesse e legittimazione ad agire (verbetes). *Nuovo digesto italiano*.

COUPET, Louis. *L'action en justice des personnes morales de droit privé*. Tese de doutorado, Faculdade de Direito e Ciências Políticas de Aix-en-Marseille, França, 1974.

COUTURE, Eduardo. Interesse (verbete). In: COUTURE, E. *Vocabulário jurídico*. Trad. A. H. Guaglianone. Buenos Aires: Depalma, 1973.

CUNHA, Alcides A. Munhoz. Evolução das ações coletivas no Brasil. *Revista da Procuradoria Geral da República*, n. 8, jan.-jun. 1996.

CUNHA FERRAZ, Ana Cândida da; FERREIRA FILHO, Manoel Gonçalves e GRINOVER, Ada Pellegrini. *Liberdades públicas – parte geral*. São Paulo: Saraiva, 1978.

DAM, W. Keneth. Class action notice: who needs it? *The Supreme Court Review*, 1974.

______. Class actions: efficiency, compensation, deterrence and conflict of interest. *The Journal of Legal Studies*, vol. 4.

DAVID, René. *English law and French law*. Londres: Stevens and Sons, 1980.

DELGADO, José Augusto. Interesses difusos e coletivos: evolução conceitual. Doutrina e jurisprudência do STF. *Revista Jurídica*, n. 260, jun. 1999.

DENTI, Vittorio. L'avvocato e la difesa di interessi collettivi. *Foro Italiano*, vol. 101. fasc. 4, 1978 (separata).

______. Relazione introduttiva. *Le azioni a tutela di interessi collettivi (Atti del Convegno di Studio: Pavia, jun. 1974)*. Padua: Cedam, 1976.

DE PLÁCIDO E SILVA. *Vocabulário jurídico*. 15. ed. Atual. Nagib Slaibi Filho e Gerardo Magela Alves. Rio de Janeiro: Forense.

DE ROBERTO, Alberto. Interessi diffusi e giudice amministrativo. *Atti del XXIII Convegno di Studi di Scienza dell'Amministrazione*. Milão: Giuffrè, 1978.

DE SOTO, Jean. L'individualisme dans la jurisprudence du Conseil d'État. *Mélanges offerts à Marcel Waline. Le juge et le droit public*. Paris: Libr. Gén. Droit Jurisp., 1974. t. II.

DE VITA, Anna. La tutela giurisdizionale degli interessi collettivi nella prospettiva del sistema francese. Aspetti principali del problema e specificazioni in tema di protezioni degli interessi de consumatori. In: GAMBARO, Antonio (coord.). *La tutela degli interessi diffusi nel diritto comparato*. Milão: Giuffrè, 1976.

DEVOLVÉ, Pierre e VEDEL, George. *Droit Administratif*. Paris: PUF, 1980.

DINAMARCO, Cândido Rangel. *Fundamentos do processo civil moderno*. 3. ed. São Paulo: Malheiros, 2000. t. II.

______. *Litisconsórcio*. 7. ed. São Paulo: Malheiros, 2002.

______. *Manual das pequenas causas*. São Paulo: RT, 1986.

DINAMARCO, Pedro da Silva. *Ação civil pública*. São Paulo: RT, 2001.

DIREITO, Wanda Viana. A defesa dos interesses difusos. *Revista de Direito Administrativo*, vol. 185, jul.-set. 1991.

DIVIER, Pierre François. Comentário ao acórdão de 03.12.1973. *La Gazette du Palais*, 2.º sem. 1974.

DI PIETRO, Maria Sylvia Zanella. *Direito Administrativo*. 13. ed. São Paulo: Atlas, 2.001.

DOTTI, René Ariel. A tutela penal dos interesses coletivos. In: GRINOVER, Ada Pellegrini (coord.). *A tutela dos interesses difusos*. São Paulo: Max Limonad, 1984.

DOURADO DE GUSMÃO, Paulo. *Introdução à ciência do direito*. 2. ed. Rio de Janeiro: Forense, 1959.

DULLES, John W. F. *A Faculdade de Direito de São Paulo e a resistência anti-Vargas*. São Paulo: Edusp/Nova Fronteira, 1984.

ECO, Umberto. *Come si fa una tesi di laurea*. Lisboa: Presença, 1984.

EHRLICH, Stanislaw. *Le pouvoir et les groupes de pression*. Paris: Mouton, 1971.

FENSTERSEIFER, Tiago. A legitimidade da Defensoria Pública para a ação civil pública ambiental e a condição de pessoa necessitada em termos (sócio) ambientais. *Revista de Processo*, n. 193, mar. 2011.

FERRAZ, Sérgio. Responsabilidade civil por dano ecológico. *Revista de Direito Público*, n. 49. São Paulo: RT, 1979.

FERRAZ JÚNIOR, Tércio Sampaio. A tutela dos interesses difusos (Painel de Debates). In: GRINOVER, Ada Pellegrini (coord.). *A tutela dos interesses difusos*. São Paulo: Max Limonad, 1984.

FERREIRA FILHO, Manoel Gonçalves; CUNHA FERRAZ, Ana Cândida da e GRINOVER, Ada Pellegrini. *Liberdades públicas* – parte geral. São Paulo: Saraiva, 1978.

FILOMENO, José Geraldo Brito *et al*. *Código Brasileiro de Defesa do Consumidor.* 8. ed. São Paulo: Forense Universitária, 2005.

FIORILLO, Celso Antonio Pacheco. *Os sindicatos e a defesa dos interesses difusos*. São Paulo: RT, 1995.

FOULON-PIGANIOL, Jacques. La lutte contre le racisme. *Dalloz Chronique*, vol. XI, 1972.

FREITAS, José Lebre de. A acção popular no direito português. *Revista da Escola Superior da Magistratura de Pernambuco – ESMAPE*, vol. 7, n. 16-17, jul. 2002-jun. 2003.

FREITAS, Wladimir Passos de. O magistrado e o meio ambiente. *RT*, n. 659/29, São Paulo.

FRONTINI, Paulo Salvador. O Ministério Público no juizado especial das pequenas causas. In: WATANABE, Kazuo (coord.). *Juizado especial de pequenas causas*. São Paulo: RT, 1985.

GASTAUD, Jean Pierre. *Personnalité morale et droit subjectif*. Paris: Libr. Gén. Droit et Jurispr., 1977.

GERVAIS, André. Quelques réflexions à propos de la distinction des droits et des intérêts. *Mélanges en honneur de Paul Roubier.* Paris: Dalloz & Sirey, 1961. t. I.

GIANNINI, Massimo Severo. La tutela degli interessi collettivi nei procedimenti amministrativi. *Rivista di Diritto Processuale*, 1974.

GIDI, Antonio. A representação adequada nas ações coletivas brasileiras: uma proposta. *Revista de Processo*, n. 108, out.-dez. 2002.

______. *Coisa julgada e litispendência em ações coletivas*. São Paulo: Saraiva, 1995.

______. *Rumo a um Código Brasileiro de Processos Coletivos – a codificação das ações coletivas no Brasil*, Rio de Janeiro: Forense, 2008.

______. *A class action como instrumento de tutela coletiva dos direitos – as ações coletivas em uma perspectiva comparada*, São Paulo: RT, 2007.

GOLDBERG, Gary Eisen III. Fluid recovery, constructive notice and payment of notice costs by defendant in class action rejected (Eisen *v.* Carlisle e Jacquelin). *Columbia Law Review*, vol. 73, n. 8, dez. 1973.

GOMES JÚNIOR, Luís Manoel. A ação civil pública – legitimidade da Defensoria Pública – Lei 11.448/2.007. *In* ASSIS, Araken et al. (coords.). *Direito civil e Processo – estudos em homenagem ao Professor Arruda Alvim*. São Paulo: RT, 2008.

______; MARCHI NAGAI CARNAZ, Daniele Regina e ASSIS BORGES NASSER FERREIRA, Jussara Suzi. Da legitimidade da Defensoria Pública para propositura de ações civis públicas. *Revista de Processo*, n. 163, set. 2008.

GORDILLO, Augustin. *Princípios gerais de direito público*. Trad. Marcos Aurélio Greco. São Paulo: RT, 1977.

GRANIER, Joseph. La partie civile au procès pénal. *Revue de Science Criminelle et Droit Pénal Compare*. Paris, 1958.

______. Quelques réflexions sur l'action civile. *JCP La Semaine Juridique*, vol. 1, n. 1386, 1957.

GRECO FILHO, Vicente. *Comentários ao Código de Defesa do Consumidor.* 2. ed. São Paulo: Saraiva, 1991 (arts. 109 a 119).

______. *Direito processual civil brasileiro.* 19. ed. São Paulo: Saraiva, 2006. t. I.

GRINOVER, Ada Pellegrini. A problemática dos interesses difusos. In: GRINOVER, Ada Pellegrini (coord.). *A tutela dos interesses difusos*. São Paulo: Max Limonad, 1984.

______. A ação popular portuguesa: uma análise comparativa. *Revista de Processo,* n. 83, jul.-set. 1986.

______. *As garantias constitucionais do direito de ação*. São Paulo: RT, 1973.

______. Acesso à justiça e o Código de Defesa do Consumidor. In: GRINOVER, Ada Pelegrini. *O Processo em evolução*. São Paulo: Forense, 1996.

______. A tutela jurisdicional dos interesses difusos. *Revista Forense*, n. 268.

______. Da *class action for damages* à ação de classe brasileira: os requisitos de admissibilidade. In: MILARÉ, Édis (coord.). *Ação civil pública – Lei 7.347/85 – 15 anos*. São Paulo: RT, 2002.

______. Defesa, contraditório, igualdade e *par condicio* na ótica do processo de estrutura cooperatória. *Novas tendências do direito processual*. Rio de Janeiro-São Paulo: Forense Universitária, 1990.

______. Interesses difusos (verbete). *Enciclopédia Saraiva do Direito*, vol. 45.

______. Modernidade do direito processual brasileiro. *O processo em evolução*. 1. ed. Rio de Janeiro-São Paulo: Forense Universitária, 1996.

______. Novas tendências na tutela jurisdicional dos interesses difusos. *Revista do Curso de Direito da Universidade Federal de Uberlândia*, n. 13, 1984.

______. Direito Processual Coletivo. In: LUCON, Paulo Henrique dos Santos (coord.). São Paulo: Atlas, 2006.

______. Recurso e acórdão do Supremo Tribunal de Justiça de Portugal – ação popular e interesses individuais homogêneos (colab.). *Revista de Processo*, n. 88, out.-dez 1997.

______; CUNHA FERRAZ, Ana Cândida da e GONÇALVES FERREIRA FILHO, Manoel. *Liberdades públicas – parte geral*. São Paulo: Saraiva, 1978.

GUCCIONE, Vittorio. La protezione degli interessi diffusi attraverso la funzione di controllo. *Atti del XXIII Convegno di Studi di Scienza dell'Amministrazione* (Rilevanza e tutela degli interessi diffusi, modi e forme di individuazione e protezione degli interessi della collettività). Milão: Giuffrè, 1978.

GUERCIO, Vincenzo; MARIANI, Elisabetta; MAZZACANE, Enrico e VIRGILIO, Biagio. La giurisprudenza sugli interessi diffusi. *Revista Giustizia Civile*, 1981. t. II.

GUINCHARD, Serge e VINCENT, Jean. *Procédure civile*. 20. ed. Paris: Dalloz, 1981.

HIDALGO, Pablo Gutiérrez de Cabiedes. Group litigation in Spain. Disponível em: [http://www.law.stanford.edu/display/images/dynamic/events_media/spain_national_report.pdf]. Consultado em: 25.07.2011.

HODGES, Christopher. Global class actions project. Disponível em: [http://globalclassactions.stanford.edu/sites/default/files/documents/England_Country%20Report.pdf]. Consultado em: 25.07.2011.

IHERING, R. *L'esprit du droit roman dans les diverses phases de son developpement*. 3. ed. Trad. O. Meulenaeres. Paris: Librairie A. Maresq Ainé, 1886. t. I, § 17.

JAFFE, Louis J. The citizien as litigant in public actions: the non hohfeldian or ideological plaintiff. *University of Pennsylvania Law Review*, 1967-1968.

JAKUTIS, Paulo Sérgio. *Interesses difusos, coletivos e individuais homogêneos no processo do trabalho*. Dissertação de mestrado, São Paulo, FADUSP, 1999.

JUKOVSKY, Vera Lúcia R. S. O papel do juiz na defesa do meio ambiente. *Revista do TRF 3.ª Reg.*, n. 42, abr.-jun. 2000.

KOMATSU, Paula. *Ação coletiva: evolução histórica*. Dissertação de mestrado, São Paulo, FADUSP, 2003.

KUJAWSKY, Gilberto de Mello. O poder econômico e a lei ambiental. *O Estado de S. Paulo,* 22.jul.1985.

LAGASTRA NETO, Caetano. Alguns aspectos da constituinte brasileira. *RT*, n. 635, set. 1988.

LALIGANT, Marcel. La notion d'intérêt pour agir et le juge administratif. *Revue de Droit Public,* n. 87, 1971.

LARICCIA, Sérgio. *La rappresentanza di interessi religiosi*. Milão: Giuffrè, 1967.

LAUBADÈRE, André de. *Traité de droit administratif*. Paris: Libr. Gén. Droit Jurispr., 1980.

LEME MACHADO, Paulo Affonso. *Ação civil pública e tombamento*. São Paulo: RT, 1986.

______. Administração participada e interesses coletivos. In: GRINOVER, Ada Pellegrini (coord.). *A tutela dos interesses difusos*. São Paulo: Max Limonad, 1984.

______. *Direito ambiental brasileiro*. São Paulo: Malheiros, 1995.

LENZA, Pedro. *Teoria geral da ação civil pública*. 2.ed. São Paulo: RT, 2005.

______. *Direito constitucional esquematizado*. 17. ed. São Paulo: Saraiva, 2013.

LEITÃO MARQUES, Maria Manuel; SOUSA SANTOS, Boaventura de; PEDROSO, João. Os tribunais na sociedade contemporânea. *Revista brasileira de ciências sociais*, nº 30, fev./1996.

LEONEL, Ricardo de Barros. *Manual do processo coletivo*, 2.ed. São Paulo: RT, 2011.

LIEBMAN, Enrico Tullio. *Manuale di diritto processuale civile*. 3. ed. Milão: Giuffrè, 1973.

LINDBLOM, Henrik. The globalization of class actions. Disponível em: [http://www.law.stnford.edu/display/images/dynamic/events_media/Sweden_NationalReport.pdf]. Consultado em: 25.07.2011.

LOSANO, Mario. *Les groupes de pression en Germanie*. Dissertação, Paris, Biblioteca Cujas, Reg. 59.829.

LOPES MEIRELLES, Hely. *Mandado de segurança, ação popular, ação civil pública, mandado de injunção, habeas data*. 23. ed. atual. Arnoldo Wald e Gilmar Ferreira Mendes. São Paulo: Malheiros, 2001.

MACHADO, Rubens Approbato. O controle dos princípios da Administração Pública pela advocacia pública. *Revista da OAB*, n. 73, jul.-dez. 2001.

MAFRA LEAL, Márcio Flávio. *Ações coletivas: história, teoria e prática*. Porto Alegre: Fabris, 1998.

MAGALHÃES GOMES FILHO, Antonio. Ação penal popular. Dissertação de mestrado, São Paulo, FADUSP, 1982.

MAGEN, Amichai. The globalization of class actions. Disponível em: [http://www.law.stanford.edu/display/images/dynamic/events_media/Israel_National_report.pdf]. Consultado em: 25.07.2011.

MAGNIER, Veronique. Class actions, group litigation & other forms of collective litigation. Disponível em: [http://www.law.stanford.edu/display/images/dynamic/events_media/France_National_Report.pdf]. Consultado em: 25.07.2011.

MAIA, José Eduardo de Souza. Os interesses difusos e a ação civil pública no âmbito das relações laborais. *Revista LTr*, vol. 56, n. 9, São Paulo, set. 1992.

MANCUSO, Rodolfo de Camargo. *Ação civil pública*.12. ed. São Paulo: RT, 2011.

______. Ação civil pública: instrumento de participação na tutela do bem comum. In: GRINOVER, Ada Pellegrini; DINAMARCO, Cândido Rangel e WATANABE, Kazuo (coords.). *Participação e processo*. São Paulo: RT, 1989.

______. A ação civil pública como instrumento de controle judicial das políticas públicas. In: MILARÉ, Édis (coord.). *Ação civil pública – Lei 7.347/85 – 15 anos*. São Paulo: RT, 2001.

______. A lei da ação civil pública no âmbito das relações do trabalho. In: GOZZOLI, Maria Clara et al. (coords.). *Em defesa de um novo sistema de processos coletivos – estudos em homenagem a Ada Pellegrini Grinover*. São Paulo: Saraiva, 2010.

______. *A resolução dos conflitos e a função judicial no contemporâneo estado de direito*. 2. ed. São Paulo: RT, 2.013.

______. Ação civil pública para tutela dos interesses do titulares de valores mobiliários e investidores do mercado: uma análise da Lei 7.913, de 07.12.1989. *RT*, n. 650/31. Republicado in: WALD, Arnold (coord.). *Doutrinas Essenciais – Direito Empresarial*, vol. VIII, São Paulo: RT, 2011.

______. Ação civil pública trabalhista: análise de alguns pontos controvertidos. *Revista do MP do Trabalho*, vol. 12, set. 1996; *RT*, n. 732/11; *Revista LTr*, n. 9, set. 1996; *Revista Synthesis – TRT 2.ª Reg.*, n. 24, 1997; *Revista de Processo*, n. 93, jan.-mar. 1999.

______. *Ação popular*. 7. ed. São Paulo: RT, 2012.

______. Ação popular. *Revista de Processo,* n. 27, São Paulo, RT, jul.-set. 1982.

______. Advocacia do setor público: riscos e obstáculos no limiar do novo milênio. *RT,* n. 807, jan. 2003.

______. A projetada *participação equânime* dos co-legitimados à propositura da ação civil pública: da previsão normativa à realidade forense. *RT,* n. 796, fev. 2002. Estudo republicado nas obras coletivas: *Ação civil pública – 20 anos da Lei n. 7347/85.* CARVALHO ROCHA, João Carlos *et al.* (coords.). Belo Horizonte: Del Rey, 2006; *Tutela coletiva.* LUCON, Pauo Henrique dos Santos (coord.). São Paulo: Atlas, 2006.

______. A questão dos limites no poder cautelar geral. *RT*, n. 569.

______. *A resolução dos conflitos e a função social no contemporâneo Estado de direito.* São Paulo: RT, 2010. (A *Nota Introdutória* dessa obra está publicada na RT n. 888, out./2009).

______. Aspectos jurídicos da chamada *pichação* e sobre a utilização da ação civil pública para tutela do interesse difuso à proteção da estética urbana. *RT,* n. 679/62.

______. *Comentários ao Código de Defesa do Consumidor.* 2. ed. São Paulo: Saraiva, 1991 (arts. 81 a 100).

______. Considerações acerca de certa tendência legislativa à atenuação do dogma *nemo ad factum praecise cogi potest.* In: TUCCI, José Rogério Cruz e (coord.). *Processo civil – Evolução –Vinte anos de vigência.* São Paulo: Saraiva, 1995.

______. Contribuição esperada do Ministério Público e da Defensoria Pública na prevenção da atomização judicial dos mega-conflitos. *Revista de Processo,* n. 164, out. 2008.

______. *Divergência jurisprudencial e súmula vinculante.* 5. ed. São Paulo: RT, 2013.

______. *Jurisdição coletiva e coisa julgada.* 3. ed. São Paulo: RT, 2012.

______. Interesses difusos: conceito e colocação no quadro geral dos interesses. *Revista de Processo,* n. 55.

______. Interesses difusos e coletivos. In: LIMA MARQUES, Claudia e MIRAGEM, Bruno (coords.), *Doutrinas Essenciais – Direito do Consumidor,* v. VI, São Paulo: RT, 2011.

______. O município enquanto co-legitimado para a tutela dos interesses difusos. *Revista de Processo,* n. 48; *RDP,* n. 10.

______. O plano piloto de conciliação em segundo grau de jurisdição, do E. Tribunal de Justiça de São Paulo, e sua possível aplicação aos feitos de interesse da Fazenda Pública, *RT,* n. 820, fev. 2004.

______. *Recurso extraordinário e Recurso especial.* 12. ed. São Paulo: RT, 2013.

______. Sobre a legitimação do Ministério Público em matéria de interesses individuais homogêneos. In: MILARÉ, Édis (coord.). *Ação civil pública – Reminiscências e reflexões após dez anos de aplicação.* São Paulo: RT, 1995.

______. Sobre a utilização da ação civil pública da Lei 7.347/85, para fins de desbloqueio coletivo dos ativos financeiros. *RT,* n. 672/260.

______. Titularidade do direito, legitimação para agir e representação processual. *RT*, n. 771/87, jan. 2000; *Revista do Tribunal de Contas do Município de São Paulo*, n. 5, mar. 2000, nova fase.

______. Transposição das águas do Rio São Francisco: uma abordagem jurídica da controvérsia. *Revista de Direito Ambiental*, v. 10, n. 37, jan.-mar., 2005.

______. Tutela antecipada: uma interpretação do art. 273 do CPC, na redação conferida pela Lei federal 8.952, de 13.12.1994. In: TEIXEIRA, Sálvio de Figueiredo (coord.). *Reforma do Código de Processo Civil*. São Paulo: Saraiva, 1996.

______. Tutela judicial do meio ambiente: reconhecimento de legitimação para agir aos entes naturais? *Revista de Processo*, n. 52, out./dez.1988.

______. O direito à tutela jurisdicional: o novo enfoque do art. 5º, XXXV, da Constituição Federal. *RT* n. 926, dez./2012.

______. *Acesso à Justiça – condicionantes legítimas e ilegítimas*. São Paulo: RT, 2012.

MARCHI NAGAI CARNAZ, Daniele Regina. Da legitimidade ativa da Defensoria Pública para propositura de ações civis públicas. *Revista de Processo*, n. 149, jul. 2007.

MARINONI, Luiz Guilherme. Da teoria da relação jurídica processual ao processo civil no Estado constitucional. *RT*, n. 852, out. 2006.

______. e ARENHART, Sérgio Cruz. *Manual do Processo de Conhecimento – a tutela jurisdicional através do processo de conhecimento*, 2. ed. São Paulo: RT, 2003.

MARINS, James. Ações coletivas em matéria tributária. *Revista de Processo*, n. 76.

MARIZ DE OLIVEIRA JR., Waldemar. Tutela jurisdicional dos interesses coletivos. In: GRINOVER, Ada Pellegrini (coord.). *A tutela dos interesses difusos*. São Paulo: Max Limonad, 1984.

______. Tutela jurisdicional dos interesses coletivos e difusos. *Revista de Processo*, n. 33, jan.-mar. 1984.

MARTINS, Sérgio Pinto. *Direito processual do trabalho*. 20. ed. São Paulo: Atlas, 2003.

______. *Comentários à CLT*. 2. ed. São Paulo: Atlas, 1999.

MARTINS FILHO, Ives Gandra da Silva. Defesa dos interesses difusos e coletivos da sociedade. *Revista MP do Trabalho*.

MATTOS, Adherbal Meira. Direitos humanos, interesses difusos e a Constituição. *RF*, n. 304/13.

MAZZILLI, Hugo Nigro. A ação civil pública no Estatuto da Criança e do Adolescente. *RT*, n. 659/36.

______. *A defesa dos interesses difusos em juízo*. 22. ed. São Paulo: Saraiva, 2009.

______. *Regime jurídico do Ministério Público*. 4. ed. São Paulo: Saraiva, 2000.

MCNALL BURNS, Edward. *História da civilização ocidental*. Porto Alegre: Globo, 1959.

MELO, Raimundo Simão de. *Ação civil pública na justiça do trabalho*. São Paulo: LTr, 2002.

MENDES, Aluísio Gonçalves de Castro. *Ações coletivas no direito comparado e nacional*. São Paulo: RT, 2002.

MESNARD, André Hubert. Le rôle suppletif du juge en matière d'environment. *Revue de l'Institut des Études Juridiques de l'Urbanisme et de la Construction, Droit et Ville*, n. 6, Paris.

MIGNON, Maxime. Une évolution inachevée: la notion d'intérêt ouvrant le recours pour excès de pouvoir. *Dalloz Chronique*, n. XXII, 1953.

MILARÉ, Édis. *Direito do ambiente*. 7. ed. São Paulo: RT, 2011.

______; NERY JUNIOR, Nelson e CAMARGO FERRAZ, Antonio Augusto Mello de. *A ação civil pública e a tutela jurisdicional dos interesses difusos*. São Paulo: Saraiva, 1984.

______. Ação civil pública, instrumento indutor da sustentabilidade. In: MILARÉ, Édis (coord.). *A ação civil pública após 25 anos*, São Paulo: RT, 2010.

______. *A ação civil pública na nova ordem constitucional*. São Paulo: Saraiva, 1990.

MIRANDA, Jorge. Democracia participativa. *A Constituição de 1976 – formação, estrutura, princípios fundamentais*. Lisboa: Petrony, 1978.

MIRRA, Álvaro Luiz Valery. A coisa julgada nas ações para tutela de interesses difusos. *RT*, n. 631/71.

______. *Ação civil pública e a reparação do dano ao meio ambiente*. 2. ed. São Paulo: Juarez de Oliveira, 2004.

MODEN, Tore. La protection des consommateurs en droit finlandais. *Revue Internationale de Droit Comparé*, n. 3-4, 1974.

MOTULSKI, Henri. Le droit subjectif et l'action en justice. *Archives de Philosophie du Droit*, 1964.

MUÇOUÇAH, Renato de Almeida Oliveira. Ação popular e ação de improbidade administrativa na Justiça do Trabalho – possibilidade de processamento. *Revista LTr*, vol. 75, n. 03, mar. 2011.

MUKAI, Toshio. A defesa dos interesses difusos. *O Estado de S. Paulo*, 15.04.1985.

NALINI, José Renato. O juiz e a proteção dos interesses difusos. *Revista PGE/SP*, jun. 1992; *RT*, n. 680.

NEPOMUCENO, Joselita Borba. *Legitimidade concorrente na defesa dos direitos e interesses coletivos e difusos*. São Paulo: LTr, 2013.

NERY JUNIOR, Nelson. A ação civil pública. *Revista de Processo*, n. 31, São Paulo: RT, jul.-set. 1983.

______. O Ministério Público e sua legitimação para a defesa do consumidor em juízo. *Justitia*, vol. 160, out.-dez. 1992.

______ e NERY, Rosa Maria de Andrade. *Código de Processo Civil anotado e legislação extravagante*. 7. e 8. ed., São Paulo: RT, 2003 e 2004.

______; MILARE, Édis e CAMARGO FERRAZ, Antonio Augusto Mello de. *A ação civil pública e a tutela jurisdicional dos interesses difusos*. São Paulo: Saraiva, 1984.

NEVES, Celso. *Coisa julgada civil*. São Paulo: RT, 1971.

NUNES JÚNIOR, Vidal Serrano; ARAÚJO, Luiz Alberto David. *Curso de direito constitucional*. 3. ed. São Paulo: Saraiva, 1999.

NUSDEO, Fábio. O direito econômico e os grupos de pressão. In: GRINOVER, Ada Pellegrini (coord.). *A tutela dos interesses difusos*. São Paulo: Max Limonad, 1984.

OLSON, Mancur. *Logique de l'action collective*. Trad. francesa. Paris: PUF, 1978.

ORESTANO, Ricardo. Azione (verbete). *Enciclopédia del diritto*. Milão: Giuffrè, 1959.

______. Diritti soggettivi e diritti senza soggetto. *JUS Riv. Scienze Giuridiche*, Milão, mar. 1960.

PACE, Nicholas M. Class actions in the United States of America: an overview of the process and the empirical literature. Disponível em: [http://www.law.stanford.edu/display/images/dynamic/events_media/USA_National_Report.pdf]. Consultado em: 25.07.2011.

PANEBIANCO, Massimo. La tutela degli interessi diffusi con particolare riguardo alla tutela dell'ambiente nel diritto internazionale. *La tutela degli interessi diffusi nel diritto comparato*. Milão: Giuffrè, 1976.

PARÁ FILHO, Tomás. *Estudo sobre a sentença constitutiva*. Tese de concurso à cátedra. São Paulo, FADUSP, 1973.

PAZZAGLINI FILHO, Marino; ELIAS ROSA; Márcio Fernando e FAZZIO JUNIOR, Waldo. *Improbidade administrativa*. 2. ed. São Paulo: Atlas, 1997.

PEDROSO, João; SOUSA SANTOS, Boaventura de; LEITÃO MARQUES, Maria Manuel. Os tribunais nas sociedades contemporâneas. *Revista brasileira de ciências sociais*, n. 30, fev./1996.

PERROT, Roger. L'action en justice des syndicats professionels, des associations et ordres professionels. *Universitatis budapestinensis*, Annales, Budapeste, 1969, t. X.

______. Verbete *Chose jugée*. *Encyclopédie Dalloz*. Paris.

______; SOLUS, Henri. *Droit judiciaire privé*. Paris: Sirey, 1961. t. I.

PINHO, Humberto Dalla Bernardina de. A legitimidade da Defensoria Pública para a propositura de ações civis públicas: primeiras impressões e questões controvertidas. In: ASSIS, Araken et al. (coords.). *Direito Civil e Processo – estudos em homenagem ao Professor Arruda Alvim*. São Paulo: RT, 2008.

PINTO DE CARVALHO, Pedro Leonel. Ação popular – Servidor público – Advocacia em causa própria – Inexistência de impedimento. *RDP*, n. 69, São Paulo: RT, jan.-mar. 1984.

PIZZORUSSO, Alessandro. Interesse pubblico e interessi pubblici. *Riv. Trim. Dir. Proc. Civ.*, n. 1-2, 1972.

______. Verso il riconoscimento della soggettività delle comunità etnicolinguistiche? *Giurisprudenza italiana*, vol. II, parte IV, 1972.

POSTIGLIONE, Amedeo. Comentários à decisão da Corte de Cassação italiana n. 2.207, de 1978, no caso "Italia Nostra". *Revista Giustizia Civile*, n. 1, 1978.

PRADE, Péricles. *Conceito de interesses difusos*. 2. ed. São Paulo: RT, 1987.

______. Ideologia, hermenêutica e interesses difusos. *Revista de Processo*, n. 47.

PROTO PISANI, Andrea. Appunti preliminari per uno studio sulla tutela giurisdizionale degli interessi collettivi (o più esattamente: superindividuali) innanzi al giudice civile ordinario. *Riv. Diritto e Giurisprudenza*, vol. XXX, 1974.

QUADRI, Giovanni. Protezione degli interessi della collettività nelle esperienze straniere: problemi di giustizia amministrativa. *Atti del XXIII Convegno di Studi di Scienza dell'Amministrazione* (Rilevanza e tutela degli interessi diffusi, modi e forme di individuazione e protezione degli interessi della collettività). Milão: Giufrè, 1978.

RÁO, Vicente. *O direito e a vida dos direitos*. 2. ed., vol. 2, t. I e II, atual. Ovídio Rocha Barros Sandoval. São Paulo: RT.

RASSAT, Michèle Laure. *Le ministère public entre son passé et son avenir.* Paris: Libr. Gén. Droit et Jurispr., 1967.

REALE, Miguel. *Filosofia do direito*. São Paulo: Saraiva, 1969.

RECASÉNS Siches, Luis. *Tratado general de filosofía del derecho*. México: Porrua, 1981.

RECCHIA, Giorgio. Considerazione sulla tutela degli interessi diffusi nella costituzione. *La tutela degli interessi diffusi nel diritto comparato*. Milão: Giuffrè, 1976.

RIVERO, Jean. Corps intermédiaires et groups d'intérêts. *Semaines Sociales de France*. Paris: Chronique Sociale de France, 1954.

______. Les droits de l'homme. Droits collectifs et droits individuals. *Colloque de Strasbourg 1979*. Paris: Libr. Gén. Droit et Jurispr, 1980.

______. *Les libertés publiques*. Paris: PUF, 1981. t. I.

ROBERT, Jacques. *Libertés publiques*. Paris: Montchrestien, 1982.

ROCHA, Ibraim. *Ação civil pública e o processo do trabalho*. São Paulo: LTr, 1996.

RODOTÁ, Stefano. Le azione civilistiche. *Le azioni a tutela di interessi collettivi. Atti del Convegno di* Studio *(Pavia, jun. 1974)*. Pádua: Cedam, 1976.

RODRIGUES, Silvio. *Direito civil*. 2. ed. São Paulo: Max Limonad.

ROMANO, Alberto. Il giudice amministrativo di fronte al problema della tutela degli interessi diffusi. *Atti del XXIII Convegno di Studi de Scienza dell'Amministrazione. Rilevanza e tutela degli interessi diffusi: modi e forme di individuazione e protezione degli interessi della collettività*. Milão: Giuffrè, 1978.

RÓNAI, Paulo. *Dicionário universal de citações*. Rio de Janeiro: Nova Fronteira, 1985.

ROSSEAU, Jean Jacques. *Le contrat social*. Livro III. Cap. IX.

SALLES, Carlos Alberto de. *Execução judicial em matéria ambiental*. São Paulo: RT, 1999.

SALINGARDES, Bernard. L'action civile des groupements de consommateurs. *Études offertes au professeur Emérentienne de Lagrange*. Paris: Libr. Gén. Droit Jurisp., 1978.

SANCLEMENTE MOLINA, Fernando. *Grupos de presión*. Dissertação de doutorado. Bogotá, Pontifícia Universidade Javeriana, 1974.

SANTOS, Maria Caetana Cintra. O Ministério Público e o controle das agências reguladoras. *Boletim dos Procuradores da República*, n. 65, set. 2003.

SANTOS, Ronaldo Lima dos. *Sindicatos e ações coletivas*. São Paulo: LTr, 2003.

SATTA, Salvatore. *Manual de derecho procesal civil*. Trad. Santiago Sentís Melendo e Fernando de la Rua. Buenos Aires: Jurídicas Europa América, 1972.

SCARPINELLA BUENO, Cassio. As *class actions* norte-americanas e as ações coletivas brasileiras: pontos para uma reflexão conjunta. *Revista de Processo*, n. 82, abr./jun.1996.

______. *A nova lei do mandado de segurança*. 2. ed. São Paulo: Saraiva, 2010.

SCOCA, Franco Gaetano. La tutela degli interessi collettivi nel processo amministrativo. *Le azioni a tutela di interessi collettivi. Atti del Convegno di Studi (Pavia, jun. 1974)*. Padua: Cedam, 1976.

SEABRA FAGUNDES, Miguel. Da ação popular. *RDA*, n. 6.

SEGAL, Peretz. The globalization of class actions. Disponível em: [http://www..law.stanford.edu/display/images/dynamic/events_media/Israel_National_Report.pdf]. Consultado em: 25.07.2011.

SILVA, José Afonso da. *Ação popular constitucional*. São Paulo: RT, 1968.

SILVA NETO, Manoel Jorge e. A responsabilidade civil por dano moral difuso e coletivo na Justiça do Trabalho. *Revista de Direito do Trabalho*, n. 103, jul.-set. 2001.

SMIT, Hans. La procédure civile comme instrument de réforme sociale. *Revue Internationale de Droit Comparé*, n. 3-4, 1976.

SOLUS, Henry; PERROT, Roger. *Droit judiciare privé*. Paris: Sirey, 1966. t. I.

SOSA, Angel Landoni. Legitimación para la defensa de los intereses difusos. *XI Congresso Nacional de Derecho Procesal. Anais*. La Plata, Argentina, 1981.

______. Los sistemas de protección al interés de los consumidores y otros intereses colectivos. *Revista de Processo*, n. 31, São Paulo: RT, jul.-set. 1983.

SOUSA SANTOS, Boaventura de; LEITÃO MARQUES, Maria Manuel; PEDROSO, João. Os tribunais nas sociedades contemporâneas. *Revista Brasileira de ciências sociais*, n. 30, fev./1996.

SOUZA, Miguel Teixeira de. Legitimidade processual e ação popular no direito do ambiente. *Revista de Processo*, n. 76.

SOUZA, Paulo Roberto Pereira de. A tutela jurisdicional do meio ambiente e seu grau de eficácia. In: MORATO LEITE, José Rubens e BUZAGLO DANTAS, Marcelo (coords.). *Aspectos processuais do direito ambiental*. Rio de Janeiro/São Paulo: Forense Universitária, 2003.

STENBERG, Hans. L'ombudsman suédois pour les consommateurs. *Revue Internationale de Droit Comparé*, n. 3-4, 1974.

STONE, Christopher D. Should trees have standing? Toward legal rights for natural objets. *Southern California Law Review*, n. 45, 1972.

TÁCITO, Caio. Do direito individual ao direito difuso. *RDA*, vol. 157, jul.-set. 1984.

TARTUCE SILVA, Fernanda. *Igualdade e vulnerabilidade no Processo Civil*, Rio de Janeiro: Gen – Forense, 2012.

TARZIA, Giuseppe. Le associazioni di categoria nei processi civili con rilevanza collettiva. *Rivista di Diritto Processuale*, out.-dez. 1987.

THEODORO JÚNIOR, Humberto. A tutela dos interesses coletivos (difusos) no direito brasileiro. *Revista Forense*, vol. 318.

TELLIA, Bruno. *Gruppi di pressione e decisioni politica*. Tese. Trieste: Università degli Studi di Trieste-Istituto di Scienze Politiche, 1974.

TROCKER, Nicolò. La tutela giurisdizionale degli interessi diffusi con particolare riguardo alla protezione del consumatori contro atti di concorrenza sleale: analisi comparativa dell'esperienza tedesca. *La tutela degli interessi diffusi nel diritto comparato*. Milão: Giuffrè, 1976.

TUCCI, José Rogério Cruz e. *Class action e mandado de segurança coletivo*. São Paulo: Saraiva, 1990.

______. *Limites subjetivos da eficácia da sentença e da coisa julgada civil*. São Paulo: RT, 2007.

ULHÔA COELHO, Fábio. A teoria da desconsideração da personalidade jurídica. *Estudos de Direito Público*, n. 5, Associação dos Advogados da Pref. de S. Paulo, 1984.

VALLE FIGUEIREDO, Lucia. Interesses difusos na futura Constituição. *RDP*, n. 82/111.

VARGAS, Cirilo Augusto. ADI n. 3943: atentado contra a democracia. Disponível em: [http://jus2.uol.com.br/doutrina/texto.asp?id=10490]. Consultado em: 14.10.2008.

VARRONE, Claudio. Sulla tutela degli interessi diffusi nel processo amministrativo. *Riv. Dir. Proc.*, out.-dez. 1976.

VEDEL, Georges; DEVOLVÉ, Pierre. *Droit administratif*. Paris: PUF, 1980.

VIDAL, José. Observations sur la nature juridique de l'action civile. *Revue de Science Criminelle et Droit Pénal*, 1963.

VIGLIAR, José Marcelo Menezes. *Ação civil pública*. 3. ed. São Paulo: Atlas, 1999.

______. *Tutela jurisdicional coletiva*. 2. ed. São Paulo: Atlas, 1999.

VIGNOCCHI, Gustavo. Il problema della tutela degli interessi diffusi nel quadro di enti, raggruppamenti e ordinamenti a sfondo economico. *Atti del XXIII Convegno di Studi di Scienza dell'Ammnistrazione (Rilevanza e tutela degli interessi diffusi: modi e forme di individuazione e protezione degli interessi della collettività)*. Milão: Giuffrè, 1978.

______. La tutela degli interessi difusi nei settori della economia e della tutela dei consumatori. *JUS Riv. di Scienze Giuridiche*, Milão, Università Cattolica del Sacro Cuore, 1978.

VIGORITI, Vincenzo. *Garanzie costituzionale del processo civile*. Milão: Giuffrè, 1973.

______. *Interessi collettivi e processo*. Milão: Giuffrè, 1979.

______. Metodi e prospettive di una recente giurisprudenza in tema di interessi diffusi e collettivi. *Rev. Giurisprudenza Italiana*, vol. II, parte IV, 1980.

VILLONE, Massimo. La collocazione istituzionale dell'interesse diffuso. *La tutela degli interessi diffusi nel diritto comparato*. In: GAMBARO, Antonio (coord.) Milão: Giuffrè, 1976.

VINCENT, Jean. Action (verbete). *Enciclopédie Dalloz*. Paris: Dalloz, 1978.

______ e GUINCHARD, Serge. *Procédure Civile*. 20. ed. Paris: Dalloz, 1981.

VINCENT, Philippe I. André. *Les droits de l'homme dans l'enseignement de Jean Paul II*. Paris: Libr. de Droit et Jurisprudence, 1983.

VIOLIN, Jordão. *Ação coletiva passiva – fundamentos e perfis*. Salvador: JusPodivm, 2.008.

VITANEN, Klaus. Collective litigation in Finland. Disponível em: [http://www.law.stanford.edu/display/images/dynamic/events_media/Finland_Legislation.pdf]. Consultado em: 25.07.2011.

VOUIN, Robert. De la recevabilité de l'action syndicale des associations. *JCP La Semaine Juridique*, vol. I, n. 1.207, 1955.

WALINE, Marcel. *L'individualisme et le droit*. Paris: Montchrestien, 1949.

WATANABE, Kazuo. Acesso à justiça e sociedade moderna. In: GRINOVER, Ada Pellegrini; DINAMARCO, Cândido Rangel e WATANABE, Kazuo (coords.). *Participação e processo*. São Paulo: RT, 1988.

______. Demandas coletivas e os problemas emergentes da *praxis* forense. *Revista de Processo*, n. 67.

______. Tutela jurisdicional dos interesses difusos: a legitimação para agir. In: GRINOVER, Ada Pellegrini (coord.). *A tutela dos interesses difusos*. São Paulo: Max Limonad, 1984.

______. *Código Brasileiro de Defesa do Consumidor* (arts. 81-90). 8. ed. Rio de Janeiro-São Paulo: Forense Universitária, 2005.

______. Controle jurisdicional das políticas públicas – mínimo existencial e demais direitos fundamentais imediatamente judicializáveis. In: ______ e GRINOVER, Ada Pellegrini (coords.). *Controle jurisdicional das políticas públicas*. Rio de Janeiro: Gen/Forense, 2011.

WEINSTEIN, Jack B. Revision of procedure: some problems in class actions. *Buffalo Law Review*, vol. 9, 1959-1960.

WERLAUFF, Erik. Class actions in Denmark – from 2008. Disponível em: [http://www.law.stanford.edu/display/images/dynamic/events_media/Finland_Legislation.pdf]. Consultado em: 25.07.2011.

YAZELL, C. Stephen. Group litigation and social context: toward a history of the class action. *Columbia Law Review*, vol. 77, n. 6.

ZANUTTIGH, Loriana. Processo e tutela dell'ambiente nell'esperienza nordamericana. *La tutela degli interessi difusi nel diritto comparato*. Milão: Giuffrè, 1976.

ZAVASCKI, Teori Albino. Antecipação de tutela e colisão de direitos fundamentais. In: TEIXEIRA, Sálvio de Figueiredo (coord.). *Reforma do Código de Processo Civil*. São Paulo: Saraiva, 1996.

______. Defesa de direitos coletivos e defesa coletiva de direitos. *Revista de Processo*, n. 78, 1995.

______. *Processo coletivo – tutela de direitos coletivos e tutela coletiva de direitos*. São Paulo: RT, 2006.

Compêndios contendo artigos e estudos em matéria de interesses difusos:

Atti del XXIII Convegno di Studi di Scienza dell'Amministrazione. Simpósio sobre o tema: "Rilevanza e tutela degli interessi diffusi: modi e forme di individuazione e protezione degli interessi della collettività" (Varenna, set. 1977). Milão: Giuffrè, 1978.

Cadernos IBDP (Instituto Brasileiro de Direito Processual). Petrônio Calmon Filho (coord.). vol. 2. ago. 2001.

Código Brasileiro de Defesa do Consumidor – comentado pelos autores do anteprojeto. 8. ed. Rio de Janeiro-São Paulo: Forense Universitária, 2005.

Comentários ao Código de Proteção do Consumidor. 2. ed. São Paulo: Saraiva, 1991.

La tutela degli interessi diffusi nel diritto comparato. Milão: Giuffrè, 1976.

Le azioni a tutela di interessi collettivi. (*Atti del Convegno di Studio – Pavia, jun. 1974*). Pádua, Cedam, 1976.

Revista Justitia 160, especialmente editada com artigos, jurisprudência e legislação concernentes à proteção dos consumidores. MPE/SP, out.-dez. 1992.

CARVALHO ROCHA, João Carlos de et al. (coords.). *Ação Civil pública – 20 anos da Lei n. 7.347/85*. Belo Horizonte: Del Rey, 2006.

GRINOVER, Ada Pellegrini (coord.). *A tutela dos interesses difusos*. São Paulo: Max Limonad, 1984.

GRINOVER, Ada Pellegrini; DINAMARCO, Cândido Rangel e WATANABE, Kazuo (coords.). *Participação e processo*. São Paulo: RT, 1988.

GOZZOLI, Maria Clara et al. (coords.). *Em defesa de um novo sistema de processos coletivos – estudos em homenagem a Ada Pellegrini Grinover*. São Paulo: Saraiva, 2010.

LEITE, José Rubens Morato e DANTAS, Marcelo Buzaglo (coords.). *Aspectos processuais do direito ambiental*. Rio de Janeiro-São Paulo: Forense Universitária, 2003.

LUCON, Paulo Henrique dos Santos (coord.). *Tutela coletiva*, São Paulo: Atlas, 2006.

MILARÉ, Édis (coord.). *Ação civil pública – Lei 7.347/85 – Reminiscências e reflexões após dez anos de aplicação*. São Paulo: RT, 1995.

______. (coord.). *Ação civil pública – Lei 7.347/85 – 15 anos*. 2. ed. São Paulo: RT, 2002.

______. (coord.). *A ação civil pública após 20 anos – efetividade e desafios*. São Paulo: RT, 2005.

______. (coord.). *A ação civil pública após 25 anos*. São Paulo: RT, 2010.

SUNDFELD, Carlos Ari e BUENO, Cassio Scarpinella (coords.). *Direito processual público – A Fazenda Pública em juízo*. São Paulo: Malheiros, 2000.

OUTRAS OBRAS DO AUTOR

Ação civil pública: em defesa do meio ambiente, do patrimônio cultural e dos consumidores – Lei 7.347/1985 e legislação complementar. 12. ed. rev. atual. e ampl. São Paulo: RT, 2011.

Ação popular. 7. ed. rev., atual. e ampl. São Paulo: RT, 2012.

Acesso à Justiça: condicionantes legítimas e ilegítimas. São Paulo; RT, 2012.

A concomitância entre ações de natureza coletiva. In: GRINOVER, Ada Pellegrini *et al* (coord.). *Direito processual coletivo e o anteprojeto de Código Brasileiro de Processos Coletivos*. São Paulo: RT, 2007.

Divergência jurisprudencial e súmula vinculante. 5. ed. rev., atual. e ampl. São Paulo: RT, 2013.

Jurisdição coletiva e coisa julgada: teoria geral das ações coletivas. 3. ed., rev., atual. e ampl. São Paulo: RT, 2013.

Leasing. 3. ed. rev., atual. e ampl. São Paulo: RT, 2002.

Manual do consumidor em juízo, 5. ed. São Paulo: Saraiva, 2013.

O plano piloto de conciliação em segundo grau de jurisdição, do Egrégio Tribunal de Justiça de São Paulo, e sua possível aplicação aos feitos de interesse da Fazenda pública. In: MARINONI, Luiz Guilherme (coord.). *Estudos de direito processual civil*: homenagem ao Professor Egas Dirceu Moniz de Aragão. São Paulo: RT, 2005.

A proteção judicial de interesses difusos e coletivos: funções e significados. In: SALLES, Carlos Alberto de (org.). *Processo civil e interesse público*: o processo como instrumento de defesa social. São Paulo: RT, 2003.

A realidade judiciária brasileira e os *Tribunais da Federação* – STF e STJ: inevitabilidade de elementos de contenção dos recursos a eles dirigidos. In: FUX, Luiz *et al* (coords.), *Processo e Constituição: estudos em homenagem ao Professor José Carlos Barbosa Moreira*, São Paulo: RT, 2006.

Recurso extraordinário e recurso especial. 12. ed. rev., atual. e ampl. São Paulo: RT, 2013.

A resolução dos conflitos e a função judicial no contemporâneo Estado de direito. 2.ed. São Paulo: RT, 2013.

Súmula vinculante e a EC 45/2004. In: WAMBIER, Teresa Arruda Alvim *et al* (coord.) *Reforma do Judiciário*: primeiras reflexões sobre a Emenda Constitucional 45/2004. São Paulo: RT, 2005.

Transposição das águas do Rio São Francisco: uma abordagem jurídica da controvérsia. In: MILARÉ, Édis (coord.). *A ação civil pública após vinte anos: efetividade e desafios*. São Paulo: RT, 2005.

Diagramação eletrônica:
Editora Revista dos Tribunais Ltda., CNPJ 60.501.293/0001-12.
Impressão e encadernação:
Prol Editora Gráfica Ltda., CNPJ 52.007.010/0001-52.

A.S. L8080